세상의 속도를
따라잡고 싶다면

# Do it!

기초부터 실전까지 제대로 배운다!

# C++ 완전 정복

게임 속 몬스터를 구현하며 25년 차 개발자의 프로그래밍 노하우를 익힌다!

조규남, 문종채 지음

이지스 퍼블리싱

세상의 속도를 따라잡고 싶다면 **Do it!**
변화의 속도를 즐기게 됩니다.

# Do it!
## C++ 완전 정복

**초판 2쇄** • 2024년 9월 2일
**초판 발행** • 2024년 3월 27일

**지은이** • 조규남, 문종채
**펴낸이** • 이지연
**펴낸곳** • 이지스퍼블리싱(주)
**출판사 등록번호** • 제313-2010-123호
**주소** • 서울특별시 마포구 잔다리로 109 이지스빌딩 3층(우편번호 04003)
**대표전화** • 02-325-1722 | **팩스** • 02-326-1723
**홈페이지** • www.easyspub.co.kr | **페이스북** • www.facebook.com/easyspub
Do it! 스터디룸 카페 • cafe.naver.com/doitstudyroom | **인스타그램** • instagram.com/easyspub_it

**총괄** • 최윤미 | **책임편집** • 이인호 | IT 2팀 • 한승우, 신지윤, 이소연
**감수** • 김종관 | **교정교열** • 박명희 | **표지 및 본문 디자인** • 트인글터 | **인쇄** • 보광문화사
**마케팅** • 권정하 | **독자지원** • 박애림, 김수경 | **영업 및 교재 문의** • 이주동, 김요한(support@easyspub.co.kr)

ISBN 979-11-6303-569-5 93000
**가격** 32,000원

# 좋은 코드는
# 그 자체로 최고의 문서이다.

"Good code is its own best documentation."

개발자 스티브 매코널
Steve McConnell

# "이제 C를 벗어나 C++답게 프로그래밍하자!"

C++를 접하기 전 C 언어를 처음 배울 때에 포인터의 장벽을 넘게 해준 고마운 책이 있었습니다. 그 책으로 공부하면서 언젠가 나도 누군가에게 도움이 되는 책을 써보자고 다짐했습니다. 그리고 27년이 훌쩍 지나 이 책을 내놓습니다.

이 책은 케이트 그레고리(Kate Gregory)의 〈Stop Teaching C〉라는 강연에서 영감을 얻었습니다. 강연 내용을 원고에 녹여 낼 수 있도록 허락해 준 그녀에게 감사의 마음을 전합니다. 원고를 집필하면서 객체지향 원칙을 잘 적용할 수 있을 뿐 아니라 C에서 벗어나 C++만의 고유한 장점을 살릴 수 있는 내용을 담고자 노력했습니다. 또한 복잡하고 잘 사용하지 않는 새로운 문법이나 라이브러리보다는 쉽고 자주 사용하는 C++의 문법과 라이브러리를 중심으로 소개했습니다.

수많은 프로젝트는 여전히 C++ 언어로 개발하고 있습니다. C++ 언어는 특히 실행 성능과 메모리 효율이 절실한 대규모 과제에 적합합니다. 그리고 코드를 더 간결하고 강력하게 작성할 수 있도록 돕는 모던 C++가 계속 발전하고 있습니다. 이 책을 통해 C++의 문법뿐만 아니라 실무에서 활용할 수 있는 코드, 유지·보수하기 쉬운 코드를 어떻게 작성하는지 터득할 수 있기를 바랍니다.

이 책이 나오기까지 많은 분께서 도움을 주셨습니다. 함께 집필해 준 문종채 님, 편집에 힘써 준 이인호 편집자와 이지스퍼블리싱 편집 팀에 감사를 드립니다. 회사의 상사, 동료분들과 학교 지도 교수님께도 감사와 사랑을 전합니다. 사랑하는 아내 지예, 든든한 맏이 현준, 귀여운 막내 현민이의 응원과 사랑은 커다란 힘이 되었습니다. 부모님과 가족 모든 분께 감사의 마음을 표합니다.

C++ 프로그래밍에 도전하는 독자분들께 무한한 응원을 보냅니다.

**조규남** 드림

# "누구나 읽기 쉬운 C++ 입문서!"

학창 시절 C++ 언어로 객체지향이라는 개념을 처음 잡을 때 무려 천 쪽이 넘는 두꺼운 원서로 공부했던 아찔한 기억이 있습니다. 그로부터 20여 년이 지난 어느 날 초등학생 아들이 마인크래프트라는 게임을 하다가 C++가 무엇이냐고 묻더군요. 저는 게임 화면에서 "Made in C++!"라는 노란색 문구를 발견할 수 있었습니다. 그 문구와 아들을 보면서 '누구나 읽기 쉬운 C++ 입문서를 써보자'라고 생각했습니다.

이 책은 초보자도 쉽게 이해할 수 있도록 난해한 전문 용어를 최대한 자제하고, 쉬운 비유와 그림으로 C++ 프로그래밍의 기본 개념을 설명하려고 노력했습니다. 부담스럽지 않은 두께에 핵심만 담아 C++ 프로그래밍 입문용으로 구성했지만 경험자도 복습하면서 실력을 다져서 실무에서 활용할 수 있도록 고려했습니다.

먼저 집필을 제안해 주신 존경하는 조규남 선배님, 그리고 응원해 준 회사 상사, 동료들과 이인호 편집자님께 깊이 감사드립니다. 인생의 동반자이자 버팀목인 아내 혜란, 그리고 아빠가 하는 모든 일에 관심이 많은 귀여운 아들 성민이에게도 사랑한다고 남기고 싶습니다.

**문종채** 드림

# "객체지향 프로그래밍에 날개를 달아 주는 책!"

C++ 언어는 1985년에 등장한 이후 꾸준히 사용되면서 가치를 증명해 왔습니다. 이 책은 **기본 문법을 시작으로 현업에서 객체지향 언어의 활용 방법을 알려 줍니다.** 이와 더불어 여러 사람이 함께 개발할 때 코딩 규칙 위반 같은 문제를 컴파일 단계에서 발견하는 방법 등 몇 가지 실무 노하우도 소개합니다. 이러한 구성으로 C++를 처음 접하는 입문자부터 다른 프로그래밍 언어에 익숙한 경험자까지 모두에게 유용한 책이 될 것입니다.

**황규별** 님 • LG유플러스 CDO 전무

---

이 책은 실용적인 예와 출력 결과를 보여 줌으로써 C++ 언어의 문법을 제대로 이해하고 스스로 응용할 수 있도록 안내합니다. 체계적인 구성과 설명으로 초보자도 쉽게 접근할 수 있어 **객체지향 프로그래밍을 주제로 하는 C++ 교재로 추천합니다.**

**유헌창** 님 • 고려대학교 정보대학 컴퓨터학과 교수

---

C++ 같은 객체지향 프로그래밍 언어는 추상적인 개념을 다루기 때문에 어렵게 느껴질 수 있습니다. 그러나 이 책은 C++ 객체지향 프로그래밍을 '눈에 보이게' 설명해 줍니다. **명쾌한 설명과 이를 그림으로 쉽게 이해할 수 있게 해주고, 실용적인 소스 코드**까지 담았으니 궁극의 C++ 책이라고 소개하고 싶습니다. 1997년부터 C++를 다뤄 온 전문가가 C++를 이해하고 쓰는 길로 인도합니다.

**임지순** 님 • 3PM Inc. 대표, 리얼월드 암호학 등 다수 기술 번역

---

이 책은 모던한 C++의 아름다움을 탁월하게 담아 냈다고 생각합니다. 특히 **객체지향의 원리와 SOLID 패턴, 유지·보수를 하기 쉽게 해주는 코드 작성, 실무에 적용하는 방법** 등을 균형 있게 다루며 양질의 실습 코드를 제공합니다. 많은 개발자가 C++를 C 스타일로 쓸 때가 많은데, 이 책은 C++를 본연의 방식대로 사용하고 싶은 개발자에게 추천합니다.

**맹윤호** 님 • 이화여대 신산업융합대학 겸임교수, 카논그룹 CTO

# C++의 기초부터 실전까지 한 권에!

## 첫째마당 | C++ 프로그래밍 기초

쉽고 간결한 언어와 직관적인 그림으로 C++의 기본 개념을 공부합니다.

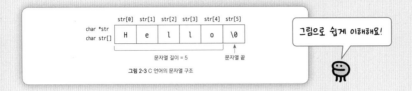

```
        str[0]  str[1]  str[2]  str[3]  str[4]  str[5]
char *str
char str[]    H    e    l    l    o    \0

        └──────── 문자열 길이 = 5 ────────┘        문자열 끝
```

그림 2-3 C 언어의 문자열 구조

그림으로 쉽게 이해해요!

## 둘째마당 | 객체지향 프로그래밍

수백 줄이 넘는 게임 속 몬스터 코드를 구현해 보며 C++를 C++답게 사용해 봅니다. 이 과정에서 객체지향 설계 원칙, 디자인 패턴을 적용하는 법을 배울 수 있습니다.

```cpp
// character 클래스와 추상 클래스 IRoute 상속
class player : public character, public IRoute {
public:
    player(){};
    virtual void find_route(int x, int y) override;
    virtual void set_location(int x, int y) override;
    virtual int get_location(bool x) override;
private:
    int location_x;
    int location_y;
};
... (생략 )...
```

실행 결과(출력 결과는 랜덤)

Monster A를 숲에 배치 합니다.
몬스터A가 숲에서는 힘이 더 강해 집니다.
Monster A를 숲에 배치 합니다.
... (생략) ...

게임을 직접 만들어 보는 느낌이에요!

## 셋째마당 | 라이브러리 활용

C++ 프로그래밍에 강력한 무기가 되어 줄 C++ 표준 라이브러리 활용법을 배웁니다.

## 넷째마당 | 모던 C++ 프로그래밍

C++는 지금도 계속 진화하고 있습니다. 모던 C++에 추가된 내용 중에서 실무에서 많이 사용하는 것을 살펴봅니다.

## C++이 어려워서 걱정인가요?
# 혼자서도 완독할 수 있게 친절히 구성했어요!

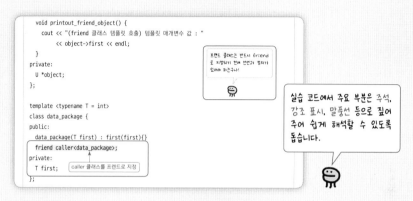

```
void printout_friend_object() {
    cout << "(friend 클래스 템플릿 호출) 템플릿 매개변수 값 : "
         << object->first << endl;
}
private:
    U *object;
};

template <typename T = int>
class data_package {
public:
    data_package(T first) : first(first){}
    friend caller<data_package>;
private:
    T first;        caller 클래스를 프렌드로 지정
};
```

프렌드 클래스는 반드시 friend로 지정되기 전에 선언과 정의가 있어야 하는구나!

실습 코드에서 주요 부분은 주석, 강조 표시, 말풍선 등으로 짚어 주어 쉽게 해석할 수 있도록 돕습니다.

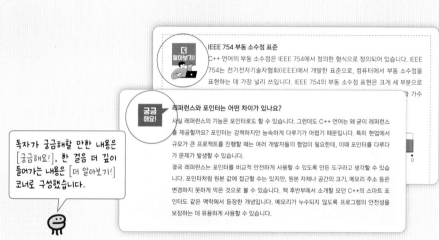

**더 알아보기!**

**IEEE 754 부동 소수점 표준**

C++ 언어의 부동 소수점은 IEEE 754에서 정의한 형식으로 정의되어 있습니다. IEEE 754는 전기전자기술자협회(IEEE)에서 개발한 표준으로, 컴퓨터에서 부동 소수점을 표현하는 데 가장 널리 쓰입니다. IEEE 754의 부동 소수점 표현은 크게 세 부분으로

**궁금해요!**

**레퍼런스와 포인터는 어떤 차이가 있나요?**

사실 레퍼런스의 기능은 포인터로도 할 수 있습니다. 그런데도 C++ 언어는 왜 굳이 레퍼런스를 제공할까요? 포인터는 강력하지만 능숙하게 다루기가 어렵기 때문입니다. 특히 현업에서 규모가 큰 프로젝트를 진행할 때는 여러 개발자들의 협업이 필요한데, 이때 포인터를 다루다가 문제가 발생할 수 있습니다.

결국 레퍼런스는 포인터를 비교적 안전하게 사용할 수 있도록 만든 도구라고 생각할 수 있습니다. 포인터처럼 원본 값에 접근할 수는 있지만, 원본 자체나 공간의 크기, 메모리 주소 등은 변경하지 못하게 막은 것으로 볼 수 있습니다. 책 후반부에서 소개할 모던 C++의 스마트 포인터도 같은 맥락에서 등장한 개념입니다. 메모리가 누수되지 않도록 프로그램의 안전성을 보장하는 데 유용하게 사용할 수 있습니다.

독자가 궁금해할 만한 내용은 [궁금해요!], 한 걸음 더 깊이 들어가는 내용은 [더 알아보기!] 코너로 구성했습니다.

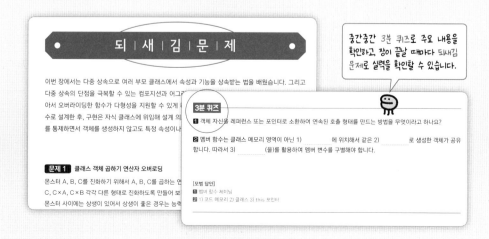

### ● 되 | 새 | 김 | 문 | 제 ●

이번 장에서는 다중 상속으로 여러 부모 클래스에서 속성과 기능을 상속받는 법을 배웠습니다. 그리고 다중 상속의 단점을 극복할 수 있는 컴포지션과 어그ㄹ... 아서 오버라이딩한 함수가 다형성을 지원할 수 있게 ... 수로 설계한 후, 구현은 자식 클래스에 위임해 설계 의... 를 통제하면서 객체를 생성하지 않고도 특정 속성이나...

중간중간 3분 퀴즈로 주요 내용을 확인하고 장이 끝날 때마다 되새김 문제로 실력을 확인할 수 있습니다.

**3분 퀴즈**

**1** 객체 자신을 레퍼런스 또는 포인터로 소환하여 연속된 호출 형태를 만드는 방법을 무엇이라고 하나요?

**2** 멤버 함수는 클래스 메모리 영역이 아닌 1) _____ 에 위치해서 같은 2) _____ 로 생성한 객체가 공유합니다. 따라서 3) _____ (을)를 활용하여 멤버 변수를 구별해야 합니다.

[모범 답안]
**1** 멤버 함수 체이닝
**2** 1) 코드 메모리 2) 클래스 3) this 포인터

#### 문제 1 클래스 객체 곱하기 연산자 오버로딩

몬스터 A, B, C를 진화하기 위해서 A, B, C를 곱하는 연... C, C×A, C×B 각각 다른 형태로 진화하도록 만들어 보... 몬스터 사이에는 상생이 있어서 상생이 좋은 경우는 능력...

## 실습 환경은 이렇게 준비하세요

실습용 소스 파일은 저자의 깃허브 저장소에서 내려받을 수 있습니다. 이 책에서는 윈도우 환경에 비주얼 스튜디오를 설치해서 실습을 진행합니다. 자세한 내용은 「01-2」절에서 설명합니다. 다른 운영체제를 사용하거나 통합 개발 환경을 설치하기 어려운 상황일 때에 웹 브라우저에서 실행하는 방법도 소개합니다.

- 실습용 소스 파일 내려받기: github.com/mystous/DoItCPP

## 궁금한 내용은 저자에게 질문해 보세요

책을 읽다가 궁금한 내용이 있으면 저자의 깃허브 저장소에 질문해 보세요. 몇 쪽에서 어떤 점이 궁금한지 자세히 적어야 정확하고 빠른 답변을 받을 수 있습니다.

- 깃허브 저장소: github.com/mystous/DoItCPP/issues

## 이지스 플랫폼 — 연결하면 더 큰 가치를 만들 수 있어요

### 'Do it! 스터디룸' 카페에서 친구들과 함께 공부!

cafe.naver.com/doitstudyroom

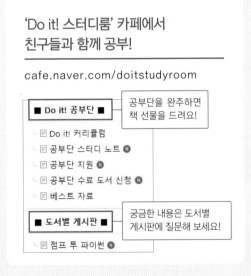

### 독자 설문 참여하면 6가지 혜택!

의견도 보내고 선물도 받고!

❶ 추첨을 통해 소정의 선물 증정

❷ 이 책의 업데이트 정보 및 개정 안내

❸ 저자가 보내는 새로운 소식

❹ 출간될 도서의 베타테스트 참여 기회

❺ 출판사 이벤트 소식

❻ 이지스 소식지 구독 기회

# 객체지향 프로그래밍 정복을 위한 쾌속 완성 코스!

16차시로 계획을 세우고 학습해 보세요.
독학이나 한 학기 강의용 교재로도 좋습니다.

**16차시 완성!**

| 차시 | 구분 | 장 | 주제 | 완료 날짜 |
|---|---|---|---|---|
| 1차시 | 첫째 마당 | 01 C++ 프로그래밍 시작하기 | C++ 언어의 특징과 생태계, 개발 환경 구축 | / |
| 2차시 | | 02 변수와 연산자 | C++ 표준 입출력, 데이터 형식, 형식 변환, 키워드와 리터럴, 표현식과 연산식 | / |
| 3차시 | | 03 포인터와 메모리 구조 | 포인터와 메모리, 함수와 구조체, 정적 변수와 상수 변수, 레퍼런스 변수 | / |
| 4차시 | | 04 실행 흐름 제어 | 조건문, 반복문 | / |
| 5차시 | 둘째 마당 | 05 예외 처리하기 | 예외 처리 구문, 생략과 실패 대응 | / |
| 6차시 | | 06 객체지향과 클래스 | 프로그래밍 패러다임, 객체지향 프로그래밍, 클래스와 인스턴스 | / |
| 7차시 | | 07 객체지향 프로그래밍 특징 | 추상화, 캡슐화, 상속성, 다형성, this 포인터, 함수와 연산자 오버로딩, 접근 지정자와 프렌드 | / |
| 8차시 | | 08 객체지향을 돕는 기능들 | 컴포지션과 어그리게이션, 가상 함수와 동적 바인딩, 추상 클래스와 정적 클래스 멤버 | / |
| 9차시 | | 09 객체지향 설계 원칙 | SOLID 원칙 | / |
| 10차시 | | 10 템플릿 | 함수 템플릿과 클래스 템플릿 | / |
| 11차시 | 셋째 마당 | 11 C++ 표준 라이브러리 | 문자열 라이브러리, 파일 시스템, 기타 유용한 함수 | / |
| 12차시 | | 12 STL의 컨테이너와 알고리즘 | 컨테이너와 반복자, 알고리즘 | / |
| 13차시 | 넷째 마당 | 13 모던 C++에 추가된 기능 | C++ 버전별 주요 특징 | / |
| 14차시 | | 14 새로운 데이터 형식과 라이브러리 | 형식 연역, 열거형, 수학 상수, 널 포인터, 2진수 표현, constexpr 지정자, function 객체, 스마트 포인터 | / |
| 15차시 | | 15 새로운 구문 1 | 튜플과 구조적 바인딩, 범위 기반 for 문, 제어문의 초기화 구문, 람다 표현식 | / |
| 16차시 | | 16 새로운 구문 2 | 폴드 표현식, 3방향 비교 연산자, using 키워드, 함수 키워드(default, delete, override, final) | / |

**첫째마당**

**C++**
**프로그래밍 기초**

쉬운 비유와
그림으로 배우는
C++ 기초!

**둘째마당**

**객체지향
프로그래밍**

C++ 고유의
설계 원칙을
배운다!

모던 C++로 최신 문법 활용까지!

# C++ 프로그래밍 기초

첫째마당에서는 C++ 언어의 기본 사용법을 공부합니다. 먼저 개발 환경을 준비하고 프로그래밍에서 기본인 변수와 연산자를 배웁니다. 이어서 C++ 언어의 장점인 포인터와 메모리 구조에 관해 알아봅니다. 그리고 실행 흐름을 제어하고 예외를 처리하는 방법도 살펴보겠습니다.

# 01

# C++ 프로그래밍 시작하기

C++는 1983년 발표된 이후 지금까지 많은 개발자가 사용하는 프로그래밍 언어로 발전했습니다. 첫 장에서는 C++가 발전한 과정과 언어의 특징을 보면서 C++가 오랫동안 사용될 수 있었던 비결을 생각해 보겠습니다. 그리고 C++ 프로그래밍을 실습할 개발 도구도 설치하겠습니다.

# 01-1 C++ 언어 알아보기

C++ 언어를 간단히 소개할 때는 'C 언어에 객체와 관련된 기능을 추가해 발전시킨 언어'라고 이야기합니다. 그래서 'C++'*라는 이름에는 C를 기초로 발전한 언어라는 의미로 C의 증가 연산자 '++'가 붙었습니다.       * 보통 '씨 플러스 플러스'로 읽습니다.

## C++ 발전 과정

C++ 언어의 역사는 AT&T 벨 연구소의 비야네 스트롭스트룹Bjarne Stroustrup이 1979년에 착수한 'C with Classes'라는 연구에서 출발했습니다. 당시 스트롭스트룹은 Simula라는 시뮬레이션 언어와 유사하면서 성능이 좋은 언어를 구상했습니다. 그리고 Cpre라는 전처리기preprocessor를 활용해서 C with Classes라고 이름을 붙인 클래스를 포함한 C 언어를 시뮬레이션했습니다.

C with Classes는 프로그램 개발 언어로서는 많이 부족했지만, 이때 다음과 같은 C++ 언어 규약specification의 초안이 완성되었습니다.

- 클래스
- 멤버 함수와 변수 접근 제어(public, private)
- 프렌드(friend) 클래스
- 인라인 함수
- 상속 클래스
- 생성자와 소멸자
- 형식 검사와 함수 인자 변환
- 기본 인잣값, 연산자 오버로딩

초기 언어 규약에서 가장 큰 특징은 객체지향의 핵심인 **클래스**class를 도입했다는 점입니다. C 언어에 없던 클래스가 도입되면서 클래스를 상속해서 사용하는 방법, 멤버 변수와 함수로 불필요한 자료 노출을 줄이는 방법 등이 고안되었습니다.

## C++ 언어의 탄생

스트롭스트룹은 C++ 언어 규약을 더 정교하게 다듬었습니다. 그러면서 C++는 C 언어의 확장이 아닌 하나의 언어로서 제모습을 갖추었습니다. 그리고 그 내용을 《The C++ Programming Language》(1985)라는 제목으로 출판했습니다. 이때부터 비로소 'C++'라고 하기 시작했습니다.

이때 추가된 언어 규약에서 주목할 만한 특징은 메모리 관리가 C 언어보다 수월해졌다는 점입니다. C 언어는 메모리 크기, 위치 등을 개발자가 직접 관리해야 했습니다. 하지만 C++는 자동으로 메모리를 할당하거나 해제할 수 있는 new, delete 키워드를 지원했습니다. 또한 레퍼런스라는 개념을 통해 포인터를 더 편리하게 다룰 수 있게 되었으며, 가상 함수와 연산자 오버로딩을 지원하기 시작하면서 객체지향 언어의 특징인 다형성을 완전하게 지원할 수 있게 되었습니다.

## C++ 표준 제정

1989년에는 Cfront 2.0을 개발하면서 C++ 언어 규약도 함께 개편되었습니다. 이때는 컴파일러의 규약을 만드는 데 많은 노력을 기울였습니다. Cfront 2.0 배포 이후에는 사용자가 급증하고 다양한 C++ 컴파일러가 등장했습니다.[*]　　　　* Cfront는 컴파일러가 아니라 전처리기입니다.

그런데 컴파일러마다 문법이 다르게 해석되는 문제가 있었습니다. 이에 따라 문법이나 패턴을 통일하고자 노력했고, 1998년에 비로소 C++의 첫 번째 국제 표준 언어 규격인 'ISO/IEC 14882:1998 Programming languages — C++(www.iso.org/standard/25845.html)'이 제정되었습니다. 이를 줄여서 'C++98'이라고 합니다.

C++98은 처음으로 제정된 국제 표준이라는 점에서 큰 의미가 있습니다. 템플릿$^{template}$을 활용한 메타 프로그래밍$^{meta-programming}$과 이를 활용한 STL$^{standard\ template\ library}$의 도입이 가장 큰 특징입니다.

C with Classes부터 C++98까지 발전 과정을 간단하게 알아봤습니다. C++ 언어는 오랜 시간 동안 만들어진 만큼 지금까지도 다양한 분야에서 활발히 사용되고 있습니다.

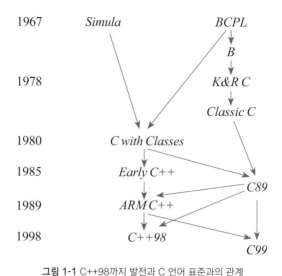

**그림 1-1** C++98까지 발전과 C 언어 표준과의 관계

(출처: 〈Evolving a language in and for the real world: C++ 1991-2006〉, https://dl.acm.org/doi/10.1145/1238844.1238848)

## C++ 프로그램 빌드 과정

**컴파일**<sup>compile</sup>이란 C++ 소스 코드를 컴퓨터가 이해할 수 있는 코드로 변경하는 과정을 말합니다. 컴퓨터의 프로세서는 사람이 작성한 코드를 당장 해석할 수 없으므로 프로세서가 이해할 수 있는 **오브젝트 코드**<sup>object code</sup>로 변경해야 하는데, 이 과정을 컴파일이라고 합니다.

그런데 때로는 프로그램의 소스 파일이 여러 개일 수 있습니다. 이때 각각의 소스 파일을 컴파일하여 만든 오브젝트 파일들을 하나의 실행 파일로 묶는 과정을 **링크**<sup>link</sup>라고 합니다. 정리하면 컴파일과 링크를 거쳐 비로소 프로세서가 실행할 수 있는 파일이 만들어집니다.

C++는 컴파일하기 전에 전처리 과정을 거칩니다. **전처리**<sup>pre-processing</sup>는 소스 파일이 컴파일되기 전에 소스 코드를 변경하거나 확장하는 등의 작업을 의미합니다. 전처리는 컴파일러가 전처리기에 지시하는 형태로 수행됩니다. 전처리기는 #include, #if, #define처럼 # 기호로 시작하는 지시문을 해석하고 그에 따라 소스 코드를 변경하여 컴파일러에 전달합니다.

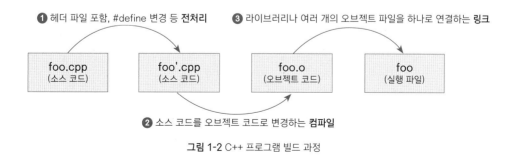

**그림 1-2** C++ 프로그램 빌드 과정

요약하자면 C++로 작성한 코드는 #include와 같은 지시문을 전처리하고 이렇게 준비된 소스 코드를 오브젝트 코드로 컴파일합니다. 그리고 소스에 포함한 각종 라이브러리와 오브젝트 코드를 연결하는 링크를 거쳐 최종 실행 파일을 만듭니다. 이 과정을 통틀어 **빌드**<sup>build</sup>라고 합니다.

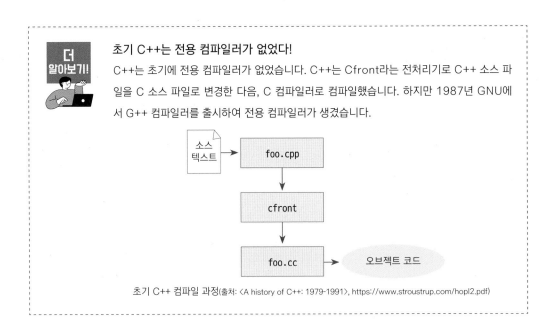

**초기 C++는 전용 컴파일러가 없었다!**
C++는 초기에 전용 컴파일러가 없었습니다. C++는 Cfront라는 전처리기로 C++ 소스 파일을 C 소스 파일로 변경한 다음, C 컴파일러로 컴파일했습니다. 하지만 1987년 GNU에서 G++ 컴파일러를 출시하여 전용 컴파일러가 생겼습니다.

초기 C++ 컴파일 과정(출처: ⟨A history of C++: 1979-1991⟩, https://www.stroustrup.com/hopl2.pdf)

## C++ 언어의 특징

프로그래밍 언어는 저마다 고유한 특징이 있습니다. 같은 객체지향 언어라도 설계 철학이 다르고 사용처가 다릅니다. 여기서는 C++ 언어의 성공 요인을 바탕으로 C++의 특징을 알아보겠습니다.

### C++ 언어의 성공 요인

C++가 다방면에서 활용될 수 있었던 것은 언어가 가진 개발 철학 때문입니다. 스트롭스트룹은 자신의 논문 ⟨Evolving a language in and for the real world: C++ 1991-2006⟩에서 C++가 성공할 수 있었던 언어적인 특징을 다음처럼 이야기하고 있습니다.

**낮은 수준 액세스와 추상화**  C++는 C 언어처럼 시스템에 직접 접근할 수 있고, Simula처럼 데이터를 추상화하여 접근할 수 있도록 했습니다.

**유용한 도구**  C++는 범용 언어로 애플리케이션 개발은 물론, 시스템에 접근하여 하드웨어를 직접 다룰 수도 있습니다.

**시점**  C++는 객체지향 프로그래밍을 지원하는 첫 번째 언어는 아니었지만, 언어 특유의 범용성 덕분에 출시부터 실제 문제를 해결하는 유용한 도구로 사용되었습니다.

**비독점**  AT&T 벨 연구소는 C++ 개발 이후 소유권을 독점하지 않았습니다. C++가 외부에서 개발되는 것을 장려하고 1989년 이후에는 모든 권리를 표준 기구로 이양했습니다.

**안정성**  초기 배포부터 C 언어와 호환성, 안정성을 확보했으며 이후에도 높은 호환성과 안정성을 유지하기 위해 표준화 과정을 충실하게 수행했습니다.

**발전**  예외 처리, 템플릿, STL 같은 새로운 기능이 C++ 전반에 걸쳐 계속 추가되었습니다.

C++는 끊임없이 발전하고 있으며 지금도 새로운 버전을 위한 표준화 위원회가 지속해서 열리고 있습니다. 초기부터 확보한 높은 성능과 안정성을 유지하면서 끊임없이 발전한 덕분에 C++가 계속 사용될 수 있었습니다.

## 객체지향 프로그래밍

C++는 객체지향 프로그래밍 언어입니다. 프로그래밍 세계에서 객체<sup>object</sup>는 '처리할 데이터와 처리 방법을 객체라는 논리 단위로 모두 포함하는 것'으로 간단하게 설명할 수 있습니다. 예를 들어 다음 그림에서 왼쪽은 게임 속 몬스터의 속성(데이터)과 동작(함수)을 추상화하여 나타낸 것입니다. 그리고 오른쪽은 이를 바탕으로 monster라는 객체를 UML 클래스 다이어그램으로 표현한 것입니다.

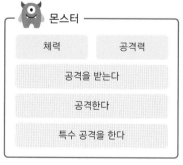

| 몬스터 | Monster |
|---|---|
| 체력   공격력 | - hp :int |
| 공격을 받는다 | - power :int |
| 공격한다 | + get_damage(int) :void |
| 특수 공격을 한다 | + attack(Player) :void |
|  | + attack_special(Player) :void |

그림 1-3 게임 속 몬스터 객체 도식화

객체지향 언어인 C++는 다양한 실제 문제를 프로그램으로 모델링하여 해결하는 데 유용했습니다. C++ 이전에도 스몰토크smalltalk와 같은 객체지향 언어가 있었지만, 더 높은 범용성과 안정성을 갖춘 C++ 언어가 더 많은 문제를 모델링하고 해결할 수 있게 되면서 인기를 얻었습니다.

**궁금해요!** ▸ **UML이 뭔가요?**

UML이란 통합 모델링 언어(unified modeling language)로, 1997년 OMG(object management group)에서 표준으로 채택한 언어입니다. 모델링이란 어떤 것을 만들기 전에 설계도를 만드는 작업을 말하는 용어입니다. 즉, UML은 프로그램 설계 구조와 의도를 쉽게 전달하기 위한 언어입니다. 다만 UML은 그림으로 표현되는 언어라서 '그래픽 언어'라고도 합니다.

UML을 그리는 다양한 도구가 있지만, 온라인에서 무료로 이용할 수 있는 app.diagrams.net이 있습니다. 다음은 app.diagrams.net에서 Person이라는 클래스 다이어그램을 UML로 그려 본 것입니다. 클래스 다이어그램은 클래스 내부의 특성이나 클래스 사이의 관계를 UML로 표현한 것입니다. 객체지향 언어를 배울 때는 클래스 다이어그램에 익숙해져야 합니다.

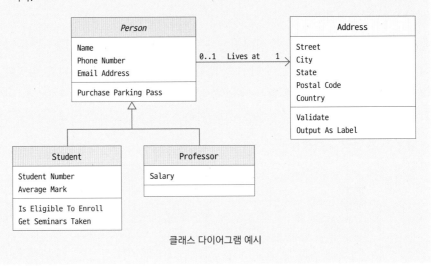

클래스 다이어그램 예시

## 저수준 접근과 메모리 직접 관리

C++가 가진 또 다른 특징은 저수준 접근이 가능하다는 것입니다. 저수준 접근이란, 프로그램이 동작하는 시스템의 하드웨어에 직접 접근하여 제어하는 것을 말합니다. 또한 메모리도 개발자가 프로그래밍으로 직접 관리할 수 있습니다. 메모리에 직접 접근하면 원하는 데이터를

즉시 처리할 수 있습니다. 저수준 접근과 메모리 직접 관리는 불필요한 과정을 줄여 매우 효율적인 프로그램을 개발할 수 있게 합니다.

## 데이터 추상화와 범용성

프로그램으로 다양한 문제를 해결한다는 것은 다양한 형태의 데이터와 구조를 다뤄야 한다는 의미입니다. 이러한 방법에는 여러 가지가 있지만, 다음처럼 두 가지를 생각해 볼 수 있습니다.

- 다양한 데이터와 구조를 처리할 수 있는 모든 방법을 제시한다.
- 한 가지 방법으로 여러 가지 데이터와 구조를 처리한다.

첫 번째 방법은 데이터나 구조별로 접근 방법을 일일이 알아야 하고 새로운 형태의 데이터나 구조가 추가되면 프로그래밍 언어 자체를 변경해야 합니다. 반면에 두 번째 방법은 데이터나 구조와 상관없이 한 가지 방법만 알면 되므로 사용이 쉽습니다. 다만, 컴파일러 구조가 복잡할 수 있습니다.

C++ 언어는 두 번째 방식을 채택해 다양한 데이터와 구조를 한 가지 방식으로 쉽게 처리할 수 있게 했습니다. 이를 범용성이라고 하며 C++ 언어는 객체를 추상화하는 방법으로 범용성을 구현합니다. 추상화에 관해서는 06장과 07장에서 자세히 알아보겠습니다.

## C++ 활용 분야

C++ 언어로 만들 수 있는 프로그램이나 활용 분야는 독자 여러분의 학습 목표와 유사할 것입니다. 대략 다음처럼 정리할 수 있습니다.

- **객체지향 프로그래밍 학습:** C++는 고수준 언어이면서 객체지향의 다양한 특징을 학습할 수 있으며, 디자인 패턴, 클린 코드 등 객체지향 언어의 특징을 활용한 프로그래밍 기법을 구현하기도 쉽습니다.
- **네이티브 애플리케이션 개발:** C++ 컴파일러는 플랫폼에 최적화된 기계어 코드를 만들어 내므로 엑셀, 포토샵 같은 애플리케이션을 개발할 수 있습니다.
- **과학 기술 계산:** C++는 계산과 통신 성능을 특정 문제에 맞게 최적화할 수 있습니다. 또한 과학 기술 계산에 필요한 컴파일러, 분산·병렬, 수치 해석 라이브러리 등을 비롯해 풍부한 개발 생태계가 구축되어 있습니다.
- **임베디드 프로그래밍:** C++는 메모리와 하드웨어를 직접 다룰 수 있어 메모리 사용이 제한적인 임베디드 프로그래밍에 적합합니다.

- **다중 플랫폼 지원 프로그래밍:** C++는 다중 플랫폼에 호환되는 문법과 표준 라이브러리를 제공하므로 플랫폼별로 최적화된 기계어 코드를 만들 수 있습니다.

이처럼 C++는 고수준 언어이면서 저수준으로 접근할 수도 있어서 고성능 프로그램을 쉽게 개발할 수 있습니다. 하지만 저수준 접근과 메모리 직접 관리는 프로그래밍을 어렵게 만드는 원인이기도 합니다. 성능과 개발 편의성은 여러 면에서 상충하므로 무조건 어떤 언어를 사용해야 한다고 잘라서 말할 수는 없습니다.

## C++ 개발 생태계

개발 생태계는 프로그래밍 언어가 발전할 수 있는 밑바탕이라고 할 수 있습니다. 여기서는 언어의 '표준 명세', '개발자 커뮤니티', '개발 환경과 라이브러리'로 분류하여 C++의 개발 생태계를 알아보겠습니다.

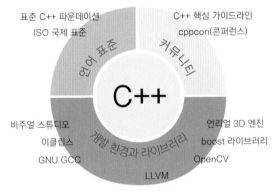

그림 1-4 C++ 개발 생태계

### 표준 명세

C++는 하나의 회사나 단체에 종속되지 않는 열린 생태계를 만들고자 국제 표준으로 재정되었습니다. 따라서 다양한 회사나 단체, 개발자들이 컴파일러를 만들어서 배포할 수 있습니다.

C++ 규약은 1998년 ISO 표준으로 채택된 이후 새로운 규약이 지속해서 추가되고 있습니다. 2024년 현재 가장 최근 표준은 C++23입니다. C++ 언어는 C++11부터 3년마다 새로운 표준안을 내놓으며 새로운 요구 사항과 시대 흐름을 반영하고 있습니다.

1998년 처음 ISO 표준이 제정된 이후 2003년, 2011년, 2014년, 2017년, 2020년, 2023년까지 총 여섯 차례 표준안이 개정되었습니다. 각 표준은 연도의 끝 두 자리를 사용해 C++03, C++11, C++14, C++17, C++20, C++23이라고 합니다. C++98~23까지 주요 변경 사항은 다음 그림에서 확인할 수 있습니다.

**C++98**
- C++ 언어의 기초
- 클래스 및 상속
- 가상 함수
- 새로운 메모리 관리

**C++03**
- C++ 표준 라이브러리 STL 제공
- 네임스페이스
- C++98 오류 수정

**C++11**
- 범위 기반 for 문
- auto, nullptr
- 람다 함수
- 명시적 오버라이드

**C++14**
- 이진수 리터럴
- 숫자 구분 기호
- 범용 람다 함수
- C++11 오류 수정

**C++17**
- 파일 시스템, 병렬 처리 라이브러리
- if, switch 문 초기화
- 폴드(fold) 표현식

**C++20**
- 모듈, 컨셉, 코루틴
- 3방향 비교 연산자
- 기능 테스트 매크로
- 템플릿 람다 함수

**C++23**
- 연역 this 포인터
- 모나드 형식 expected, optional
- 가변 인자 print

모던 C++

**그림 1-5** C++ 버전별 주요 특징

C++11부터를 흔히 '모던 C++'이라고 하며 이 책의 넷째마당(13~16장)에서는 모던 C++에서 새로 추가된 데이터 형식, 구문, 표준 라이브러리 가운데 주요 내용을 소개합니다.

## 커뮤니티

프로그래밍 언어가 발전하고 유지되려면 표준 활동 외에도 대중에게 알리고 사용자끼리 유대를 장려하는 커뮤니티 활동 역시 필요합니다.

C++ 언어를 주제로 한 다양한 커뮤니티가 있지만, 가장 중심이 되는 활동은 CppCon입니다. CppCon은 ISO 표준을 이끄는 비영리 단체인 표준 C++ 파운데이션에서 주관하는 C++ 개발자 콘퍼런스입니다. CppCon에서는 매년 다양한 주제의 C++ 관련 주제가 발표되고 있습니다. C++ 언어 규약에 대한 발표가 많으므로 시간이 지나도 참고할 수 있습니다.

그리고 주목할 만한 커뮤니티로는 비야네 스트롭스트룹과 다른 개발자들이 함께 주관하는 'C++ 핵심 가이드라인'이 있습니다. 새로운 C++ 언어 표준과 개발에 참고할 수 있는 다양한 내용을 제공하고 있습니다. 그리고 'C++ 코리아'에서는 국내 C++ 개발자들과 만날 수 있습니다.

- **CppCon**: cppcon.org
- **Cpp 핵심 가이드라인**: github.com/isocpp/CppCoreGuidelines
- **C++ 코리아**: github.com/CppKorea

그림 1-6 CppCon 홈페이지

## 개발 환경과 라이브러리

개발 생태계 중에서 개발자들이 가장 빈번하게 접하는 것이 개발 환경과 라이브러리입니다. 개발 환경에는 소스 코드를 작성하는 데 도움을 주는 통합 개발 환경과 컴파일러, 디버거 등이 있습니다.

### 통합 개발 환경

C++ 통합 개발 환경<sup>integrated development environment, IDE</sup>으로는 윈도우에서 사용할 수 있는 비주얼 스튜디오<sup>Visual Studio</sup>와 macOS에서 사용할 수 있는 엑스코드<sup>Xcode</sup>, 다양한 운영체제에서 사용할 수 있는 비주얼 스튜디오 코드<sup>Visual Studio Code</sup>, 이클립스<sup>Eclipse</sup> 등이 있습니다.

- **비주얼 스튜디오**: visualstudio.microsoft.com
- **비주얼 스튜디오 코드**: code.visualstudio.com
- **엑스코드**: developer.apple.com/kr/xcode
- **이클립스**: eclipse.org

### 컴파일러와 디버거

C++ 언어는 국제 표준이므로 이를 준수한 다양한 컴파일러가 있습니다. 대부분의 IDE는 컴파일러를 함께 제공합니다. 디버거 역시 IDE에 통합되어 있습니다. 전 세계에서 많이 사용하는 컴파일러와 디버거는 다음과 같습니다.

- **GCC와 GDB:** gcc.gnu.org
- **Clang과 LLDB:** clang.llvm.org
- **DPC++/C++:** intel.com/content/www/us/en/developer/tools/oneapi/dpc-compiler.html

GCC$^{\text{gnu compiler collection}}$는 GNU의 컴파일러 모음 프로젝트입니다. 프로젝트 중에서 C++ 언어를 위한 컴파일러는 G++이며, 디버거는 GNU의 다른 프로젝트인 GDB 디버거를 사용할 수 있습니다. GCC로 개발하면 이식성이 높은 애플리케이션을 개발할 수 있습니다.

Clang은 LLVM$^{\text{low level virtual machine}}$을 기반에 둔 C 계열 언어들의 컴파일러입니다. Clang은 C와 C++뿐 아니라 오브젝티브-C$^{\text{Objective-C}}$와 같은 C 계열 프로그래밍 언어를 모두 컴파일할 수 있습니다. 비주얼 스튜디오 같은 IDE에 기본 컴파일러 대신 사용할 수 있습니다. Clang으로 컴파일된 프로그램을 디버깅하려면 LLVM에서 제공하는 LLDB$^{\text{low-level debugger}}$를 사용해야 합니다.

인텔은 자사의 CPU에 최적화되어 최고의 성능을 보장하는 C++ 컴파일러를 유료로 제공했습니다. 그리고 2020년 12월에 다양한 하드웨어 가속기와 플랫폼을 지원하는 oneAPI를 출시하면서 컴파일러를 포함해 다양한 소프트웨어를 oneAPI로 통합하여 무료로 배포하고 있습니다. oneAPI에서 C++ 컴파일러는 DPC++/C++입니다. 이 컴파일러는 인텔 CPU에서 병렬 처리에 최적화된 코드를 생성합니다. 인텔 컴파일러 역시 IDE와 통합하여 사용할 수 있습니다.

### 라이브러리

현대의 소프트웨어는 규모도 크고 복잡한 기술을 바탕으로 설계되어 전체를 혼자 만들 수는 없습니다. 라이브러리나 프레임워크처럼 이미 개발된 공통의 기능을 가져와 사용해야 합니다. 비야네 스트롭스트룹은 라이브러리에 관해 다음처럼 이야기합니다.

> *"좋은 라이브러리 없이는 흥미로운 작업들을 C++로 수행하기 어렵다.*
> *하지만 좋은 라이브러리를 사용하면 대부분의 작업을 손쉽게 할 수 있다."*

C++ 언어의 오랜 역사만큼이나 다양한 라이브러리가 존재합니다. 다만, 파이썬이나 리눅스 운영체제들처럼 배포 시스템을 갖추고 있지 않아서 개발자가 스스로 필요한 라이브러리를 설치해야 합니다. 오픈소스 C++ 라이브러리 목록은 다음 주소에서 확인할 수 있습니다.

- **오픈소스 C++ 라이브러리 목록:** ko.cppreference.com/w/cpp/links/libs

많이 사용하는 C++ 라이브러리를 소개하면 다음과 같습니다. 이 가운데에 C++ 표준 라이브러리는 이 책의 11장과 12장에서 다룹니다.

- **C++ 표준 라이브러리(en.cppreference.com/w/cpp/standard_library)**: C++ 표준 라이브러리는 언어 표준을 지원하는 클래스, 라이브러리의 집합입니다.
- **Boost C++(boost.org)**: 문자열, 포인터, 컨테이너, 알고리즘 등 C++ 프로그램에 필요한 라이브러리가 통합되어 있습니다. C++ 언어 표준에 많이 포함되었지만 구현체 등이 달라서 구별하여 사용해야 합니다.
- **OpenCV(opencv.org)**: 이론적인 원리를 알지 못하더라도 영상 처리에 필요한 다양한 기능을 사용할 수 있도록 만들어졌습니다. C++ 언어 외에도 파이썬, C# 등 다양한 언어를 지원합니다. 최근에는 딥러닝 학습에도 많이 사용됩니다.
- **POCO(pocoproject.org)**: C++ 언어에서 사용되는 라이브러리를 다양한 운영체제에서 사용할 수 있도록 지원합니다.
- **텐서플로(tensorflow.org)**: 딥러닝을 위한 다양한 라이브러리와 알고리즘을 제공합니다. 텐서플로 자체는 C++로 구현되어 있고, C++와 파이썬을 위한 API를 제공합니다.
- **언리얼 게임 엔진(unrealengine.com)**: 3D 게임을 개발할 때 필요한 그래픽 엔진, 물리 엔진, 음향과 관련된 다양한 기능을 제공합니다.

지금까지 C++ 개발을 쉽게 해주고 C++ 언어가 계속해서 사용될 수 있는 환경을 제공해 준 개발 생태계에 대해서 알아봤습니다. "구슬이 서말이라도 꿰어야 보배"라는 말이 있습니다. 개발 생태계는 C++ 언어로 프로그램을 개발할 때 풍부한 구슬과 같습니다. 잘 꿰맬 수 있는 방법은 다음 장부터 자세히 살펴보겠습니다.

**3분 퀴즈**

❶ C++ 언어가 ISO 국제 표준으로 추진된 배경을 설명해 보세요.

❷ C++ 언어의 특징을 설명해 보세요.

❸ C++ 개발 생태계를 구성하는 세 가지 요소는 무엇일까요?
1) _____ 2) _____ 3) _____

[모범 답안]
❶ 컴파일러에 따라 다르게 해석되는 현상을 막고 문법과 해석 패턴을 통일하려고
❷ C++는 객체지향 언어입니다. 다른 언어들과 다르게 저수준 접근을 통해 하드웨어에 직접 접근할 수 있고 메모리를 직접 관리합니다. 데이터 추상화를 통해서 다양한 데이터를 일관되게 처리할 수 있으며 범용성을 확보하였습니다.
❸ 1)언어 표준 2) 커뮤니티 3) 개발 환경 및 라이브러리

# 01-2 개발 환경 준비하기

이제 컴퓨터에 C++ 개발 환경을 준비해 보겠습니다. C++ 프로그램은 윈도우와 macOS를 비롯해 다양한 운영체제에서 개발할 수 있지만, 개발 도구를 설치하고 설정하는 과정은 운영체제마다 차이가 있습니다. 이 책의 실습 코드는 모두 윈도우 환경에서 실습한다는 가정으로 작성했습니다. 따라서 윈도우에서 개발하는 방법을 위주로 살펴보고, macOS와 웹 환경에서 개발하는 방법도 간략하게 소개하겠습니다.

## 비주얼 스튜디오 설치하기

비주얼 스튜디오Visual Studio는 전 세계에서 많은 개발자가 사용하는 통합 개발 환경integrated development environment, IDE입니다. 비주얼 스튜디오를 이용하면 C++ 언어로 작성된 코드를 컴파일하고 디버깅할 수 있으며 개발을 돕는 여러 가지 편리한 기능도 이용할 수 있습니다.

비주얼 스튜디오를 설치하려면 웹 브라우저에서 비주얼 스튜디오 홈페이지에 접속한 후 설치 파일을 내려받습니다. 비주얼 스튜디오는 누구나 무료로 내려받아 사용할 수 있는 커뮤니티 버전과 더 많은 기능이 포함된 전문가 버전, 기업용 유료 버전이 있습니다.

• **비주얼 스튜디오:** visualstudio.microsoft.com/ko/downloads

그림 1-7 비주얼 스튜디오 다운로드 화면

비주얼 스튜디오 설치 파일을 내려받았으면 실행해서 설치를 시작합니다.

그림 1-8 비주얼 스튜디오 설치 시작

워크로드를 선택하는 화면이 나오면 [C++를 사용한 데스크톱 개발]을 선택하고, 오른쪽의
설치 세부 정보에서 [v143 빌드 도구용 C++ 모듈(x64/x86 - 실험적)]에 체크 표시합니다.
이는 C++20에서 추가된 모듈을 사용하기 위한 설정입니다.

그림 1-9 워크로드 설정

설치를 마치면 〈시작〉을 클릭해 비주얼 스튜디오를 실행합니다.

그림 1-10 설치 완료

비주얼 스튜디오 제품군은 마이크로소프트 계정으로 여러 컴퓨터나 버전의 설정을 공유할 수 있습니다. 마이크로소프트 계정에 로그인하는 화면이 나오면 로그인하고, 설정 공유를 원하지 않으면 계정 로그인을 건너뛰어도 됩니다.

그림 1-11 마이크로소프트 계정 로그인

## 첫 번째 프로그램 만들기

비주얼 스튜디오를 설치했으면 콘솔 화면에 'Hello World!'를 출력하는 간단한 프로그램을 만들어 보겠습니다. 비주얼 스튜디오를 실행하고 시작 화면에서 [새 프로젝트 만들기]를 선택합니다.

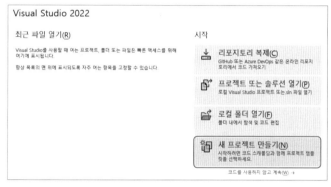

그림 1-12 새 프로젝트 만들기

그리고 프로젝트 템플릿 선택 화면에서 [콘솔 앱]을 선택합니다.

그림 1-13 템플릿 선택

프로젝트 이름, 위치, 솔루션 이름 등을 확인하고 〈만들기〉를 클릭합니다. 솔루션은 프로젝트보다 상위 개념입니다.

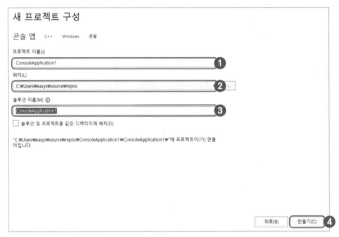

그림 1-14 새 프로젝트 구성

프로젝트가 만들어지면 다음 그림처럼 편집 창이 열립니다. 오른쪽에는 솔루션 탐색기가 보이고 왼쪽에는 기본 코드가 입력된 C++ 소스 파일이 열려 있습니다. 솔루션 탐색기에서 다른 파일을 더블클릭하면 해당 파일을 열 수 있습니다.

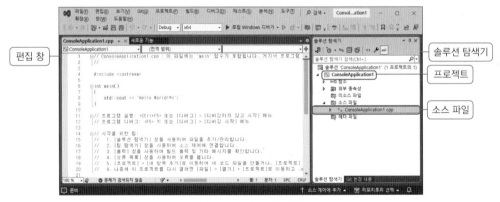

그림 1-15 소스 파일 편집 창

C++ 소스 파일은 확장자가 *.cpp입니다. 편집 창에 있는 모든 코드를 지우고 다음과 같은 코드를 직접 입력해 보세요. 이 코드는 자동으로 생성됐던 코드와 똑같이 동작합니다.

작성한 소스 파일을 실행하려면 키보드에서 단축 키 F5 *를 누르거나 위쪽 도구 모음에서 녹색 버튼( ▶ 로컬 Windows 디버거 ▾ )을 클릭합니다. 그러면 아래쪽 상태 표시 줄에 빌드 진행 사항이 표시된 후 완료되면 자동으로 실행됩니다.*

* 환경에 따라서 디버거가 매우 느리게 실행되거나 멈출 수 있습니다. 오래 기다려도 동작하지 않거나 멈추었다면 Shift + F5 로 디버그를 중지한 후 다시 실행하기 바랍니다.

---

**Do it! 실습** 'Hello World!' 출력

```cpp
#include <iostream>

int main()
{
  std::cout << "Hello World!\n";
}
```

---

**실행 결과**

```
Hello World!
```

---

\* 원래 int main()처럼 반환값이 있는 함수는 return 문을 포함해야 하지만, main()은 특별한 함수이므로 생략해도 return 0을 반환합니다(참고: en.cppreference.com/w/cpp/language/main_function).

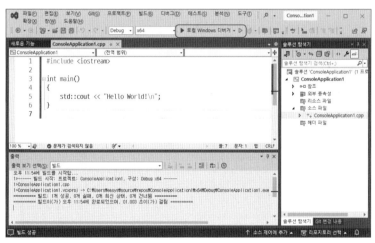

그림 1-16 빌드 완료 화면

프로그램이 실행되면 앞에서 프로젝트를 만들 때 [콘솔 앱]을 선택했으므로 콘솔 창이 열리면서 'Hello World!'가 출력되는 것을 볼 수 있습니다. 이 창은 아무 키나 누르면 닫힙니다.

그림 1-17 콘솔 창에 'Hello World!' 출력 화면

**궁금해요!** 녹색 버튼 옆에 〈디버그하지 않고 시작〉은 무엇인가요?

녹색 버튼(▶ 로컬 Windows 디버거 ▾)은 〈디버깅 시작〉 메뉴이며, 그 옆의 빈 녹색 버튼(▷)은 〈디버그하지 않고 시작〉 메뉴입니다. 그리고 F5는 디버깅 시작 단축 키이며, 만약 디버그하지 않고 시작하려면 Ctrl 키를 누른 채로 F5를 누릅니다.

디버깅은 프로그램의 문제점을 찾기 위해 코드를 한 줄씩 실행하면서 변수 상태 등을 관찰하는 방법입니다. 〈디버그하지 않고 시작〉은 디버깅 과정을 생략한 채 빌드된 프로그램을 직접 실행하는 방법입니다. 마치 윈도우 탐색기에서 실행 파일을 더블클릭한 것과 같습니다.

## 오류 메시지 확인하기

소스 파일을 컴파일하거나 실행할 때 오류가 발생하면 다음처럼 마지막으로 성공한 빌드를 실행할지 묻습니다. 이때 〈아니요〉를 클릭하면 아래쪽 [오류 목록] 창에 오류 메시지를 보여줍니다.

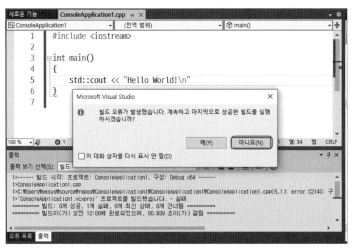

그림 1-18 빌드 오류 발생

다음 그림은 소스에서 5번째 줄 끝에 세미콜론을 생략하고 실행한 예입니다.

그림 1-19 오류 메시지 확인

지금까지 비주얼 스튜디오에서 프로젝트를 만들고 코드를 작성해 실행하는 방법을 살펴봤습니다. 이 책의 모든 실습 코드는 단일 cpp 파일로 구성했으므로 각 실습마다 이와 같은 방식으로 비주얼 스튜디오에 프로젝트를 만들고 소스 파일에 코드를 작성하여 실행하면 됩니다.

## 실습 파일 내려받기

프로그래밍 언어를 공부할 때는 코드를 키보드로 직접 작성해 보아야 빨리 익숙해집니다. 이 책의 실습 코드도 여러분이 직접 작성하여 실행해 보면 좋겠습니다. 다만 코드가 너무 길거나 내가 작성한 코드를 검증된 코드와 비교해 보고 싶다면 필자가 제공하는 소스 파일을 참고할 수 있습니다.

이 책의 실습용 소스 파일은 모두 필자의 깃허브 저장소에 올려 두었습니다. 다음 주소에 접속하면 소스 파일을 내려받아 실행해 볼 수 있습니다.

• **실습용 소스 파일 내려받기**: github.com/mystous/DoItCPP

깃허브 저장소에서 〈Code〉를 클릭하고 [Download ZIP]을 선택합니다. 그러면 이름이 'DoItCPP-master. zip'인 압축 파일을 내려받습니다.

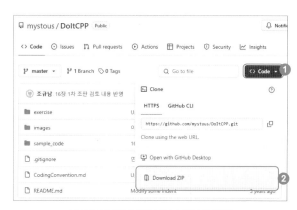

그림 1-20 깃허브에서 실습 파일 내려받기

내려받은 파일의 압축을 풀면 sample_code라는 폴더가 보입니다. 이 폴더에서 sample_code.sln 파일을 더블클릭하면 비주얼 스튜디오에서 이 책의 실습 파일이 모두 담긴 솔루션이 열립니다.

그림 1-21 솔루션 파일 실행

비주얼 스튜디오에서 솔루션 탐색기를 보면 장별 폴더가 있습니다. 폴더를 확장하면 해당 장에서 실습하는 프로젝트(📁)가 나열되고, 프로젝트를 확장하면 *.cpp 확장자의 소스 파일(📄)이 보입니다.

각 프로젝트의 소스 파일을 실행하려면 우선 해당 프로젝트를 시작 프로젝트로 설정해야 합니다. 프로젝트에 마우스 오른쪽을 클릭한 후 [시작 프로젝트로 설정]을 선택합니다. 시작 프로젝트로 설정되면 프로젝트 이름이 굵게 표시됩니다. 이를 확인하고 F5를 눌러 실행합니다.

\* 만약 편집 창에 다른 프로젝트의 소스 파일이 열려 있더라도 시작 프로젝트로 설정된 소스 파일이 실행됩니다. 시작 프로젝트 설정을 잊지 마세요.

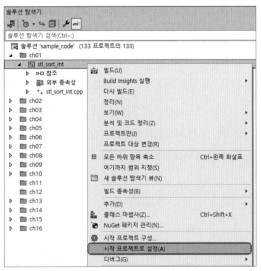

그림 1-22 시작 프로젝트로 설정하기

## 컴파일 옵션 선택하기

이 책에 담긴 모든 코드는 윈도우 10에서
비주얼 스튜디오 2022 커뮤니티 버전으로
테스트했습니다. 그리고 C++20 표준을 사
용해 컴파일했습니다. 비주얼 스튜디오에
서 언어 표준을 확인할 때는 메뉴에서 [프로
젝트 → **프로젝트명 속성**]을 선택합니다.

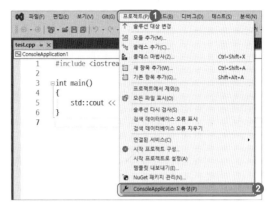

그림 1-23 프로젝트 속성 열기

프로젝트 속성 창이 열리면 왼쪽에서 [구성 속성 → **일반**]을 클릭합니다. 여기서 [**C++ 언어
표준**]의 속성값을 [ISO C++ 20 표준(/std::c++20)]으로 설정합니다. 만약 실습에 따라 언어
표준을 바꿔야 한다면 여기서 변경하면 됩니다.

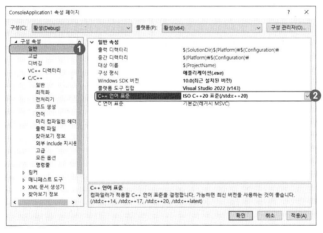

그림 1-24 언어 표준 확인

그리고 이 책의 후반부에서는 모듈을 사용하는 실습도 진행하므로 모듈을 사용하는 설정도
해줘야 합니다. [구성 속성 → C/C++ → 언어]에서 [**실험용 C++ 표준 라이브러리 모듈 사용**]
속성값을 [**예(/experimental:module)**]로 설정합니다.

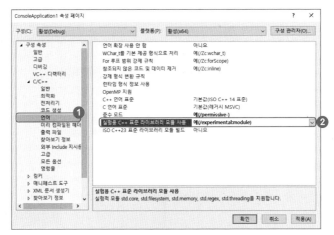

그림 1-25 모듈 기능 켜기

참고로 필자가 제공하는 각 프로젝트에는 C++20 표준과 모듈 기능이 모두 설정되어 있습니다. 만약 다른 컴파일 옵션을 사용한다면 책의 실행 결과와 다르거나 동작하지 않을 수 있으니 주의하세요.

## macOS에서 C++ 개발 환경

이번에는 macOS에서 C++ 개발 환경을 살펴보겠습니다. 해당되지 않는 독자는 이 단락을 건너뛰세요. macOS용 비주얼 스튜디오는 C++ 컴파일을 지원하지 않고 C# 컴파일만 지원합니다. 또한 비주얼 스튜디오 홈페이지에 보면 **'맥용 비주얼 스튜디오는 2024년 8월 31일에 사용 중지'**라고 안내합니다. 따라서 macOS 환경에서는 다른 도구를 사용해야 합니다.

macOS에서 C++ 프로그래밍을 할 때는 주로 애플의 엑스코드Xcode나 마이크로소프트의 비주얼 스튜디오 코드Visual Studio Code를 사용합니다.

- **엑스코드 설치**: 애플 앱 스토어에서 'Xcode'로 검색 후 설치
- **비주얼 스튜디오 코드 설치**: code.visualstudio.com에 방문하여 운영체제에 맞는 설치 파일 내려받기

엑스코드에서는 C++ 프로젝트를 공식 지원하므로 앞에서 소개한 비주얼 스튜디오처럼 사용하면 됩니다.* 템플릿 선택 화면에서 [Command Line Tool]을 선택하고 다음 화면에서 언어를 C++로 선택하면 됩니다.

\* 엑스코드에서는 지원하는 C++ 언어 규약이 다를 수 있어 책의 실행 결과가 일부 다를 수 있습니다.

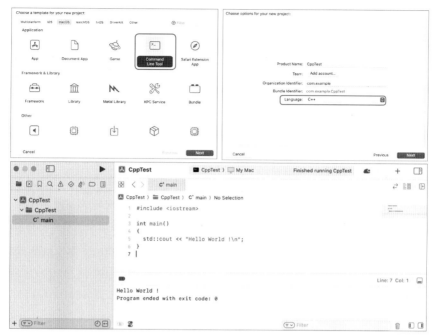
그림 1-26 엑스코드에서 C++ 컴파일 예

비주얼 스튜디오 코드에서 C++를 사용하려면 별도의 확장 패키지를 설치해야 하며 몇 가지 설정을 해줘야 합니다. 이와 관련한 안내는 다음 주소에서 확인할 수 있습니다.

- **비주얼 스튜디오 코드에서 C++ 사용하기**: code.visualstudio.com/docs/languages/cpp
- **마이크로소프트 C/C++ 익스텐션**: marketplace.visualstudio.com/items?itemName=ms-vscode.cpptools

그림 1-27 비주얼 스튜디오 코드에서 C++ 컴파일 예

## 웹 브라우저 개발 환경

이 책은 윈도우에서 비주얼 스튜디오를 사용해 실습하길 권하지만, 윈도우를 사용하지 않거나 개발 도구를 설치하기가 어려운 독자는 웹 브라우저를 이용할 수도 있습니다. 다만, 비주얼 스튜디오에서 제공하는 기능을 사용할 수 없는 제약이 있으며, 실제 개발 환경과도 차이가 있으므로 될 수 있으면 비주얼 스튜디오 같은 IDE를 사용하기 바랍니다.

웹 브라우저에서 C++ 코드를 컴파일하고 실행해 볼 수 있는 서비스는 여러 가지가 있지만, 이 책에서는 로그인할 필요가 없고 C++20 표준까지 실행할 수 있는 wandbox.org 사이트를 소개하겠습니다.* 

\* 웹 컴파일러는 언제든지 서비스가 중단될 수 있으므로 접속되지 않으면 다른 웹 컴파일러를 이용하세요.

wandbox.org 사이트에 접속한 후 왼쪽의 언어 선택 메뉴에서 [C++]를 선택합니다. 그리고 편집 창에 코드를 작성한 후 〈Run〉을 클릭하면 실행 결과를 확인할 수 있습니다. 만약 특정 버전의 C++ 컴파일이 필요할 때는 왼쪽의 [C++2b(GNU)]를 C++17, C++14 등으로 변경하면 됩니다.

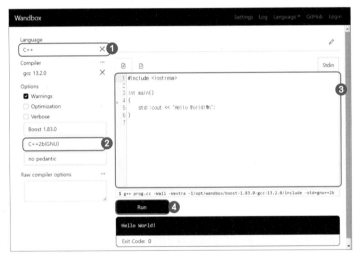

그림 1-28 웹 컴파일러 사용 화면(wandbox.org)

# 되 │ 새 │ 김 │ 문 │ 제

이번 장에서는 C++ 언어의 발전 과정과 특징을 알아보고 개발 환경을 준비해 보았습니다. 그러면서 현대 소프트웨어 개발에서 C++ 언어가 필요한 이유도 알아보았습니다. 되새김 문제를 풀며 이번 장에서 배운 내용을 정리해 보세요.

## 문제 1  C++ 언어의 특징

C++ 언어의 특징을 장점 위주로 작성해 보세요.

## 문제 2  여러 소스와 라이브러리를 사용하는 프로그램 빌드

main.cpp와 logic.cpp 두 개의 소스 파일을 사용하여 하나의 프로그램을 만든다고 생각해 봅시다. 복잡한 과정은 생략하고 두 개의 소스 코드와 good_utility.lib 라이브러리를 사용하여 run이라는 실행 파일을 만드는 과정을 그려 보세요. 본문의 [그림 1-2]를 참고하세요.

## 문제 3  최초의 C++ 국제 표준

C++는 언어의 표준 명세가 국제 표준으로 규정되어 있습니다. C++ 언의의 최초 표준 명세의 이름과 해당 표준 명세의 주요 특징 2가지를 설명해 보세요.

## 문제 4  C++ 언어로 만들 수 있는 프로그램

C++ 언어로 만들 수 있는 프로그램의 예를 들고, C++로 개발한 프로그램이 어떻게 높은 성능과 상대적으로 적은 메모리로 동작할 수 있는지 기술해 보세요.

## 문제 5  C++ 언어 생태계

C++ 언어의 생태계를 언어 표준, 커뮤니티, 개발 환경, 라이브러리로 구분하여 설명해 보세요.

• 모범 답안 위치: github.com/mystous/DoItCPP/tree/main/exercise/ch01

# 02 변수와 연산자

C++는 C를 발전시켜 만든 언어이므로 C의 거의 모든 문법을 계승했습니다. 따라서 대부분의 C++ 컴파일러는 C 언어로 작성된 코드를 컴파일할 수 있습니다. 다만 C++는 객체지향 언어이므로 C보다 문법적인 요소는 좀 더 많습니다. 이번 장부터 C++의 기본 문법을 본격적으로 다루려고 합니다. 이미 C의 문법에 어느 정도 지식이 있다면, C++의 문법을 이해하는 데 도움이 됩니다. 두 언어의 차이점을 비교해 보면 C++를 더 깊게 이해할 수 있을 것입니다.

# 02-1 C++ 표준 입출력

- 콘솔에 텍스트와 숫자 출력하기
- 키보드에서 입력된 값을 변수에 넣기

학습
목표

## C와 C++ 언어의 입출력 비교

C 언어에서는 stdio.h에 있는 scanf, printf를 이용해서 입출력을 합니다. 물론 C++ 언어에서도 scanf, printf로 입출력을 할 수 있지만, C++ 언어의 표준 입력과 출력은 iostream에 정의되어 있는 cin, cout을 사용합니다. iostream은 C++ 표준 라이브러리에 포함되며 C++ 언어의 입출력을 위한 헤더 파일입니다. C 언어의 stdio.h와 같은 역할로 이해하면 됩니다.

C와 C++ 언어의 입출력을 비교하면 다음과 같습니다.

표 2-1 C와 C++ 입출력 비교

| 구분 | C | C++ |
|---|---|---|
| 헤더 파일 | stdio.h | iostream |
| 입력문 | scanf | cin |
| 출력문 | printf | cout |

C++에서 입출력 코드를 어떻게 작성하는지 알아보겠습니다.

> **Do it! 실습** 숫자를 2개 입력받아 합을 출력하기
>
> • ch02/input_output/input_output.cpp

```
#include <iostream>

int main()
{
    int i, j;
```

소속을 알리는 네임스페이스

```cpp
    std::cout << "Enter num_1: ";    // 문자열 출력
    std::cin >> i;    // 사용자에게 정수를 입력받아 i에 저장

    std::cout << "Enter num_2: ";    // 문자열 출력
    std::cin >> j;    // 사용자에게 정수를 입력받아 j에 저장

    std::cout << " num_1 + num_2 = " << i + j << std::endl;    // 두 수의 합 출력

    return 0;
}
```

**실행 결과**

```
Enter num_1: 10 [Enter]
Enter num_2: 15 [Enter]
num_1 + num_2 = 25
```

## 소속을 알리는 네임스페이스

**네임스페이스**[namespace]는 소속을 지정해 주는 역할을 합니다. 앞선 코드에서 cin, cout 앞에 붙은 std::는 std라는 네임스페이스에 접근할 때 쓰는 표현입니다. std는 standard의 줄임말로 C++ 언어에서 흔히 사용하는 여러 가지 함수와 클래스, 객체, 유틸리티가 정의된 네임스페이스입니다.

네임스페이스는 내부 식별자[identifier](형식, 함수, 변수 등)에 범위를 부여해 여러 라이브러리를 포함할 때 이름이 충돌하는 것을 방지하려고 사용합니다. 코드의 양이 늘거나 다른 사람이 만든 코드를 가져다 쓸 때 이름이 같은 함수를 사용할 수 있습니다. C++에서는 이를 구분할 수 있게 같은 이름이라도 소속된 네임스페이스가 다르면 서로 다른 것으로 취급합니다.

즉, std라는 네임스페이스를 통해 화면 입출력을 위한 cin과 cout을 사용할 수 있습니다. 그런데 만약 입출력문 앞에 매번 `std::`를 붙이는 것이 번거롭다면 소스 앞부분에 `using namespace std` 코드를 작성해 생략할 수 있습니다. 이 선언문은 "cin, cout 등이 사용될 때는 무조건 std에 속한 것을 호출한다"라고 미리 알리는 것입니다.

그럼 네임스페이스를 사용하는 예를 보겠습니다. 다음 코드에서는 using 문으로 std 네임스페이스 사용을 선언하고 cout과 cin, endl 등을 사용할 때 소속을 생략했습니다.

```cpp
#include <iostream>
using namespace std;   // 네임스페이스 사용 선언

int main()
{
    int i, j;

    cout << "Enter num_1: ";
    cin >> i;

    cout << "Enter num_2: ";
    cin >> j;

    cout << "num_1 + num_2 = " << i + j << endl;

    return 0;
}
```

> 네임스페이스 사용 선언으로 코드가 간결해졌어!

그런데 using namespace std 대신 std::를 매번 표기하는 코드가 더 좋습니다. 왜냐하면 std 전체 네임스페이스를 가져올 때 이름 선언이 충돌할 수 있기 때문입니다. 간단한 연습용 코드에서는 std 라이브러리를 가져와도 괜찮지만, 구조가 복잡하고 양이 많은 상용 수준의 코드에서는 주의해서 사용해야 합니다. C++가 업그레이드되면서 새로운 함수와 클래스들이 std 네임스페이스에 추가될 때, 사용자 코드에서 사용한 함수나 클래스 이름과 충돌할 수 있습니다.

일부 컴파일러에서는 오류가 발생하여 바로 원인을 알 수도 있지만, 그렇지 않고 이름이 중복된 상태로 컴파일을 통과한다면 프로그램이 런타임$^{runtime}$(실행 시간) 때 문제가 발생할 수 있습니다. 런타임 오류는 바로잡는 데 훨씬 많은 노력이 필요합니다. 게다가 중요한 부분에서 오류가 발생한다면 걷잡을 수 없는 손해가 발생할 수도 있습니다.

## cout 출력

C 언어에서 출력은 printf 함수를 이용합니다. 문자열이나 정수, 부동 소수점 등을 출력하는 데 사용되며, %d, %f, %s와 같은 형식 지정자로 출력 형식을 지정해야 합니다. 반면에 C++에서

는 cout이라는 스트림 객체를 사용합니다. cout을 사용하면 형식 지정자를 사용하지 않고도 문자열이나 정수, 부동 소수점 등을 출력할 수 있습니다.

cout은 << 연산자로 출력 대상을 전달합니다. 연산자가 가리키는 방향은 정보의 흐름을 나타냅니다. <<을 여러 개 이용하면 연속해서 출력할 수도 있습니다. 그리고 콘솔에서 줄을 바꿔 출력할 때는 endl을 사용합니다. endl은 \n처럼 개행 문자 하나를 출력하는데, 이때 출력 버퍼를 비우는 역할도 함께 수행합니다. 스트림을 비움으로써 출력이 화면에 바로 나타나도록 합니다.

**cout 사용 예**

```
std::cout << 출력1 << 출력2 << ... << 출력n << std::endl;
```

## cin 입력

C 언어에서 사용자나 파일로부터 입력을 받을 때는 scanf 함수를 이용합니다. 반면에 C++ 언어에서는 같은 용도로 cin을 사용합니다. cout의 << 연산자와 반대로 cin에서는 >> 연산자를 사용합니다. >> 연산자 다음에는 스트림에서 읽어 온 값을 저장할 변수를 지정합니다.

**cin 사용 예**

```
std::cin >> 저장할_변수;
```

C 언어의 scanf와 다르게 cin에서는 입력받을 데이터의 형식을 나타내는 **%c**, **%d** 같은 형식 지정자가 필요 없습니다. 그런데도 cin은 scanf보다 데이터 형식에 안전합니다. scanf 함수는 입력된 데이터의 형식을 확인하지 않지만, cin은 입력된 데이터의 형식을 확인하고 잘못되었으면 오류가 발생합니다.

---

**문법 요약**  **네임스페이스**

- std는 C++ 표준 라이브러리에 정의된 네임스페이스로 cout, cin, string 등 자주 사용하는 함수와 객체가 포함되어 있다.
- cout은 콘솔에 출력할 때 사용하는 표준 출력 스트림 객체다.
- endl은 스트림을 비우고 줄을 바꾸는 조작자(manipulator)다.
- cin은 사용자의 입력을 읽을 때 사용하는 표준 입력 스트림 객체다.

```
using namespace std;   // 네임스페이스 사용 선언

cout << expression << endl;
cin  >> variable;
```

## 3분 퀴즈

**1** C++ 언어의 대표 입력문은 1) _____ , 출력문은 2) _____ 입니다.

**2** 네임스페이스(namespace)가 무엇이고 어떤 역할을 하는지 설명해 보세요.

**[모범 답안]**
**1** 1) std::cin   2) std::cout
**2** 네임스페이스는 내부 식별자(형식, 함수, 변수 등)에 범위를 지정하는 선언적 영역입니다. 여러 라이브러리를 포함할 때 발생할 수 있는 이름 충돌을 방지하기 위해 사용합니다.

# 02-2 데이터 형식

- 다양한 데이터 형식들의 체계를 이해하고 차이점 구분하기
- 용도에 맞는 적절한 데이터 형식을 선택해 활용하기

학습 목표

프로그래밍에서 말하는 변수란 '값을 저장할 수 있는 공간'입니다. C++ 언어에서는 변수에 값을 저장하기 전에 정수, 부동 소수점 수, 문자 등 어떤 값을 저장할지 미리 정해주어야 합니다. 이를 **데이터 형식**<sup>data type</sup>(자료형)이라고 합니다. 데이터 형식은 프로그래밍에서 가장 기본적인 요소입니다.

파이썬 같은 인터프리터 언어는 변수의 형식을 자동으로 결정해 줍니다. 반면에 C, C++ 같은 컴파일 언어는 형식을 직접 지정해 주어야 합니다. 형식이 엄격한 언어는 변수를 선언하고 사용할 때 어떤 형식으로 만들지 항상 고민해야 합니다. 파이썬처럼 형식이 유연한 언어보다 훨씬 까다롭지만, 런타임 오류도 줄고 메모리를 효율적으로 이용할 수 있다는 장점이 있습니다.

이 절에서는 C++ 언어의 데이터 형식과 특징을 알아보겠습니다.

## C++의 데이터 형식 분류

C++ 언어의 데이터 형식은 크게 5가지로 분류할 수 있습니다. 각 분류에 속하는 주요 형식은 다음 표와 같습니다. 세부 형식은 이보다 많지만 자주 사용하는 것 위주로 정리했습니다.

표 2-2 C++ 데이터 형식

| 형식 | 키워드 | 크기(byte) | 특징 |
|---|---|---|---|
| 보이드 | void | none | void는 "형식 없음"을 의미함 |
| 불리언 | bool | 1 | true, false 표현<br>C 언어에서도 지원(C99, stdbool.h) |
| 문자 | char | 1 | 8비트 정수형으로 사용될 경우 일반적으로는 -128~127<br>C++ 언어 표준에서는 적어도 -127~127 범위 지정 |
|  | unsigned char | 1 | 0~255 |
|  | signed char | 1 | 부호 비트를 가지도록 명시적 표현 |

| 정수 구분 | 형식 | 크기 | 설명 |
|---|---|---|---|
| | char8_t | 1 | C++20의 새 형식 |
| | char16_t | 2 | UTF-16 문자 표현에 사용 |
| | char32_t | 4 | UTF-32 문자 표현에 사용 |
| | wchar_t | 2 | 와이드 문자(wide character) 표현 |
| | __wchar_t | 2 | 마이크로소프트 전용 |
| 정수 | short | 2 | 적어도 char보다는 크기가 큰 정수 형식 |
| | unsigned short | 2 | 양수만 저장 |
| | int | 4 | 일반적으로 가장 많이 사용하는 정수 형식 |
| | unsigned int | 4 | 양수만 저장 |
| | __int8 | 1 | 마이크로소프트 전용 정수 형식<br>__int8은 char와 동일하게 취급,<br>__int16은 short, __int32는 int, __int64는 long long 과 같은 데이터 형식으로 간주 |
| | __int16 | 2 | |
| | __int32 | 4 | |
| | __int64 | 8 | |
| | long | 4 | long의 경우 32비트 운영체제에서는 4byte(32bit),<br>64비트 운영체제에서는 8byte(64bit)인데, 윈도우 64bit에 서는 long도 4byte로 취급 |
| | unsigned long | 4 | 양수만 저장 |
| | long long | 8 | int 형 연산에서 초과되는 범위를 다룰 때 사용<br>적어도 8byte 이상 크기 보장(C++11 이후) |
| | unsigned long long | 8 | 양수만 저장 |
| 부동 소수점 | float | 4 | C++ 언어에서 가장 작은 부동 소수점 형식 |
| | double | 8 | float보다 큰 부동 소수점 형식<br>소수를 구해야 하는 연산에서는 double이 소수점 아래 표현 을 더 많이 할 수 있으니 double을 추천 |
| | long double | 8 | GCC, G++에서는 long double이 16byte |

**'__int8', '__wchar_t' 같은 건 무엇인가요?**

데이터 형식 앞에 '__'이 붙은 것은 마이크로소프트에서 제공하는 확장형입니다. C++ 표준 은 아니며 마이크로소프트 비주얼 C++ 컴파일러에서만 인식합니다. 이러한 마이크로소프 트 확장형은 특정 환경에서만 지원되며 호환성이 떨어질 수 있으므로 이를 대체하는 int8_t, wchar_t 같은 표준 C++ 자료형을 사용하는 것이 좋습니다.

## 형식이 없음을 나타내는 void

C++에서 void는 형식이 없음을 나타냅니다. 따라서 void형으로는 다음처럼 **변수를 선언할 수 없습니다.**

**void형 변수 선언(컴파일 오류)**

```
void value;
```

그럼 void형은 언제 사용할까요? void형은 3가지 상황에서 사용합니다. 첫 번째는 함수가 값을 반환하지 않음을 표시할 때입니다. 다음 코드에서 `print_func` 함수에는 값을 반환하는 `return` 문이 없습니다. 이처럼 반환값이 없는 함수를 선언할 때 void를 사용합니다.

**함수가 값을 반환하지 않을 때**

```
void print_func()
{
    std::cout << "func" << std::endl;
}
```

두 번째는 함수의 매개변수가 없음을 표시할 때입니다. 물론 함수의 매개변수가 없으면 아무것도 입력하지 않은 채 ()처럼 빈 괄호로 두어도 됩니다. 하지만 다음 코드처럼 void로 표시하면 매개변수가 없음을 명시적으로 나타낼 수 있습니다.

**매개변수가 없음을 표시할 때**

```
int input_func(void)
{
    int input_value;
    std::cin >> input_value;
    return input_value;
}
```

세 번째는 어떤 변수라도 가리킬 수 있는 제네릭 포인터<sup>generic pointer</sup>*를 만들 때 사용할 수 있습니다. 제네릭 포인터에서 void는 단순히 '형태가 없음'을 의미하기보다 '형태가 자유로움'을 의미한다고 이해하는 편이 좋습니다.

```
int int_value;
float float_value;
void *ptr_value;
ptr_value = &int_value;
ptr_value = &float_value;
```

## 참, 거짓만 가지는 bool 형식

bool은 참(true: 1)과 거짓(false: 0)만 가질 수 있는 형식입니다. bool형 변수에 true나 false 값을 초기화하거나 할당할 수 있지만, 실제로는 키워드가 아닌 정수로 저장됩니다. true는 정수 1, false는 정수 0을 의미합니다.

**Do it! 실습** bool형 변숫값 출력하기

• ch02/bool/bool.cpp

```
#include <iostream>
using namespace std;

int main()
{
    bool value;

    value = true;
    cout << value << endl;

    value = false;
    cout << value << endl;

    return 0;
}
```

> bool형은 참, 거짓 둘 중 한 값만 나타낼 수 있구나!

**실행 결과**

```
1
0
```

# 문자 형식

char는 C, C++ 언어에서 문자를 다룰 때 사용하는 대표적인 데이터 형식입니다. 하지만 사실 char는 8bit(=1byte) 정수를 저장하는 역할을 할 뿐, 문자 전용 데이터 형식은 아닙니다. char에 저장된 값은 아스키$^{ASCII*}$ 코드로 변환하여 사용할 수 있습니다.

* ASCII(American Standard Code for Information Interchange) 코드는 1963년 미국 ANSI에서 표준화한 정보교환용 문자 인코딩입니다. 전신 타자기(teleprint)를 이용한 통신에서 사용하기 시작했고, 이후 8bit 컴퓨터에서도 활용되어 오늘날 문자 인코딩의 기반이 되었습니다.

**ASCII control characters**

| | | |
|---|---|---|
| 00 | NULL | (Null character) |
| 01 | SOH | (Start of Header) |
| 02 | STX | (Start of Text) |
| 03 | ETX | (End of Text) |
| 04 | EOT | (End of Trans.) |
| 05 | ENQ | (Enquiry) |
| 06 | ACK | (Acknowledgement) |
| 07 | BEL | (Bell) |
| 08 | BS | (Backspace) |
| 09 | HT | (Horizontal Tab) |
| 10 | LF | (Line feed) |
| 11 | VT | (Vertical Tab) |
| 12 | FF | (Form feed) |
| 13 | CR | (Carriage return) |
| 14 | SO | (Shift Out) |
| 15 | SI | (Shift In) |
| 16 | DLE | (Data link escape) |
| 17 | DC1 | (Device control 1) |
| 18 | DC2 | (Device control 2) |
| 19 | DC3 | (Device control 3) |
| 20 | DC4 | (Device control 4) |
| 21 | NAK | (Negative acknowl.) |
| 22 | SYN | (Synchronous idle) |
| 23 | ETB | (End of trans. block) |
| 24 | CAN | (Cancel) |
| 25 | EM | (End of medium) |
| 26 | SUB | (Substitute) |
| 27 | ESC | (Escape) |
| 28 | FS | (File separator) |
| 29 | GS | (Group separator) |
| 30 | RS | (Record separator) |
| 31 | US | (Unit separator) |
| 127 | DEL | (Delete) |

**ASCII printable characters**

| | | | | | | |
|---|---|---|---|---|---|---|
| 32 | space | 64 | @ | 96 | ` | |
| 33 | ! | 65 | A | 97 | a | |
| 34 | " | 66 | B | 98 | b | |
| 35 | # | 67 | C | 99 | c | |
| 36 | $ | 68 | D | 100 | d | |
| 37 | % | 69 | E | 101 | e | |
| 38 | & | 70 | F | 102 | f | |
| 39 | ' | 71 | G | 103 | g | |
| 40 | ( | 72 | H | 104 | h | |
| 41 | ) | 73 | I | 105 | i | |
| 42 | * | 74 | J | 106 | j | |
| 43 | + | 75 | K | 107 | k | |
| 44 | , | 76 | L | 108 | l | |
| 45 | - | 77 | M | 109 | m | |
| 46 | . | 78 | N | 110 | n | |
| 47 | / | 79 | O | 111 | o | |
| 48 | 0 | 80 | P | 112 | p | |
| 49 | 1 | 81 | Q | 113 | q | |
| 50 | 2 | 82 | R | 114 | r | |
| 51 | 3 | 83 | S | 115 | s | |
| 52 | 4 | 84 | T | 116 | t | |
| 53 | 5 | 85 | U | 117 | u | |
| 54 | 6 | 86 | V | 118 | v | |
| 55 | 7 | 87 | W | 119 | w | |
| 56 | 8 | 88 | X | 120 | x | |
| 57 | 9 | 89 | Y | 121 | y | |
| 58 | : | 90 | Z | 122 | z | |
| 59 | ; | 91 | [ | 123 | { | |
| 60 | < | 92 | \ | 124 | \| | |
| 61 | = | 93 | ] | 125 | } | |
| 62 | > | 94 | ^ | 126 | ~ | |
| 63 | ? | 95 | _ | | | |

**Extended ASCII characters**

| | | | | | | | |
|---|---|---|---|---|---|---|---|
| 128 | Ç | 160 | á | 192 | └ | 224 | Ó |
| 129 | ü | 161 | í | 193 | ┴ | 225 | ß |
| 130 | é | 162 | ó | 194 | ┬ | 226 | Ô |
| 131 | â | 163 | ú | 195 | ├ | 227 | Ò |
| 132 | ä | 164 | ñ | 196 | ─ | 228 | õ |
| 133 | à | 165 | Ñ | 197 | ┼ | 229 | Õ |
| 134 | å | 166 | ª | 198 | ã | 230 | µ |
| 135 | ç | 167 | º | 199 | Ã | 231 | þ |
| 136 | ê | 168 | ¿ | 200 | ╚ | 232 | Þ |
| 137 | ë | 169 | ® | 201 | ╔ | 233 | Ú |
| 138 | è | 170 | ¬ | 202 | ╩ | 234 | Û |
| 139 | ï | 171 | ½ | 203 | ╦ | 235 | Ù |
| 140 | î | 172 | ¼ | 204 | ╠ | 236 | ý |
| 141 | ì | 173 | ¡ | 205 | ═ | 237 | Ý |
| 142 | Ä | 174 | « | 206 | ╬ | 238 | ¯ |
| 143 | Å | 175 | » | 207 | ¤ | 239 | ´ |
| 144 | É | 176 | | 208 | ð | 240 | ≡ |
| 145 | æ | 177 | | 209 | Ð | 241 | ± |
| 146 | Æ | 178 | | 210 | Ê | 242 | ‗ |
| 147 | ô | 179 | │ | 211 | Ë | 243 | ¾ |
| 148 | ö | 180 | ┤ | 212 | È | 244 | ¶ |
| 149 | ò | 181 | Á | 213 | ı | 245 | § |
| 150 | û | 182 | Â | 214 | Í | 246 | ÷ |
| 151 | ù | 183 | À | 215 | Î | 247 | ¸ |
| 152 | ÿ | 184 | © | 216 | Ï | 248 | ° |
| 153 | Ö | 185 | ╣ | 217 | ┘ | 249 | ¨ |
| 154 | Ü | 186 | ║ | 218 | ┌ | 250 | · |
| 155 | ø | 187 | ╗ | 219 | | 251 | ¹ |
| 156 | £ | 188 | ╝ | 220 | | 252 | ³ |
| 157 | Ø | 189 | ¢ | 221 | ¦ | 253 | ² |
| 158 | × | 190 | ¥ | 222 | Ì | 254 | |
| 159 | ƒ | 191 | ┐ | 223 | | 255 | nbsp |

그림 2-1 아스키 코드(출처: theasciicode.com.ar)

아스키 코드 표를 보면 문자로 출력할 수 있는 것은 32~126번까지입니다(그림에서 가운데 표). 해당 범위를 콘솔에 출력해 보면 다음과 같습니다.

> **Do it! 실습** 아스키 코드 출력하기
>
> • ch02/print_ASCII/print_ASCII.cpp

```cpp
#include <iostream>
using namespace std;

int main()
{
    cout << "아스키 코드 출력하기 [32 ~ 126]:\n";
```

```
    for (char i = 32; i <= 126; i++)    // 32부터 126까지 1씩 증가하며 반복
    {
        // 아스키 코드를 출력할 때 공백을 넣고 16개마다 줄 바꾸기
        cout << i << ((i % 16 == 15) ? '\n' : ' ');
    }

    return 0;
}
```

**실행 결과**

```
아스키 코드 출력하기 [32 ~ 126]:
  ! " # $ % & ' ( ) * + , - . /
0 1 2 3 4 5 6 7 8 9 : ; < = > ?
@ A B C D E F G H I J K L M N O
P Q R S T U V W X Y Z [ \ ] ^ _
` a b c d e f g h i j k l m n o
p q r s t u v w x y z { ¦ } ~
```

문자를 표현하는 데 char를 사용하는 이유는 아스키 코드가 7bit 형태의 체계를 따르고 있어서입니다. 나머지 1bit는 통신 확인용 패리티<sup>parity</sup> 비트입니다. 즉, char가 아스키 문자를 저장할 때는 0~127 사이의 값을 가집니다. 만약 char를 8bit 정수 저장용으로 사용한다면 1bit를 부호로 사용하여 −128~127을 저장하지만, unsigned 키워드를 사용하면 부호 비트까지 활용하여 0~255까지 더 많은 양수를 저장할 수 있습니다.

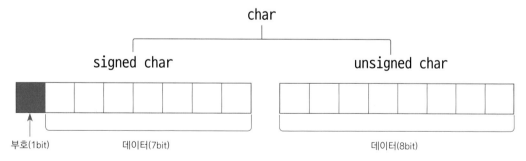

그림 2-2 signed char와 unsigned char 비교

wchar_t는 와이드 문자<sup>wide character</sup>를 저장하는 자료형입니다. 비주얼 스튜디오에서는 wchar_t를 2byte로 정의하고, GCC 컴파일러는 4byte로 정의합니다. 하지만 GCC에서도 컴파일할 때 -fshort-wchar 옵션을 적용하면 wchar_t를 2byte로 사용할 수 있습니다.

wchar_t와 char의 차이를 비교하면 다음 표처럼 정리할 수 있습니다.

**표 2-3** char와 wchar_t 형식 비교

| 구분 | char | wchar_t |
|------|------|---------|
| 인코딩 방식 | 멀티바이트(MBCS) | 유니코드(UNICODE) |
| 단일 문자 크기 | 1byte 또는 2byte<br>(영문, 숫자 등의 아스키 코드는 1byte,<br>한글, 한자 등은 2byte로 표현) | 2byte(GCC에서는 기본 4byte) |
| 문자열 | 유니코드를 제외한 문자열<br>(ANISI, UTF-8) | 와이드 문자, UTF-16으로 인코딩된 문자열 |

UTF-16으로 인코딩된 문자열을 출력해 보면 유니코드가 어떻게 사용되는지 알 수 있습니다. wchar_t 문자열을 출력할 때는 wcout을 이용해야 합니다. 더불어 wchar_t에 유니코드 문자열을 넣으려면 L"문자열"처럼 지정해야 하는 것도 알아 두세요.

**Do it! 실습** 다양한 언어로 인사말 출력하기

• ch02/UNICODE/UNICODE.cpp

```cpp
#include <iostream>
#include <io.h>
#include <fcntl.h>

using namespace std;

int main()
{
    wchar_t message_korean[] = L"반갑다 세계야!";       // 한국어
    wchar_t message_chinese[] = L"你好, 世界!";          // 중국어
    wchar_t message_japanese[] = L"ハロー・ワール!";      // 일본어
    wchar_t message_russian[] = L"Привет мир!";         // 러시아어

    cout << "Hello, World!" << endl;
```

```
        _setmode(_fileno(stdout), _O_U16TEXT);      // 윈도우 콘솔 창 유니코드 출력 모드 설정

        wcout << message_korean << endl;
        wcout << message_chinese << endl;
        wcout << message_japanese << endl;
        wcout << message_russian << endl;

        return 0;
}
```

**실행 결과**

```
Hello, World!
반갑다 세계야!
你好 , 世界!
ハロー·ワール!"
Привет мир!
```

\* 이 예에는 윈도우 콘솔 창의 설정을 바꾸는 코드가 있어 윈도우 비주얼 스튜디오에서만 동작합니다.

## 정수 형식

일반적으로 가장 많이 사용하는 데이터 형식을 꼽으라면 단연코 정수형이 그 주인공입니다. 프로그래밍에서 정수형 데이터는 수학에서 정의하는 정수의 개념과 같습니다. 정수란, 양의 정수(1, 2, 3, 4, 5, …), 음의 정수(-1, -2, -3, -4, -5, …) 그리고 0으로 이루어진 수 체계입니다.

그런데 정수형은 다른 데이터 형식과 달리 조금 특이하게 설정되어 있습니다. 정수형의 기준이 되는 int는 시스템의 자연스러운 크기를 따르도록 규정하고 있습니다. 자연스러운 크기란, 시스템에서 한 번에 처리할 수 있는 크기를 의미합니다. 따라서 int는 컴퓨터 시스템에 따라 크기가 다릅니다.

예를 들어 16bit 시스템에서 int는 16bit이고, 32bit 시스템에서는 32bit입니다. 그런데 현재 컴퓨터 시장에서 거의 기본으로 출시되는 64bit 시스템에서 int는 64bit일 것 같지만, 실제로는 32bit(=4byte)입니다.

다음처럼 sizeof 연산자를 이용하면 현재 시스템에서 데이터 형식의 크기를 알 수 있습니다. 코드와 실행 결과를 살펴보고 설명을 이어가겠습니다.

• ch02/sizeof_data_types/sizeof_data_types.cpp

```cpp
#include <iostream>
using namespace std;


int main()
{
    cout << "short : " << sizeof(short) << " bytes" << endl;
    cout << "unsigned short : " << sizeof(unsigned short) << " bytes" << endl;
    cout << "int : " << sizeof(int) << " bytes" << endl;
    cout << "unsigned int : " << sizeof(unsigned int) << " bytes" << endl;
    cout << "__int8 : " << sizeof(__int8) << " bytes" << endl;
    cout << "__int16 : " << sizeof(__int16) << " bytes" << endl;
    cout << "__int32 : " << sizeof(__int32) << " bytes" << endl;
    cout << "__int64 : " << sizeof(__int64) << " bytes" << endl;
    cout << "long : " << sizeof(long) << " bytes" << endl;
    cout << "unsigned long : " << sizeof(unsigned long) << " bytes" << endl;
    cout << "long long : " << sizeof(long long) << " bytes" << endl;
    cout << "unsigned long long : " << sizeof(unsigned long long) << " bytes" << endl;

    return 0;
}
```

MS 전용

**실행 결과**

```
short : 2 bytes
unsigned short : 2 bytes
int : 4 bytes
unsigned int : 4 bytes
__int8 : 1 bytes
__int16 : 2 bytes
__int32 : 4 bytes
__int64 : 8 bytes
long : 4 bytes
unsigned long : 4 bytes
long long : 8 bytes
unsigned long long : 8 bytes
```

* 이 예에는 마이크로소프트 확장형을 사용하고 있어 마이크로소프트 비주얼 C++ 컴파일러에서만 동작합니다. 만약 다른 환경에서 테스트하려면 '__int8'처럼 '__'가 붙은 형식을 'int8_t'와 같은 형태로 수정해야 합니다.

예시는 64bit 윈도우에서 실행한 결과입니다. 실행하는 시스템에 따라 크기는 다르게 나올 수 있습니다. 앞서 언급한 대로 C++ 언어 표준안은 정수형의 크기를 정확하게 명시하지 않지만, 최소한으로 정의된 것을 요약하면 다음과 같습니다.

```
1 byte == sizeof(char) <= sizeof(short) <= sizeof(int) <= sizeof(long) <= sizeof(long long)
```

정수형에서 signed, unsigned는 문자형에서 설명한 것과 같습니다. 부호가 있는(signed) 정수는 음수와 양수를 모두 저장할 수 있습니다. signed 키워드를 이용해 부호 있는 정수를 명시적으로 선언할 수 있습니다. 반대로 부호가 없는(unsigned) 정수는 양수만 가질 수 있습니다. unsigned 키워드를 이용해 부호 없는 정수를 명시적으로 선언할 수 있습니다.

signed, unsigned 키워드에 따른 정수 표현 범위를 비교하면 다음과 같습니다.

표 2-4 signed와 unsigned 정수 표현 범위 비교

| 크기별 signed/unsigned | 정수 표현 범위 |
|---|---|
| 1byte signed | -128 ~ 127 |
| 1byte unsigned | 0 ~ 255 |
| 2byte signed | 32,768 ~ 32,767 |
| 2byte unsigned | 0 ~ 65,535 |
| 4byte signed | -2,147,483,648 ~ 2,147,483,647 |
| 4byte unsigned | 0 ~ 4,294,967,295 |
| 8byte signed | -9,223,372,036,854,775,808 ~ 9,223,372,036,854,775,807 |
| 8byte unsigned | 0 ~ 18,446,744,073,709,551,615 |

* 수학 공식으로 표현하면 nbit의 signed 범위는 $-2^{n-1}$ ~ $2^{n-1} - 1$, unsigned 범위는 $0$ ~ $2^n - 1$입니다.

## 부동 소수점 형식

**부동 소수점**floating point이라는 말을 처음 듣는다면 조금 생소할 수 있습니다. 부동(浮動)이란, "떠다니며 움직인다"는 의미입니다. 즉, 소수점이 고정되지 않고 움직인다는 뜻이죠. 소수점이 움직인다는 것은 정수부와 소수부의 자릿수가 일정하지 않다는 의미입니다. 그렇지만 유효 숫자의 자릿수는 정해져 있습니다. 즉, 자료형의 크기가 정해져 있으므로 부동 소수점의 특정 자리까지만 저장할 수 있고 나머지는 유실됩니다.

부동 소수점의 정밀도$^{floating\ point\ precision}$는 데이터 유실 없이 얼마나 많은 유효 자릿수를 나타낼 수 있는지를 말합니다. 정밀도 관련 코드를 살펴보고 설명을 이어가겠습니다.

---

**Do it! 실습  부동 소수점 출력하기**

• ch02/floating_point/floating_point.cpp

```cpp
#include <iostream>
using namespace std;

int main()
{
    cout << 9.87654321f << endl;    // 값 끝에 f를 붙이면 float 부동 소수점
    cout << 987654.321f << endl;
    cout << 9876543.21f << endl;
    cout << 0.00000987654321f << endl;
    cout << 0.00000000000987654321f << endl;

    return 0;
}
```

---

**실행 결과**

```
9.87654
987654
9.87654e+06
9.87654e-06
9.87654e-12
```

---

실행 결과를 보면 유효한 숫자 표현으로 6자리만 출력된 것을 확인할 수 있습니다. cout은 부동 소수점을 출력할 때 기본 정밀도가 6으로 설정되어 있습니다. 따라서 6자리까지만 유효하다고 가정하고 나머지는 생략합니다.

**IEEE 754 부동 소수점 표준**

C++ 언어의 부동 소수점은 IEEE 754에서 정의한 형식으로 정의되어 있습니다. IEEE 754는 전기전자기술자협회(IEEE)에서 개발한 표준으로, 컴퓨터에서 부동 소수점을 표현하는 데 가장 널리 쓰입니다. IEEE 754의 부동 소수점 표현은 크게 세 부분으로 구성됩니다. 최상위 비트는 부호를 표시하는 데 사용하며, 지수(exponent)와 가수(fraction/mantissa) 부분으로 나뉩니다.

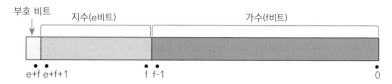

출처: ko.wikipedia.org/wiki/IEEE_754

부동 소수점 방식은 컴퓨터에서는 고정 소수점 방식보다 넓은 범위의 수를 나타낼 수 있어 계산에 많이 이용되지만, 근삿값으로 표현되고 고정 소수점 방식보다 연산 속도가 느려 별도의 전용 연산 장치를 두는 경우가 많습니다. 부동 소수점을 계산하는 데 최적화된 장치로 그래픽 카드가 있습니다.

C++ 언어에서 지원하는 부동 소수점 형식을 사용한 예를 보겠습니다. 참고로 코드에서 부동 소수점을 표현할 때 숫자 뒤에 'f'를 붙이면 float형, 'l'을 붙이면 long double형, 아무것도 붙이지 않으면 double형 값이 됩니다.

**Do it! 실습** 부동 소수점의 최대 유효 자릿수만큼 출력하기

- ch02/precision_floating_point/precision_floating_point.cpp

```cpp
#include <iostream>
#include <iomanip>

using namespace std;

int main()
{
    float float_value = 9.87654321f;
    double double_value = 9.87654321987654321;
    long double long_double_value = 9.87654321987654321l;
```

```
cout << "float : " << sizeof(float) << " bytes" << endl;
cout << "float_value : " <<
    setprecision(numeric_limits<float>::digits10 + 1) <<
    float_value << endl << endl;          유효 자릿수만큼 정밀도 조정

cout << "double : " << sizeof(double) << " bytes" << endl;
cout << "double_value : " <<
    setprecision(numeric_limits<double>::digits10 + 1) <<
    double_value << endl << endl;

cout << "long double : " << sizeof(long double) << " bytes" << endl;
cout << "long_double_value : " <<
    setprecision(numeric_limits<long double>::digits10 + 1) <<
    long_double_value << endl << endl;

return 0;
}
```

**실행 결과**

```
float : 4 bytes
float_value : 9.876543

double : 8 bytes
double_value : 9.876543219876543

long double : 8 bytes
long_double_value : 9.876543219876543
```

이 코드에서 사용한 std::setprecision은 cout에서 출력되는 기본 정밀도를 조절하는 함수입니다. 즉, std::setprecision(std::numeric_limits<데이터_형식>::digits10 + 1); 코드는 특정 데이터 형식이 표현할 수 있는 유효 자릿수만큼 정밀도를 조절하겠다는 의미입니다.

출력 결과를 살펴보면 부동 소수점 형식마다 크기와 출력된 자릿수가 다른 것을 확인할 수 있습니다. 부동 소수점의 크기에 따른 표현 범위와 유효 자릿수를 정리하면 다음과 같습니다.

표 2-5 부동 소수점의 크기에 따른 표현 범위와 유효 자릿수

| 부동 소수점 크기(byte) | 표현 범위 | 유효 자릿수(자리) |
|---|---|---|
| 4 | $\pm 1.18 \times 10^{-38} \sim \pm 3.4 \times 10^{38}$ | 6~9, 일반적으로 7 |
| 8 | $\pm 2.23 \times 10^{-308} \sim \pm 1.80 \times 10^{308}$ | 15~18, 일반적으로 16 |
| 16 | $\pm 3.36 \times 10^{-4932} \sim \pm 1.18 \times 10^{4932}$ | 33~36 |

**문법 요약**  데이터 형식

- **정수형(integer)**: 정수를 표현하는 형식으로 int, short, long, long long 등이 있다. 각 형식은 저장하는 비트 수에 따라 값의 범위가 다르다.
- **부동 소수점(floating-point)**: 소수점이 있는 값을 표현하는 형식으로 float, double, long double 등이 있다. float보다 double이 높은 정밀도를 제공한다.
- **문자(character)**: 단일 문자를 표현하는 형식으로 char를 사용하며 작은따옴표로 문자를 감싸 표현한다.
- **불리언(boolean)**: 참(true) 또는 거짓(false)을 표현하는 형식으로 bool을 사용하며, 조건문과 논리 연산에서 주로 활용한다.
- **보이드(void)**: 함수가 어떤 값을 반환하지 않음을 나타내며, 주로 함수의 반환 타입으로 사용한다.

```
void func_name() { … }
int int_age = 25;
bool is_passed = true;
char ch_grade = 'A';
float float_height = 175.5f
double double_height = 175.5;
long double long_double_height = 175.5l;
```

**3분 퀴즈**

❶ C++ 언어의 데이터 형식을 5가지로 분류해 보세요.

1) _____  2) _____  3) _____  4) _____  5) _____

❷ 양수만 저장할 수 있는 int 형식의 변수를 선언해 보세요.

[모범 답안]
❶ 1) void  2) bool  3) 문자  4) 정수  5) 부동 소수점
❷ unsigned int value;

# 02-3 변수의 유효 범위와 형식 변환

- 변수의 유효 범위를 이해하고 적절한 위치에 선언하기
- 변수에 저장된 값을 다른 데이터 형식으로 변환하여 사용하기

학습
목표

## 변수의 유효 범위

변수를 선언했다고 해서 프로그램 어느 곳에서나 사용할 수 있는 것은 아닙니다. 변수가 선언된 위치에 따라 사용할 수 있는 범위가 결정됩니다. 예를 들어 함수에서 value라는 변수를 선언하면 value는 해당 함수에서만 사용할 수 있습니다. 이것을 **지역 범위**<sup>local scope</sup>라고 합니다. 같은 지역 범위에서 이름이 같은 변수가 없는 '단일 정의 규칙'만 잘 지킨다면, 다른 범위에서는 같은 이름으로 변수를 선언해도 오류가 발생하지 않습니다.

다음 코드에서 main과 print 함수에는 이름이 같은 변수 value가 있지만, 서로 영향을 주고받지 않습니다. 각각의 함수에 정의된 value에만 접근할 수 있습니다.

> **Do it! 실습** 지역 범위가 적용된 변수
>
> • ch02/local_variable/local_variable.cpp

```
#include <iostream>
using namespace std;

void print() {
  // 함수 내부의 지역 변수
  int value = 10;
  cout << "print 함수 내부에서의 지역 변수 value: " << value << endl;
}

int main() {
  // main 함수 내부의 지역 변수
  int value = 5;
  cout << "main 함수 내부에서의 지역 변수 value: " << value << endl;

  // print 함수 호출
```

```
    print();
    // print 함수 호출 후에도 main 함수의 value에 영향을 주지 않음
    cout << "다시 main 함수 내부에서의 지역 변수 value: " << value << endl;

    return 0;
}
```

**실행 결과**

```
main 함수 내부에서의 지역 변수 value: 5
print 함수 내부에서의 지역 변수 value: 10
다시 main 함수 내부에서의 지역 변수 value: 5
```

C++ 언어에는 더 많은 종류의 범위가 있습니다. 대표적인 범위를 정리하면 다음과 같습니다.

- **구문 범위**: if, for, while 등의 구문 안에서만 유효합니다.
- **지역 범위**: 매개변수 이름을 포함하여 함수 안에 선언한 이름은 해당 함수 내에서만 유효합니다. 지역 범위는 블록 범위(block scope)라고도 합니다.
- **전역 범위**: 네임스페이스나 클래스, 함수 등에 속하지 않고 외부에 선언한 이름입니다. 선언 지점부터 파일 끝까지 유효합니다.
- **클래스 범위**: 클래스 멤버의 이름은 선언 지점에 관계없이 클래스 정의 전체에 걸쳐 확장됩니다. 클래스 멤버에 대한 접근성은 접근 지정자(public, private 등)로 제어할 수 있습니다.
- **네임스페이스 범위**: 네임스페이스 안에 선언한 이름은 네임스페이스 안에서만 유효합니다. 네임스페이스는 서로 다른 파일들의 여러 블록에서 선언될 수 있습니다.

그런데 다음 코드처럼 전역 범위와 지역 범위에 선언한 변수의 이름이 같다면 어떻게 될까요?

**Do it! 실습** 전역 변수, 지역 변수 구분하여 접근하기

- ch02/variables_global_vs_local/variables_global_vs_local.cpp

```
#include <iostream>
using namespace std;

int value = 1;    // 전역 변수

int main()
{
```

```
    int value = -1;    // 지역 변수

    cout << value << endl;    // 지역 변수 출력
    cout << ::value << endl;    // 전역 변수 출력

    return 0;
}
```

**실행 결과**

```
-1
1
```

지역 범위 내에 전역 변수와 이름이 같은 변수가 없다면 컴파일러는 전역 변수에 접근합니다. 그러나 지역 범위 내에 전역 변수와 이름이 같은 변수가 있다면 지역 변수의 우선권이 더 높습니다. 이때 전역 범위 연산자 ::를 사용하면 전역 변수에 접근할 수 있습니다.

하지만 전역 변수와 이름이 같은 지역 변수를 정의하는 것은 피해야 합니다. 의도치 않은 실수가 발생할 수 있기 때문입니다. 전역 변수에는 'g_'와 같은 접두사를 붙여 **g_value**처럼 정의한다면 이름만으로도 지역 변수와 구분할 수 있어 실수를 방지할 수 있습니다.

## L-value와 R-value 비교

C 언어에서 L-value와 R-value는 각각 '왼쪽 값$^{left\ value}$'과 '오른쪽 값$^{right\ value}$'을 의미합니다. 대입 연산자(=)를 기준으로 왼쪽 항을 L-value라 하고, 오른쪽 항을 R-value라고 구분하던 것에서 유래합니다. 대표적인 예로 L-value는 변수, R-value는 상수가 있습니다.

하지만 C++ 언어에서는 L-value와 R-value를 단순히 대입 연산자 기준으로만 구분하지 않습니다. 표준 C++에서 L-value와 R-value의 의미는 다음과 같습니다.

- **L-value**: 주로 대입 연산자의 왼쪽에 나타나는 값으로, 메모리 위치를 가리키거나 수정할 수 있는 표현식. 예) 변수 이름, 배열 요소, 클래스 멤버
- **R-value**: 주로 대입 연산자의 오른쪽에 나타나는 값으로, 임시 값이나 메모리상에 위치가 없는 값을 가리키는 표현식. 예) 임시 객체, 리터럴

코드를 보면서 이해해 보겠습니다. 주석도 함께 읽어 주세요.

---

**L-value, R-value 이해하기**

```
a = 1;        // 성공. a는 L-value, 1은 R-value
1 = a;        // 오류. 1은 L-value가 될 수 없음

a = b + 1;    // 성공. a는 L-value, b + 1은 R-value
b + 1 = a;    // 오류. b + 1은 L-value가 될 수 없음

a = b;        // 성공. a와 b 모두 L-value
```

---

L-value와 R-value의 차이가 보이나요? C++ 언어에서 L-value와 R-value의 구분은 변수와 표현식이 어떻게 사용되는지 이해하고 코드를 작성할 때 오류를 방지하는 데 도움이 됩니다. L-value와 R-value의 특징을 비교하면 다음과 같습니다.

표 2-6 L-value와 R-value 비교

| L-value | R-value |
|---|---|
| 1. 주로 대입 연산자의 좌변에 나타난다. | 1. 주로 대입 연산자의 우변에 나타난다. |
| 2. 메모리 위치를 가리킨다. | 2. 메모리 위치를 가리키지 않는다. |
| 3. 이름이 있다. | 3. 대체로 이름이 없다. |
| 4. 사용되는 식 외에서도 유효하다. | 4. 사용되는 식에서만 임시로 유효하다. |

## 형식 변환

프로그래밍을 하다 보면 변수의 형식을 변경해서 사용해야 할 때가 있습니다. 이를 위해 C++ 언어에서는 '암시적 형 변환'과 '명시적 형 변환', 이렇게 두 가지 방법의 **형식 변환**type casting을 지원합니다. 각각을 정의하면 다음과 같습니다.

- **암시적 형 변환(implicit cast)**: 컴파일러가 자동으로 변경
- **명시적 형 변환(explicit cast)**: 개발자가 의도적으로 직접 변경

## 암시적 형 변환

먼저 암시적 형 변환의 예를 보겠습니다.

---

**Do it! 실습** 암시적 형 변환

• ch02/implicit_cast/implicit_cast.cpp

```cpp
#include <iostream>
using namespace std;

int main()
{
    float float_value = 1.5f;    // 원본 데이터는 부동 소수점 형 1.5

    double double_value = float_value;  // 숫자 승격: 데이터 유실 없음
    int int_value = float_value;        // 숫자 변환: 데이터 유실 발생

    cout << "float_value: " << float_value << endl;
    cout << "double_value: " << double_value << endl;
    cout << "int_value: " << int_value << endl;

    return 0;
}
```

> 부동 소수점이 정수로 바뀌면 데이터가 유실될 수 있군! 조심해야겠어.

---

**실행 결과**

```
float_value: 1.5
double_value: 1.5
int_value: 1
```

---

이 코드에서 컴파일러가 자동으로 형식을 변환하는 암시적 형 변환은 두 곳에서 발생합니다. 다음 코드에서는 float형과 같은 계열이면서 더 큰 부동 소수점 자료형인 double로 변환됩니다. 이를 **숫자 승격**<sup>numeric promotion</sup>이라고 하며, 이때 데이터는 그대로 유지됩니다.

**숫자 승격 예(데이터 유지)**

```cpp
double double_value = float_value;
```

반면에 다음 코드처럼 부동 소수점에서 정수로 서로 다른 자료형으로 변환하거나, 또는 크기가 더 작은 자료형으로 변환하면 **숫자 변환**<sup>numeric conversion</sup>이 발생됩니다. 이때는 데이터가 유실될 가능성이 있습니다. 실행 결과를 보면 소수점 아래 데이터가 유실되어 정수 데이터 1만 남게 된 것을 확인할 수 있습니다.

---

**숫자 변환 예(데이터 유실)**

```
int int_value = float_value;
```

---

**컴파일할 때 발생하는 경고 메시지도 꼭 살펴보자!**

숫자 변환이 발생하면 컴파일러는 다음과 같은 경고(warning) 메시지로 데이터가 유실될 수 있음을 알려 줍니다.

> warning C4244: '초기화 중': 'float'에서 'int'(으)로 변환하면서 데이터가 유실될 수 있습니다.

컴파일을 진행할 때 오류(error) 메시지만 해결해도 실행 파일은 만들어집니다. 이 때문에 경고 메시지를 무시하고 넘어가는 경우가 있습니다. 하지만 경고 메시지를 잘 살펴보면 의도치 않은 오동작을 찾아내어 런타임 오류를 막을 수 있습니다. 경고 메시지도 꼼꼼히 확인하는 습관을 들이는 것이 좋습니다.

---

## 명시적 형 변환

명시적 형 변환도 살펴보겠습니다. 다음 예에서는 언제 명시적 형 변환을 사용해야 하는지 쉽게 이해할 수 있도록 암시적 형 변환과 비교할 수 있는 코드로 작성했습니다.

---

**Do it! 실습** 암시적 형 변환과 명시적 형 변환 비교

• ch02/explicit_cast/explicit_cast.cpp

```cpp
#include <iostream>
using namespace std;

int main()
{
    int int_a = 10;
```

```
    int int_b = 5;

    int int_avg = (int_a + int_b) / 2;
    float float_avg_1 = (int_a + int_b) / 2;        // 암시적 형변환: 데이터 유실
    float float_avg_2 = float(int_a + int_b) / 2;   // 명시적 형변환

    cout << "int_avg: " << int_avg << endl;
    cout << "float_avg_1: " << float_avg_1 << endl;
    cout << "float_avg_2: " << float_avg_2 << endl;

    return 0;
}
```

**실행 결과**

```
int_avg: 7
float_avg_1: 7  ←── 데이터가 유실됨
float_avg_2: 7.5
```

먼저 암시적 형 변환이 발생한 곳부터 살펴봅시다. 다음 코드는 두 정수의 평균을 구하는 식입니다. 소수점이 발생할 수 있으므로 결괏값을 float형으로 받도록 했습니다.

```
float float_avg_1 = (int_a + int_b) / 2;
```

그런데 결괏값(float_avg_1)을 확인해 보면 소수점 데이터가 유실된 것을 발견할 수 있습니다. 어떻게 이런 결과가 나왔을까요? 컴파일러는 int_a + int_b 부분을 정수형 R-value로 처리함으로써, '정수형 R-value / 2'의 결과도 정수가 된 것입니다. 결괏값을 float형으로 구하려고 했지만, 이미 정수끼리 나누기 연산에서 소수점 데이터가 사라져 의도하지 않은 결과가 나온 것이죠.

이러한 문제를 해결하기 위해 개발자가 의도적으로 원하는 시점에 형식을 변환할 수 있도록 하는 것이 '명시적 형 변환'입니다. 이번에는 명시적 형 변환으로 원하는 값이 나온 코드를 살펴봅시다.

```
float float_avg_2 = float(int_a + int_b) / 2;
```

int_a + int_b 부분을 float형 R-value로 변환할 것을 명시적으로 표기함으로써 이후의 연산은 모두 float형으로 처리됩니다. 따라서 데이터가 유실되지 않고 온전한 결괏값을 얻을 수 있습니다.

C++ 언어에서는 float() 형태뿐만 아니라 (float)처럼 C 언어 방식의 명시적 형 변환도 지원합니다.

```
float float_avg_2 = (float)(int_a + int_b) / 2;
```

앞에서 설명한 명시적 형 변환 외에 C++ 언어에서는 static_cast, const_cast, dynamic_cast, reinterpret_cast 등 다양한 방법으로 명시적 형 변환을 지원합니다. 다음 표에는 아직 배우지 않은 개념도 있으므로 참고로 알아 두세요.

표 2-7 명시적 형 변환 방법

| C++ 언어 명시적 형 변환 방법 | 특징 |
| --- | --- |
| static_cast 〈변환_형식〉(변환_대상) | 논리적으로 변경할 수 있는 형 변환 모두 가능<br>상속 관계에 있는 포인터끼리 변환도 지원 |
| const_cast 〈변환_형식〉(변환_대상) | 포인터 및 레퍼런스 형식에서만 사용 가능<br>const, volatile 제거할 때 사용 |
| reinterpret_cast 〈변환_형식〉(변환_대상) | 일반적인 명시적 형 변환과 동일함<br>const를 사용하는 변환 대상은 사용할 수 없음 |
| dynamic_cast 〈변환_형식〉(변환_대상) | 클래스의 포인터 및 레퍼런스 변수 간의 형 변환 시 사용<br>안전한 다운캐스팅(down-casting)을 위해 사용 |

 **명시적 형 변환이 필요한 이유는 무엇인가요?**

명시적 형 변환은 데이터 손실을 방지할 때, 변수의 범위를 초과하는 값을 적절한 범위로 조절할 때, 서로 다른 데이터 유형끼리 계산할 때 등 데이터 유형 간의 호환성이나 연산의 정확성을 유지할 목적으로 사용해요. 그러나 형 변환을 남용하면 코드를 해석하기 어렵게 되므로 신중하게 사용해야 합니다.

**형식 변환**

- **암시적 변환(implicit conversion)**
  - 컴파일러가 필요에 따라 자동으로 수행한다.
  - 주로 작은 크기의 자료형에서 큰 크기의 형식으로 변환한다.

- **명시적 변환(explicit conversion)**
  - 개발자가 직접 형식 변환을 명시한다.
  - 데이터 손실이 발생할 수 있다.
  - C 스타일 형 변환과 C++의 static_cast, dynamic_cast, const_cast, reinterpret_cast 등을 활용할 수 있다.

```
int int_value = 10;
double double_value = int_value;      // int를 double로 암시적 변환

double double_value = 3.14;
int int_value = int(double_value);    // double을 int로 명시적 변환
```

### 3분 퀴즈

**1** 다음 문장에서 빈칸을 채워 보세요.

변수가 선언된 위치에 따라 해당 변수를 사용할 수 있는 1) _____ (이)가 결정됩니다. 같은 1) _____ 내에서 변수의 이름은 유일해야 하는데 이것을 2) _____ (이)라고 합니다.

**2** 개발자가 의도적으로 직접 형식을 변경하는 것을 무엇이라고 하나요?

[모범 답안]
**1** 1) 범위(scope)  2) 단일 정의 규칙
**2** 명시적 형 변환(explicit cast)

# 02-4 키워드와 리터럴

이제 C++ 언어에서 변수를 정의하고 데이터를 올바르게 저장하는 방법을 알았을 것입니다. 이 절에서는 변수에 넣는 데이터 그 자체를 다룹니다. 그리고 C++ 언어에서 제공하는 각종 키워드에는 무엇이 있는지도 소개합니다.

## 미리 정의된 키워드

키워드<sup>keyword</sup>란 프로그래밍 언어에서 **특별한 의미로 미리 정의해 둔 식별자**입니다. C++ 언어의 대표적인 키워드를 나열하면 다음과 같습니다. C++20 기준으로 97개 단어가 키워드로 등록되어 있습니다.

표 2-8 C++의 키워드(전체 키워드 참고: en.cppreference.com/w/cpp/keyword)

| | | | | | |
|---|---|---|---|---|---|
| break | catch | char | class | const | continue |
| delete | do | double | dynamic_cast | else | explicit |
| export | extern | FALSE | float | for | friend |
| if | inline | int | long | mutable | namespace |
| new | operator | private | protected | public | return |
| short | signed | sizeof | static | struct | switch |
| template | this | throw | TRUE | try | typedef |
| unsigned | using | virtual | void | wchar_t | while |

char, int, float 등 각종 데이터 형식을 비롯해 using, return 등 눈에 익은 키워드들이 보일 것입니다. 변수, 함수, 클래스 등 식별자를 정의를 할 때 미리 정의된 키워드와 똑같은 이름으로 만들 수 없습니다. 식별자를 만들 때는 다음 규칙에 따라야 합니다. 이 규칙을 어긴다면 컴파일러가 그냥 넘어가지 않습니다.

- 키워드는 식별자로 사용할 수 없다.
- 식별자는 대소 문자, 숫자, 문자로만 구성할 수 있다.
- 식별자는 대소 문자 또는 밑줄(_)로만 시작해야 한다(숫자로 시작할 수 없음).
- 대문자와 소문자를 구별한다(nvalue, NVALUE, nValue 각각 다르게 취급).

## 값 그 자체를 나타내는 리터럴

리터럴<sup>literal</sup>이란 **코드에 직접 표현된 변하지 않는 값 그 자체**를 의미합니다. 예를 보면서 설명을 이어가겠습니다.

**리터럴 예**

```
int value = 5;
double value = 0.5;
char value = 'A';
```

코드에서 5, 0.5, 'A'가 모두 리터럴입니다. 리터럴도 데이터 형식을 가집니다. 기본적인 리터럴 형식은 다음과 같습니다. 참고로 부동 소수점 리터럴의 기본 데이터 형식은 float가 아니라 double입니다.

표 2-9 리터럴 형식

| 리터럴 | 데이터 형식 | 예시 |
|---|---|---|
| 문자 | char | 'A' |
| 정수 | int | 0, 1, 2, -1, -2 |
| 부동 소수점 | double | 0.5, 1.5, -0.5 |
| 문자열 | char[] | "Hello", "안녕하세요" |
| 불리언 | bool | true, false |

기본 리터럴 외에도 다음처럼 별도의 접미사를 붙여 지정할 수 있는 리터럴도 있습니다.

### 접미사가 붙는 리터럴

```
float value = 0.5f;
unsigned int value = 5u;
long value = 5L;
```

**표 2-10** 리터럴 접미사

| 데이터 형식 | 리터럴 접미사 |
|---|---|
| unsigned int | u, U |
| long | l, L |
| unsigned long | ul, uL, Ul, UL, lu, lU, Lu, or LU, |
| long long | ll, LL |
| unsigned long long | ull, uLL, Ull, ULL, llu, llU, LLu, LLU |
| float | f, F |
| long double | l, L |

**궁금해요!** **접미사를 안 쓰면 어떻게 되나요?**

리터럴에서 접미사는 선택 사항으로 생략해도 컴파일은 됩니다. 이때 컴파일러는 해당 리터럴의 데이터 형식을 유추하여 임의로 지정합니다. 다음 코드처럼 접미사 f를 생략하면, 컴파일러는 R-value인 0.5를 float가 아닌 double로 처리합니다. 따라서 의도치 않게 정밀도 문제가 발생할 수 있습니다. 리터럴 접미사를 명시해 데이터 형식을 확실하게 지정하는 것이 좋습니다.

```
float value = 0.5;  // float가 아닌 double로 처리
```

## 문자열 표현 방식

잠시 C++ 언어에서 문자열 표현 방식을 알아보겠습니다. 먼저 C 언어에서 문자열은 다음처럼 선언합니다.

C 언어에서 문자열 선언

```
char *str = "Hello";
char str[] = "Hello";
```

이 코드는 내부적으로는 char 배열을 만들고, 해당 배열에 문자를 하나씩 차례로 저장합니다. 그리고 배열의 맨 마지막에는 문자열의 끝을 알리는 널 문자(\0)를 저장합니다.

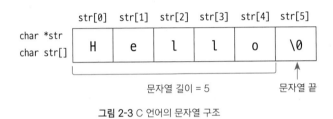

그림 2-3 C 언어의 문자열 구조

C++ 언어 역시 C 언어를 계승했으므로 C의 문자열 선언 코드와 구조를 그대로 사용할 수 있습니다. 하지만 C++ 언어에서는 문자열을 좀 더 편리하게 다룰 수 있도록 표준 라이브러리 형태인 string 클래스를 지원합니다. 이 클래스에는 문자열과 관련한 다양한 함수를 제공합니다. string 관련 몇 가지 대표 함수와 사용법은 11장에서 알아보겠습니다.

**Do it! 실습** string으로 문자열 사용하기

• ch02/std_string/std_string.cpp

```
#include <iostream>
// #include <string>      // iostream 헤더에 string도 포함됨

using namespace std;

int main()
{
    string string_value("Hello");
    cout << string_value << endl;
```

```
        string_value = "World!";
        cout << string_value << endl;

        return 0;
}
```

먼저 string 형식의 변수를 사용하려면 std::string에 대한 헤더를 #include <string>처럼 포함해 줘야 합니다.* 그리고 string 형식의 변수에는 문자열 데이터를 자유롭게 넣을 수 있습니다.

> \* 입출력을 위한 iostream 헤더를 포함하면 string 헤더도 함께 포함됩니다. 따라서 이 코드에서는 string 헤더를 포함하지 않아도 됩니다.

## 문자 리터럴

문자 리터럴은 'a'나 '\'처럼 작은따옴표로 묶인 단일 문자를 말합니다. 문자 리터럴은 프로그램에서 특정 문자를 표현하는 데 매우 유용할 수 있습니다. 예를 들어 개행 문자를 콘솔에 출력하고 싶다고 가정한다면, 다음처럼 이스케이프 시퀀스 '\n'을 사용할 수 있습니다.

```
std::cout << "Hello World!\n";
```

또는 다음처럼 줄 바꿈 문자 리터럴을 직접 사용할 수도 있습니다. 이처럼 문자 리터럴을 사용하면 코드에서 특정 문자를 더 간결하고 명확하게 표현할 수 있습니다. 또한 입력 유효성 검사나 문자열에서 특정 문자를 확인하는 등의 작업에도 사용할 수 있습니다.

```
std::cout << "Hello World!" << '\n';
```

C++ 언어에서 문자 리터럴은 다음처럼 5가지로 요약하여 정리할 수 있습니다. 표에 제시한 예처럼 문자 리터럴은 접두사에 따라 다르게 인코딩됩니다. 접두사가 없는 문자 리터럴은 일반 문자로 취급합니다.

표 2-11 문자 리터럴

| 문자 리터럴 | 기본 예 | std::string 활용 예 |
|---|---|---|
| 일반 문자 | 'a' | std::string str("Hello"); |
| 와이드 문자 | L'a' | std::wstring str3(L"Hello"); |
| UTF-8 문자 | u8'a' | std::string str2(u8"Hello");    // C++20 이전<br>std::u8string u8str2(u8"Hello");  // C++20부터 |
| UTF-16 문자 | u'a' | std::u16string str4(u"Hello"); |
| UTF-32 문자 | U'a' | std::u32string str5(U"Hello"); |

---

**문법 요약**   **문자와 문자열**

- **문자**(char)
  - char 형식으로 단일 문자를 표현한다.
  - 작은따옴표로 문자를 감싸 표현한다.
  - ASCII 코드나 유니코드로 처리된다.

- **C 스타일 문자열**(char [])
  - char 배열로 문자열을 표현한다.
  - 큰따옴표로 문자열을 감싸 표현한다.
  - 문자열의 끝을 나타낼 때 널 문자('₩0')를 사용한다.
  - char* 포인터로 문자열을 가리키는 데 사용한다.

- **C++ 스타일 문자열**(string)
  - std::string 클래스로 문자열을 처리한다.
  - std::string에서는 문자열을 조작하고 연산하는 다양한 함수와 연산자를 제공한다.

```
char ch_value = 'A';   // 작은따옴표로 단일 문자 표현
char *greeting_message = "Hello, world!";   // 큰따옴표로 문자열 표현

#include <string>   // 표준 라이브러리의 std::string을 사용하기 위한 헤더 추가
std::string greeting_message = "Hello, world!";
```

## 사용자 정의 리터럴

기본으로 제공되는 리터럴 외에 개발자가 리터럴을 직접 정의할 수도 있습니다. 리터럴을 나타내는 접미사를 함수 이름으로 만들면 되는데, 다음처럼 사용자 정의 리터럴 연산자 operator""를 사용합니다.

> **사용자 정의 리터럴**
>
> 반환_타입 operator"" 리터럴_접미사(매개변수_구성)

이렇게 하면 해당 접미사를 붙인 값은 사용자가 정의한 값으로 바꿔서 사용할 수 있습니다. 다음 코드는 마일$^{mile}$과 킬로미터$^{kilometers}$ 단위를 리터럴로 정의한 예입니다.

**Do it! 실습** 사용자 정의 리터럴로 거리 단위 변환하기

• ch02/user_defined_literals/user_defined_literals.cpp

```cpp
#include <iostream>
using namespace std;

const long double km_per_mile = 1.609344L;

long double operator"" _km(long double val)     // _km 사용자 리터럴 정의
{
    return val;  ←─ 아무런 작업 없이 그대로 반환
}

long double operator"" _mi(long double val)     // _mi 사용자 리터럴 정의
{
    return val *km_per_mile;  ←─ 마일을 킬로미터로 변환하여 반환
}

int main()
{
    long double distance_1 = 1.0_km;    // 킬로미터는 그대로 저장
    long double distance_2 = 1.0_mi;    // 마일은 킬로미터 단위로 변환해서 저장

    cout << distance_1 + distance_2 << " km" << endl;   // 킬로미터로 출력

    return 0;
}
```

**실행 결과**

2.60934 km

코드에서는 _km과 _mi라는 사용자 정의 리터럴을 정의했습니다. _km은 전달받은 값을 그대로 반환하고, _mi는 마일을 킬로미터로 변환한 후에 반환합니다. 따라서 두 거리를 더한 값을 출력할 때는 킬로미터 단위로 출력됩니다.

## 3분 퀴즈

**1** 리터럴을 한 문장으로 정의해 보세요.

**2** 파운드 단위를 킬로그램으로 사용하려고 합니다. 리터럴 접미사 _lbs를 사용자 정의 리터럴로 만드는 함수를 선언해 보세요.

---

**[모범 답안]**

**1** 리터럴이란 코드에 직접 표현한 변하지 않는 데이터 그 자체를 의미합니다.

**2** long double operator"" _lbs(long double val)

---

# 02-5 표현식과 연산자

프로그램은 많은 식과 조건이 조합되어 특정 작업을 수행하는 명령 모음입니다. 여기서 식이란 흔히 수학에서 사용하는 그 '식'으로 봐도 무방합니다. 프로그래밍에서 계산할 때 사용하는 식을 **표현식**expression이라고 합니다. 이번 절에서는 표현식의 종류, 그리고 표현식을 구성하는 연산자operator와 피연산자operand를 알아보겠습니다.

표현식은 계산을 수행하는 것이 기본 목적이므로 항상 결괏값을 가집니다. 따라서 대부분의 표현식은 여러 개의 피연산자와 연산자로 구성됩니다. 연산자는 연산의 종류를 결정하며, 피연산자는 연산에 참여하는 값 또는 식별자입니다.

**그림 2-4** 피연산자와 연산자

프로그램에서 표현식은 다양하지만, 크게 상수, 단항 연산자, 이항 연산자, 삼항 연산자 표현식으로 구분할 수 있습니다.

## 상수 표현식

상수 표현식constant expressions은 **상수로만 이뤄진 단순한 표현식**입니다. 상수란 1, 12.345, 'A'처럼 수식에서 변하지 않는 값을 의미합니다.

## 단항 연산자 표현식

단항 연산자 표현식<sup>unary operator expression</sup>은 **연산자와 피연산자가 일대일로 매칭되는 표현식**입니다. 즉, 연산에 참여하는 피연산자가 하나인 표현식입니다. 이전에 배운 형 변환을 포함해 부호 변경, 증감 연산자도 모두 포함됩니다. 이미 익숙하거나 앞에서 보았던 연산자는 생략하고 새로운 연산자 위주로 살펴보겠습니다.

\* 포인터와 주소 연산자는 03장에서 알아보겠습니다.

표 2-12 단항 연산자 종류

| 이름 | 형태 |
|---|---|
| 부호 연산자 | +a, -a |
| 증감 연산자 | ++a, --a, a++, a-- |
| 형식 변환 | (type)a |
| 크기 | sizeof(a) |
| 논리 NOT | !a |
| 비트 연산자 | ~a |
| 포인터 연산자 | *a |
| 주소 연산자 | &a |

## 증감 연산자

프로그래밍에서는 변숫값을 1만큼 증가하거나 감소하는 연산을 자주 사용합니다. 증가 연산자인 ++는 피연산자를 1만큼 증가, --는 1만큼 감소시킵니다. 하지만 변수 앞에 붙는 전위 연산(++a)과 뒤에 붙는 후위 연산(a++)은 연산 순서에 차이가 있습니다.

---

**Do it! 실습**  증가 연산자, 전위/후위 연산 비교하기

• c02/pre_vs_post/pre_vs_post.cpp

```cpp
#include <iostream>
using namespace std;

int main()
{
    int a = 0;    // a 최초 값 0
    int b = 0;    // b 최초 값 0
    int a_prefix;
    int b_postfix;

                    ┌ 전위 연산
    a_prefix = ++a;    // a값을 1만큼 증가시킨 후에 a_prefix에 대입
    b_postfix = b++;    // b값을 b_postfix에 대입한 후에 b값을 1만큼 증가
                    └ 후위 연산
    cout << "a = " << a << ", " << "a_prefix = " << a_prefix << endl;
    cout << "b = " << b << ", " << "b_postfix = " << b_postfix << endl;

    return 0;
}
```

---

```
a = 1, a_prefix = 1
b = 1, b_postfix = 0
```

결과를 보면 같은 증가 연산인데도 전위인지 후위인지에 따라 결과가 다르게 나온 것을 확인할 수 있습니다. 먼저 a 변수 앞에 붙은 전위 연산자는 a 변수가 다른 연산에 이용되기 전에 수행됩니다. 따라서 a값은 처음 0에서 1이 됩니다. 이후 a_prefix 변수에 a값 1이 대입됩니다. 결국 a와 a_prefix의 값은 똑같이 1이 출력됩니다.

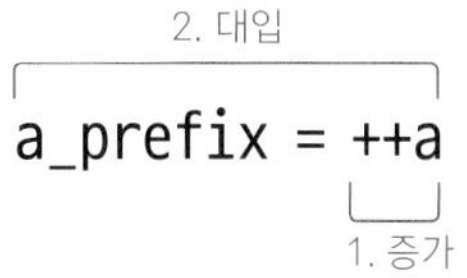

2. 대입

a_prefix = ++a

1. 증가

그림 2-5 전위 연산 순서

반면에 후위 연산자는 연산 순서가 다릅니다. 전위 연산자와 반대로 b_postfix 변수에 b값인 0을 대입하는 연산이 먼저 수행됩니다. 이후에 b가 증가해 1이 됩니다. 결국 b_postfix와 b는 서로 다른 값이 출력됩니다.

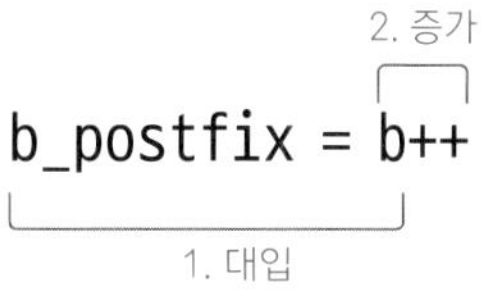

2. 증가

b_postfix = b++

1. 대입

그림 2-6 후위 연산 순서

요약하면, 전위 연산자를 사용하면 표현식의 나머지 부분이 평가되기 전에 변숫값이 증가합니다. 하지만 후위 연산자를 사용하면 표현식의 나머지 부분이 평가된 후에 변숫값이 증가합니다. 즉, 연산자의 위치에 따라 연산 순서가 달라집니다.

## 논리 NOT

논리 NOT 연산자는 값이나 식별자 앞에 느낌표 !를 붙여서 사용합니다. true는 false로, false는 true로 반전합니다. C, C++ 언어에서 0은 false, 0 외에는 모두 true로 취급합니다. 즉, 5는 true이며, !5는 0(false)입니다.

## 비트 연산자

비트 연산자 ~는 비트열을 반전하라는 뜻으로 각 자릿수의 비트값을 반대로 바꿔 1의 보수로 변환합니다. 다음 코드를 실행해 보면 16진수로 표현한 0이 모두 f로 반전된 것을 확인할 수 있습니다. 만약, 0과 1로 이뤄진 2진수를 1의 보수로 반전하면, 0 → 1, 1 → 0으로 0000 0101 → 1111 1010이 됩니다.

```cpp
#include <iostream>
using namespace std;

int main()
{
    unsigned int value = 0x00000000;   // 0을 16진수(hex)로 표현한 값

    value = ~value;
    cout << hex << value << endl;

    return 0;
}
```

**실행 결과**

실행 결과
ffffffff

## 2의 보수를 구하는 방법

1의 보수에 1을 더하면 2의 보수를 구할 수 있습니다. 0000 0101 → 1111 1010처럼 1의 보수로 만든 후 여기에 1을 더하면 1111 1011을 얻을 수 있습니다. 참고로 2의 보수법은 양수의 모든 비트를 반전한 1의 보수에 1을 더해, 음수를 표현하는 방법으로 활용됩니다. 현재 대부분의 시스템에서는 2의 보수법으로 음수를 표현하고 있습니다.

가장 첫 번째 비트는 부호 비트로 활용됩니다. 부호 비트는 「02-2」절에서 sign, unsigned를 구별할 때 언급한 적이 있습니다. 다음 표는 1의 보수와 2의 보수(음수)로 변환한 예를 보여 줍니다.

표 2-13 1의 보수와 2의 보수 변환 예

| 10진수 | 2진수 | 1의 보수 | 2의 보수(음수) | 10진수(음수) |
|--------|-----------|-----------|----------------|--------------|
| 0 | 0000 0000 | 1111 1111 | 0000 0000 | 0 |
| 1 | 0000 0001 | 1111 1110 | 1111 1111 | -1 |
| 2 | 0000 0010 | 1111 1101 | 1111 1110 | -2 |

| 3 | 0000 0011 | 1111 1100 | 1111 1101 | -3 |
|---|---|---|---|---|
| 4 | 0000 0100 | 1111 1011 | 1111 1100 | -4 |
| 5 | 0000 0101 | 1111 1010 | 1111 1011 | -5 |

**단항 연산자**

```
int x_value = 5;
int y_value = ++x_value;    ❶
int z_value = y_value--;    ❷
y_value = -x_value;         ❸
```

❶ **전위 증가**: x_value를 1만큼 증가시키고 y_value에 대입
❷ **후위 감소**: z_value에 y_value의 값을 대입하고 y_value를 1만큼 감소
❸ **부호 반전**: 부호를 반전한 값으로 y_value에 대입

```
bool flag_value = true;
bool opposite_value = !flag_value;    ❶

int value_num = 10;   // 2진 비트값 0000 ... 0000 1010
int result_num = ~value_num;    ❷
```

❶ **논리 NOT**: 값 반전 (true → false, false → true)
❷ **비트 반전**: 각 비트를 반전한 값을 result_num에 대입, 결괏값 1111 … 1111 0101 (10진수 -11)

## 이항 연산자 표현식

이항 연산자 표현식$^{binary\ operator\ expression}$은 '피연산자 연산자 피연산자'처럼 연산에 참여하는 피연산자가 2개인 표현식입니다. 대부분의 산술 연산자와 관계 연산자가 여기에 속합니다.

표 2-13 이항 연산자 종류

| 이름 | 연산 | 형태 |
|---|---|---|
| 산술 연산자 | 대입 | a = 10 |
| | 더하기 | a + b |
| | 빼기 | a - b |
| | 곱하기 | a * b |
| | 나누기 | a / b |
| | 나머지 | a % b |
| 관계 연산자 | 같음(true/false) | a == b |
| | 같지 않음(true/false) | a != b |
| | 초과(true/false) | a > b |
| | 이상(true/false) | a >= b |
| | 미만(true/false) | a < b |
| | 이하(true/false) | a <= b |
| 논리 연산자 | 논리 AND(true/false): 둘 다 true일 때만 true | a && b |
| | 논리 OR(true/false): 둘 중 하나만 true여도 true | a ¦¦ b |
| 비트 연산자 | AND | a & b |
| | OR | a ¦ b |
| | XOR | a ^ b |
| | 오른쪽 시프트(shift) | a >> b |
| | 왼쪽 시프트(shift) | a << b |

산술 연산자와 관계 연산자는 각각 수치 계산과 관계를 평가합니다. 논리합(AND) 연산자 **&&** 는 두 조건이 모두 참일 때만 전체 표현식이 참이고 하나라도 거짓이면 거짓이 됩니다. 반면에 논리곱(OR) 연산자 **¦¦**는 두 조건 중 하나라도 참이면 전체 표현식이 참이고, 두 조건이 모두 거짓일 때만 거짓이 됩니다.

## 비트 AND 연산(&)

비트 연산자 AND(&)는 첫 번째 피연산자의 각 비트를 두 번째 피연산자의 비트와 비교해, 양쪽 비트가 모두 1일 때만 결과 비트를 1로 설정합니다. 그 외에는 해당 비트를 0으로 설정합니다.

비트 AND 연산을 코드로 확인해 보겠습니다. 다음 코드에서 처음 등장한 bitset<8>은 정수를 8비트 이진수로 변환하여 출력해 줍니다.

표 2-14 비트 AND 연산 진리표

| a | b | a & b |
|---|---|-------|
| 0 | 0 | 0 |
| 0 | 1 | 0 |
| 1 | 0 | 0 |
| 1 | 1 | 1 |

**Do it! 실습** 비트 AND 연산하기

• ch02/bitwise_AND/bitwise_AND.cpp

```cpp
#include <iostream>
#include <bitset>

using namespace std;

int main()
{
    int a = 13;
    int b = 27;
    int c = a & b;  // 비트 AND 연산

    cout << "a = " << bitset<8>(a) << " : " << a << endl;
    cout << "b = " << bitset<8>(b) << " : " << b << endl;
    cout << "c = " << bitset<8>(c) << " : " << c << endl;

    return 0;
}
```

**실행 결과**

```
a = 00001101 : 13
b = 00011011 : 27
c = 00001001 : 9
```

## 비트 OR 연산(|)

비트 연산자 OR(|)은 첫 번째 피연산자의 각 비트를 두 번째 피연산자의 비트와 비교해, 양쪽 중 하나라도 1이 있다면 결과 비트를 1로 설정합니다. 만약 양쪽 비트 모두 0이면 해당 비트를 0으로 설정합니다.

비트 OR 연산을 코드로 확인해 보겠습니다.

**표 2-15** 비트 OR 연산 진리표

| a | b | a \| b |
|---|---|---|
| 0 | 0 | 0 |
| 0 | 1 | 1 |
| 1 | 0 | 1 |
| 1 | 1 | 1 |

---

**Do it! 실습**  비트 OR 연산하기

• ch02/bitwise_OR/bitwise_OR.cpp

```cpp
#include <iostream>
#include <bitset>

using namespace std;

int main()
{
    int a = 13;
    int b = 27;
    int c = a | b;    // 비트 OR 연산

    cout << "a = " << bitset<8>(a) << " : " << a << endl;
    cout << "b = " << bitset<8>(b) << " : " << b << endl;
    cout << "c = " << bitset<8>(c) << " : " << c << endl;

    return 0;
}
```

**실행 결과**

```
a = 00001101 : 13
b = 00011011 : 27
c = 00011111 : 31
```

## 비트 XOR 연산(^)

비트 연산자 XOR(^)도 역시 첫 번째 피연산자의 각 비트를 두 번째 피연산자의 비트와 비교합니다. 하지만 한 쪽 피연산자의 비트가 0이고, 다른 한 쪽이 1일 때만 결과 비트는 1로 설정됩니다. 그 외에는 모두 0으로 설정됩니다. 즉, 양쪽 중 어느 하나가 1일 때 결과 비트가 1이 됩니다. 만약 양쪽 비트 모두 0이나 1이면 0으로 설정합니다.

**표 2-16** 비트 XOR 연산 진리표

| a | b | a ^ b |
|---|---|-------|
| 0 | 0 | 0 |
| 0 | 1 | 1 |
| 1 | 0 | 1 |
| 1 | 1 | 0 |

비트 XOR 연산을 코드로 확인해 보겠습니다.

**Do it! 실습** 비트 XOR 연산하기

• ch02/bitwise_XOR/bitwise_XOR.cpp

```cpp
#include <iostream>
#include <bitset>

using namespace std;

int main()
{
    int a = 13;
    int b = 27;
    int c = a ^ b;  // 비트 XOR 연산

    cout << "a = " << bitset<8>(a) << " : " << a << endl;
    cout << "b = " << bitset<8>(b) << " : " << b << endl;
    cout << "c = " << bitset<8>(c) << " : " << c << endl;

    return 0;
}
```

**실행 결과**

```
a = 00001101 : 13
b = 00011011 : 27
c = 00010110 : 22
```

## 시프트 연산(>>, <<)

비트 연산자인 오른쪽 시프트(>>)와 왼쪽 시프트(<<)는 이름 그대로 방향만 차이가 있을 뿐, 동작 방식은 같으니 함께 숙지하면 좋습니다. 시프트 연산은 '**변수 >> 이동 비트 수**', '**변수 << 이동 비트 수**' 형식으로 사용합니다. >>는 오른쪽, <<는 왼쪽으로 지정한 숫자만큼 비트를 이동시키며 모자라는 비트는 0으로 채웁니다.

각 시프트 연산을 그림으로 표현하면 다음과 같습니다.

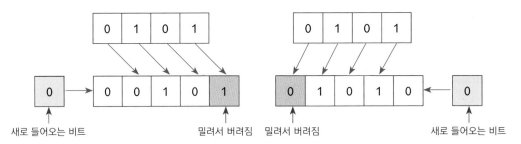

그림 2-7 오른쪽 시프트(>>) 연산과 왼쪽 시프트(<<) 연산

시프트 연산을 코드로 확인해 보겠습니다.

### Do it! 실습  시프트 연산하기

• ch02/bitwise_shift/bitwise_shift.cpp

```cpp
#include <iostream>
#include <bitset>

using namespace std;

int main()
{
    int a = 13;
    int b = a >> 1;      // 1bit 오른쪽으로 시프트
    int c = a << 1;      // 1bit 왼쪽으로 시프트
    int d = a >> -1;     // 시프트 수행 오류(warning C4293)
    int e = a << 32;     // 시프트 수행 오류(warning C4293)

    cout << "a = " << bitset<8>(a) << " : " << a << endl;
    cout << "b = " << bitset<8>(b) << " : " << b << endl;
    cout << "c = " << bitset<8>(c) << " : " << c << endl;
    cout << "d = " << bitset<8>(d) << " : " << d << endl;
    cout << "e = " << bitset<8>(e) << " : " << e << endl;
```

```
        return 0;
    }
```

실행 결과

```
a = 00001101 : 13
b = 00000110 : 6
c = 00011010 : 26
d = 00000000 : 0
e = 00001101 : 13
```

b와 c의 결과는 정상으로 수행된 시프트 결과이며, d와 e는 잘못된 시프트 연산 결과입니다. 이동할 비트 수가 음수이거나 너무 크면 시프트 연산은 제대로 수행되지 않습니다. 이때 컴파일러는 다음과 같은 경고 메시지를 출력합니다.

경고 메시지

warning C4293: '>>': 시프트 횟수가 음수이거나 너무 큽니다. 정의되지 않은 동작입니다.
warning C4293: '<<': 시프트 횟수가 음수이거나 너무 큽니다. 정의되지 않은 동작입니다.

**문법 요약**  이항 연산자

```
// -- 산술 연산자 -- //
int x_value = 10, y_value = 5;
int sum_result = x_value + y_value;
int difference_result = x_value - y_value;
int product_result = x_value * y_value;
int quotient_result = x_value / y_value;
int remainder_result = x_value % y_value;

// -- 비교 연산자 -- //
int x_value = 10, y_value = 5;
bool is_equal = x_value == y_value;
bool is_not_equal = x_value != y_value;
bool is_greater = x_value > y_value;
bool is_less = x_value < y_value;
bool is_greater_or_equal = x_value >= y_value;
bool is_less_or_equal = x_value <= y_value;
```

```
// -- 논리 연산자 -- //
bool logical_and_result = (x_value > 0) && (y_value > 0);    ❶
bool logical_or_result = (x_value > 0) || (y_value > 0);     ❷
```

❶ **논리 AND**: 둘 다 true일 때만 true

❷ **논리 OR**: 둘 중 하나만 true여도 true

```
// -- 비트 연산자 AND, OR, XOR -- //
int a = 12;   // 2진 비트값 0000 ... 0000 1100
int b = 25;   // 2진 비트값 0000 ... 0001 1001

int result_and = a & b;    ❶
int result_or = a | b;     ❷
int result_xor = a ^ b;    ❸
```

❶ **비트 AND**: 각 비트 위치에서 a와 b의 해당 비트가 모두 1이면 결과 비트가 1, 그렇지 않으면 0

➡ 연산 결과 0000 ⋯ 0000 1000(10진수 8)

❷ **비트 OR**: 각 비트 위치에서 a 또는 b의 해당 비트가 1이면 결과 비트가 1, 둘 다 0이면 결과 비트는 0

➡ 연산 결과 0000 ⋯ 0001 1101(10진수 29)

❸ **비트 XOR**: 각 비트 위치에서 a와 b의 해당 비트가 서로 다르면 결과 비트가 1, 같으면 0

➡ 연산 결과 0000 ⋯ 0001 0101(10진수 21)

```
// -- 비트 시프트 연산자 -- //
int a = 16;   // 2진 비트값 0000 ... 0001 0000
int result_right_shift = a >> 2;   ❶
int result_left_shift = a << 2;    ❷
```

❶ **오른쪽 시프트**: a의 모든 비트를 n만큼 오른쪽으로 이동시킴. 왼쪽에 생긴 빈 비트는 부호 비트와 같음 값으로
채움

➡ 연산 결과 0000 ⋯ 0000 0100(10진수 4)

❷ **왼쪽 시프트**: a의 모든 비트를 n만큼 왼쪽으로 이동시킴. 오른쪽에 생긴 빈 비트는 0으로 채움

➡ 연산 결과 0000 ⋯ 0100 0000(10진수 64)

## 삼항 연산자 표현식

삼항 연산자 표현식[ternary operator expression]은 형태가 조금 특이합니다. 유일하게 피연산자가 3개입니다.

---

**삼항 연산자**

조건식 ? 참일_때_표현식 : 거짓일_때_표현식

---

삼항 연산자는 if~else 문처럼 동작하므로 먼저 조건식의 결과에 따라 분기하는 간단한 예를 보겠습니다. 다음 코드에서 변수 a는 7, b는 5로 초기화했으므로 result 변수에는 a값이 저장됩니다.

---

**Do it! 실습** if 조건문으로 분기하기

• ch02/if_vs_ternary_1/if_vs_ternary_1.cpp

```cpp
#include <iostream>
using namespace std;

int main()
{
    int a = 7;
    int b = 5;
    int result;

    if (a > b)
        result = a;    // a > b가 true이면, result에 a값 저장
    else
        result = b;    // a > b가 false이면, result에 b값 저장

    cout << "result = " << result << endl;

    return 0;
}
```

---

**실행 결과**

```
result = 7
```

같은 예를 if 문 대신, 삼항 연산자로 바꾸면 다음과 같습니다. 실행 결과는 같습니다.

**Do it! 실습** 삼항 연산자 활용하기

• ch02/if_vs_ternary_2/if_vs_ternary_2.cpp

```cpp
#include <iostream>
using namespace std;

int main()
{
    int a = 7;
    int b = 5;
    int result;

    result = a > b ? a : b;    // a > b 결과에 따라 result에 a값 또는 b값 저장

    cout << "result = " << result << endl;

    return 0;
}
```

> 간단한 if~else 문은 삼항 연산자로 간략하게 쓸 수 있겠어!

**실행 결과**

```
result = 7
```

코드에서 조건식 a > b의 결과가 true이므로 result 변수에는 a값이 저장됩니다. 삼항 연산자의 동작을 그림으로 표현하면 다음과 같습니다. 첫 번째 피연산자는 조건식, 두 번째 피연산자는 조건식이 참일 때 표현식, 세 번째 피연산자는 조건식이 거짓일 때 표현식으로 생각하면 됩니다.

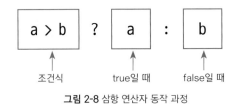

그림 2-8 삼항 연산자 동작 과정

삼항 연산자는 if 조건문보다 코드를 간략하게 작성할 수 있지만, 무분별하게 사용하면 오히려 가독성이 떨어질 수 있습니다. 그리고 한 줄 단위로 디버깅할 때 더 불편할 수도 있습니다. 따라서 삼항 연산자는 코드의 가독성을 해치지 않는 범위에서 적절하게 사용하는 것이 좋습니다.

---

**문법 요약**  **삼항 연산자**

```
int a = 10;
int b = 20;
int max_value = (a > b) ? a : b;   // a와 b 중 큰 값 대입
                   ❶        ❷
```

❶ 조건식
❷ 조건식이 true이면 쌍점(:)을 기준으로 왼쪽 표현식, false이면 오른쪽 표현식 실행

---

## 연산자 우선순위

연산자 우선순위는 연산자를 여러 개 사용할 때, 또는 연산자 위치에 따라 연산 순서를 나타냅니다. C++ 언어의 연산자 우선순위를 표로 정리하면 다음과 같습니다.

**표 2-17** 연산자 우선순위(출처: en.cppreference.com)

| 우선순위 | 연산자 | 설명 | 결합 법칙 |
|---|---|---|---|
| 1 | :: | 범위 지정 연산자 | → 왼쪽에서 오른쪽으로 결합 |
| 2 | a++    a-- | 변수의 값을 먼저 반환한 후 증가 또는 감소 | |
| | type()    type{} | 형 변환 | |
| | a() | 함수 호출 | |
| | a[] | 배열 요소 접근 | |
| | .    -> | 멤버 접근 | |
| 3 | ++a    --a | 변수의 값을 증가 또는 감소시킨 후 반환 | ← 오른쪽에서 왼쪽으로 결합 |
| | +a    -a | 양수 또는 음수로 변환 | |
| | !    ~ | 논리 NOT과 비트 NOT 연산자 | |
| | (type) | C 스타일 형 변환 | |

| | | | |
|---|---|---|---|
| | *a | 포인터 변수 a가 가리키는 메모리에 있는 값 반환 | |
| | &a | 변수 a의 주소 반환 | |
| | sizeof | 피연산자의 크기 반환 | |
| | co_await | 대기 표현식 사용(C++20부터) | |
| | new  new[] | 동적 메모리 할당 | |
| | delete  delete[] | 동적으로 할당한 메모리 해제 | |
| 4 | .*  ->* | 멤버 포인터를 통한 멤버 접근 | → 왼쪽에서 오른쪽으로 결합 |
| 5 | a*b  a/b  a%b | 곱셈, 나눗셈, 나머지 연산 | |
| 6 | a+b  a-b | 덧셈과 뺄셈 연산 | |
| 7 | <<  >> | 비트 단위로 왼쪽 또는 오른쪽으로 시프트 | |
| 8 | <=> | 세 가지 비교 연산자를 포함한 비교(C++20부터) | |
| 9 | <  <=  >  >= | 등호를 사용한 관계 비교 | |
| 10 | ==  != | 등호와 부등호를 사용한 비교 | |
| 11 | a&b | 두 비트가 모두 1이면 1 반환, 그 외에는 0 반환 | |
| 12 | ^ | 두 비트가 서로 다르면 1 반환, 같으면 0 반환 | |
| 13 | ¦ | 두 비트 중 하나라도 1이면 1 반환 | |
| 14 | && | 두 피연산자가 모두 참일 때만 참 반환 | |
| 15 | ¦¦ | 두 피연산자 중 하나라도 참이면 참 반환 | |
| 16 | a?b:c | 조건이 참이면 b 반환, 거짓이면 c 반환 | ← 오른쪽에서 왼쪽으로 결합 |
| | throw | 예외 발생 | |
| | co_yield | 현재 코루틴을 일시 중단하고 값 반환(C++20부터) | |
| | = | 대입 연산. C++ 클래스에 기본으로 제공됨 | |
| | +=  -= | 현재 변수에 값을 더하거나 빼서 결과 저장 | |
| | *=  /=  %= | 현재 변수에 값을 곱하거나 나누어 결과 저장 | |
| | <<=  >>= | 현재 변수의 비트를 왼쪽이나 오른쪽으로 시프트 후 저장 | |
| | &=  ^=  ¦= | 현재 변수와 다른 값을 AND, XOR, OR 연산 후 저장 | |
| 17 | , | 한 문장에서 표현식 구분 | → 왼쪽에서 오른쪽으로 결합 |

우선순위를 보면 수학에서 연산 순위와 같은 것도 있고 프로그래밍을 하다 보면 자연스럽게 익숙해지는 것도 있습니다. 모든 순서를 정확하게 알고 있기는 힘듭니다. 우선순위가 헷갈릴 때는 () 괄호로 우선순위를 정하면 됩니다.

다음 코드에서는 다양한 연산자를 사용해 표현식을 구성했습니다. 직접 실행해 보면서 각 연산자가 어떻게 동작하는지 확인해 보세요.

---

**Do it! 실습  연산자의 우선순위 확인하기**

• ch02/operator_precedence/operator_precedence.cpp

```cpp
#include <iostream>
using namespace std;

int main() {
    int a = 5, b = 2, c = 8;

    int result_1 = a + b * c;     // 곱셈 먼저 연산(오른쪽으로 결합)
    cout << "Result 1: " << result_1 << endl;

    int result_2 = (a + b) * c;   // 괄호로 우선순위 변경
    cout << "Result 2: " << result_2 << endl;

    a += b * c;                    // 곱셈 먼저 연산
    cout << "Result 3: " << a << endl;

    bool condition = true;
    int result_4 = (condition && a > b) ? a : b;   // > 먼저 연산(왼쪽으로 결합)
    cout << "Result 4: " << result_4 << endl;

    return 0;
}
```

---

**실행 결과**

```
Result 1: 21
Result 2: 56
Result 3: 21
Result 4: 21
```

**1** 표현식을 구성하는 2가지 요소는 무엇일까요?

**2** 다음 코드에서 b와 c의 값을 예측해 보세요.

```
a = 10;
b = ++a;
c = a++;
```

**3** 다음 코드에서 b와 c의 값과 해당 값의 비트를 예측해 보세요.

```
a = 6;   // 0000 ... 0000 0110
b = a >> 2;
c = a << 3;
```

[모범 답안]
**1** 피연산자(operand)와 연산자(operator)
**2** b = 11, c = 11
**3** b = 1 (0000 … 0000 0001), c = 48 (0000 … 0011 0000)

이번 장에서는 C++ 프로그래밍의 기본 문법인 변수와 연산자를 알아보았습니다. 프로그래밍에서 변수는 데이터를 저장하고 처리하는 데 사용되며, 연산자는 다양한 작업을 수행하는 데 도움이 됩니다. 되새김 문제를 풀며 이번 장에서 배운 내용을 정리해 보세요.

**문제 1** C++ 표준 입출력

std::cout과 std::cin을 이용하여 이름을 입력받고, 이름이 포함된 환영 메시지를 출력하는 프로그램을 만들어 보세요.

**문제 2** 데이터 형식

0.5f 5u, 5L에 어울리는 각각의 변수를 선언하고 출력해 보세요.

**문제 3** 변수의 유효 범위와 형식 변환

다음 코드에서 컴파일 오류가 발생하는 부분이 있습니다. 위치와 원인을 설명해 보세요.

```
int outer_variable = 10;
{
  int inner_variable = 5;
  std::cout << "Inner Variable: " << inner_variable << std::endl;
  std::cout << "Outer Variable: " << outer_variable << std::endl;
}
std::cout << "Inner Variable: " << inner_variable << std::endl;
```

**문제 4** 키워드와 리터럴

다음처럼 이름이 있는 심벌릭(symbol) 상수는 L-value일까요? 답과 그 이유를 간단하게 설명해 보세요.

```
const double PI = 3.14159;
```

**문제 5** 표현식과 연산자

다음 코드에서 문제가 발생할 수 있는 부분을 찾아 개선된 코드로 만들어 보세요.

```
int a = 10, b = 3;
float result_1 = a / b;
```

• 모범 답안 위치: github.com/mystous/DoItCPP/tree/main/exercise/ch02

# 03

# 포인터와 메모리 구조

이번 장에서는 포인터와 동적 메모리 할당, 메모리 누수에 관해 다루겠습니다. 포인터는 C++ 언어에서 기본 문법에 속하지만 조금 어려운 내용일 수 있습니다. 그러나 복잡한 프로그램을 개발할 수 있는 디딤돌이 될 것입니다. 그리고 함수로 코드의 재사용성을 높이고 더 명확한 구조를 만드는 프로그래밍 연습도 해보겠습니다.

마지막으로 변수에 별칭을 부여해 값에 간접적으로 접근할 수 있는 레퍼런스도 다룹니다. 특히 포인터와 레퍼런스의 차이점을 비교하며 레퍼런스로 함수 호출을 최적화하고 복잡한 데이터 구조를 조작하는 방법도 알아보겠습니다.

# 03-1 포인터와 메모리

- 포인터가 왜 필요한지 이해하고 적절하게 활용하기
- 동적 메모리 할당을 이용하여 메모리를 효율적으로 운영하기

학습
목표

C와 C++ 언어에서 강력한 도구를 꼽으라면 저는 포인터를 뽑겠습니다. 그런데 '큰 힘에는 큰 책임이 따른다'라는 영화 스파이더맨의 대사처럼 포인터는 강력하지만 다루기 어려운 도구이기도 합니다. 사실 포인터를 쓰지 않아도 객체지향 프로그래밍에 큰 문제는 없습니다. 하지만 포인터를 제대로 이해하고 활용할 수 있다면 프로그래밍 실력을 확실히 업그레이드할 수 있습니다.

## 변수와 메모리 주소

포인터를 제대로 이해하려면 먼저 데이터가 메모리에 저장되는 구조를 알아야 합니다. 다음은 char, int, double형 변수를 선언하고 각각의 값으로 초기화한 간단한 코드입니다.

**일반 변수 선언**

```
#include <iostream>

int main()
{
    char char_value = 'A';
    int int_value = 123;
    double double_value = 123.456;

    return 0;
}
```

이 코드를 실행하면 메모리에는 다음 그림과 같은 구조로 데이터가 저장됩니다. 메모리는 연속된 공간으로 구성되었으며 각 공간은 고유한 주소*로 구

\* 그림에서 메모리 주소는 이해를 돕고자 임의로 정한 것입니다.

별됩니다. 그리고 프로그램이 동작할 때 연산 장치(CPU)는 주소를 통해 특정 메모리 공간에 접근합니다.

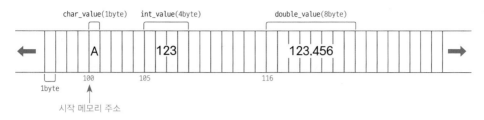

**그림 3-1** 메모리에 저장된 다양한 자료형의 값

일반적으로 64bit 운영체제에서 char, int, double형은 각각 1byte, 4byte, 8byte의 크기를 차지합니다. 변수를 선언하면 자료형의 크기에 맞게 공간을 확보한 후 해당 공간에 데이터를 기록합니다. 확보하는 실제 공간의 주소physical address는 메모리 상황에 따라 매번 달라질 수 있습니다. 즉, 그림에서 시작 메모리 주소는 프로그램을 실행할 때마다 달라질 수 있다는 의미입니다.

데이터가 기록된 공간이 어디인지 알 수 있는 시작 메모리 주소는 매우 중요합니다. 우리가 친구 집을 찾아가려면 주소가 필요하듯이, 프로그램도 데이터에 접근할 때 시작 메모리 주소로 찾기 때문입니다. 이러한 메모리 주소를 직접 다루는 것은 어렵고 복잡하므로 C++ 언어를 비롯해 대부분 프로그래밍 언어에서는 변수의 이름을 선언하고 해당 이름으로 데이터에 접근합니다.

 **메모리 주소가 실제 물리적 주소라고 봐도 되나요?**

메모리 주소는 메모리의 물리적 위치에 해당하는 고유 식별자지만, 실제 위치는 런타임 중에 변경될 수 있어요. 프로그램이 실행되는 동안 운영체제가 동적으로 메모리를 할당하거나 해제할 수 있기 때문에 변수나 객체의 물리적 위치가 변경될 수 있습니다. 따라서 메모리 주소는 실제 위치에 해당하는 가상 주소라고 생각하면 됩니다.

## 포인터와 연산자

포인터는 앞에서 언급한 **메모리 주소를 저장하는 변수**를 의미합니다. 포인터 변수도 일반 변수를 선언할 때처럼 int나 char와 같은 자료형을 지정합니다. 다만 다음처럼 자료형과 변수 이름 사이에 별표(*)를 추가합니다.

> **포인터 변수 선언**
>
> 자료형 *(포인터_변수_이름);

## 포인터 변수 선언과 주소 대입하기

포인터 변수를 선언하는 코드를 살펴보겠습니다. 다음 코드는 일반 변수 3개와 포인터 변수 3개를 선언하는데, 포인터 변수에는 일반 변수의 주소를 넣었습니다.

> **포인터 변수 선언과 초기화**

```cpp
#include <iostream>

int main()
{
    char char_value = 'A';
    int int_value = 123;
    double double_value = 123.456;

    char *char_pointer_value = &char_value;
    int *int_pointer_value = &int_value;
    double *double_pointer_value = &double_value;

    return 0;
}
```

포인터 변수에는 주소가 들어가는구나!

포인터 변수를 선언하면서 일반 변수로 선언된 char_value, int_value, double_value의 메모리 주소를 각각의 포인터 변수에 넣었습니다. 이때 일반 변수 앞에 붙은 &는 피연산자의 주소를 읽어 오는 주소 연산자*입니다.

\* 주소 연산자 &는 비트 AND 연산자의 기호와 같지만, 주소 연산자로 사용할 때는 '단항 연산자'이고, 비트 AND 연산자로 사용할 때는 '이항 연산자'입니다. 혼동하지 않도록 주의하세요.

이 코드를 실행할 때 메모리를 그림으로 표현하면 다음과 같습니다.

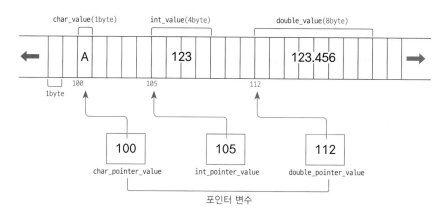

그림 3-2 포인터 변수 메모리 구조

이 그림은 포인터 변수의 원리를 이해하기 쉽게 개념화한 것입니다. 사실 포인터 변수도 일반 변수처럼 연속되는 메모리상에 8byte* 공간을 차지합니다. 예에서 포인터 변수 *char_ pointer_value, *int_pointer_value만 실제 메모리의 저장 방식으로 표현하면 다음과 같습니다.

* 포인터 변수의 크기는 일반적으로 64bit 프로그램에서는 8byte, 32bit 프로그램에서는 4byte입니다.

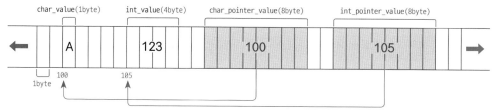

그림 3-3 포인터 변수가 주소를 저장하는 방식

## 포인터 변수의 크기

포인터 변수의 크기는 데이터 형식과는 관련이 없습니다. 따라서 모든 포인터 변수의 크기는 같습니다. 포인터 변수는 메모리 주소를 저장하는 데에 사용되며, 주소의 크기는 시스템 아키텍처에 따라 결정됩니다. 따라서 데이터 형식이나 변수의 크기와는 관계가 없습니다.

그런데도 포인터 변수를 선언할 때 데이터 형식을 지정하는 이유는 해당 포인터가 가리키는 데이터의 형식을 명시하기 위해서입니다.

```
int *ptr;        // int형 데이터를 가리키는 포인터
double *ptr2;    // double형 데이터를 가리키는 포인터
```

이처럼 포인터 선언문에 지정한 데이터 형식으로, 해당 포인터가 가리키는 데이터의 크기와 해석 방법이 결정됩니다. 이러한 개념은 포인터를 대상으로 연산할 때에 필요합니다. 또한 포인터를 사용하는 코드에서 데이터 형식의 일관성을 유지하고 오류를 방지하는 데에 도움이 되기도 합니다.

## 포인터 변수가 가리키는 데이터에 접근하기

이번에는 포인터 변수에 저장된 주소를 이용해 데이터에 접근하는 방법을 알아보겠습니다. 포인터 변수에 역참조 연산자 *를 사용하면 해당 포인터 변수에 저장된 주소가 가리키는 데이터에 접근할 수 있습니다. 실제 코드를 보면서 살펴보겠습니다.

**Do it! 실습** 역참조 연산자로 데이터 접근

• ch03/pointer/pointer.cpp

```cpp
#include <iostream>
using namespace std;

int main()
{
    char char_value = 'A';
    int int_value = 123;
    double double_value = 123.456;

    char *char_pointer_value = &char_value;
    int *int_pointer_value = &int_value;
    double *double_pointer_value = &double_value;

    // 일반 변수의 데이터 출력
    cout << "char_value: " << char_value << endl;
    cout << "int_value: " << int_value << endl;
    cout << "double_value: " << double_value << endl;
    cout << endl;

    // 역참조 연산자로 포인터 변수가 가리키는 데이터 출력
    cout << "*char_pointer_value: " << *char_pointer_value << endl;
    cout << "*int_pointer_value: " << *int_pointer_value << endl;
    cout << "*double_pointer_value: " << *double_pointer_value << endl;
```

```cpp
    cout << endl;

    // 역참조 연산자로 원본 데이터 덮어쓰기
    *char_pointer_value = 'Z';
    *int_pointer_value = 321;
    *double_pointer_value = 654.321;

    // 일반 변수의 데이터 출력(업데이트 확인)
    cout << "char_value: " << char_value << endl;
    cout << "int_value: " << int_value << endl;
    cout << "double_value: " << double_value << endl;

    return 0;
}
```

역참조 연산자로 포인터가 가리키는 데이터에 접근할 수 있구나!

**실행 결과**

```
char_value: A
int_value: 123
double_value: 123.456

*char_pointer_value: A
*int_pointer_value: 123
*double_pointer_value: 123.456

char_value: Z
int_value: 321
double_value: 654.321
```

실행 결과를 보면 포인터 변수 앞에 역참조 연산자 *를 사용해 포인터 변수가 가리키는 데이터에 직접 접근하는 것을 확인할 수 있습니다. 심지어 *char_pointer_value = 'Z' 처럼 새로운 값을 넣으면 char_value 변수의 값이 'Z'로 바뀌는 것도 볼 수 있습니다.

즉, 역참조 연산자 *는 다음 그림에서 화살표를 따라가는 연산자로 생각하면 이해하기가 좀 더 수월할 것입니다.

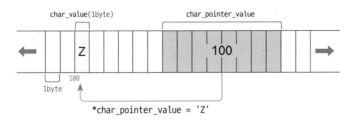

char_value(1byte)       char_pointer_value

Z       100

100

1byte

*char_pointer_value = 'Z'

**그림 3-4** 포인터 변수가 가리키는 데이터에 접근하여 값 변경

## 다중 포인터

포인터가 메모리 주소를 저장하는 '변수'라는 것은 포인터가 차지하는 공간 역시 주소를 가지고 있음을 의미합니다. 그렇다면 포인터 변수의 주소를 저장하는 또 다른 포인터도 만들 수 있을까요? '포인터를 가리키는 포인터<sup>pointer to pointer</sup>'를 의미하는 **다중 포인터**<sup>multiple pointer</sup>를 이용할 수 있습니다.

다중 포인터를 이용하는 간단한 예와 메모리 그림을 살펴보겠습니다.

---

**다중 포인터 변수 선언**

```cpp
#include <iostream>

int main()
{
    int int_value = 123;

    int *int_pt_value = &int_value;
    int **int_pt_pt_value = &int_pt_value;
    int ***int_pt_pt_pt_value = &int_pt_pt_value;

    return 0;
}
```

---

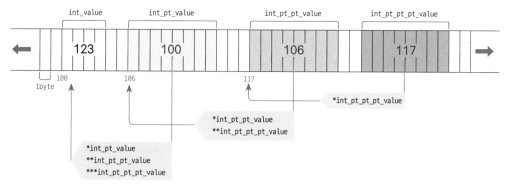

**그림 3-5** 다중 포인터 개념도

예에서 삼중 포인터 변수인 int_pt_pt_pt_value를 역참조해 int_value의 데이터에 접근하는 과정을 살펴보겠습니다. 먼저 int_pt_pt_pt_value에 역참조 연산자 *를 적용하면 메모리의 117번지를 찾아갑니다. 117번지에는 106이라는 주소가 저장돼 있습니다. 여기서 한 번더 * 연산자를 적용하면(**int_pt_pt_pt_value) 106번지를 찾아갑니다. 106번지에는 100이라는 주소가 있습니다. 여기서 다시 * 연산자를 추가하면(***int_pt_pt_pt_value) 100번지를 찾아가 비로소 int_value 변수에 저장된 정수 123에 접근할 수 있습니다.

즉, 삼중 포인터 변수는 역참조 연산자 *를 3번, 이중 포인터 변수는 2번, 단일 포인터 변수는 1번 적용해야 값에 접근할 수 있습니다.

### 배열과 포인터

포인터를 다루면서 배열과의 관계는 빼놓을 수가 없습니다. 먼저 배열이 무엇인지부터 살펴볼까요? 예를 들어 로또 추첨 프로그램을 만들기 위해 로또 번호 45개에 해당하는 정수형 변수가 필요하다고 가정해 봅시다. 변수를 45개 선언하고 값을 넣으려면 너무 많아서 번거롭습니다.

이때 배열을 이용하면 다음처럼 간단하게 만들 수 있습니다.

**배열 선언**

```
자료형 배열_이름[크기] = { 값1, 값2, 값3, ... , 값n };
```

배열은 변수가 여러 개 모인 것으로, 같은 자료형의 변수를 연속으로 늘어놓은 형태입니다. 배열을 선언한 후, **배열_이름[인덱스]**처럼 [] 안에 인덱스[index]라고 하는 차례 번호를 넣으면 해당 순서의 원소에 접근할 수 있습니다.

참고로 배열의 인덱스는 항상 0부터 시작합니다. 예를 들어 배열에서 가장 첫 번째 원소에 접근하려면 인덱스 0을 넣어서 **배열_이름[0]**, 가장 마지막 원소에 접근하려면 전체 개수(n)보다 하나 작은 인덱스를 지정하여 **배열_이름[n-1]**로 작성하면 됩니다.

## 배열 선언과 원소에 접근하기

배열의 선언과 원소에 접근하는 코드를 확인해 보겠습니다. 이 코드에서는 길이가 45인 고정 배열[fixed array]을 선언했습니다. 고정 배열은 컴파일 타임에 길이를 알고 있는 배열입니다. 잠시 뒤에는 동적 배열[dynamic array]을 소개할 텐데, 동적 배열의 길이는 런타임에 설정되며 길이를 변경할 수 있습니다.

---

**Do it! 실습**  배열 선언과 원소에 접근하기

• ch03/array/array.cpp

```cpp
#include <iostream>
using namespace std;

int main()
{
    int lotto[45] = { 1, 2, 3, 4, 5, 6, 7, 8, 9, 10, 11, 12, 13, 14, 15,
                     16, 17, 18, 19, 20, 21, 22, 23, 24, 25, 26, 27, 28, 29, 30,
                     31, 32, 33, 34, 35, 36, 37, 38, 39, 40, 41, 42, 43, 44, 45 };

    cout << "Today's Lotto : "
        << lotto[0] << ", " << lotto[7] << ", " << lotto[15] << ", "
        << lotto[27] << ", " << lotto[36] << ", " << lotto[44] << endl;

    return 0;
}
```

---

**실행 결과**

```
Today's Lotto : 1, 8, 16, 28, 37, 45
```

---

이 예에서 만든 배열이 메모리에 저장된 모습을 그림으로 표현하면 다음과 같습니다.

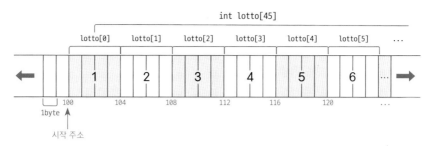

int lotto[45]

lotto[0]   lotto[1]   lotto[2]   lotto[3]   lotto[4]   lotto[5]   ...

1    2    3    4    5    6    ...

100       104       108       112       116       120       ...

1byte

시작 주소

**그림 3-6** 배열의 메모리 상태

그림처럼 배열의 각 원소는 연속으로 붙어 있습니다. 이는 원소의 메모리 주소를 확인해 보면 더 명확하게 확인할 수 있습니다. 주소 연산자 &로 출력해 보면 16진수의 메모리 주소가 4씩 차례로 증가하는 것을 볼 수 있습니다. 메모리 주소가 4씩 증가하는 것은 int형이 4byte이기 때문입니다. 그래서 그림에서도 각 원소의 공간을 4칸씩 표현했습니다.

**Do it! 실습** 배열 원소의 메모리 주소 확인하기

• ch03/array_address/array_address.cpp

```cpp
#include <iostream>
using namespace std;

int main()
{
    int lotto[45] = { 1, 2, 3, 4, 5, 6, 7, 8, 9, 10, 11, 12, 13, 14, 15,
                      16, 17, 18, 19, 20, 21, 22, 23, 24, 25, 26, 27, 28, 29, 30,
                      31, 32, 33, 34, 35, 36, 37, 38, 39, 40, 41, 42, 43, 44, 45 };

    cout << "lotto[0] Address: " << &lotto[0] << endl;
    cout << "lotto[1] Address: " << &lotto[1] << endl;
    cout << "lotto[2] Address: " << &lotto[2] << endl;
    cout << "lotto[3] Address: " << &lotto[3] << endl;
    cout << "lotto[4] Address: " << &lotto[4] << endl;
    cout << "lotto[5] Address: " << &lotto[5] << endl;

    return 0;
}
```

```
lotto[0] Address: 00000073894FFBA0
lotto[1] Address: 00000073894FFBA4
lotto[2] Address: 00000073894FFBA8
lotto[3] Address: 00000073894FFBAC
lotto[4] Address: 00000073894FFBB0
lotto[5] Address: 00000073894FFBB4
```

주소는 프로그램을 실행할 때마다 다르게 할당되므로 출력되는 값이 다를 수 있습니다.

## 포인터 연산으로 배열의 원소에 접근하기

앞서 배열을 소개할 때 '포인터를 다루면서 배열과의 관계는 빼놓을 수 없다'고 했습니다. 그 이유는 배열의 인덱스로 각 원소에 접근하는 것처럼, **포인터 연산으로도 각 원소에 접근할 수 있기** 때문입니다.

먼저 예를 보고 설명을 이어가겠습니다. 배열 원소의 주소를 출력한 결과와 포인터 연산으로 출력한 결과를 비교해 보세요.

**Do it! 실습** 배열 원소의 주소와 포인터 연산의 결과 비교하기

• ch03/array_pointer_1/array_pointer_1.cpp

```cpp
#include <iostream>
using namespace std;

int main()
{
    int lotto[45] = { 1, 2, 3, 4, 5, 6, 7, 8, 9, 10, 11, 12, 13, 14, 15,
                      16, 17, 18, 19, 20, 21, 22, 23, 24, 25, 26, 27, 28, 29, 30,
                      31, 32, 33, 34, 35, 36, 37, 38, 39, 40, 41, 42, 43, 44, 45 };

    cout << "lotto[0] Address: " << &lotto[0] << endl;
    cout << "lotto[1] Address: " << &lotto[1] << endl;
    cout << "lotto[2] Address: " << &lotto[2] << endl;
    cout << "lotto[3] Address: " << &lotto[3] << endl;
    cout << "lotto[4] Address: " << &lotto[4] << endl;
    cout << "lotto[5] Address: " << &lotto[5] << endl << endl;

    cout << "(lotto + 0) Address: " << lotto + 0 << endl;
    cout << "(lotto + 1) Address: " << lotto + 1 << endl;
```

```
        cout << "(lotto + 2) Address: " << lotto + 2 << endl;
        cout << "(lotto + 3) Address: " << lotto + 3 << endl;
        cout << "(lotto + 4) Address: " << lotto + 4 << endl;
        cout << "(lotto + 5) Address: " << lotto + 5 << endl;

        return 0;
}
```

포인터 연산으로 배열 원소에 접근

**실행 결과**

```
lotto[0] Address: 000000DFE48FF9E0
lotto[1] Address: 000000DFE48FF9E4
lotto[2] Address: 000000DFE48FF9E8
lotto[3] Address: 000000DFE48FF9EC
lotto[4] Address: 000000DFE48FF9F0
lotto[5] Address: 000000DFE48FF9F4


(lotto + 0) Address: 000000DFE48FF9E0
(lotto + 1) Address: 000000DFE48FF9E4
(lotto + 2) Address: 000000DFE48FF9E8
(lotto + 3) Address: 000000DFE48FF9EC
(lotto + 4) Address: 000000DFE48FF9F0
(lotto + 5) Address: 000000DFE48FF9F4
```

인덱스로 접근하나 포인터 연산
으로 접근하나 똑같네!

비교하기 좀 더 쉽도록 실행 결과를 표로 만들면 다음과 같습니다.

표 3-1 배열과 포인터 비교

| 배열 원소의 주소 | 결과 | 포인터 연산 | 결과 |
|---|---|---|---|
| &lotto[0] | 000000DFE48FF9E0 | lotto + 0 | 000000DFE48FF9E0 |
| &lotto[1] | 000000DFE48FF9E4 | lotto + 1 | 000000DFE48FF9E4 |
| &lotto[2] | 000000DFE48FF9E8 | lotto + 2 | 000000DFE48FF9E8 |
| &lotto[3] | 000000DFE48FF9EC | lotto + 3 | 000000DFE48FF9EC |
| &lotto[4] | 000000DFE48FF9F0 | lotto + 4 | 000000DFE48FF9F0 |
| &lotto[5] | 000000DFE48FF9F4 | lotto + 5 | 000000DFE48FF9F4 |

표에서 왼쪽 결과와 오른쪽 결과를 비교하면 각 원소의 주소와 포인터 연산의 결과가 정확하게 일치합니다. 여기서 눈에 띄는 특징을 뽑으면 다음과 같습니다.

1. &lotto[0] == lotto + 0
2. &배열_변수[인덱스] == 배열_변수 + 인덱스

이러한 특징이 성립하는 이유는 배열의 이름인 lotto가 **첫 번째 원소의 주소** &lotto[0]를 가리키기 때문입니다. 그리고 하나 더, 포인터 연산에서 덧셈은 자료형의 크기를 곱한 만큼 덧셈을 수행합니다. 예에서는 lotto가 int형이므로 덧셈할 숫자에 4byte 크기가 곱해집니다. 따라서 주소가 4byte씩 늘어납니다. 이 원리는 포인터의 사칙 연산과 증감 연산(++, --) 같은 단항 연산자에서도 같습니다.

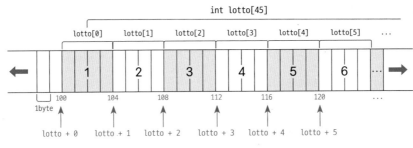

그림 3-7 배열과 포인터 연산의 관계

## 배열과 포인터는 같을까?

배열 변수가 가리키는 주소는 배열의 첫 번째 원소의 주소이기도 하고, 배열 인덱스와 포인터 연산이 같아서 배열과 포인터가 같다고 생각할 수 있습니다. 하지만 이 둘은 엄연히 다릅니다. 간단한 예로 직접 확인해 보죠.

**Do it! 실습** 배열과 포인터가 같은지 확인하기

• ch03/array_and_pointer_2/array_and_pointer_2.cpp

```
#include <iostream>
using namespace std;

int main()
{
    int array[5] = { 1, 2, 3, 4, 5 };
```

```
    int *pointer_array = array;

    cout << "array: " << array << endl;
    cout << "pointer_array: " << pointer_array << endl << endl;

    cout << "sizeof(array): " << sizeof(array) << endl;
    cout << "sizeof(pointer_array): " << sizeof(pointer_array) << endl;

    return 0;
}
```

**실행 결과**

```
array: 000000BCE8D6FC08
pointer_array: 000000BCE8D6FC08

sizeof(array): 20
sizeof(pointer_array): 8
```

array와 pointer_array가 같은 주소를 가리키고 있지만, sizeof로 크기를 비교해 보면 완전히 다른 것을 확인할 수 있습니다. array는 int[5] 형식이고, pointer_array는 int*형이기 때문입니다. 따라서 array의 sizeof는 배열 전체 크기인 20byte(4byte × 5)가 출력됐고, pointer_array는 포인터 변수의 크기인 8byte가 출력됐습니다.

이처럼 배열과 포인터는 다르지만, 배열의 이름을 사용할 때 자동으로 첫 번째 원소를 가리키는 포인터가 되므로 마치 배열과 포인터가 같다고 생각할 수 있습니다.

배열과 포인터의 관계에서 핵심은 배열의 원소에 접근할 때 포인터 연산으로도 가능하다는 것입니다. 이제 처음 배열을 소개했던 예시를 포인터 연산으로도 같은 결과가 나오는 것을 확인하면서 이 둘의 관계를 다시 한번 정리하고 다음 주제로 넘어가겠습니다.

**Do it! 실습** 배열 원소 접근을 포인터 연산으로 수행하기

• ch03/array_pointer_3/array_pointer_3.cpp

```
#include <iostream>
using namespace std;

int main()
```

```
{
    int lotto[45] = { 1, 2, 3, 4, 5, 6, 7, 8, 9, 10, 11, 12, 13, 14, 15,
                      16, 17, 18, 19, 20, 21, 22, 23, 24, 25, 26, 27, 28, 29, 30,
                      31, 32, 33, 34, 35, 36, 37, 38, 39, 40, 41, 42, 43, 44, 45 };

    cout << "Today's Lotto : "
        << *lotto << ", " << *(lotto + 7) << ", " << *(lotto + 15) << ", "
        << *(lotto + 27) << ", " << *(lotto + 36) << ", " << *(lotto + 44)
        << endl;

    return 0;
}
```

**실행 결과**

```
Today's Lotto : 1, 8, 16, 28, 37, 45
```

## 동적 메모리 할당

이번에는 new와 delete를 사용한 동적 메모리 할당을 알아보겠습니다. 그 전에 이해를 돕기 위해 어느 빵집의 사연을 소개하겠습니다.

"하루에 빵을 10개 만드는 가게가 있습니다. 이 가게는 매일 손님이 10명 정도 방문해서 언제나 빵을 10개만 만들어도 충분했습니다. 그러나 갑자기 TV 맛집 프로그램에 소개된 후, 손님이 100명으로 크게 늘었습니다. 주인은 큰돈을 들여 하루에 빵을 100개 만들수 있는 설비를 도입했습니다. 하지만 하루에 100명씩 오던 손님은 이제 50명밖에 오지 않았습니다. 주인은 매일 남는 빵 50개가 너무 아까웠습니다."

빵집 이야기처럼 배열을 사용할 때도 다음처럼 이미 정해진 크기만큼의 고정 배열을 선언하고 사용했습니다.

**고정 크기 배열 선언 예**

```
char char_array[10];
int int_array[500];
float float_array[1000];
```

배열의 크기가 고정되다 보니 더 많은 원소가 필요할 때는 처리할 수 없고, 반대로 너무 큰 배열을 선언하면 그만큼 메모리가 낭비되거나 프로그램이 강제로 종료될 수 있습니다. 메모리 낭비는 최소화하면서 배열의 크기를 지정할 수는 없을까요?

## 동적 메모리 할당과 해제하기

이럴 때 동적 메모리 할당을 사용합니다. **동적 메모리 할당**<sup>dynamic memory allocation</sup>은 프로그램 실행 중에도 필요한 크기의 메모리를 운영체제에 요청하여 사용할 수 있는 방법입니다.

C++ 언어에서 동적 메모리를 할당하려면 new 키워드를 사용합니다.

동적 메모리 할당

```
자료형 *변수_이름 = new 자료형;
```

new로 할당된 메모리는 필요 없는 시점에 delete 키워드로 반드시 직접 해제해야 합니다.

동적 메모리 해제

```
delete 변수_이름;
```

동적 메모리를 할당하고 해제하는 코드를 확인해 보겠습니다.

**Do it! 실습** new, delete로 동적 매모리 할당하고 해제하기

• ch03/new_and_delete/new_and_delete.cpp

```cpp
#include <iostream>
using namespace std;

int main()
{
    int *pt_int_value = new int;    // 동적 메모리 할당

    *pt_int_value = 100;
    cout << *pt_int_value << endl;

    delete pt_int_value;    // 동적 메모리 해제

    return 0;
}
```

```
100
```

정수를 저장할 메모리 주소를 동적 할당하고 해당 메모리의 시작 주소를 `pt_int_value`가 가리키도록 선언한 예입니다. 그리고 `pt_int_value`가 가리키는 메모리에 100을 저장하고 출력한 후 `delete` 명령으로 메모리를 해제했습니다.

이 코드는 `int`형 변수 하나만 동적으로 할당했다가 해제해 본 것입니다. 변수 여러 개를 배열 형태로 메모리를 할당하고 해제하는 것도 크게 다르지 않습니다. 다만 배열의 크기를 추가해야 합니다.

### 배열 형태의 동적 메모리 할당과 해제

```
자료형 *변수_이름 = new 자료형[크기];
delete[] 변수_이름;
```

배열 형태의 동적 메모리 할당과 해제 방법도 확인해 보겠습니다.

### Do it! 실습 new, delete로 배열 형태의 동적 매모리 할당하고 해제하기

• ch03/new_delete_array/new_delete_array.cpp

```cpp
#include <iostream>
using namespace std;

int main()
{
    int *pt_int_array_value = new int[5];   // 동적 메모리 할당(배열)

    for (int i = 0; i < 5; i++)
    {
        pt_int_array_value[i] = i;   // 할당된 배열 변수에 0~4까지 순서대로 넣기
    }

    for (int i = 0; i < 5; i++)
    {
        cout << pt_int_array_value[i] << endl;   // 배열 변수 출력
```

```
    }

    delete[] pt_int_array_value;    // 동적 메모리 해제(배열)

    return 0;
}
```

---

**실행 결과**

```
0
1
2
3
4
```

---

이 예시에서 유의해서 봐야 할 부분은 메모리 해제 코드입니다. 배열 형태로 메모리를 할당했다면 똑같이 배열 형태로 메모리를 해제해야 합니다. 그렇지 않으면 해제되지 않는 메모리 때문에 **메모리 누수**<sup>memory leak</sup>가 발생합니다. 동적 메모리를 사용할 때는 항상 **new**와 **delete**를 한 쌍으로 생각하고 사용해야 합니다.

## 동적 할당 메모리를 해제하는 이유

일반 변수와 달리 동적으로 할당한 메모리를 해제해야 하는 이유는 각각 사용하는 메모리의 영역이 다르기 때문입니다.

함수의 매개변수나 지역 변수처럼 대부분의 일반 변수는 **스택**<sup>stack</sup>이라는 메모리 영역에 할당됩니다. 스택 영역은 함수의 호출과 함께 할당되며 함수가 반환되면 자동으로 소멸합니다. 따라서 메모리 해제를 관리할 필요가 없습니다. 하지만 일반적으로 스택 영역은 크기가 한정되어 있으며, 이 크기를 초과할 때는 운영체제가 해당 프로그램을 강제로 종료합니다.

반면에 동적으로 할당된 변수는 **힙**<sup>heap</sup>이라는 메모리 영역에 존재합니다. 힙은 스택보다 훨씬 큰 메모리 풀이므로 크기가 큰 배열도 충분히 할당할 수 있습니다. 그런데 힙에 할당된 메모리는 명시적으로 해제하기 전에는 해당 프로그램이 종료될 때까지 계속 유지됩니다. 따라서 메모리 해제를 적절하게 하지 않으면 프로그램이 동작하면서 조금씩 메모리 누수가 누적됩니다. 그리고 이는 메모리를 과다하게 사용하는 문제로 발전합니다. 예를 들어 게임을 하다가 컴퓨터가 느려지거나 멈추는 현상을 경험한 적이 있다면 메모리 누수가 원인일 수 있습니다. 따라서 동적 메모리를 사용할 때 메모리 해제를 철저히 하는 것을 잊지 마세요.

## 포인터와 동적 메모리 할당

포인터와 동적 메모리 할당을 연습하는 차원으로 앞에서 예로 든 빵집의 문제를 개선해 보겠습니다. 매일 가게에 방문하는 손님 수만큼만 빵을 만드는 것이 목표입니다.

**Do it! 실습** 방문하는 손님 수만큼만 빵 만들기

• ch03/dynamic_memory_bakery/dynamic_memory_bakery.cpp

```cpp
#include <iostream>
#include <string>

using namespace std;

int main()
{
    int customer_num = 0;

    cout << "오늘 방문 손님: ";
    cin >> customer_num;    // 손님 수 입력

    string *bread = new string[customer_num]; // 손님 수만큼 string 배열 생성

    for (int i = 0; i < customer_num; i++)    // 입력받은 손님 수만큼 반복
    {
        bread[i] = "빵_" + to_string(i);      // '빵_숫자' 형태로 배열에 저장
    }
```
숫자를 문자열로 변환하는 함수
```cpp
    cout << endl << "--생산된 빵--" << endl;
    for (int i = 0; i < customer_num; i++)
    {
        cout << *(bread + i) << endl;  // 생산된 빵 출력(포인터 연산 참고)
    }

    delete[] bread;   // string 배열 삭제

    return 0;
}
```

오늘 방문 손님: 3 [Enter]

--생산된 빵--
빵_0
빵_1
빵_2

방문할 손님 수를 입력하면 C++ 표준 라이브러리의 문자열인 string을 손님 수만큼 배열 형태로 동적 할당합니다. 이렇게 생성된 배열에 "빵_숫자" 형태로 문자열이 저장되도록 for 문으로 반복합니다. 이때 to_string(i)는 숫자를 문자열로 변환하는 함수입니다. 이를 이용해 bread[i] = "빵_" + to_string(i)는 두 문자열을 붙인 결과를 bread 배열에 넣는 코드입니다.

문자열이 저장된 bread 배열을 출력하는 반복문에서 *(bread + i) 부분은 포인터 연산으로 배열 원소에 접근한 것이며, bread[i]와 같습니다. 마지막으로 모든 문자열이 출력된 후 delete를 이용해 string 배열의 메모리를 해제합니다.

### 포인터를 다룰 때 주의할 점

포인터는 주소를 다루므로 강력하지만 그만큼 다루기가 쉽지 않습니다. 몇 가지 주의할 점을 살펴보겠습니다. 먼저 **포인터를 역참조하기 전에 포인터가 유효한 메모리를 가리키는지 확인해야 합니다.** 포인터를 선언한다고 해서 자동으로 유효한 메모리 주소를 가리키는 것은 아닙니다. 유효하지 않은 메모리를 가리키는 포인터를 역참조하려고 하면 세그멘테이션 실패*나 런타임 오류가 발생할 수 있습니다.

\* 세그멘테이션 실패(segmentation fault)는 프로그램이 허용되지 않은 메모리 영역에 접근을 시도하거나, 허용되지 않은 방법으로 메모리 영역에 접근을 시도할 때 발생합니다.

또 하나 주의할 점은 **할당된 메모리의 범위를 벗어나는 포인터 연산은 피해야 합니다.** 예를 들어 정수 5개로 구성된 배열이 있고, 배열의 첫 번째 원소를 가리키는 포인터를 선언했다고 가정해 봅시다. 이때 배열에서 6번째 원소를 가리키려고 하면 배열에 할당되지 않은 메모리에 접근하게 되어 정의되지 않은 동작이 발생할 수 있습니다.

마지막으로 **할당 해제된 메모리를 역참조하지 말아야 합니다.** 포인터가 가리키는 메모리를 할당 해제하고 그 포인터를 역참조하려고 하면 정의되지 않은 동작이 발생할 수도 있습니다.

**동적 메모리 할당과 해제**

```cpp
int main() {
  int *dynamic_array = new int[5];   ❶

  for (int i = 0; i < 5; ++i) {
    dynamic_array[i] = i + 1;
  }
  for (int i = 0; i < 5; ++i) {
    std::cout << "dynamic_array[" << i << "]: " << dynamic_array[i] << std::endl;
  }
  delete[] dynamic_array;   ❷
  return 0;
}
```

❶ 정수형 배열 포인터와 동적 메모리 할당
❷ 메모리 해제

---

**3분 퀴즈**

**1** 포인터 변수에 대해 정의해 보세요.

**2** 배열에 대해 정의해 보세요.

**3** new와 delete를 이용해 정수 100개를 저장할 수 있는 배열을 생성한 후 해제하는 코드를 만들어 보세요.

```
int *
delete
```

[모범 답안]
**1** 포인터 변수란 메모리 주소를 저장할 수 있는 변수
**2** 배열은 변수가 여러 개 모인 것으로, 같은 자료형의 변수를 연속으로 늘어놓은 형태
**3** int *int_array = new int[100];
　　delete []int_array;

---

# 03-2 함수와 구조체

• 함수의 형태를 이해하고 사용자 정의 함수를 만들기
• 구조체의 장점을 이해하고 함수의 매개변수로 활용하기

학습
목표

이 절에서는 함수에 관해 알아보고자 합니다. C++ 언어에서는 파일 입출력, 문자열 처리, 각종 산술 연산 등을 수행할 수 있는 유용하고 다양한 함수를 모아 C++ 표준 라이브러리 형태로 제공합니다. 이 함수들은 단순히 이용하는 것뿐만 아니라, 필요에 따라 재정의해서 사용할 수도 있습니다.

반복해서 수행되는 코드를 함수로 만들면 재활용할 수 있으며 복잡한 기능도 구조화되어 효율적으로 관리할 수 있습니다. 이와 더불어 하나 이상의 변수를 그룹화하는 구조체도 살펴보고, 함수와 함께 활용하는 법도 익혀 보겠습니다.

## 함수 만들기

함수function는 '특정 작업을 수행하는 코드 집합'으로 정의할 수 있습니다. 함수의 기본 구성은 다음과 같습니다.

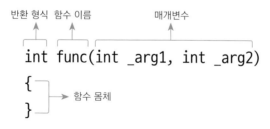

함수 선언에는 크게 4가지의 필수 요소가 있습니다. 하나씩 살펴보겠습니다.

1. **반환 형식**: 함수가 반환할 값의 자료형입니다. 반환할 값이 없을 때는 void로 표기합니다.

2. **함수 이름**: 함수를 호출할 때 사용할 이름입니다. 함수의 이름은 문자나 밑줄(_)로 시작하며, 숫자나 공백으로 시작할 수는 없습니다.

3. **매개변수**: 함수가 호출될 때 전달받은 값을 저장하는 변수로, 함수 내부에서만 사용할 수 있는 지역 변수입니다. 전달받을 값이 없을 때는 비워 두거나, void로 매개변수가 없음을 표기할 수 있습니다.

4. **함수 몸체**: 함수의 기능을 정의하는 부분입니다.

함수의 필수 요소를 유념하면서 덧셈을 수행하는 함수를 만든 후 호출해 보겠습니다.

---

**Do it! 실습**  덧셈을 수행하는 함수 작성하고 호출하기

• ch03/function/function.cpp

```cpp
#include <iostream>
using namespace std;

int add(int _x, int _y)    // add 함수 정의
{
    int result = _x + _y;
    return result;
}

int main()
{
    int add_result = add(2, 3);    // add 함수 호출
    cout << "add 함수 결과: " << add_result << endl;    // 함수 실행 결과

    return 0;
}
```

---

**실행 결과**

```
add 함수 결과: 5
```

---

## 함수의 매개변수 사용하기

함수의 매개변수parameter는 일반 변수뿐만 아니라 앞 절에서 배운 포인터와 배열도 활용할 수 있습니다. 먼저 매개변수를 일반 변수로 정의한 예를 살펴보겠습니다.

• ch03/arguments_value/arguments_value.cpp

```cpp
#include <iostream>
using namespace std;

void change_negative(int _val)
{
    if (_val > 0)
    {
        _val = -_val;
    }
}

int main()
{
    int a = 3, b = -3;

    cout << "a : " << a << endl;
    cout << "b : " << b << endl;

    change_negative(a);
    change_negative(b);

    cout << "change_negative(a) : " << a << endl;
    cout << "change_negative(b) : " << b << endl;

    return 0;
}
```

함수를 호출할 때 전달하는 값을 인자, 함수에서 이 값을 전달받는 것을 매개변수라고 하는구나!

**실행 결과**

```
a : 3
b : -3
change_negative(a) : 3
change_negative(b) : -3
```

change_negative는 매개변수로 받은 _val이 양수이면 음수로 바꾸도록 만든 함수입니다. 기대했던 결과는 a의 값 3이 −3으로 변경되는 것인데, 출력된 결과를 보면 원래 값 3이 그대로 출력됐습니다. 그 이유는 매개변수인 _val이 change_negative 함수 내부에서만 효력이 있는 지역 변수이기 때문입니다.

main에서 change_negative 함수를 호출할 때 넣었던 a, b 변수는 _val 매개변수로 복사됩니다. 따라서 change_negative 함수에서는 _val 변숫값만 음수로 만들 뿐, main의 a, b 변수에는 아무런 영향이 없습니다.

### 포인터를 매개변수로 사용하기

이러한 문제를 해결할 수 있는 방법의 하나는 포인터 변수를 매개변수로 활용하는 것입니다.

**Do it! 실습** 포인터 변수를 매개변수로 사용하기

• ch03/arguments_pointer/arguments_pointer.cpp

```cpp
#include <iostream>
using namespace std;

void change_negative(int *_val)      // 포인터 변수를 매개변수로 사용
{
    if (*_val > 0)
    {
        *_val = -(*_val);
    }
}

int main()
{
    int a = 3, b = -3;

    cout << "a : " << a << endl;
    cout << "b : " << b << endl;

    change_negative(&a);  // a 변수의 주솟값을 전달
    change_negative(&b);  // b 변수의 주솟값을 전달

    cout << "change_negative(a) : " << a << endl;
```

_val이 가리키는 값이 양수이면 음수로 변경

```
        cout << "change_negative(b) : " << b << endl;


        return 0;
}
```

**실행 결과**

```
a : 3
b : -3
change_negative(a) : -3
change_negative(b) : -3
```

먼저 main에서 바뀐 부분은 change_negative(&a)와 change_negative(&b)입니다. 두 코드에서 인자로 넘기는 a, b 변수 앞에 주소 연산자 &가 붙었습니다. 변수 이름 앞에 주소 연산자 &를 붙이면 해당 변수의 주소를 불러옵니다. 즉, a, b 변수에 저장된 3, -3이라는 값 대신에 a, b 변수의 주소를 전달합니다.

이어서 change_negative 함수에서는 매개변수가 포인터 변수로 변경되었습니다. 포인터 변수는 '메모리 주소를 저장하는 변수'입니다. 즉, 함수가 호출될 때 주솟값을 전달했으므로 이를 받으려면 포인터 변수로 선언해야 합니다. 이제 change_negative 함수 내부에서는 포인터 변수 _val 앞에 역참조 연산자 *를 사용해 포인터 변수가 가리키는 데이터에 직접 접근할 수 있습니다. 따라서 실행 결과를 보면 main의 a, b 변수에 저장된 값이 모두 음수로 변경된 것을 확인할 수 있습니다.

## 배열을 매개변수로 사용하기

이어서 배열을 함수의 매개변수로 사용하는 예도 살펴보겠습니다. 배열을 사용하면 자료형이 같은 변수 여러 개를 한 번에 전달할 수 있습니다.

**Do it! 실습** 배열 변수를 매개변수로 사용하기

· ch03/arguments_array/arguments_array.cpp

```
#include <iostream>
using namespace std;


int average(int _array[], int _count)
```

```
{
    int sum = 0;
    for (int i = 0; i < _count; i++)
    {
        sum += _array[i];
    }
    return (sum / _count);
}

int main()
{
    int score[5] = { 90, 75, 80, 100, 65 };
    cout << "평균 점수 : " << average(score, 5) << endl;
    return 0;
}
```

**실행 결과**

평균 점수 : 82

average는 매개변수로 받은 배열 안에 저장된 점수들의 평균을 계산하는 함수입니다. 이 함수의 매개변수인 _array[]는 점수 배열을, count는 배열에 점수가 몇 개 들어 있는지 알려 주는 역할을 합니다. 여기서 _array[] 대신 int *_array처럼 포인터 변수로 바꿔도 문제가 없습니다. 이것은 배열로 매개변수를 사용하면 포인터와 마찬가지로 실제로는 주솟값을 전달받는다는 의미입니다. 예에서는 score 배열의 시작 주소를 전달받습니다.

따라서 average 함수에서는 main 함수에 정의된 score 배열에 저장된 데이터에 직접 접근할 수 있습니다. 심지어 매개변수인 _array 배열의 데이터를 변경하면 main에 있는 score 배열의 데이터도 변경됩니다.

## 구조체 만들기

앞에서 일반 변수, 포인터, 배열을 매개변수로 이용하는 방법을 알아보았습니다. 그런데 이 방법들은 모두 단일 자료형만 취급할 뿐 여러 가지 형식의 데이터를 하나의 매개변수로 전달할 수는 없습니다. 이를 해결하는 방법의 하나로 구조체가 있습니다.

먼저 구조체가 무엇인지 알아보겠습니다. 예를 들어 어떤 사람의 정보를 코드로 표현한다면 다음처럼 구성할 수 있습니다. 만약 이런 정보를 함수로 전달하려면 매개변수가 적어도 4개 필요합니다. 게다가 관리해야 하는 사람이 많을 때는 최소 4개의 배열로 관리해야 합니다.

**사람의 정보를 나타내는 변수 선언**

```
std::string name;    // 이름
int age;             // 나이
float height;        // 키
float weight;        // 몸무게
```

이 데이터들을 묶어서 하나로 관리할 수 있다면 좋겠습니다. 예를 들어 '사람'이라는 이름으로 데이터를 그룹 지어 사용할 수 있다면 어떨까요? 구조체를 이용하면 이처럼 여러 형식의 데이터들을 묶어서 관리할 수 있습니다.

다음은 struct 키워드를 이용해 Person이라는 이름으로 구조체를 선언한 예입니다.

**Person 구조체 선언**

```
struct Person
{
    std::string name;    // 이름
    int age;             // 나이
    float height;        // 키
    float weight;        // 몸무게
};
```

구조체는 하나 이상의 변수를 묶어 새로운 자료형으로 정의할 수 있습니다. Person 구조체는 자료형과 마찬가지로 형식만 정의된 형태입니다. 해당 구조체 형식의 변수를 만들어야 비로서 사용할 수 있습니다. 구조체 형식의 변수를 만드는 방법은 일반적인 변수 선언과 같습니다.

**구조체 변수 선언**

```
Person adult;
```

이제 adult란 이름으로 Person 형식의 변수가 생성되었습니다. adult 변수는 멤버 변수를 포함하는 전체 구조체를 참조합니다. 구조체 안의 개별적인 멤버에 접근하려면 멤버 선택 연산자<sup>member selection operator</sup>인 점(.)을 이용해야 합니다. 예를 들어 이름 변수에 접근하려면 adult. name, 나이 변수에 접근하려면 adult.age처럼 . 연산자를 사용해야 합니다.

**멤버 변수에 접근**

```
Person adult;
adult.name = "Brain";
adult.age = 24;
adult.height = 180;
adult.weight = 70;
```

구조체 형식으로 배열을 선언할 수도 있습니다. adult[인덱스]처럼 인덱스로 각각의 Person 을 구분하고, 각 Person의 정보가 담긴 멤버 변수는 .으로 접근할 수 있습니다.

**구조체 배열 선언**

```
Person adult[3];

adult[0].name = "Brain";
adult[0].age = 24;
adult[0].height = 180;
adult[0].weight = 70;

adult[1].name = "Jessica";
adult[1].age = 22;
adult[1].height = 165;
adult[1].weight = 55;

adult[2].name = "James";
adult[2].age = 30;
adult[2].height = 170;
adult[2].weight = 65;
```

구조체 배열을 선언하면 인덱스와 점(.) 연산자로 멤버에 접근할 수 있구나!

## 구조체를 매개변수로 사용하기

이제 구조체를 함수의 매개변수로 사용하는 예를 보겠습니다. 앞에서 본 Person 구조체를 그대로 사용하되, 나이는 25세 이상인 사람의 정보만 화면에 출력하는 프로그램입니다.

> **Do it! 실습** 구조체를 매개변수로 사용하기
>
> • ch03/arguments_structure/arguments_structure.cpp

```cpp
#include <iostream>
using namespace std;

struct Person
{
    std::string name;    // 이름
    int age;             // 나이
    float height;        // 키
    float weight;        // 몸무게
};

void check_age(Person *_adult, int _count)
{
    for (int i = 0; i < _count; i++)
    {
        if (_adult[i].age >= 25)
        {
            cout << "name : " << _adult[i].name << endl;
            cout << "age : " << _adult[i].age << endl;
            cout << "height : " << _adult[i].height << endl;
            cout << "weight : " << _adult[i].weight << endl;
        }
    }
}

int main()
{
    Person adult[3] =
    {
        {"Brain", 24, 180, 70},
        {"Jessica", 22, 165, 55},
        {"James", 30, 170, 65},
```

```
    };
    check_age(adult, 3);

    return 0;    구조체 배열의 시작 주소 전달
}
```

```
name : James
age : 30
height : 170
weight : 65
```

이처럼 구조체를 사용하면 관련 값을 하나의 객체로 그룹화하므로 코드를 더 읽기 쉽고 유지·관리하기 좋게 만들 수 있습니다. 함수에 전달할 인자가 많을 때 특히 유용합니다.

그런데 구조체를 함수에 전달하면 복사본이 전달되므로 구조체가 매우 크면 성능 문제가 발생할 수 있습니다. 이때는 복사본 대신 구조체에 대한 포인터(주소)를 전달하면 해결할 수 있습니다. 따라서 앞의 예시에서는 check_age 함수의 첫 번째 매개변수를 Person *_adult처럼 구조체 포인터 변수로 선언하고, main에서 호출할 때는 구조체 배열의 이름인 adult를 전달했습니다. 즉, 구조체 배열의 시작 주소를 전달했습니다.

## 구조체 초기화하기

구조체 변수에 값을 넣을 때 하나씩 멤버에 접근하여 수행할 수도 있지만, 앞의 예에서는 더 간편하게 중괄호를 이용해 초기화했습니다. 구조체 변수가 하나일 때는 다음처럼 간단하게 초기화할 수 있습니다.

**단일 구조체 초기화**

```
Person adult = {"Brain", 24, 180, 70};
```

구조체 배열일 때는 중괄호 단위로 구분하여 반복해서 나열해 주면 됩니다. 이렇게 하면 멤버별로 값을 직접 지정하는 번거로운 작업을 피할 수 있습니다.

```
Person adult[3] =
{
    { "Brain", 24, 180, 70 },
    { "Jessica", 22, 165, 55 },
    { "James", 30, 170, 65 },
};
```

## 구조체

- struct 키워드로 정의하며, 다른 데이터 형식 여러 개를 묶어 하나의 커스텀 데이터 형식을 만드는 데 사용한다.
- 구조체는 여러 개의 멤버 변수를 가질 수 있으며, 각 멤버 변수는 다른 데이터 형식을 가질 수 있다.
- 구조체를 함수의 매개변수로 전달하여 복잡한 데이터를 쉽게 관리할 수 있다.
- 매개변수로 구조체를 전달할 때는 구조체의 복사본이 함수로 전달된다.
- 구조체는 메모리에 연속으로 할당되며, 구조체의 멤버 변수에는 점(.) 연산자로 접근할 수 있다.

```
struct Person {        // 구조체 정의
  std::string name;   // 멤버 선언
  int age;
};

// 함수의 매개변수로 복사되어 전달
void printPersonInfo(Person person) {

  // 구조체의 멤버 접근
  std::cout << "Name: " << person.name << std::endl;
  std::cout << "Age: "  << person.age  << std::endl;
}

int main() {
  Person john = {"John", 30};    // 구조체 변수 선언
  printPersonInfo(john);
  return 0;
}
```

**1** 함수에 대해 정의해 보세요.

**2** 구조체에 대해 정의해 보세요.

**3** int 형식의 포인터 변수를 매개변수로 가지는 함수 정의를 코드로 작성해 보세요.

```
void func(                              )
```

**[모범 답안]**
**1** 함수란, 특정 작업을 수행하는 코드의 집합 형태
**2** 구조체란, 하나 이상의 변수를 그룹 지어 새로운 자료형으로 정의한 것
**3** void func(int *_val);

# 03-3 정적 변수와 상수 변수

- 정적 변수를 이해하고 static 키워드 활용하기
- 상수 변수를 이해하고 const 키워드 활용하기

학습
목표

static과 const는 C++ 언어에서 자주 혼동하는 키워드입니다. 여러 프로그래밍 언어에서 등장하는 만큼 이번 기회에 잘 이해해 두면 다른 언어를 배울 때도 도움이 될 것입니다.

## 정적 변수 선언하기 — static

static 키워드를 알아보기 전에 먼저 지역 변수와 전역 변수의 차이를 간단하게 복습하는 것이 좋겠습니다. **지역 변수**는 선언된 지점에서 생성되고 해당 블록이 끝나면 소멸합니다. 이러한 특징을 자동 지속$^{auto\ duration}$이라고 합니다.

- **지역 변수(local variable)**: 함수 내부에 선언된 변수로, 해당 블록 내에서만 효력이 있습니다.
- **전역 변수(global variable)**: 전역 범위에 선언된 변수로, 해당 파일 전체에서 효력이 있습니다.

그런데 지역 변수에 **static** 키워드를 사용하면 자동 지속$^{auto\ duration}$에서 정적 지속$^{static\ duration}$으로 변수의 유효 범위가 바뀝니다. 즉, **static** 키워드는 지역 변수를 **정적 변수**$^{static\ variable}$로 바꿉니다. 이렇게 생성된 정적 변수는 선언된 블록이 끝나더라도 값을 유지합니다.

정적 변수를 사용하는 예와 실행 결과를 보면서 이해해 보겠습니다.

> **Do it! 실습** static 키워드로 지역 변수를 정적 변수로 만들기
>
> • ch03/static_variable_1/static_variable_1.cpp

```
#include <iostream>
using namespace std;


void func()
```

```
{
    int a = 10;
    static int b = 10;

    a++;
    b++;

    cout << "a : " << a << " , b : " << b << endl;
}

int main()
{
    func();
    func();
    func();
    func();
    func();

    return 0;
}
```

**실행 결과**

```
a : 11 , b : 11
a : 11 , b : 12
a : 11 , b : 13
a : 11 , b : 14
a : 11 , b : 15
```

func 함수에서 a, b 변수를 만들고 1씩 증가시킵니다. 그리고 main에서는 func 함수를 연속으로 5번 호출했습니다. 실행 결과가 재밌는데요, 변수 a, b를 똑같이 1씩 증가시켰는데 a는 항상 같은 값이고 b는 계속 증가했습니다. a, b 변수의 차이는 static 키워드 하나뿐인데 말이죠.

```
int a = 10;
static int b = 10;
```

a는 지역 변수이므로 func 함수가 호출될 때 매번 새로 생성되고, func 함수가 종료되면 사라집니다. 반면에 b는 static 키워드 때문에 정적 변수로 선언되었습니다. 따라서 func 함수가 종료되어도 사라지지 않습니다. 결국 b는 func 함수가 호출된 만큼 값이 누적됩니다.

그런데 static int b = 10; 코드를 보면 func 함수가 호출될 때마다 매번 10으로 초기화될 것 같습니다. 하지만 정적 변수는 func 함수가 처음 호출될 때 한 번만 초기화되며, 그 값은 프로그램이 종료할 때까지 지속됩니다. static으로 정적 변수를 선언할 때는 반드시 초기화해야 합니다. 만약 초기화하지 않으면 컴파일러가 0으로 초기화합니다.

static 변수의 이런 특징은 매우 유용하게 이용할 수 있습니다. 다음처럼 아이디를 차례로 생성하는 코드도 static 변수를 이용하면 간단하게 작성할 수 있습니다.

---

**Do it! 실습** static 변수를 이용한 아이디 생성 함수 만들기

• ch03/static_variable_2/static_variable_2.cpp

```cpp
#include <iostream>
using namespace std;

int getNewID()
{
    static int ID = 0;
    return ++ID;
}

int main()
{
    cout << "ID: " << getNewID() << endl;
    cout << "ID: " << getNewID() << endl;
    cout << "ID: " << getNewID() << endl;
    cout << "ID: " << getNewID() << endl;
    cout << "ID: " << getNewID() << endl;

    return 0;
}
```

> 정적 변수는 메모리의 데이터 영역에 할당되므로 프로그램 실행부터 종료까지 값이 유지돼!

| 실행 결과 |
| --- |
| ID: 1 |
| ID: 2 |
| ID: 3 |
| ID: 4 |
| ID: 5 |

## 정적 변수의 수명 주기가 지역 변수와 다른 이유

지역 변수와 정적 변수는 메모리의 위치가 다릅니다. 프로그램의 메모리 구조를 그림으로 표현하면 다음과 같습니다.

지역 변수는 메모리 구조에서 스택<sup>stack</sup> 영역에 저장됩니다. 스택 영역의 변수는 함수가 호출될 때 메모리에 할당되며 종료될 때 메모리에서 해제됩니다. 하지만 **static으로 선언된 정적 변수는 데이터** <sup>data</sup> **영역**에 저장됩니다. 데이터 영역은 프로그램이 시작할 때 할당되며 종료할 때 해제됩니다. 이처럼 지역 변수와 정적 변수는 할당되는 메모리 영역이 달라 수명 주기가 다릅니다.

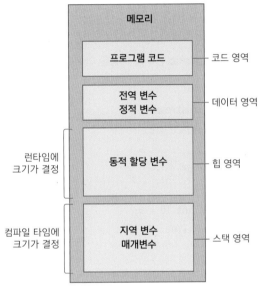

그림 3-8 프로그램이 동작할 때 메모리 구조

> **궁금 해요!** **static 변수는 언제 사용하나요?**
>
> static은 처음에 한 번만 초기화되고 그 값은 함수나 클래스의 인스턴스를 여러 번 호출할 때도 지속됩니다. 클래스나 함수의 모든 인스턴스 간에 공유되는 변수를 선언하고 싶지만, 해당 클래스나 함수 외부에서 보이지 않게 하고 싶을 때 static을 주로 사용합니다. 예를 들어 어떤 클래스가 얼마나 많은 객체를 생성했는지 셀 때 유용합니다.

## 상수 변수 선언하기 — const

상수$^{constant}$란 1, 12.345, 'A'처럼 **변하지 않는 값**을 의미합니다. 값을 변경할 수 있는 변수와는 상반된 개념입니다. 그런데 변수에 const 키워드를 사용하면 값을 변경할 수 없게 됩니다. 즉, 상수가 됩니다.

이처럼 변수를 상수화하려면 자료형 앞이나 뒤에 const 키워드를 붙이면 됩니다. 다만, 가독성을 위해 자료형 앞에 붙이는 것을 추천합니다.

### const 변수 선언하기

```
const int a = 1;
int const b = 1;
```

const 변수를 사용할 때는 반드시 초기화해야 하며, 초기화하지 않으면 컴파일 오류가 발생합니다. 그리고 const 변수를 초기화한 후에 새로운 값을 넣으려고 한다면 컴파일 오류가 발생합니다.

### const로 지정한 변수에 값 대입 시도

```cpp
#include <iostream>
using namespace std;

int main()
{
    const int a = 1;
    a = 2;     // 컴파일 오류 발생

    return 0;
}
```

### 오류 메시지

```
오류 C3892 'a': const인 변수에 할당할 수 없습니다.
오류(활성) E0137 식이 수정할 수 있는 L-value여야 합니다.
```

## 포인터 변수의 상수화

일반 변수를 상수화하는 것은 컴파일 오류만 주의하면 되지만, 포인터 변수를 상수화할 때는 const 키워드의 위치에 따라 상수화할 대상이 달라지므로 구분해서 사용해야 합니다. 먼저 포인터 변수가 가리키는 값을 상수화하는 예를 살펴보겠습니다.

**포인터 변수가 가리키는 값을 상수화**

```cpp
#include <iostream>
using namespace std;

int main()
{
    int a = 0;
    const int *ptr = &a;     // *ptr을 상수화

    a = 1;        // 컴파일 통과
    *ptr = 2;     // 컴파일 오류 발생

    return 0;
}
```

**오류 메시지**

오류(활성) E0137 식이 수정할 수 있는 L-value여야 합니다.
오류 C3892 'ptr': const인 변수에 할당할 수 없습니다.

먼저 a = 1에서 a는 일반 변수이므로 컴파일에 문제가 없습니다. 반면에 *ptr = 2 코드는 ptr 포인터 변수가 가리키는 *ptr이 const로 지정되었으므로 컴파일 오류가 발생합니다. 여기서 알 수 있는 점은 포인터 변수가 가리키는 a 변수 자체가 상수화되지 않는다는 것입니다.

그럼 const의 위치가 다른 예도 살펴보겠습니다.

**포인터 변수 자체를 상수화**

```cpp
#include <iostream>
using namespace std;

int main()
```

```
{
    int a = 0;
    int b = 1;
    int *const ptr = &a;      // ptr을 상수화


    a = 1;         // 컴파일 통과
    ptr = &b;      // 컴파일 오류 발생


    return 0;
}
```

포인터 변수에서는 const 키워드 위치에 조심해야겠어!

---

**오류 메시지**

오류(활성) E0137 식이 수정할 수 있는 L-value여야 합니다.
오류 C3892 'ptr': const인 변수에 할당할 수 없습니다.

---

이번에도 a = 1에서 a는 일반 변수이므로 컴파일에 문제가 없습니다. 하지만 ptr = &b 코드에서는 ptr 포인터 변수 자체를 const로 지정했으므로 컴파일 오류가 발생합니다.

포인터 변수는 주소를 저장하는 변수입니다. 즉, 포인터 변수 자체가 상수화되어 다른 변수인 b의 주소로 변경할 수 없게 됩니다. 결국 ptr 변수는 오직 a 변수의 주소만 가지게 됩니다.

포인터의 개념과 const 개념이 섞여서 조금 헷갈릴 수 있습니다. const의 위치에 따른 상수화 효과를 다음처럼 정리할 수 있습니다. 즉, const는 어느 곳에 있던 'const가 붙으면 해당 값은 변경할 수 없다'라는 것만 기억하면 됩니다.

**표 3-2** const 위치에 따른 상수화 효과

| 포인터 변수와 const 위치 | 요약 |
| --- | --- |
| const int *ptr = &a | *ptr 상수화 = 포인터 변수가 가리키는 값을 상수화 |
| int *const ptr = &a | ptr 상수화 = 포인터 변수 자체를 상수화 |

**const 변수는 언제 사용하나요?**

초기화 후에 값을 변경해서는 안 되는 변수를 선언하고 싶을 때 const를 사용합니다. 만약 변수에 새 값을 대입하려고 하면 컴파일 오류가 발생하지요. 이렇게 하면 변숫값이 의도하지 않게 바뀌는 것을 방지할 수 있어요.

## 3분 퀴즈

**1** 다음 코드에서 변수 **ID**는 함수가 끝나더라도 그 값을 계속 유지하고 싶습니다. 어떻게 수정하면 좋을까요?

```cpp
int getNewID()
{
  int ID = 0;
  return ++ID;
}
```

**2** 다음 함수의 매개변수를 상수로 전달받도록 만들고 싶습니다. 어떻게 수정하면 좋을까요?

```cpp
int printValue(int val)
{
  cout << val << endl;
}
```

[모범 답안]
**1** static int ID = 0;
**2** Int printValue(cont int val)

# 03-4 레퍼런스 변수

C++ 언어에서는 포인터 대신 사용할 수 있는 '레퍼런스'라는 변수 형식을 제공합니다. 레퍼런스는 포인터보다 상대적으로 개념이 간단해 이해가 쉽고 잘못 사용할 가능성을 줄여 줍니다. 물론 포인터를 제대로 다룰 수 있다면 최적화와 성능을 향상시킬 수 있지만, 혹시 그렇지 못하더라도 레퍼런스 덕분에 포인터의 이점을 그대로 누릴 수 있습니다.

## 레퍼런스 사용하기

먼저 C++ 언어에서 제공하는 3가지 변수 형식을 나열하면 다음과 같습니다.

- **일반 변수**: 값을 저장하는 변수
- **포인터 변수**: 메모리 주소를 저장하는 변수
- **레퍼런스**: 변수에 또 다른 이름, 별칭(별명)을 부여

여기서 '또 다른 이름의 변수, 별칭'이란 무엇일까요? 먼저 일반 변수를 사용했을 때 문제점을 살펴보고 레퍼런스를 사용하는 이유를 알아보겠습니다.

---

**Do it! 실습** 매개변수를 일반 변수로 선언

• ch03/call_by_value/call_by_value.cpp

```cpp
#include <iostream>
using namespace std;

void swap(int a, int b)
{
    // swap 함수 내 교환 전 a, b 값
```

```cpp
        cout << "[swap func] before swap, a: " << a << "  b: " << b << endl;

        int temp = a;
        a = b;
        b = temp;

        // swap 함수 내 교환 후 a, b 값
        cout << "[swap func] after swap, a: " << a << "  b: " << b << endl;
}

int main()
{
        int a = 5;
        int b = 10;

        // swap 함수 호출 전 a, b 값
        cout << "[main] before swap, a: " << a << "  b: " << b << endl << endl;

        swap(a, b);

        // swap 함수 호출 후 a, b 값
        cout << endl << "[main] after swap, a: " << a << "  b: " << b << endl;

        return 0;
}
```

**실행 결과**

```
[main] before swap, a: 5  b: 10

[swap func] before swap, a: 5  b: 10
[swap func] after swap, a: 10  b: 5

[main] after swap, a: 5  b: 10
```

예에서 swap은 매개변수로 받은 두 정수를 서로 변경해 주는 함수입니다. 함수의 매개변수로 선언된 변수 a, b의 값이 서로 바뀌도록 구문을 작성했습니다. main 내부에 지역 변수로 a, b

변수를 만든 후 swap 함수를 호출해 a, b의 값이 바뀌도록 작성했습니다. 그리고 swap 호출 이전과 이후의 값을 비교하기 위해 출력하는 코드도 작성했습니다.

이 프로그램은 다음 그림에서 왼쪽처럼 a와 b의 값이 서로 바뀌기를 기대했습니다. 그런데 실제 실행 결과는 오른쪽처럼 예상과 다른 것을 확인할 수 있습니다. 값이 바뀌지 않죠.

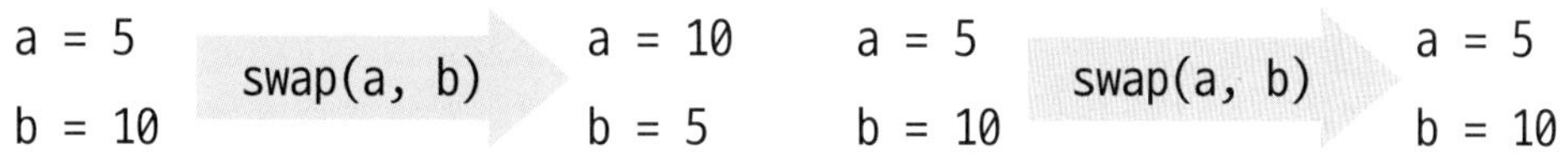

a = 5
b = 10
swap(a, b)
a = 10
b = 5
a = 5
b = 10
swap(a, b)
a = 5
b = 10


**그림 3-9** swap 함수에 기대한 결과(왼쪽)와 실제 결과(오른쪽)

값이 바뀌지 않은 이유는 main의 a, b와 swap 함수의 a, b 변수가 서로 다른 범위[scope]에 있기 때문입니다. 즉, 이름만 같을 뿐 메모리에서 서로 다른 공간에 저장돼 있습니다. 따라서 swap 함수를 호출할 때 인자로 넘긴 5, 10은 swap 함수의 지역 변수인 a, b에 복사 저장되어 swap 함수에 있는 a, b 변숫값만 교환됩니다. main 함수의 a, b 변숫값은 전혀 변화가 없습니다.

이처럼 값을 전달하는 호출 방식을 '**값에 의한 호출**[call by value]'이라고 합니다. 값에 의한 호출에서는 값이 매개변수로 복사되어 함수 영역에서 새로운 변수가 됩니다.

main
a
5
b
10
swap
a
5 → 10
b
10 → 5


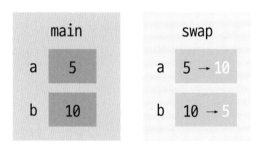

**그림 3-10** 매개변수를 일반 변수로 선언 시 값 교환 실패

이때 레퍼런스를 이용하면 문제를 간단하게 해결할 수 있습니다. 레퍼런스 변수는 다음처럼 변수 이름 앞에 &[ampersand](앰퍼샌드) 기호로 선언합니다. &는 주소 연산자와 같은 기호지만 의미는 완전히 다릅니다. 레퍼런스로 사용할 때는 메모리 주소가 아닌 원본 변수를 참조하겠다는 의미입니다.

**레퍼런스 변수 선언**

```
자료형 &레퍼런스_변수_이름 = 대상_변수_이름;
```

앞의 예시에서 swap 함수의 매개변수만 레퍼런스 변수로 수정하면 값 교환 문제를 해결할 수 있습니다.

> **Do it! 실습** 매개변수를 레퍼런스 변수로 선언
>
> • ch03/call_by_reference/call_by_reference.cpp

```cpp
#include <iostream>
using namespace std;

void swap(int &ref_a, int &ref_b)    // 매개변수를 레퍼런스 변수로 선언
{
    // 교환 전 a, b 값
    cout << "[swap func] before swap,
        ref_a: " << ref_a << "  ref_b: " << ref_b << endl;

    int temp = ref_a;
    ref_a = ref_b;
    ref_b = temp;

    // 교환 후 a, b 값
    cout << "[swap func] after swap,
        ref_a: " << ref_a << "  ref_b: " << ref_b << endl;
}

int main()
{
    int a = 5;
    int b = 10;

    // swap 함수 호출 전 a, b 값
    cout << "[main] before swap, a: " << a << "  b: " << b << endl << endl;

    swap(a, b);

    // swap 함수 호출 후 a, b 값
    cout << endl << "[main] after swap, a: " << a << "  b: " << b << endl;

    return 0;
}
```

```
[main] before swap, a: 5  b: 10


[swap func] before swap, ref_a: 5  ref_b: 10
[swap func] after swap, ref_a: 10  ref_b: 5


[main] after swap, a: 10  b: 5
```

swap 함수의 매개변수를 int &ref_a, int &ref_b로 선언했으므로 main에서 swap(a, b) 함수를 호출하면 swap 함수에서는 레퍼런스 변수가 선언됩니다. main에서 넘긴 a, b 변수에 각각 별칭(또 다른 이름)이 부여된다고 이해하면 됩니다. 즉, 실제 변수는 하나지만 이름이 2개가 되는 거죠.

```
int &ref_a = a;   // 변수 a의 또 다른 이름 ref_a
int &ref_b = b;   // 변수 b의 또 다른 이름 ref_b
```

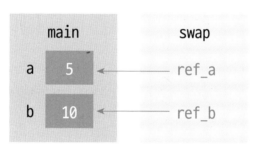

그림 3-11 매개변수를 레퍼런스로 선언

그리고 swap 함수 내부에서 ref_a, ref_b의 값을 교환하면 어떻게 될까요? swap 함수의 ref_a, ref_b는 실제로는 main 함수의 a, b 변수와 같으므로 의도했던 대로 값이 교환됩니다.

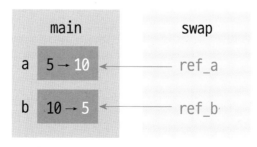

그림 3-12 매개변수를 레퍼런스로 선언 시 값 교환 성공

이러한 호출 방식을 '**참조에 의한 호출**<sup>call by reference</sup>'이라고 합니다. 참조에 의한 호출에서는 매개변수가 참조자가 되므로 피호출자(예에서는 `main`)의 변수를 그대로 이용합니다.

## 레퍼런스를 사용할 때 지켜야 할 점

레퍼런스를 사용할 때 지켜야 할 점이 있습니다. 굳이 외우려 하지 말고 각각의 사례를 보면서 이해하면 충분히 기억할 수 있습니다.

1. 레퍼런스 변수는 선언 후 반드시 참조할 원본 변수를 지정해야 한다.

올바른 레퍼런스 선언

```
int value = 10;
int &ref_value = value;
```

레퍼런스 변수를 선언할 때 참조할 원본 변수를 지정하지 않으면 다음처럼 컴파일 오류가 발생합니다. 즉, 레퍼런스 변수는 다른 변수에 종속적이며 독립적으로 존재할 수 없습니다.

잘못된 레퍼런스 선언

```
int &ref_invalid_value;    // 컴파일 오류 발생
```

오류 메시지

```
오류 C2530 'ref_invalid_value': 참조를 초기화해야 합니다.
```

2. 참조할 대상이 지정된 레퍼런스 변수는 다른 변수를 참조하도록 변경할 수 없다.

다음 코드에서는 `ref_value`라는 레퍼런스 변수를 선언하면서 `value` 변수로 초기화한 후 다시 `value2` 변수를 대입했습니다. 즉, `value2`를 참조하도록 재지정했습니다.

**Do it! 실습** 레퍼런스 재지정 불가

• ch03/reassign_reference_fail_test/reassign_reference_fail_test.cpp

```
#include <iostream>
using namespace std;

int main()
```

```
{
    int value = 10;
    int &ref_value = value;

    int value2 = 20;
    ref_value = value2;    // 레퍼런스 재지정, 의도와 다르게 동작

    cout << "value: " << value << endl;
    cout << "ref_value: " << ref_value << endl;

    return 0;
}
```

이미 초기화된 레퍼런스 변수에 다른 변수를 대입한다고 해서 참조가 바뀌지는 않는구나!

**실행 결과**

```
value: 20
ref_value: 20
```

실행 결과를 보면 의도와는 다르게 **value2**의 값 20이 **ref_value**에 저장되어 **value**의 값이 20으로 바뀝니다. 이처럼 한 번 초기화된 레퍼런스 변수는 다시 지정하지 않도록 합니다. 그래야 코드를 읽기 쉽고 의도치 않은 동작을 방지할 수 있습니다.

### 3. 레퍼런스 변수는 상수를 참조할 수 없다.

상수란 변하지 않는 값을 의미합니다. 또한 const 키워드로 지정된 변수도 상수입니다. 상수는 리터럴<sup>literal</sup>인데, 리터럴이 있는 메모리 공간은 읽기만 가능합니다. 따라서 해당 영역을 참조하여 값을 변경할 수 없도록 상수를 참조하는 것은 금지되어 있습니다.

만약 다음처럼 상수를 참조하려 한다면 컴파일 오류가 발생합니다.

**상수 참조 시도**

```
int &ref_invalid_value = 50;
```

**오류 메시지**

```
오류 C2440 '초기화 중': 'int'에서 'int &'(으)로 변환할 수 없습니다.
```

만약 레퍼런스 변수를 다음처럼 const 상수로 만든다면 컴파일은 통과할 수 있지만, 여전히 값을 변경할 수는 없으므로 의미가 없습니다.

```
const int &ref_invalid_value = 50;
```

**문법 요약**  **레퍼런스 변수**

- 레퍼런스는 기존 변수의 별칭(alias)이다.
- 기존 변수에 별칭을 부여하여 해당 변수를 가리킨다.
- 레퍼런스 변수를 수정하면 원본 변수도 함께 변경된다.
- 함수의 매개변수로 사용하면 원본 데이터를 복사하지 않고도 수정할 수 있다.

```
// 매개변수를 레퍼런스 변수로 선언
void increment(int &num) {
  num++;    // 원본 변수도 함께 변경됨
}
int main() {
  int value = 5;
  increment(value);    // 함수 호출로 value 증가

  std::cout << "Updated value: " << value << std::endl;
  return 0;
}
```

## 세 가지 함수 호출 방식

앞서 값을 교환하는 예시에서 일반 변수를 활용하는 '값에 의한 호출'과 레퍼런스 변수를 활용하는 '참조에 의한 호출'을 다뤘습니다. 여기서는 포인터 변수를 활용하는 **주소에 의한 호출**call by address'까지 함께 정리해 보겠습니다. 세 가지 함수 호출 방식을 한데 모아 어떤 차이가 있는지 확실하게 이해해 보겠습니다.

표 3-3 세 가지 함수 호출 방식 비교

| 구분 | 값에 의한 호출 | 참조에 의한 호출 | 주소에 의한 호출 |
|---|---|---|---|
| 함수 원형 | void swap(int _a, int _b) | void swap(int &_a, int &_b) | void swap(int *_a, int *_b) |
| 매개변수 | 일반 변수 | 레퍼런스 변수 | 포인터 변수 |
| 코드 예 | ```void swap(int _a, int _b)
{
  int temp = _a;
  _a = _b;
  _b = temp;
}

int main()
{
  int a = 5, b = 10;
  swap(a, b);
  return 0;
}``` | ```void swap(int &_a, int &_b)
{
  int temp = _a;
  _a = _b;
  _b = temp;
}

int main()
{
  int a = 5, b = 10;
  swap(a, b);
  return 0;
}``` | ```void swap(int *_a, int *_b)
{
  int temp = *_a;
  *_a = *_b;
  *_b = temp;
}

int main()
{
  int a = 5, b = 10;
  swap(&a, &b);
  return 0;
}``` |
| swap 이전 | a: 5, b: 10 | a: 5, b: 10 | a: 5, b: 10 |
| swap 이후 | a: 5, b: 10 | a: 10, b: 5 | a: 10, b: 5 |
| 메모리 | | | |

값에 의한 호출에서는 값 자체만 swap 함수의 매개변수로 복사되어 전달되므로 swap 호출 이전과 이후의 변화가 없습니다. 그러나 참조에 의한 호출에서는 main의 a, b 변수에 각각 또 다른 이름 _a, _b가 생긴 것이므로 _a, _b 사이의 값 교환은, 곧 main 내 a, b 변수 사이의 값 교환과 같은 효과가 나타납니다.

그리고 주소에 의한 호출에서는 swap 함수가 호출될 때 포인터 변수 _a, _b가 각각 main 내 a, b 변수의 주소를 가리킵니다. swap 함수 내에서는 역참조 연산자 *를 통해 _a, _b가 가리키는 주소에 접근하여 값을 교환하므로 main의 a, b 변숫값이 서로 바뀝니다.

### 레퍼런스와 포인터는 어떤 차이가 있나요?

사실 레퍼런스의 기능은 포인터로도 할 수 있습니다. 그런데도 C++ 언어는 왜 굳이 레퍼런스를 제공할까요? 포인터는 강력하지만 능숙하게 다루기가 어렵기 때문입니다. 특히 현업에서 규모가 큰 프로젝트를 진행할 때는 여러 개발자들의 협업이 필요한데, 이때 포인터를 다루다가 문제가 발생할 수 있습니다.

결국 레퍼런스는 포인터를 비교적 안전하게 사용할 수 있도록 만든 도구라고 생각할 수 있습니다. 포인터처럼 원본 값에 접근할 수는 있지만, 원본 자체나 공간의 크기, 메모리 주소 등은 변경하지 못하게 막은 것으로 볼 수 있습니다. 책 후반부에서 소개할 모던 C++의 스마트 포인터도 같은 맥락에서 등장한 개념입니다. 메모리가 누수되지 않도록 프로그램의 안전성을 보장하는 데 유용하게 사용할 수 있습니다.

---

### 3분 퀴즈

❶ 레퍼런스 변수의 정의를 서술해 보세요.

❷ 다음 코드에 이어 value를 참조하는 레퍼런스 변수를 만들어 보세요.

```
int value = 10;
```

❸ 참조에 의한 호출 방식의 swap 함수 원형을 선언해 보세요.

[모범 답안]
❶ 레퍼런스란, 변수에 또 다른 이름, 별칭(별명) 변수
❷ int &ref_value = value;
❸ void swap(int &_a, int &_b);

---

# 되 ㅣ 새 ㅣ 김 ㅣ 문 ㅣ 제

이번 장에서는 C++ 언어의 문법을 살펴보았습니다. 특히 각종 자료형과 포인터, 메모리 등은 한 번에 이해하기 어려웠을지도 모릅니다. 이제 되새김 문제를 풀면서 이번 장에서 배운 내용을 정리해 보세요. 이 문제들을 막힘 없이 풀 수 있다면 그리고 그 원리를 이해했다면 C++ 언어의 기본 문법은 파악했다고 볼 수 있습니다. 문제를 풀다가 잘 생각나지 않는다면 해당 부분을 다시 복습해 보세요.

## 문제 1  포인터 활용

다음 규칙을 따르는 간단한 프로그램을 만들고 실행해 보세요.

- 크기가 5인 정수 배열을 동적으로 할당하고 이를 가리키는 포인터를 선언하세요.
- 동적으로 할당한 배열에 1부터 5까지의 값을 저장하세요.
- 할당한 배열의 내용을 출력하세요.
- 할당한 메모리를 해제하세요.

## 문제 2  구조체 활용

5가지 속성을 가진 몬스터라는 구조체를 만들어 보세요. 해당 구조체 형식의 변수를 인자로 받아 출력하는 함수도 만들어 보고, 잘 동작하는지 main 함수에서 테스트해 보세요.

## 문제 3  동적 메모리 할당 이해

동적으로 할당한 메모리는 반드시 해제해야 합니다. 그 이유는 무엇일까요? 그리고 일반 변수는 왜 메모리 해제를 관리하지 않아도 될까요? 최대한 자세히 서술해 보세요.

**문제 4** 레퍼런스 변수

다음 코드는 컴파일 오류가 발생합니다. 그 이유를 설명해 보세요.

```
int &ref_invalid_value;
```

**문제 5** 변수, 레퍼런스, 포인터의 차이

값에 의한 호출, 참조에 의한 호출, 주소에 의한 호출의 차이를 서술해 보세요.

• 모범 답안 위치: github.com/mystous/DoItCPP/tree/main/exercise/ch03

# 04 실행 흐름 제어

이번 장에서는 특정 조건에 따라 프로그램의 실행 흐름을 제어하는 방법을 알아보겠습니다. 특히 조건문과 반복문을 주로 살펴보겠습니다. 조건문과 반복문은 프로그램의 흐름을 조절하고 반복되는 작업을 자동화하는 데 필수입니다. 이번 장에서 조건 분기와 반복을 다루는 방법을 배우고, 다양한 상황에서 어떻게 활용하는지 연습해 보겠습니다.

# 04-1 조건문으로 흐름 제어

• if 조건문 이해하기
• if, else, else if, switch를 이용해 조건 분기 다루기

## if 문으로 분기하기

프로그램은 종종 특정한 조건에 따라 다르게 동작해야 할 때가 있습니다. 이럴 때에 조건문을
사용하면 프로그램의 실행 흐름을 제어할 수 있습니다. C와 C++ 언어에서는 조건에 따라 분
기할 때 if나 switch 문을 사용합니다. 둘은 다른 언어에서도 등장하는 기본 조건문입니다.

### if 문의 동작 방식

if 조건문은 프로그램 내에서 특정 조건이 참일 때만 코드 블록을 실행하도록 하는 프로그
래밍 구문입니다. if 문을 이용하면 다양한 상황별로 다른 동작을 수행하도록 만들 수 있습
니다.

**if 문 사용**

```
if (조건식)
{
    // 실행문
}
```

1. if 조건식이 **참**일 때 실행문 동작
2. if 조건식이 **거짓**일 때 실행문 무시

조건이 참(true)이면 중괄호 {} 안의 코드 블록이 실행되고, 조건이 거짓(false)이면 해당 코
드 블록은 무시합니다.

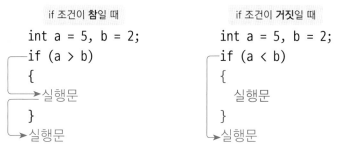

그림 4-1 if 문 동작 방식

## else 문을 포함하는 if 문

때로는 조건이 참일 때뿐만 아니라 조건이 거짓일 때에 대응하는 동작도 필요할 수 있습니다. 이때 else 키워드를 사용해 다른 코드 블록을 추가할 수 있습니다.

---

**else 문을 포함하는 if 문**

```
if (조건식)
{
  // 실행문1
}
else
{
  // 실행문2
}
```

---

1. if 조건식이 **참**일 때 실행문1 동작, 실행문2 무시

2. if 조건식이 **거짓**일 때 실행문2 동작, 실행문1 무시

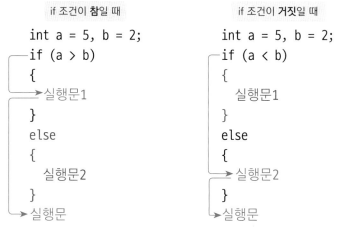

그림 4-2 if~else 문의 동작 방식

## else if 문을 포함하는 if 문

if 문에 또 다른 조건을 가지는 else if 문을 추가하면 실행 흐름을 더 확장할 수도 있습니다.

---

**else if 문이 있는 if 문**

```
if (조건식1)
{
   // 실행문1
}
else if(조건식2)
{
   // 실행문2
}
else
{
   // 실행문3
}
```

---

1. if 조건식1이 **참**일 때 실행문1 동작, else if와 else 문 무시

2. if 조건식1이 **거짓**일 때 else if 조건식2 검사

    2.1. else if 조건식2가 **참**일 때 else if 실행문2 동작, else 실행문3 무시

    2.1. else if 조건식2가 **거짓**일 때 else 실행문3 동작, else if 실행문2 무시

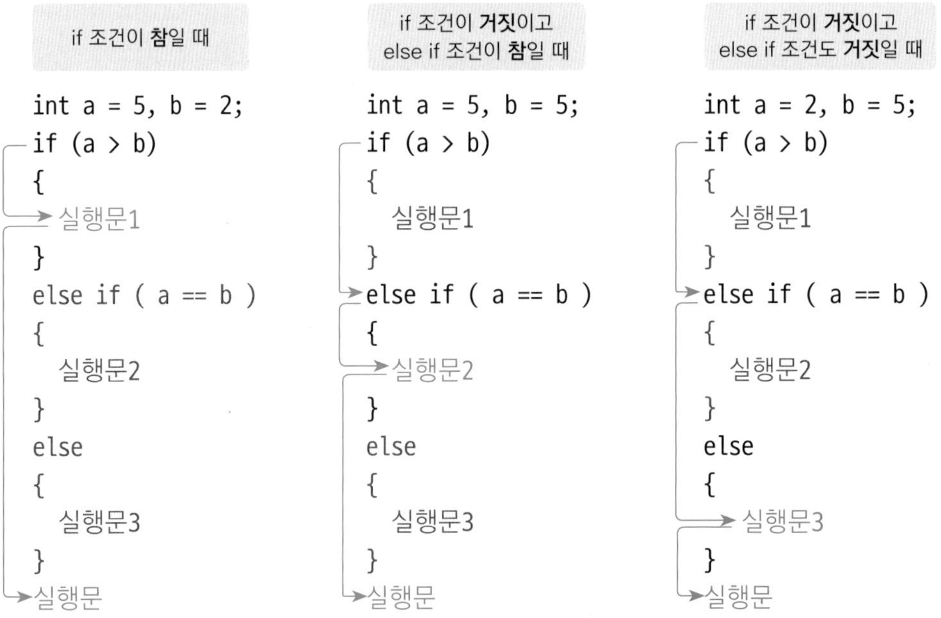

**if 조건이 참일 때**

```
int a = 5, b = 2;
if (a > b)
{
   실행문1
}
else if ( a == b )
{
   실행문2
}
else
{
   실행문3
}
실행문
```

**if 조건이 거짓이고
else if 조건이 참일 때**

```
int a = 5, b = 5;
if (a > b)
{
   실행문1
}
else if ( a == b )
{
   실행문2
}
else
{
   실행문3
}
실행문
```

**if 조건이 거짓이고
else if 조건도 거짓일 때**

```
int a = 2, b = 5;
if (a > b)
{
   실행문1
}
else if ( a == b )
{
   실행문2
}
else
{
   실행문3
}
실행문
```

그림 4-3 if~else if~else 문 동작 방식

if를 활용해 입력받은 정수가 어떤 수인지 판단하는 간단한 프로그램을 만들어 보겠습니다. 실행 결과를 보면 입력한 수에 따라 정수, 음수, 0으로 구분하여 출력하는 것을 확인할 수 있습니다.

---

**Do it! 실습** if를 활용한 조건 분기

ch04/if_1/if_1.cpp

```cpp
#include <iostream>
using namespace std;

int main()
{
  int input_number;

  cout << "정수 입력: ";
  cin >> input_number;

  if (input_number > 0)
  {
    cout << "입력한 수는 양수 입니다." << endl;
  }
  else if (input_number < 0)
  {
    cout << "입력한 수는 음수 입니다." << endl;
  }
  else
  {
    cout << "입력한 수는 0 입니다." << endl;
  }

  return 0;
}
```

---

**실행 결과**

정수 입력: 50 `Enter`
입력한 수는 양수 입니다.

## if 문에 중괄호 생략

만약 if나 else if, else의 본문에 실행할 구문이 오직 하나만 있다면, 블록을 지정하는 중괄호 {}를 생략할 수 있습니다. 앞의 예에서 중괄호를 생략하면 다음과 같습니다.

**Do it! 실습** if를 활용한 조건 분기(중괄호 생략)

• ch04/if_2/if_2.cpp

```cpp
#include <iostream>
using namespace std;

int main()
{
  int input_number;

  cout << "정수 입력: ";
  cin >> input_number;

  if (input_number > 0)
    cout << "입력한 수는 양수 입니다." << endl;
  else if (input_number < 0)
    cout << "입력한 수는 음수 입니다." << endl;
  else
    cout << "입력한 수는 0 입니다." << endl;

  return 0;
}
```

그런데 이렇게 하면 코드의 줄 수는 줄겠지만, 분기별로 실행할 구문이 여러 개일 때 블록 지정을 빠뜨리는 실수를 할 수 있습니다. 따라서 될 수 있으면 블록을 확실하게 지정해 주는 것이 좋습니다.

---

**문법 요약**  if~else if~else 문

```
if (조건식) {
  // 조건식이 참일 때
}

if (조건식) {
  // 조건식이 참일 때
} else {
  // 조건식이 거짓일 때
}

if (조건식1) {
  // 조건식1이 참일 때
} else if (조건식2) {
  // 조건식1이 거짓이고, 조건식2가 참일 때
} else {
  // 조건식1, 조건식2가 모두 거짓일 때
}
```

## switch 문으로 분기하기

조건에 따른 분기가 여럿일 때에도 if else 문으로 처리할 수 있지만, 갈래가 많아지면 코드를 읽기가 어려워집니다. 이때 switch 문을 사용할 수 있습니다. switch 문은 여러 경우의 수가운데 하나를 선택해 실행할 때 사용합니다.

### switch 문의 동작 방식

switch 문은 하나의 변수나 표현식을 평가한 결과에 따라 다양한 경우(case) 중 하나를 선택해 해당 코드를 실행합니다. switch 문을 이용하면 변숫값에 따라 다양한 동작을 수행하게 할 수 있습니다.

```
switch (표현식)
{
case 상수1 :
    실행문1
    break;

case 상수2 :
    실행문2
    break;

case 상수3 :
    실행문3
    break;

case 상수4 :
    실행문4
    break;

case 상수5 :
    실행문5
    break;

default :
    실행문
}
switch 문 밖
```

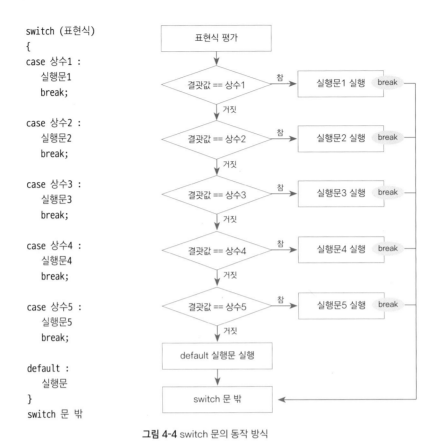

**그림 4-4** switch 문의 동작 방식

switch 문의 동작 방식은 간단합니다. switch 문에서 표현식의 값을 평가하고 그 결과가 각 case의 레이블과 같은지 확인합니다. 이때 레이블$^{label}$은 경우의 수를 나타내는 상수입니다. 그리고 평가한 값과 같은 레이블에 작성된 구문들을 실행합니다. 만약 일치하는 레이블이 없으면 기본으로 default 구문을 실행합니다. case 문에서 break 키워드는 switch 문을 빠져나가는 역할을 합니다.

**Do it! 실습** switch를 활용한 조건 분기

• ch04/switch_1/switch_1.cpp

```
#include <iostream>
using namespace std;

int main()
{
  int input_number;

  cout << "1 ~ 5 정수 입력: ";
```

```
cin >> input_number;

switch (input_number)
{
case 1:
    cout << "입력한 수는 1 입니다." << endl;
    break;
case 2:
    cout << "입력한 수는 2 입니다." << endl;
    break;
case 3:
    cout << "입력한 수는 3 입니다." << endl;
    break;
case 4:
    cout << "입력한 수는 4 입니다." << endl;
    break;
case 5:
    cout << "입력한 수는 5 입니다." << endl;
    break;
default:
    cout << "입력한 수는 1 ~ 5 범위 밖입니다." << endl;
    break;
}

return 0;
}
```

> 여러 case 가운데 하나로 분기하는구나! 일치하는 case가 없으면 default로 분기하고!

---

**실행 결과**

1 ~ 5 정수 입력: 1 `Enter`
입력한 수는 1 입니다.

---

**실행 결과**

1 ~ 5 정수 입력: 5 `Enter`
입력한 수는 5 입니다.

---

**실행 결과**

1 ~ 5 정수 입력: 7 `Enter`
입력한 수는 0 ~ 5 범위 밖입니다.

## case 문에서 break 문 생략

만약 case 문에 switch 문을 빠져나가게 하는 break 키워드를 쓰지 않으면, 일치하는 case부터 default까지 모든 구문이 실행됩니다. 앞의 예에서 break를 생략한 후 실행해 보겠습니다.

**Do it! 실습** switch를 활용한 조건 분기(break 제외)

• ch04/switch_2/switch_2.cpp

```cpp
#include <iostream>
using namespace std;

int main()
{
  int input_number;

  cout << "1 ~ 5 정수 입력: ";
  cin >> input_number;

  switch (input_number)
  {
  case 1:
    cout << "입력한 수는 1 입니다." << endl;
  case 2:
    cout << "입력한 수는 2 입니다." << endl;
  case 3:
    cout << "입력한 수는 3 입니다." << endl;
  case 4:
    cout << "입력한 수는 4 입니다." << endl;
  case 5:
    cout << "입력한 수는 5 입니다." << endl;
  default:
    cout << "입력한 수는 1 ~ 5 범위 밖입니다." << endl;
  }

  return 0;
}
```

> 일치하는 case부터 모든 구문 실행

결과를 보면 case 2부터 default까지 모든 구문이 차례로 실행된 것을 확인할 수 있습니다. 이러한 특징을 이용해 실행 흐름을 만들 수도 있지만, 자칫하면 의도하지 않은 오류가 발생할 수 있습니다. 따라서 case 문을 작성할 때는 break 키워드에 따른 실행 흐름을 생각해야 합니다.

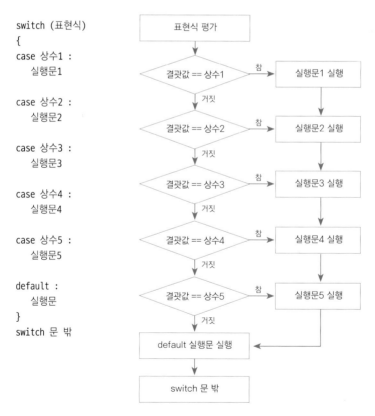

**그림 4-5** break 문을 생략한 switch 문의 동작 방식

if 문과 switch 문 중 어느 것이 더 빠를까요? 어느 것을 사용해야 하나요?

if 문과 switch 문의 성능 차이는 대개 무시할 수 있을 정도입니다. 최신 컴파일러는 코드 최적화에 꽤 능숙해서 둘 다 기계어 코드를 효율적으로 생성할 수 있습니다.

둘 중 어느 것을 사용해야 하는지는 무엇을 하려고 하느냐에 따라 다릅니다. 여러 값을 대상으로 단일 변수를 검사할 때는 switch 문이 가독성이 좋고 유지·관리하기도 쉬울 수 있습니다. 하지만 서로 다른 변수나 표현식이 포함된 여러 조건을 검사할 때는 if 문이 더 적합할 수 있습니다.

핵심은 명확하고 읽기 쉬우며 이해하기 쉬운 코드를 작성하는 것이므로 해결하려는 문제에 가장 적합한 구문을 선택하면 됩니다.

---

**문법 요약**  switch~case 문

```
switch (표현식) {
case 상수1 :
  // 상수1과 표현식이 일치할 때 실행할 코드
  break;
case 상수2 :
  // 상수2와 표현식이 일치할 때 실행할 코드
  break;
default :
  // 어떤 case에도 해당하지 않을 때 실행할 코드
}
```

# 04-2 반복문으로 흐름 제어

반복은 프로그램에서 자주 사용하는 개념입니다. C++ 언어에서는 여러 반복문을 제공하지만, 그중 가장 단순한 while과 do~while 문을 먼저 보겠습니다.

## while 문으로 반복하기

while 문은 주어진 조건이 참인 동안에만 특정 코드 블록을 반복해서 실행합니다. 조건이 참인지에 따라 프로그램의 흐름이 결정됩니다. 간단한 코드를 직접 실행해 보면서 어떻게 동작하는지 보겠습니다.

> **Do it! 실습** while 반복문
>
> • ch04/while/while.cpp

```cpp
#include <iostream>
using namespace std;

int main() {
  int count = 0;
  while (count < 5) {
    cout << "count : " << count << endl;
    count++;
  }
  return 0;
}
```

```
count : 0
count : 1
count : 2
count : 3
count : 4
```

while 문은 조건식의 결과가 참이면 while 문 블록의 구문들이 실행되고, 거짓이면 실행되지 않습니다. 앞의 예에서 count의 초깃값은 0이며 while의 조건식 count < 5가 참인지 판별합니다. 조건식이 참이면 반복문 내부의 count값을 출력하는 구문이 실행되고 count는 1씩 증가합니다.

이 과정을 반복하다가 count값이 5가 되면 조건식 count < 5가 거짓이 되어 반복을 종료하고 while 문의 블록을 빠져나옵니다.

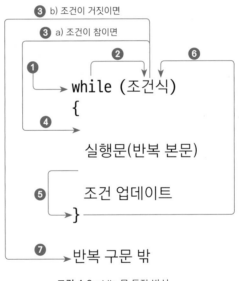

**그림 4-6** while 문 동작 방식

반복문에서 조건이 항상 참이면 무한 반복합니다. 따라서 반드시 중지 조건을 명시해야 합니다.

### do~while 문의 동작 방식

do~while은 while 문처럼 동작하지만, while 조건식이 구문의 처음이 아닌 마지막에 나옵니다. 따라서 코드 블록을 먼저 실행한 다음, 조건을 검사하므로 최소한 한 번은 실행되도록 보장할 수 있습니다.

**Do it! 실습** do~while 반복문

• ch04/do_while/do_while.cpp

```cpp
#include <iostream>
using namespace std;

int main() {
  int count = 0;
  do {
    cout << count << endl;
    count++;
  } while (count < 5);
  return 0;
}
```

> 반복 조건식이 아래쪽에 있어서 최소한 한 번은 실행되는구나!

**실행 결과**

```
count : 0
count : 1
count : 2
count : 3
count : 4
```

이 예에서는 count 변숫값이 0으로 시작하는 do~while 문이 등장합니다. 반복문 블록 내부의 코드가 먼저 실행된 후, 조건식 count < 5를 확인하고 그 결과에 따라 반복 여부를 판단합니다. 조건식에 사용된 count 변수는 반복 실행될 때마다 1씩 증가하다 5가 되면 반복을 멈추고 while 문을 종료합니다. 결과는 앞서 보았던 while 문의 예처럼 0~4까지의 숫자가 출력됩니다.

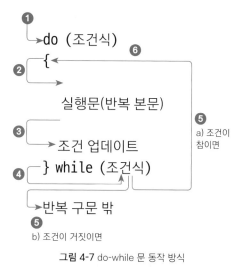

그림 4-7 do-while 문 동작 방식

while과 do~while 문의 실행 결과가 같다고 해서 두 반복문을 같은 것으로 혼동하면 안 됩니다. while과 do~while 문의 주요 차이점은 **조건을 평가하는 순서**입니다.

while 문은 반복을 시작하기 전에 먼저 조건을 평가합니다. 조건이 false이면 코드 블록이 전혀 실행되지 않습니다. 즉, 조건이 처음부터 false이면 반복문 내부의 코드가 실행되지 않습니다.

반면에 do~while 문은 먼저 반복을 시작하고 나서 조건을 평가합니다. 즉, 반복문 내부의 코드는 조건이 처음에 참인지 거짓인지에 관계없이 항상 한 번은 실행됩니다.

다음 예에서는 while과 do~while 문의 차이점을 확인할 수 있습니다.

---

**Do it! 실습** while, do~while 차이점

• ch04/while_vs_dowhile/while_vs_dowhile.cpp

```cpp
#include <iostream>
using namespace std;

int main()
{
  int i = 0;
  while (i < 0) { // 조건식이 거짓이므로 반복문은 전혀 실행되지 않는다.
    cout << "i is less than 0" << endl;
    i++;
  }

  int j = 0;
  do {
    cout << "j is less than 0" << endl;
    j++;
  } while (j < 0); // 조건식이 거짓이지만 반복문은 1회 실행된다.

  return 0;
}
```

---

**실행 결과**

```
j is less than 0
```

---

예에서 while 문은 i < 0 조건이 처음부터 거짓이므로 반복문 내부의 코드가 실행되지 않습니다. 반면에 do~while 문은 조건이 평가되기 전에 반복문 내부의 코드가 한 번 실행되어 "j is less than 0"가 출력됩니다. 이처럼 조건을 평가하는 순서가 다른 특성을 이용하여 반복문을 적절하게 구현할 수 있습니다.

> **문법 요약** **while 문과 do~while 문**
>
> ```
> // while 문
> while (조건식) {
>   // 조건식이 참일 때 실행할 코드 블록
> }
>
>
> // do-while 문
> do {
>   // 일단 한 번은 실행하고, 그 후에 조건식을 확인하여 계속해서 실행 여부 결정
> } while (조건식);
> ```

## for 문으로 반복하기

for 문은 반복 횟수를 정확히 제어해야 할 때 효과적으로 사용할 수 있습니다. 또한 초기화, 조건식, 증감식을 모두 한곳에서 관리하여 코드를 더 간결하게 작성할 수 있습니다.

for 문은 앞서 살펴본 while, do~while 문과는 조금 다른 형태를 띕니다.

> **for 문 형식**
>
> ```
> for (❶초기화; ❷조건식; ❸증감식) {
>   // 반복 실행 코드
> }
> ```

❶ **초기화**: 반복이 시작되기 전에 한 번만 실행되며 변수를 선언하고 초기화한다.
❷ **조건식**: 반복이 실행되기 전에 매번 평가된다. 참이면 반복이 실행되고 그렇지 않으면 종료한다.
❸ **증감식**: 반복한 후에 실행되며 조건식에 사용된 변수를 업데이트한다.

앞서 살펴본 while 문의 예를 for 문으로 작성하면 다음과 같습니다.

---

**Do it! 실습** for 반복문

• ch04/for/for.cpp

```cpp
#include <iostream>
using namespace std;

int main()
{
  for (int count = 0 ; count < 5 ; count++) {
    cout << " count : " << count << endl;
  }
  return 0;
}
```

---

**실행 결과**

```
count: 0
count: 1
count: 2
count: 3
count: 4
```

---

예에서 for 문은 먼저 count 변수를 0으로 초기화하고 count < 5 식이 참이므로 count값을 출력하는 코드 블록을 실행합니다. 그리고 증감식으로 count값을 1만큼 증가시킵니다. 이어서 조건식과 실행문, 증감식을 반복해서 실행하다가 count < 5 식이 거짓이 되면 반복문을 종료합니다.

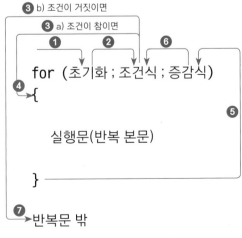

그림 4-8 for 문 동작 방식

for 문은 초기화, 조건식, 증감식을 한곳에서 파악할 수 있어 반복을 더 쉽게 이해하고 제어할 수 있습니다. for 문의 장점을 요약하면 다음과 같습니다.

1. 간결한 구문

2. 더 나은 반복 제어

3. 배열 같은 데이터 구조에서 사용하기 쉬움

4. 특정 횟수만큼 실행되는 반복을 더 쉽게 만들 수 있음

5. 무한 반복 방지

for 문은 반복 횟수를 미리 알 수 있고 배열을 순회하거나 특정 범위의 값에 연속해서 접근할 때 유용합니다. 반면에 while 문은 반복 횟수를 미리 알 수 없고 특정 조건이 충족되는 한 계속 반복해야 할 때 유용합니다.

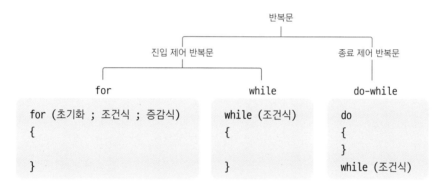

그림 4-9 세 가지 반복문 비교

## 반복문에서 break 문 사용

앞 절에서 switch 문을 빠져나올 때 break 키워드를 사용했습니다. 그런데 break 키워드는 반복문에서 빠져나오는 용도로도 사용합니다. break 문을 만나면 반복문을 빠져나와 다음에 오는 코드를 실행합니다.

> **Do it! 실습** 반복문에서 break 활용
>
> • ch04/break/break.cpp

```cpp
#include <iostream>
using namespace std;

int main()
```

```
{
  for (int count = 0 ; count < 10 ; count++) {
    cout << "count: " << count << endl;
    if (count == 5) {
      cout << "break로 반복문 탈출" << endl;
      break;
    }
  }
  cout << "반복문 종료" << endl;
  return 0;
}
```

**실행 결과**

```
count: 0
count: 1
count: 2
count: 3
count: 4
count: 5
break로 반복문 탈출
반복문 종료
```

이 예에서 for 문은 반복할 때마다 현재 count의 값을 출력합니다. for 문 내부의 if 문은 count가 5인지 확인하고, 참이면 반복 중단에 대한 메시지를 출력한 다음 break 키워드로 반복문을 빠져나옵니다. 그리고 나서 for 문 바로 다음에 있는 "Loop ended" 문장을 출력하고 프로그램은 종료합니다.

break 키워드는 while이나 do~while 문에서도 같은 방식으로 사용할 수 있으니 적절하게 활용해 보세요.

**C++ 언어에서 반복문을 만들 때 주의할 점**

반복문을 작성할 때는 종료 조건에 신경 써야 합니다. 그렇지 않으면 무한 반복되어 프로그램이 충돌할 수 있습니다. 반복이 실행되는 횟수를 제어하는 변수가 제대로 초기화되었는지, 반복할 때마다 올바르게 업데이트되는지 살펴봐야 합니다. 또한 반복문 내부에서 실행되는 코드도 신경 써야 합니다. 반복이 의도한 대로 실행되고 있는지 살펴야 하고, 실수로 외부의 변수를 수정하지 않도록 확인해야 합니다.

---

**문법 요약** ｜ for 문

```
for (❶초기화; ❷조건식; ❸증감식) {
    // 반복 실행 코드
}
```

❶ **초기화**: 반복이 시작되기 전에 한 번만 실행되며 변수를 선언하고 초기화한다.
❷ **조건식**: 반복이 실행되기 전에 매번 평가된다. 참이면 반복이 실행되고 그렇지 않으면 종료한다.
❸ **증감식**: 반복한 후에 실행되며 조건식에 사용된 변수를 업데이트한다.

# 04-3 표현식과 구문의 차이

학습
목표

표현식과 구문은 프로그래밍에서 중요한 개념이며 각각 다르게 사용됩니다. 여기서는 두 용어를 확실하게 이해하고 넘어가겠습니다.

## 표현식

표현식<sup>expression</sup>은 하나 이상의 변수, 연산자, 리터럴을 조합해 **값을 평가하고 결과를 반환**합니다. 즉, 수학에서 계산을 수행하는 '수식'과 같으며, 결괏값이 항상 나오는 코드를 말합니다. 피연산자와 연산자로 구성되는 식이나 함수 호출 등이 대표적인 예입니다.

**표현식 예시**

```
a = b + c;         // b + c는 표현식
result = func();   // func()는 표현식
```

## 구문

구문<sup>statement</sup>은 하나 이상의 연산을 수행하거나 동작을 실행하는 **명령문의 집합**으로, 값을 할당하거나 프로그램의 실행 흐름을 제어합니다. 여러 표현식을 포함할 수 있으며 보통 쌍반점(;)으로 끝납니다.

즉, 구문은 컴파일러가 이해하고 실행할 수 있는 최소의 독립적인 코드 조각으로 생각하면 됩니다. 코드 한 줄부터 여러 줄의 블록까지 구문으로 볼 수 있습니다. 따라서 구문은 다음의 코드처럼 한 개 이상의 표현식과 키워드를 포함할 때가 많습니다.

```
int a = 0;
while (true)
{
  ++a;
  if (a > 10)
    break;
}
```

요약하면 표현식은 값을 생성하거나 계산하는 요소이며, 구문은 프로그램의 실행 흐름을 제어하거나 작업을 실행하는 명령문의 집합입니다. 구문과 표현식의 관계를 그림으로 표현하면 다음과 같습니다.

그림 4-10 구문과 표현식의 관계

## 3분 퀴즈

**1** switch와 같은 조건 분기는 언제 활용하면 좋을까요?

**2** break 키워드는 어떤 기능을 수행하나요?

**3** while 문과 do~while 문의 차이는 무엇인가요?

[모범 답안]
**1** 조건부 분기가 많을 때 활용하면 좋으며 분기 코드의 가독성을 높일 때도 사용한다.
**2** 분기나 반복 구문의 블록에서 빠져나가는 기능을 수행한다.
**3** 조건식을 평가하는 순서가 다르다. while 문은 반복을 실행하기 전에 먼저 조건을 평가하고, do~while 문은 먼저 반복을 실행한 다음에 조건을 평가한다.

# 되 ᅵ새 ᅵ김 ᅵ문 ᅵ제

이번 장에서는 if와 switch 문, 그리고 while, for 문을 사용하여 프로그램의 흐름을 유연하게 조절하는 방법을 살펴보았습니다. 프로그래밍에서 실행 흐름을 제어하는 작업은 중요합니다. 마지막으로는 표현식과 구문의 차이도 알아보았습니다. 이제 되새김 문제를 풀며 이번 장에서 배운 내용을 정리해 보세요.

### 문제 1  if 문 활용하기

if 문을 활용하여 사용자로부터 입력받은 숫자가 '양수'인지 '음수'인지를 판별하는 프로그램을 만들어 보세요. (0은 양수로 취급)

### 문제 2  switch 문 활용하기

switch 문을 활용하여 사용자에게 1~7까지의 숫자 중 하나를 입력받아, 숫자에 해당하는 요일을 출력하는 프로그램을 만들어 보세요.

### 문제 3  while 문으로 반복하기

while 반복문을 활용하여 1~10까지 숫자 중 짝수만 출력하는 프로그램을 만들어 보세요.

### 문제 4  for 문으로 반복하기

for 반복문을 활용하여 사용자에게 정수를 입력받고, 해당 정수가 포함된 구구단을 출력하는 프로그램을 만들어 보세요. 사용자는 1~9까지 정수만 입력하도록 제한합니다.

### 문제 5  표현식과 구문 개념 복습하기

다음 코드에는 표현식과 구문이 모두 포함되어 있습니다. 어느 부분이 표현식이고 구문인지 표시해 보세요.

```
int result = a + b;
```

• 모범 답안 위치: github.com/mystous/DoItCPP/tree/main/exercise/ch04

# 05

# 예외 처리하기

프로그래밍에서 '예외(exception)'란 문법적인 오류(error)가 아닌 의도하지 않은 오류를 의미합니다. 개발자가 여러 가능성을 염두에 두고 프로그램을 만들어도 예측하지 못한 상황은 발생하기 마련입니다. 프로그램 자체는 완벽해도 메모리나 저장 공간 같은 물리적인 문제가 발생하기도 합니다. 이처럼 정상을 벗어난 상황을 예외라고 합니다. 즉, 예외 처리란 프로그램 실행 흐름상 발생하는 오류에 대응하는 방법입니다. C++ 언어에서는 이러한 예외 처리를 어떻게 수행하는지 알아보겠습니다.

# 05-1 예외 처리 구문

- try, catch, throw 문으로 예외 처리하기
- assert로 예외 처리하기

학습
목표

소스 코드에 예외 처리를 해두면 예기치 못한 상황에서도 유연하게 대처할 수 있습니다. 이는 프로그램의 안정성을 높이고 설사 오류가 발생하더라도 비정상으로 종료되지 않도록 합니다. 또한 코드를 읽기 쉽게 하고 유지·보수와 디버깅이 쉬워집니다. 이는 큰 규모의 프로젝트를 진행할 때 함께 일하는 개발자들이 코드의 안정성과 이해도를 높이는 데 도움을 줍니다.

C 언어에서는 일반적으로 조건문과 return 문을 이용해 예외를 처리합니다. 하지만 로직을 제어하는 조건문과 예외를 처리하는 조건문이 섞여서 구분하기가 어렵습니다. 게다가 return 문이 반환하는 값으로 예외 상황을 구분하는 것도 꽤나 복잡한 일입니다. 그래서 C++ 언어에서는 예외가 발생했음을 명시적으로 구분하고 예외를 더 간단하게 처리할 수 있도록 몇 가지 문법을 제공합니다. 바로 try, catch, throw 문입니다.

## try, catch, throw 문으로 예외 처리

C++에서 제공하는 try, catch, 그리고 throw는 예외가 발생했을 때 프로그램의 제어 흐름을 변경하고 예외를 처리하는 데 사용합니다.

- try: 예외가 발생할 수 있는 코드 블록을 중괄호 { }로 감싸 준다.
- throw: 예외를 catch 블록으로 던진다.
- catch: throw로 던진 예외를 받아서 처리한다.

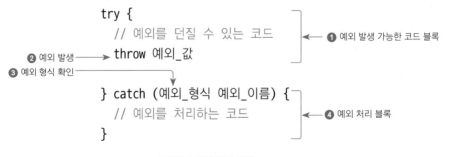

그림 5-1 예외 처리 패턴

C++에서 예외 처리는 try 키워드로 시작합니다. 예외가 발생할 수 있는 코드를 try와 함께 중괄호로 묶습니다. 그리고 조건문 등으로 예외인지 판단한 후 throw 명령으로 예외를 던집니다. 예외를 던질 때는 예외를 설명하는 값이나 객체를 함께 전달합니다. 만약 try 블록 안에서 예외가 발생해 throw 문이 실행되면 try 문을 빠져나옵니다. 이어서 throw로 던진 예외는 catch 블록에서 처리됩니다.

예외를 처리하는 catch 문은 try와 마찬가지로 중괄호 {}를 이용해 블록을 지정할 수 있습니다. catch 문에는 예외 형식을 명시할 수 있는데, 이는 throw가 던지는 예외 형식과 일치할 때만 예외를 처리하도록 합니다.

**Do it! 실습** 예외 처리

• ch05/try_throw_catch_1/try_throw_catch_1.cpp

```cpp
#include <iostream>
using namespace std;

int main()
{
  try
  {
    int input;
    cout << "정수 중 하나를 입력하세요 : ";
    cin >> input;

    if (input > 0)      // 입력받은 숫자가 양수이면
    {
      cout << "throw 1" << endl;
      throw 1;        // 예외 1 발생(정수 형식 예외)
      cout << "after throw 1" << endl;
    }

    if (input < 0)      // 입력받은 숫자가 음수이면
    {
      cout << "throw -1.0f" << endl;
      throw -1.0f;     // 예외 1.0f 발생(부동소수점 형식 예외)
      cout << "after throw -1.0f" << endl;
    }
```

> 예외가 발생할 수 있는 코드를 try 문에 작성하고 예외 상황일 때 throw 문으로 던지는구나!

```
    if (input == 0)      // 입력받은 숫자가 0이면
    {
      cout << "throw Z" << endl;
      throw 'Z';     // 예외 Z 발생(문자 형식 예외)
      cout << "after throw Z" << endl;
    }
  }
  catch (int a)     // 정수 형식 예외 받기
  {
    cout << "catch " << a << endl;
  }
  catch (float b)      // 부동 소수점 형식 예외 받기
  {
    cout << "catch " << b << endl;
  }
  catch (char c)      // 문자 형식 예외 받기
  {
    cout << "catch " << c << endl;
  }

  return 0;
}
```

throw로 던진 예외는 catch로 받아서 처리하는구나!

정수 중 하나를 입력하세요 : 1 [Enter]
throw 1
catch 1

정수 중 하나를 입력하세요 : -1 [Enter]
throw -1.0f
catch -1

정수 중 하나를 입력하세요 : 0 [Enter]
throw Z
catch Z

정수 1을 입력받았을 때의 흐름을 따라가 보면서 예외 처리 구문의 동작 방식을 살펴보겠습니다. 1은 양수이므로 try 블록에서 첫 번째 if 문이 실행됩니다. 첫 번째 실행 결과를 보면 throw 1 이전 메시지만 나오고 이후 메시지는 나오지 않았습니다. 이것으로 throw 이후의 코드는 무시되고 try 구문을 빠져나온다는 것을 확인할 수 있습니다. 즉, try 블록에서 차례로 실행되다가 예외가 발생하면 이후 구문은 실행되지 않습니다.

throw 1로 정수 형식의 예외가 발생했으므로 catch 문 가운데 정수 형식의 catch (int a) 문만 실행됩니다. 나머지 catch 문은 throw로 던진 형식과 달라 실행되지 않습니다.

두세 번째 실행 결과도 확인해 보면 throw -1.0f처럼 부동 소수점 형식의 예외가 발생했을 때, 그리고 throw 'Z'처럼 문자 형식의 예외가 발생했을 때도 각각 throw로 던진 것과 같은 데이터 형식의 catch 문이 실행되는 것을 확인할 수 있습니다.

```
try {
    if (...) throw 1;           정수 형식 예외 발생
    if (...) throw -1.0f;       부동 소수점 형식 예외 발생
    if (...) throw 'Z';         문자 형식 예외 발생
}
catch (int a) {
}
catch (float b) {
}
catch (char) {
}
```

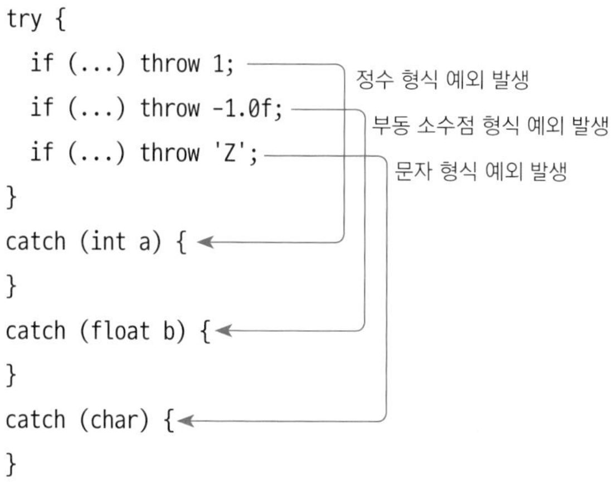

그림 5-2 예외 발생 시 흐름

## catch(...) 문으로 기타 예외 처리

만약 어떤 데이터 형식의 예외를 throw로 던졌는데, 받아 주는 catch 문이 없다면 어떻게 될까요? 실제 코드로 알아보겠습니다.

예외를 던졌지만 받아 주는 catch 문이 없다면?

```
#include <iostream>
using namespace std;

int main()
```

```
{
  try
  {
    throw 1;         // 예외 1 발생(정수 형식의 예외)
  }
  catch (char c)     // 문자 형식 예외 받기
  {
    cout << "catch " << c << endl;
  }

  return 0;
}
```

정수 형식 예외를 throw로 던졌지만, 문자 형식 예외를 받는 catch만 있는 상태입니다. 실행해 보면 런타임 오류가 발생하며 프로그램이 강제로 종료됩니다. 윈도우 운영체제의 VC++ 환경에서 테스트해 보면, 'abort() has been called'라는 메시지를 볼 수 있습니다. 즉, 어떤 예외를 던졌다면 이를 받을 수 있는 구문이 있어야 한다는 의미입니다.

하지만 모든 예외의 짝을 맞춰 예외 처리 코드를 작성하는 것은 쉽지 않습니다. if 조건문의 else나 switch의 default처럼 일부 예외는 뭉뚱그려서 한 번에 처리하고 싶을 때가 있습니다. C++ 언어의 예외 처리에서는 catch(...) 문으로 이러한 요구에 대응할 수 있습니다. 즉, catch(...) 문은 명시하지 않은 나머지 모든 예외를 받아서 처리할 때 사용합니다.

**Do it! 실습** 처리되지 않은 모든 예외 받기

• ch05/try_throw_catch_2/try_throw_catch_2.cpp

```
#include <iostream>
using namespace std;

int main()
{
  try
  {
    int input;
    cout << "정수 중 하나를 입력해보세요 : ";
    cin >> input;
```

```cpp
    if (input > 0)      // 입력받은 숫자가 양수이면
    {
      cout << "throw 1" << endl;
      throw 1;        // 예외 1 발생(정수 형식 예외)
      cout << "after throw 1" << endl;
    }

    if (input < 0)      // 입력받은 숫자가 음수이면
    {
      cout << "throw -1.0f" << endl;
      throw -1.0f;      // 예외 1.0f 발생(부동 소수점 형식 예외)
      cout << "after throw -1.0f" << endl;
    }

    if (input == 0)     // 입력받은 숫자가 0이면
    {
      cout << "throw Z" << endl;
      throw 'Z';        // 예외 Z 발생 (문자 형식 예외)
      cout << "after throw Z" << endl;
    }
  }
  catch (int a)     // 정수 형식 예외 받기
  {
    cout << "catch " << a << endl;
  }
  catch (...)       // 처리되지 않은 나머지 예외 모두 받기
  {
    cout << "catch all" << endl;
  }

  return 0;
}
```

**실행 결과**

```
정수 중 하나를 입력해보세요 : 1 [Enter]
throw 1
catch 1
```

결과를 보면 정수 형식을 제외한 나머지 예외는 모두 catch (...) 문에서 처리되어 'catch all'이라는 메시지를 확인할 수 있습니다.

그렇다면 모든 예외를 catch(...) 문으로 처리하면 간단할 것 같습니다. 하지만 예외를 구별하지 않고 하나로 받는 것은 적절한 예외 처리라고 볼 수 없습니다. 예외는 종류마다 제대로 구분해서 처리해 줘야 더 완벽한 프로그램을 만들 수 있습니다.

## 예외가 전달되는 순서

C++에서 예외 처리는 주로 try, catch 그리고 throw 문으로 구현합니다. 이러한 구문들은 예외가 발생했을 때 프로그램의 제어 흐름을 변경하고 오류를 처리하는 데 사용합니다. try 블록에서 예외가 발생하면 먼저 같은 영역<sup>scope</sup>에 있는 catch 문을 찾습니다. 그런데 다음 코드처럼 예외를 던진 func_throw 함수에 catch 문이 없으면 어떻게 될까요?

**Do it! 실습** 예외가 전달되는 동작 확인하기

• ch05/stack_unwinding_1/stack_unwinding_1.cpp

```cpp
#include <iostream>
using namespace std;


void func_throw()
{
  cout << "func_throw()" << endl;
```

```
    cout << "throw -1" << endl;
    throw -1;      // 정수 형식 예외 던지기
    cout << "after throw -1" << endl;
}

int main()
{
  try
  {
    func_throw();
  }
  catch (int exec)     // 정수 형식 예외 받기
  {
    cout << "catch " << exec << endl;
  }

  return 0;
}
```

**실행 결과**

```
func_throw()
throw -1
catch -1
```

실행 결과를 보면 func_throw 함수에서 던진 예외가 이 함수를 호출한 main 영역의 catch 문에서 정상으로 처리된 것을 확인할 수 있습니다. 즉, 예외 처리의 책임은 throw가 발생한 함수를 호출한 쪽으로 넘어갑니다. 이처럼 함수에서 예외가 처리되지 않아서 함수를 호출한 쪽으로 전달되는 현상을 가리켜 **스택 풀기**<sup>stack unwinding</sup>라고 합니다.

그리고 예외가 발생하면 해당 함수의 남은 코드들은 더 이상 수행되지 않고 종료됩니다. 따라서 func_throw 함수에서 'after throw −1'은 출력되지 않습니다.

예외가 전달되는 과정을 단계별로 살펴보면 스택 풀기의 의미를 확실하게 이해할 수 있습니다.

```cpp
#include <iostream>
using namespace std;

void func_throw() {
  cout << endl;
  cout << "func_throw() 함수 내부" << endl;
  cout << "throw -1" << endl;
  throw - 1;   // 정수 형식 예외 던지기
  cout << "after throw -1" << endl;
}

void func_2() {
  cout << endl;
  cout << "func_2() 함수 내부" << endl;
  cout << "func_throw() 호출" << endl;
  func_throw();
  cout << "after func_throw()" << endl;
}

void func_1() {
  cout << endl;
  cout << "func_1() 함수 내부" << endl;
  cout << "func_2() 호출" << endl;
  func_2();
  cout << "after func_2()" << endl;
}

int main() {
  cout << "main 내부" << endl;

  try {
    cout << "func_1() 호출" << endl;
    func_1();
  }
  catch (int exec) {   // 정수 형식 예외 받기
```

```
    cout << endl;
    cout << "catch " << exec << endl;
  }

  return 0;
}
```

```
main 내부
func_1() 호출

func_1() 함수 내부
func_2() 호출

func_2() 함수 내부
func_throw() 호출

func_throw() 함수 내부
throw -1

catch -1
```

이 예에서는 스택이 쌓이고 풀리는 과정을 확인하기 위해 연속으로 호출되는 함수를 여러 개 만들었습니다. 함수가 호출되는 순서는 다음과 같습니다.

```
main → func_1() → func_2() → func_throw()
```

함수가 호출되면 스택에 순서대로 쌓입니다. 따라서 맨 마지막에 호출되는 함수가 가장 위쪽에 위치합니다. func_throw 함수에서 발생한 throw -1 예외는 func_throw 함수 내에서 처리되지 않아 이를 호출한 func2 함수로 전달됩니다. 예외를 전달받은 func2 함수에서도 처리되지 않으면 func2 함수를 호출한 func1 함수로 전달됩니다. 같은 이유로 func1 함수를 호출한 main 함수까지 예외가 전달되어 비로소 처리됩니다.

그리고 예외를 전달한 함수는 남은 코드를 실행하지 않고 바로 종료됩니다. 따라서 각 함수에서 마지막 코드인 'after ~~'를 출력하는 구문은 모두 수행되지 않습니다.

이처럼 예외를 전달하는 순서가 **스택에 쌓인 역순**이므로 **스택 풀기**라고 합니다.

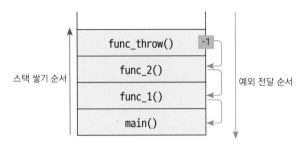

그림 5-3 예외 전달로 스택 풀기

---

**예외 처리**

- 예외가 발생할 수 있는 코드를 try 블록으로 감싼다.
- 예외가 발생하면 프로그램의 제어는 즉시 try 블록 다음에 오는 catch 블록으로 넘어간다.
- throw 키워드로 예외를 던진다. throw 다음에 지정하는 예외 형식은 모든 유형이 될 수 있다.
- catch 블록에는 throw로 던진 예외 형식으로 매개변수를 선언한다. 이 매개변수로 오류 메시지 같은 예외 정보에 접근한다.
- 단일 try 블록에 catch 블록이 여러 개 있을 수 있으며, 각 블록은 서로 다른 유형의 예외를 처리하도록 정의한다.

```
try {
    // 예외가 발생할 수 있는 코드 영역
    throw exception_value;    // 예외를 강제로 발생시키는 코드
} catch (exception_type e) {
    // 예외가 발생했을 때 실행되는 코드 블록
    // e에는 발생한 예외의 정보가 담겨 있음
    // exception_type은 실제 예외 형식에 따라 정의
}
```

## 어설션을 이용한 예외 처리

어설션$^{assertion}$은 코드를 검증하여 **예상치 못한 상황에서 프로그램 동작을 중단**시키는 도구로, 안전성과 신뢰성을 높여 줍니다. C++에서는 <cassert> 헤더에 정의된 assert 매크로를 통해 예외를 비교적 간단하게 처리할 수 있습니다. assert는 디버그 모드에서 오류가 생길 수 있는 부분을 검사할 수 있는 매크로입니다.

assert가 어떻게 동작하는지 확인해 보겠습니다.

---

**Do it! 실습** assert를 이용한 예외 처리

• ch05/assert/assert.cpp

```cpp
#include <iostream>
#include <cassert>

using namespace std;

void print_number(int *_pt_int)
{
  assert(_pt_int != NULL);   // 디버그 모드에서 _pt_int가
  cout << *_pt_int << endl;  //    널인지 검사
}

int main()
{
  int a = 100;
  int *b = NULL;
  int *c = NULL;

  b = &a;
  print_number(b);

  // c는 NULL인 상태로 인자 전달
  print_number(c);

  return 0;
}
```

---

assert를 이용해 프로그램의 특정 지점에서 true로 예상되는 조건을 지정합니다. 만약 지정한 조건이 true가 아니면 프로그램 실행이 중단되며, 비주얼 스튜디오에서는 다음 그림처럼 어설션 실패 대화상자가 나타나 어떤 문제가 발생했는지를 알려 줍니다.

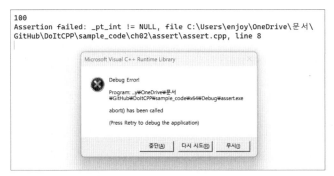

그림 5-4 디버그 모드에서 assert 실행 결과

같은 코드를 릴리즈 모드로 실행하면 assert가 동작하지 않아 프로그램이 강제로 종료되지만, 이때 어떤 문제로 종료됐는지 알 수 없습니다.

그림 5-5 릴리즈 모드에서 assert 실행 결과

assert는 주로 개발 과정에서 조건을 검사하여 프로그램이 예상대로 동작하는지 확인하는데 사용합니다. assert를 자주 활용하면 좋은 코딩 습관을 가질 수 있습니다.

### 디버그 모드와 릴리즈 모드

**디버그**<sup>debug</sup> 모드는 컴파일할 때 디버깅을 위한 정보들을 삽입해서 문제가 발생할 때 원인을 수월하게 찾을 수 있도록 하는 컴파일 모드입니다. 이때 디버깅이란 코드에서 버그를 제거하는 것을 의미합니다.

반면에 **릴리즈**<sup>release</sup> 모드는 최종 사용자에게 배포할 코드를 만들 때 사용합니다. 릴리즈 모드에서는 최적화가 적용되어 프로그램의 실행 속도가 향상됩니다. 디버깅 정보, 심벌, 주석 등이 제거되고 실행 파일의 크기가 작아지면서 프로그램 실행에 소요되는 자원과 시간을 줄입니다.

즉, 개발할 때는 주로 디버그 모드를 사용하여 버그를 신속하게 찾아내고, 배포할 때는 릴리즈 모드로 컴파일하여 최적화된 실행 속도와 작은 실행 파일을 만듭니다.

비주얼 스튜디오에서 컴파일 모드는 편집 창 위쪽에 있는 툴바에서 쉽게 선택할 수 있습니다.

**그림 5-6** 비주얼 스튜디오에서 디버그, 릴리즈 모드 선택

## assert를 사용할 때 주의할 점

assert는 디버그 모드에서만 컴파일되므로 다른 코드에 영향을 주지 않는 코드로만 작성해야 합니다. 예를 들어 다음 코드는 잘못 사용한 예입니다.

어설션을 잘못 사용한 예

```
assert (count++ > 0);
```

assert 검사는 릴리즈 모드에서 수행되지 않으므로 count값이 디버그 모드와 릴리즈 모드에서 다릅니다. 만약 프로그램의 로직을 좌우하는 중요한 코드를 assert 구문에 작성한다면, 릴리즈 모드에서는 해당 코드가 빠지므로 심각한 문제가 발생할 수 있습니다. 이 점만 주의한다면 어설션으로 비교적 간단하게 예외를 처리할 수 있습니다.

# 05-2 예외 처리 생략과 실패 대응

• noexcept로 예외 처리 생략 명시하기
• set_terminate로 예외 처리 실패에 대응하기

학습
목표

프로그래밍은 예측불허의 여정입니다. 코드가 실행되는 동안 예외 상황은 피할 수 없고, 심지어 예외 처리 메커니즘도 때로는 예외를 처리하지 못할 수 있습니다. 이 절에서는 noexcept와 set_terminate를 활용해 예외 처리와 예외 처리 실패에 대응하고 프로그램의 안정성과 신뢰성을 높이는 방법을 알아보겠습니다.

## 예외 처리 생략 — noexcept

함수에서 문제가 발생할 때 반드시 예외를 발생시켜야 하는 것은 아닙니다. 때로는 예외를 발생시키는 것이 득보다 실이 더 클 때도 있습니다. 오류와 예외는 엄연히 다릅니다. 값이나 실행 흐름을 충분히 예측할 수 있을 때는 if 문으로 처리하는 것이 성능 면에서 훨씬 이득입니다.

함수가 예외를 던지지 않음을 나타낼 때는 다음처럼 noexcept 키워드로 명시할 수 있습니다. 이처럼 함수가 예외를 던지지 않음을 명시하면 컴파일러가 코드를 최적화하고 빠르게 실행하는 데에 도움이 됩니다.

**함수가 예외를 던지지 않음을 명시**

```
int func() noexcept
```

또는 다음처럼 함수를 호출할 때 noexecpt 키워드를 사용할 수도 있습니다. 그러면 컴파일할 때 해당 함수가 예외를 던지는지 확인해 true나 false로 알려 줍니다.

**함수가 예외를 던지는지 확인**

```
bool does_not_throw = noexcept(my_function());
```

참고로 함수에 `noexcept` 키워드를 붙였다고 해서 예외를 던지지 못하는 것은 아닙니다. `noexcept`가 명시된 함수에서 예외를 던지면 어떻게 되는지 실험해 보겠습니다.

**noexcept로 명시된 함수에서 예외 던지기**

```cpp
#include <iostream>
using namespace std;

void real_noexcept() noexcept    // 예외를 던지지 않음을 명시
{
  cout << "real_noexcept" << endl;
}

// noexcept로 명시된 함수 안에서 예외 발생
void fake_noexcept() noexcept
{
  cout << "fake_noexcept" << endl;
  throw 1;      // 정수 형식 예외 발생
}

int main()
{
  real_noexcept();

  try
  {
    fake_noexcept();
  }
  catch (int exec)
  {
    cout << "catch " << exec << endl;
  }

  return 0;
}
```

**컴파일 결과(경고 발생)**

warning C4297: 'fake_noexcept': 함수는 예외를 Throw하지 않도록 지정되었으나 예외를 Throw했습니다.
message : 함수에서 __declspec(nothrow), throw(), noexcept(true) 또는 noexcept를 지정했습니다.

이 코드를 컴파일하면 경고는 발생하지만 어쨌든 실행 파일은 만들어집니다. 컴파일러는 noexcept 키워드가 붙은 함수는 예외를 던지지 않을 것으로 간주하고 그대로 컴파일합니다. 하지만 실행해 보면 런타임 오류 메시지가 발생하며 프로그램은 강제로 종료됩니다.

## 예외 처리 실패 대응 — set_terminate

throw 문으로 예외를 던졌는데 해당 예외를 받을 catch 문이 아예 없거나 있어도 형식이 맞지 않으면 프로그램은 강제로 종료됩니다.[*] 이때 종료 처리 함수를 설정하는 **set_terminate**로 프로그램이 강제 종료되기 전에 특정 동작을 수행하도록 구성할 수 있습니다.

[*] 내부적으로 terminate라는 런타임 함수에서 프로그램을 강제로 종료시키는 abort 함수가 호출됩니다.

**종료 처리 함수 설정하기**

```
set_terminate(종료_처리_함수);
```

set_terminate로 종료 처리 함수를 지정하여 예외 처리 실패에 대응하는 예를 보겠습니다.

**Do it! 실습** 예외 처리 실패에 대응하기

• ch05/set_terminate/set_terminate.cpp

```cpp
#include <iostream>
#include <cstdlib>

using namespace std;

// 종료 처리 함수
void myterminate()
{
  cout << "myterminate called" << endl;
  exit(-1);     // 프로그램을 비정상으로 종료
}

int main(void)
{
  set_terminate(myterminate);  ← 종료 처리 함수 지정
  throw 1;     // 예외 발생

  return 0;    // throw로 예외를 던졌으므로 실행되지 않음
}
```

```
myterminate called
```

main 함수에서 throw 1 코드를 만나면 catch 문을 찾을 수 없어 오류가 발생하고 프로그램이 강제로 종료됩니다. 그런데 강제로 종료하기 전에 set_terminate로 지정한 종료 처리 함수가 호출됩니다.

종료 처리 함수로 지정한 myterminate에서는 프로그램을 강제로 종료하는 exit 함수를 사용 했습니다. exit 함수는 <cstdlib> 헤더에 정의되어 있습니다. exit 함수에 상태 코드로 0을 전달하면 프로그램을 정상으로, –1을 전달하면 비정상으로 종료합니다. 이 상태 코드에 따라 내부에 정의된 각종 정리 작업을 수행합니다. 비슷한 함수로 abort가 있는데 이 함수는 어떤 정리 작업도 수행하지 않은 채 프로그램을 비정상으로 즉시 종료합니다.

### 3분 퀴즈

**1** 예외 처리란 무엇인가요?

**2** 예외를 던져 catch 블록에서 처리하도록 하는 키워드는 무엇인가요?

**3** 디버그 모드에서 오류가 생길 수 있는 부분을 검사할 수 있는 매크로는 무엇인가요?

[모범 답안]
**1** 프로그램 실행 흐름상 발생하는 오류에 대응하는 방법
**2** throw
**3** assert

# 되 | 새 | 김 | 문 | 제

예외 처리는 프로그램에서 발생할 수 있는 예기치 못한 상황에 대처하는 중요한 작업입니다. 예외 처리의 기본 원리를 떠올리면서 다음 문제를 풀어 보세요.

**문제 1** try, catch, throw 문 이해하기

다음 코드를 바탕으로 try, catch, throw 문을 이용해 예외를 처리해 보세요.

```
int main() {
  int divisor = 0;

  // 여기에 예외 처리를 추가해 보세요.
  int result = 10 / divisor;
  std::cout << "결과: " << result << std::endl;
  return 0;
}
```

**문제 2** 예외 처리 생략과 실패 대응

다음 코드에서 try, catch 문으로 예외를 처리하고 생략된 예외와 실패에 대응하는 코드를 작성해 보세요.

```
void process(int value) {
  // value가 음수일 때 예외 던지기
  // 예외가 발생하면 "예외 발생!" 출력, 발생하지 않으면 value 출력
}

int main() {
  process(10);
  process(-5);
  return 0;
}
```

어설선을 이용한 예외 처리

다음 코드를 바탕으로 assert를 이용해 예외 처리를 구현해 보세요.

```
void divide(int a, int b) {
  // b가 0일 때 assert로 예외 처리
}

int main() {
  divide(10, 2);
  divide(5, 0);
  return 0;
}
```

문제 4 예외 처리 실전 연습 1

사용자에게 월과 일을 입력받아 해당하는 날짜의 계절을 출력하는 프로그램을 만들어 보세요.

- 3~5월까지는 봄, 6~8월까지는 여름, 9~11월까지는 가을, 12~2월까지는 겨울

- 월과 일을 입력받을 때 범위를 벗어나는 경우 std::out_of_range 예외 발생

**출력 예시**

월을 입력하세요: 3 [Enter]
일을 입력하세요: 20 [Enter]
입력하신 날짜의 계절은 봄입니다.

문제 5 예외 처리 실전 연습 2

숫자 맞히기 게임을 만들고 있습니다. 게임은 다음과 같은 규칙으로 동작해야 합니다.

1. 1부터 100까지 무작위 숫자를 생성합니다.

2. 사용자에게 숫자를 입력하도록 요청합니다.

3. 사용자가 입력한 숫자가 랜덤 숫자보다 크면 "너무 높아요!", 작으면 "너무 낮아요!"라고 알려 줍니다.

4. 사용자가 랜덤 숫자를 맞힐 때까지 2~3번 과정을 반복합니다.

5. 사용자가 랜덤 숫자를 맞히면 "축하합니다!" 메시지를 출력합니다.

1번을 포함한 기본 코드는 다음처럼 구현했습니다. 이제 여러분이 2번부터 5번까지 직접 코드를 작성해 보세요. 만약 사용자가 범위를 벗어나는 숫자를 입력하면 "1부터 100 사이의 숫자를 입력해 주세요!"라는 메시지를 출력한 후 다시 숫자를 입력하도록 요청합니다.

```cpp
#include <iostream>
#include <random>

int main() {
  // 1부터 100까지 랜덤 숫자 생성
  std::random_device rd;
  std::mt19937 gen(rd());
  std::uniform_int_distribution<> dist(1, 100);
  int answer = dist(gen);

  // 게임 시작
  bool is_correct = false;
  while (!is_correct) {
    try {
      // 정답 코드 작성 영역
    }
    catch (const std::exception& e) {
      // 예외 발생 시 메시지 출력
      std::cerr << e.what() << std::endl;
    }
  }
  return 0;
}
```

• 모범 답안 위치: github.com/mystous/DoItCPP/tree/main/exercise/ch05

# 객체지향 프로그래밍

둘째마당에서는 C++의 핵심인 객체지향 프로그래밍에 관해 알아
봅니다. 먼저 객체지향의 개념과 특징을 공부하고 C++에서 객체
지향을 활용하는 법을 다룹니다. 그리고 객체지향으로 프로그램을
설계하는 원칙을 알아봅니다. 마지막으로 C++ 언어가 범용성을
확보할 수 있는 템플릿도 배웁니다.

# 06 객체지향과 클래스

C++ 언어를 이해하려면 객체지향 프로그래밍의 원리를 이해해야 합니다. 객체지향 프로그래밍은 무엇이고 왜 필요할까요? 이 질문의 답은 객체지향 프로그래밍 이전에 사용하던 절차적 프로그래밍 방식을 알면 자연스럽게 이해할 수 있습니다. 이 장에서는 객체지향 프로그래밍의 개념을 이해하고 이를 C++에서 구현할 수 있게 해주는 클래스에 관해 알아보겠습니다. 이 장의 내용을 잘 이해해 두면 책의 후반부 내용을 더 의미 있게 공부할 수 있습니다.

# 06-1 객체지향 이전의 프로그래밍 패러다임

• 비구조적 프로그래밍 개념 이해하기
• 절차적 프로그래밍 개념과 한계 알아보기

**프로그래밍 패러다임**<sup>programming paradigm</sup>은 프로그램을 어떤 절차와 구조로 만들 것인지에 대한 스타일이나 접근 방법을 나타냅니다. 집을 짓는 방식이 여러 가지인 것처럼 프로그래밍 패러다임도 여러 가지가 있으며 복잡도와 필요성에 따라 변화하고 발전했습니다.

각 패러다임은 언어가 지원하는 기능, 코드의 구조, 문제 해결 접근 방식 등에 차이가 있습니다. 가끔 프로그래밍 패러다임을 놓고 무엇이 옳고 그른지, 무엇이 좋고 나쁜지 이야기하는 경우가 있습니다. 하지만 프로그래밍 패러다임에는 옳고 그름이 있는 것이 아니라 방식이 다른 것입니다.

이 절에서는 여러 가지 프로그래밍 패러다임 가운데 '비구조적 프로그래밍'과 '절차적 프로그래밍'을 알아보고, 다음 절에서 소개할 객체지향 프로그래밍이 나온 배경은 무엇이었는지 살펴보겠습니다.

## 비구조적 프로그래밍

비구조적 프로그래밍<sup>non-structured programming</sup>은 **코드를 구조화하지 않고 작성하는 방법**을 말합니다. 비구조적 프로그래밍으로 작성한 코드는 첫 번째 줄부터 마지막 줄까지 차례대로 실행되며, 코드의 흐름을 이동하는 goto 문을 사용하는 특징이 있습니다. 대표적인 비구조적 프로그래밍 언어로는 어셈블리어<sup>assembly language</sup>, 초창기의 포트란<sup>fortran</sup>이 있습니다.

다음은 비구조적 프로그래밍 언어의 대표 사례인 X86 어셈블리어의 예입니다. 코드에서 보듯 비구조적 프로그래밍은 명령어를 차례대로 작성합니다.

```
        global_start
        section.text
_start: mov rax, 1           ; 쓰기를 위한 시스템 호출
        mov rdi, 1
        mov rsi, message     ; 출력 문자열 주소
        mov rdx, 13          ; 바이트 크기
        (... 생략 ...)
        syscall              ; 종료를 위한 시스템 기능 실행
        section.data
message: db "Hello, World", 10
```

* x86 어셈블리 언어 코드는 cs.lmu.edu/~ray/notes/x86assembly 사이트의 허락을 받아 사용했습니다.

비구조적 프로그래밍 언어는 컴퓨터를 사용하기 시작할 즈음에 등장한 기계어와 유사한 형태로 만들어졌습니다. 한눈에 봐도 최근 프로그래밍 언어와는 많이 다른 것을 알 수 있습니다. 요즘은 이런 언어를 많이 사용하지 않지만, 현대 프로그래밍 언어가 동작할 수 없는 환경이나 몇 가지 동작만 허용하는 단순한 환경에서는 이런 언어를 사용하기도 합니다.

## 절차적 프로그래밍

절차적 프로그래밍procedural programming은 비구조적 프로그래밍과는 다르게 **소스 코드를 여러 부분으로 나눠서 활용하는 패러다임으로, 프로시저를 이용해 구조화하는 방식**을 말합니다. 이때 프로시저procedure는 일련의 코드 묶음을 말하며 보통 함수를 생각하면 됩니다.* 절차적 프로그래밍의 대표 언어는 C이며 코볼cobol, 포트란fortran도 있습니다.

* 클래스도 프로시저의 한 부류로 보기도 하지만, 객체지향 프로그래밍과 구별하기 위해 이 책에서는 클래스를 프로시저로 분류하지 않습니다.

절차적 프로그래밍에서는 코드의 논리 구조를 **모듈화**modulation할 수 있습니다. 모듈화하면 같은 기능을 수행하는 코드를 다시 작성하지 않아도 재사용할 수 있으며, 라이브러리처럼 누군가가 만들어 놓은 기능을 사용하면 프로그램을 더 쉽게 개발할 수 있습니다. 또한 구조화된 코드는 다른 사람이 쉽게 읽을 수 있는 장점도 있습니다.

## 절차적 프로그래밍으로 얻을 수 있는 효과

여기서는 자동차의 어댑티브 크루즈 컨트롤<sup>adaptive cruise control</sup> 기능을 절차적 프로그래밍으로 구현하는 상황을 가정하여 절차적 프로그래밍으로 얻을 수 있는 효과를 알아보겠습니다.

어댑티브 크루즈 컨트롤은 앞차와 간격을 유지하면서 속도를 자동으로 조절하는 기능입니다. 따라서 엔진 출력, 가속 페달, 브레이크 조정 등 여러 가지 함수가 필요합니다.

표 6-1 어댑티브 크루즈 컨트롤 기능을 위한 함수와 변수 예

| 기능 | 함수 이름 | 필요 변수 |
|---|---|---|
| 엔진 출력 조정 | acceleration_adjusting | target_speed, current_speed |
| 가속 페달 조정 | acceleration_output | - |
| 브레이크 조정 | pushing_break | - |
| 앞차와의 거리 조절 | inquiring_range | - |
| 주행 중 차량 속도 측정 | inquiring_current_speed | - |
| 적절한 목표 속도 계산 | calculating_fit_speed | - |
| **변수** | **변수 이름** | **관련 기능** |
| 주기 조절 | acceleration_adjusting_period | acceleration_adjusting |

이를 토대로 어댑티브 크루즈 컨트롤 기능을 의사코드로 작성해 보면 다음과 같습니다. 의사코드<sup>pseudocode</sup>는 사람이 이해하기 쉽게 알고리즘을 기술하는 데 주로 사용됩니다. 실제 동작하는 소스 코드가 아니므로 문법에 구애받지 않습니다.

**어댑티브 크루즈 컨트롤 의사코드**

```
// 전역 변수들
int user_target_speed;
int acceleration_adjusting_period;

// 전역 함수들
void acceleration_output();
void pushing_break();
int inquiring_current_speed();
int inquiring_range();
int calculating_fit_speed(int range, int original_target_speed);
void acceleration_adjusting(int target_speed, int current_speed) {
  if (target_speed == current_speed) {
```

```
      return;
    }
    if (target_speed > current_speed) {
      acceleration_output();
      return;
    }
    pushing_break();
}

// 메인 소스 코드
void main(){
  int range, current_speed;

  while (do_cruise) {
    range = inquiring_range();
    current_speed = inquiring_current_speed();
    acceleration_adjusting(calculating_fit_speed(range, user_target_speed),
                            current_speed);
    sleep(acceleration_adjusting_period);
  }
  return 0;
}
```

main 함수의 while(...) 코드에서는 운전자가 크루즈 컨트롤을 중단할 때까지 일정 주기로 반복해서 실행할 기능을 순서에 맞게 호출합니다. inquiring_range 함수로 앞차와의 거리, inquiring_current_speed 함수로 차량의 현재 속도를 구하고, 목표 속도를 정하는 calculating _fit_speed 함수에 전달합니다. 이는 다시 엔진의 출력을 조절하는 acceleration_adjusting 함수의 첫 번째 인자로 사용되죠. 그리고 크루즈 컨트롤 기능의 동작 주기를 조절하고자 sleep 함수로 동작을 잠시 멈춥니다.

그리고 일부 함수는 하위 프로시저를 호출하기도 합니다. 예를 들어 acceleration_adjusting 함수에서는 acceleration_output과 pushing_break 함수를 호출합니다. 이렇게 하면 가속 페달이나 브레이크 기능이 바뀌어 엔진 출력을 변경해야 할 때 main이나 acceleration_adjusting 함수는 수정할 필요가 없으며 acceleration_output이나 pushing_break 함수의 내부 구현만 변경해 주면 됩니다.

이처럼 어떤 기능을 프로시저 단위로 나누어 구현하면 기능을 변경해야 할 때 프로그램의 전체 흐름은 그대로 두고 해당 프로시저만 수정하면 됩니다. 이러한 특징으로 인해 절차적 프로그래밍으로 작성한 코드는 프로그램의 중심 흐름을 담당하는 코드와 프로시저를 구현하는 코드로 나뉩니다.

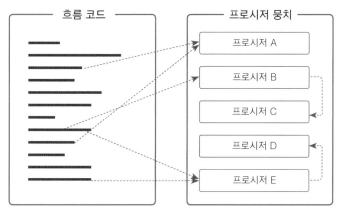

그림 6-1 흐름 코드와 프로시저 코드

프로시저는 또 다른 프로시저를 호출하는 형태로 구현하기도 합니다. 프로시저를 직접 만들거나 누군가가 이미 만들어 놓은 프로시저를 가지고 레고 블록을 조립하듯이 적절하게 배치하고 재사용합니다.

## 절차적 프로그래밍의 한계

자동차 운행 프로그램을 개발한다고 가정할 때 앞에서 살펴본 크루즈 컨트롤 외에도 내비게이션 시스템, 공조 시스템, 원격 제어 등 다양한 기능이 필요합니다. 이처럼 프로그램의 규모가 커지면 흐름 코드가 복잡해지며 프로시저도 대폭 늘어납니다. 그만큼 프로시저 간에 관계도 복잡해지죠.

그러나 절차적 프로그래밍에서는 프로시저의 다층 구조를 표현할 방법이 없습니다. 이런 문제를 해결하려면 소스 파일을 논리적인 단위로 나누고 라이브러리로 만들어야 합니다. 그리고 프로그램의 전체 논리 구조를 설명하는 문서를 별도로 만들어 배포해야 합니다.

하지만 이러한 노력에도 불구하고 프로젝트에 참여하는 모든 개발자가 프로그램의 논리 구조를 정확하게 이해하지 못하면 직접 접근하지 말아야 할 프로시저에 접근할 수 있습니다. 특히 전역 변수에 접근을 막을 방법이 없습니다. 이런 한계점은 프로그램에 치명적인 문제로 이어질 수 있습니다.

다음 코드는 절차적 프로그래밍 방식이 어떤 문제를 일으킬 수 있는지 보여 주는 예입니다.

---

**절차적 프로그래밍 방식에서 발생할 수 있는 문제점**

```
// 전역 변수들
int user_target_speed;

int acceleration_adjusting_period;


// 전역 함수들
void acceleration_output();

void pushing_break();

int inquiring_current_speed();

int inquiring_range();

int calculating_fit_speed(int range, int original_target_speed);
```

❶ 접근을 제어하지 못하고 정보가 공개됨

```
void acceleration_adjusting(int target_speed, int current_speed) {
  if (target_speed == current_speed) {
    return;
  }
  if (target_speed > current_speed) {
    acceleration_output();
    return;
  }
  pushing_break();
}
```

❷ 프로시저 간에 논리적 계층 구조가 존재하지만 관련 코드를 모두 확인하기 전에는 알아채기 어려움

```
// 메인 소스 코드
void main() {
  int range, current_speed;

  while (do_cruise) {
    range = inquiring_range();
    user_target_speed = inquiring_current_speed();
    acceleration_adjusting(calculating_fit_speed(range, user_target_speed),
                           current_speed);
    acceleration_output();
    sleep(acceleration_adjusting_period);
  }
  return 0;
}
```

❸ 지역 변수가 아닌 전역 변수를 변경

❹ 하위 프로시저를 직접 호출

---

먼저 ❶은 전역 함수 사례로, 모든 곳에서 해당 프로시저에 접근할 수 있다는 문제가 있습니다. 즉, 프로시저 간에 관계를 고려해 접근을 제어할 수 없습니다. 이렇게 하면 소스 코드가 복잡해 보이는 문제도 있지만, 별도의 파일로 나누고 라이브러리로 만들더라도 프로시저의 정보가 노출되는 것에는 변함이 없습니다.

❷ acceleration_adjusting 함수에는 내부적으로 호출하는 프로시저가 존재합니다. 하지만 논리 구조가 복잡할 때는 프로시저 간의 계층을 파악하기가 어렵습니다. 따라서 논리 구조를 정확하게 인지하지 못하면 ❹처럼 acceleration_output 함수를 중복해서 호출하는 실수를 범할 수 있습니다.

❸ 절차적 프로그래밍에서는 프로시저에 필요한 데이터를 인자로 전달하거나 전역 변수로 저장해야 합니다. 이는 프로시저의 매개변수가 많아지는 문제점을 야기하기도 하지만, 더 큰 문제는 전역 변수를 사용하는 일이 많아지면서 중요한 변수가 엉뚱한 곳에서 변경될 가능성도 커진다는 점입니다.

또한 절차적 프로그래밍 방식으로 작성한 코드는 여러 개의 프로시저를 하나의 흐름으로만 구성해야 하므로 다층 구조를 논리적으로 모델링하기가 매우 복잡하며, 만약 확장이 필요하면 코드 전체를 수정해야 합니다.

절차적 프로그래밍의 한계를 요약하면 다음과 같습니다.

- 프로시저가 가진 논리적 다층 구조를 프로그래밍 내부에서 표현하는 데 한계가 있다.
- 불필요한 프로시저를 호출하거나 전역 변수를 수정할 수 있다. 이때 프로그램 동작에 치명적인 영향을 줄 수 있다.

이러한 한계 때문에 절차적 프로그래밍은 여러 명이 큰 규모의 프로젝트를 진행할 때에는 적절하지 않습니다. 따라서 이를 보완하는 다양한 프로그래밍 패러다임이 등장했으며, 그중 하나가 바로 객체지향 프로그래밍입니다.

**궁금해요!** 절차적 프로그래밍에서 문제가 발생할 수 있는 부분을 개발자가 주의하면 괜찮지 않을까요? 객체지향 프로그래밍을 꼭 배워야 하나요?

프로젝트에 참여하는 모든 개발자가 약속을 잘 지키고 실수를 하지 않는다면 절차적 프로그래밍으로 개발해도 괜찮습니다. 객체지향 프로그래밍 언어가 나오기 전에는 전문 개발자들도 절차적 프로그래밍 언어로 소프트웨어를 개발했으니까요.

그러나 현대의 소프트웨어는 대부분 규모가 크고 구조가 복잡해서 여러 개발자가 협업해서 만듭니다. 따라서 프로젝트에 참여하는 모든 개발자가 프로그램의 논리 구조를 명확하게 이해하고 있어야 하며 이에 대한 지속적인 학습이 필요합니다. 개인이 아무리 주의하더라도 절차적 프로그래밍 언어가 가진 태생적인 한계와 변화된 개발 환경 면에서 극복하기 어려운 현실적인 부분이 있습니다.

객체지향 프로그래밍을 이용하면 개발자의 실수를 컴파일 단계에서 막을 수 있는 여러 가지 기능을 제공합니다. 따라서 전체 구조를 완벽하게 이해하지 못하더라도 프로그래밍 규칙을 잘 따르면 개발과 유지·보수에 드는 수고를 줄일 수 있습니다.

---

## 3분 퀴즈

다음은 절차적 프로그래밍의 한계를 기술한 것입니다. 빈칸에 알맞은 단어나 개념을 적어 보세요.

> **1** 프로그래밍 대상을 _____ 로(으로) 표현하는 것이 매우 복잡하다.
>
> **2** 프로시저가 가진 논리적 다층 구조를 프로그래밍 내부에서 표현하는 데 _____ 이(가) 있다.
>
> **3** 불필요한 1) _____ 을(를) 호출하거나 2) _____ 을(를) 수정할 수 있다. 이때 프로그램 동작에 치명적인 영향을 줄 수 있다.

[모범 답안]
**1** 논리 구조인 프로시저 **2** 한계 **3** 1) 프로시저 2) 전역 변수

# 06-2 객체지향 프로그래밍

- 객체지향 프로그래밍 개념과 필요성 이해하기
- 객체지향 프로그래밍의 4가지 특징 이해하기

학습
목표

## 객체지향 프로그래밍 개념

객체지향 프로그래밍<sup>object oriented programming, OOP</sup>을 간단하게 설명하면 **객체라는 논리적인 개념으로 코드를 구성**하는 것을 말합니다. 프로그래밍에 객체를 사용하는 가장 큰 이유는 어떤 사물을 코드로 기술하는 데 적합하기 때문입니다. 사물을 객체로 인식하고 표현하는 것은 사람에게 매우 자연스럽고 이해하기 쉬운 방식 중 하나입니다.

> "객체지향 프로그래밍은
> 데이터와 함수를 포함하는 객체를 활용하는 프로그래밍 패러다임이다.
> 다양한 객체 간의 관계를 소스 코드로 구성하여 프로그램을 완성한다."

앞 절에서 살펴본 절차적 프로그래밍은 프로그램이 수행할 기능을 프로시저라는 단위로 쪼개어 문제를 해결하는 **하향식**<sup>top-down</sup> 방법이지만, 객체지향 프로그래밍은 객체라는 논리적인 단위를 먼저 정의한 후에 이를 조합해 프로그램이 수행할 기능을 만드는 **상향식**<sup>bottom-up</sup> 방법입니다.

따라서 객체지향 프로그래밍에서는 데이터(속성)와 함수(기능)를 가진 객체를 먼저 정의하고, 이 객체를 기초로 원하는 실행 흐름을 소스 코드로 작성합니다. 이러한 상향식 접근법은 재활용 관점에서 유용합니다. 이미 만들어진 것을 나눌 때보다 작은 단위로 만들 때 범용성을 더 고려할 수 있기 때문입니다.

상향식과 하향식, 둘의 차이점은 무엇인가요?

하향식은 전체 기능을 모두 파악한 후 이를 잘 구현하기 위해 작은 단위로 나누는 방법입니다. 상향식은 전체 기능을 모두 파악하지 못하더라도 개별적인 단위로 만드는 방법입니다. 하나씩 차곡차곡 쌓아 올리는 레고와 비슷합니다.

하향식은 전체 기능이 변경되면 세부 단위가 재편되므로 변경 사항이 전체에 영향을 미칩니다. 따라서 변화에 대응하기가 어렵죠. 반면에 상향식은 전체 기능과는 독립적인 세부 단위에 집중합니다. 따라서 전체 기능이 변경되더라도 세부 단위를 추가하거나 일부만 변경하면 됩니다.

예를 들어 도시에 행정 구역을 나누는 것은 하향식 접근법이고, 레고 블록을 쌓아 도시를 만든다면 상향식 접근법입니다.

하향식 접근 방법        상향식 접근 방법

## 객체지향 프로그래밍 필요성

객체지향 프로그래밍이 나온 배경은 다음과 같은 요구 사항 때문입니다. 즉, 앞 절에서 살펴본 절차적 프로그래밍의 한계를 극복하는 요구 사항입니다.

- **현실 모델링**: 현실 세계의 사물이 가진 특징과 관계를 표현할 수 있어야 한다.
- **논리적 계층 관계 표현**: 복잡하고 다양한 객체 간의 계층 관계를 표현할 수 있어야 한다.
- **접근 제어**: 불필요한 정보 노출과 접근을 효과적으로 제어할 수 있어야 한다.

이러한 3가지 요구 사항은 객체지향 프로그래밍의 특징과 연결됩니다. 각 요구 사항을 자세히 살펴보겠습니다.

### 객체를 사용한 현실 세계 모델링

현실의 어떤 대상을 코드로 표현하려면 대상을 논리적으로 구조화해야 하는데, 이때 단순화, 일반화하는 과정을 거칩니다. 이 과정을 **추상화**<sup>abstraction</sup>라고 합니다. 하지만 구조화만으로는 현실 세계를 모두 표현할 수 없습니다. 대상이 가진 관계를 표현할 수 있어야 합니다. 앞에서 살펴본 어댑티브 크루즈 컨트롤 기능을 갖춘 자동차를 모델링해 보면서 이 말의 의미를 알아 보겠습니다.

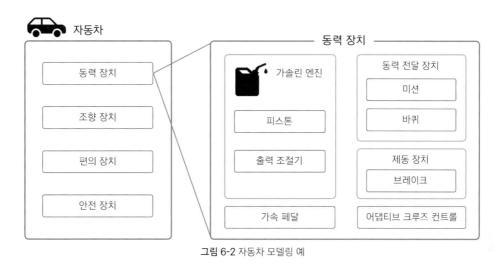

그림 6-2 자동차 모델링 예

이 그림은 자동차의 내부 장치들을 단순화한 것이며, 그중 동력 장치 부분만 좀 더 상세하게 모델링했습니다. 동력 장치는 엔진과 동력 전달 장치, 제동 장치, 가속 페달, 어댑티브 크루즈 컨트롤을 포함하고 있습니다. 이러한 포함 관계를 'has-a'라고 합니다. 이처럼 프로그래밍으로 모델링하는 대상은 논리적인 포함 관계를 가집니다. 한 대상이 다른 대상을 포함하기도 하고 상호 보완하는 관계를 가지기도 합니다.

객체지향 프로그래밍에서는 모델링에 사용된 논리적인 최소 단위를 객체로 만듭니다. 객체를 만들 때는 역할이나 포함 관계뿐만 아니라 사용 관계도 정의해야 합니다.

예를 들어 크루즈 컨트롤은 출력 조절기로 속도를 높이거나 브레이크로 속도를 줄일 수 있습니다. 크루즈 컨트롤이 출력 조절기와 브레이크를 '사용'하는 것이죠.

이처럼 모델링에 사용 관계를 추가하면 실제 동작을 좀 더 세밀하게 표현할 수 있습니다.

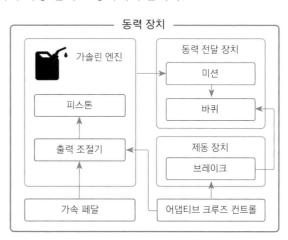

그림 6-3 동력 장치의 사용 관계

## 객체 간에 논리적 계층 관계 표현

비슷한 역할을 하는 객체들을 표현할 때 대표 객체와 파생된 객체로 모델링하면 이해가 훨씬 수월합니다. 동력 장치 모델링에서 엔진을 예로 설명해 보겠습니다.

엔진은 자동차를 움직이게 하는 동력이 무엇인지에 따라 가솔린, 디젤, 가스, 전기 엔진으로 분류할 수 있습니다. 4가지 모두 동력을 만드는 재료만 다를 뿐, 엔진이라는 역할은 같습니다. 따라서 다음 그림처럼 엔진의 계층 관계를 표현할 수 있습니다. 그림에서 '가솔린 엔진은 엔진의 한 종류다'라고 말할 수 있으므로 'is-a' 관계가 성립합니다.

**그림 6-4** 엔진의 계층 관계(is-a 관계는 빈 삼각형을 상위 객체에 붙여서 표기함)

has-a 관계에서는 상호 교환이 성립하지 않습니다. 예를 들어 엔진이 피스톤을 포함한다고 해서 엔진의 역할을 피스톤이 대체할 수는 없습니다. 하지만 가솔린 엔진은 엔진의 역할을 대신할 수 있습니다.

이처럼 is-a 관계에서는 하위 객체가 상위 객체를 대신할 수 있으며 이를 가리켜 '일반화generalization한다'라고 표현합니다. 그리고 객체의 일반화 중에서 상위 객체의 속성을 그대로 물려받아 새로운 객체의 특성을 추가하는 것을 **상속**inheritance이라고 합니다. 상속은 07장에서 자세히 다룹니다.

계층 관계는 여러 계층으로 중첩해서 표현할 수 있습니다. 엔진 계층 관계를 한 단계 더 표현한다면 전기 엔진을 제외하고는 모두 내연기관 엔진으로 분류할 수 있습니다. 내연기관 엔진 역시 엔진의 한 종류입니다. 즉, 엔진의 특성을 내연기관 엔진이 물려받고, 내연기관 엔진의 특성을 가솔린, 디젤, 가스 엔진이 물려받는 상속 관계로 표현할 수 있습니다.

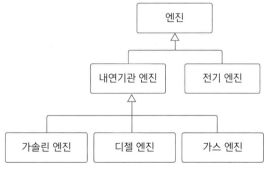

**그림 6-5** 다층 계층 구조로 표현한 엔진의 상속 관계

## 객체 간에 접근 제어

자동차를 가속하기 위해서 가속 페달을 밟거나 전자 제어를 하면 출력 조절기에서 엔진의 출력을 높입니다. 엔진의 출력이 올라가면 피스톤을 움직여 동력을 만들고, 이 동력은 동력 전달 장치로 전달됩니다. 이때 피스톤은 출력 조절기가 직접 구동하는 것이 아니라 엔진 출력이 높아져야(이벤트 발생) 동작합니다. 이는 직접적인 사용 관계가 아닌 **이벤트 사용 관계**라고 할 수 있습니다.

이처럼 피스톤은 출력 조절기에 따라 동작하므로 가속 페달로 직접 조정할 수 없어야 합니다. 바퀴나 변속기 역시 가속 페달로 직접 사용할 수 없도록 막아야 합니다. 이처럼 객체에 접근할 수 있는 권한을 필요에 따라 한정하는 것을 **접근 제어**라고 합니다. 접근 제어를 통해서 불필요한 정보의 노출을 최소화하고 잘못된 접근을 통제할 수 있습니다. 접근 제어는 07장에서 자세히 다룹니다.

동력 장치의 구성 요소에서 사용 관계는 실선으로, 이벤트 사용 관계는 점선으로 표시하고 접근 제어를 함께 표시하면 다음 그림과 같습니다.

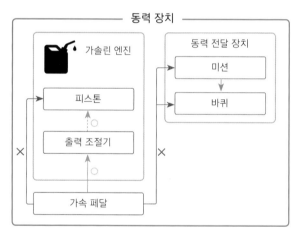

그림 6-6 논리적으로 맞는 접근(○로 표기)과 논리적으로 어긋난 접근(X로 표기)

## 객체지향 프로그래밍의 특징

객체지향 프로그래밍은 '추상화^abstraction', '캡슐화^encapsulation', '상속성^inheritance', '다형성^polymorphism' 등 4가지 특성이 있습니다. 앞에서 모델링했던 엔진 모델을 가지고 객체지향 프로그래밍의 4가지 특성을 알아보겠습니다. 여기서는 각 특성을 간단하게 소개하고 07장에서 코드와 함께 자세히 다루겠습니다.

그림 6-7 객체지향 프로그래밍 4가지 특성

## 추상화

4가지 종류의 엔진을 단순히 구동 방식으로만 분류하면 크게 엔진과 내연기관 엔진이라는 추상화된 대표 객체를 만들 수 있습니다. 가솔린, 디젤, 가스 엔진은 모두 연료를 연소시켜 동력을 얻는 '내연기관'이라는 공통된 특징이 있고, 내연기간 엔진과 전기 엔진은 차량을 구동하는 '엔진'이라는 공통된 특징이 있습니다.

이처럼 현실 세계의 사물을 모델링하여 객체로 만들 때 어떤 부류에서 불필요한 요소는 배제하고 공통된 특징만 추출하는 것을 **추상화**라고 합니다.

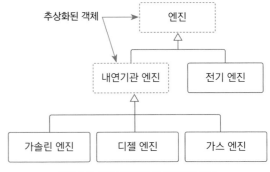

그림 6-8 엔진 모델링에서 추상화된 객체

## 캡슐화

가속 페달은 출력을 높이라는 명령을 엔진에 전달합니다. 이때 가속 페달은 엔진에서 외부에 노출된 함수(그림에서 '출력 조절')를 통해서 명령을 전달하며, 엔진 내부는 가속 페달이 직접 관여하지 않으므로 외부에 노출되지 않도록 감춰야 합니다. 이처럼 복잡한 내부 기능을 묶어 외부에서 불필요한 정보를 감추는 것을 가리켜 **캡슐화**라고 합니다.

다음 그림은 피스톤과 출력 조절기를 캡슐화하여 감추고, 외부에서는 '출력 조절'을 통해 접근할 수 있도록 노출한 모습을 나타냅니다.

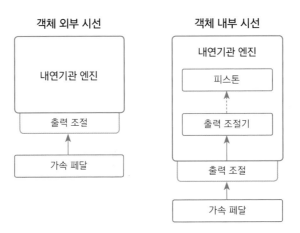

그림 6-9 객체 외부로 노출된 함수와 내부 구조

## 상속성

가솔린 엔진은 내연기관 엔진의 속성을 그대로 상속받아 가솔린 연료를 사용하는 자신만의 특성이 있습니다. 이처럼 부모 객체의 특성을 이어받는 것을 **상속**이라고 합니다. 또 내연기관 엔진은 엔진의 특성을 상속받습니다. 이처럼 상속 관계는 여러 계층으로 구성될 수 있습니다.

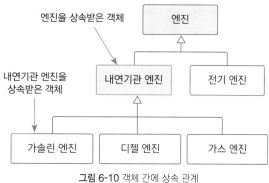

**그림 6-10** 객체 간에 상속 관계

## 다형성

상속받은 객체는 부모 객체의 역할을 대신할 수 있습니다. 이것은 자식이 부모의 기본 특성을 상속받았기 때문에 가능한 일입니다. 예를 들어 내연기관 엔진이 사용되는 자리에 가솔린, 디젤, 가스 엔진을 사용할 수 있다는 의미입니다.

하지만 완전히 똑같다면 대체할 이유가 없겠죠? 상속받은 객체는 자신만의 특성을 반영하여 다르게 동작해야 합니다. 이처럼 상속 관계의 객체에서 같은 기능(함수)이 다르게 동작하는 특성을 **다형성**이라고 합니다.

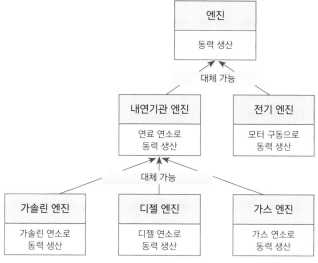

**그림 6-11** 엔진 모델링에서 다형성

**1** 객체지향 프로그래밍을 정의해 보세요.

**2** 객체 간에 상속이나 포함 관계에서 상위, 하위 객체가 교환되는 관계를 1) has-a / is-a라고 하고, 교환이 불가한 포함 관계를 2) has-a / is-a라고 합니다.

**3** 객체의 전체 특징 중 공통된 특징을 추출하여 다양한 객체를 표현할 수 있게 만든 객체지향 프로그래밍의 특징은 _____ 입니다.

**4** 상위 객체와 동일한 함수를 구현하지만 상위 객체와는 다른 방식으로 동작하는 객체지향 프로그래밍의 특징은 _____ 입니다.

---

**[모범 답안]**
**1** 객체지향 프로그래밍은 데이터와 함수를 포함하는 객체를 활용하는 프로그래밍 패러다임입니다. 다양한 객체 간에 관계로 원하는 목적의 소프트웨어 프로그램을 완성합니다.
**2** 1) is-a, 2) has-a
**3** 추상화
**4** 다형성

# 06-3 클래스와 인스턴스

- 객체지향 프로그래밍에서 클래스의 개념을 이해하기
- C++ 클래스와 인스턴스를 선언하는 문법 이해하기

학습
목표

이 장의 마지막으로 클래스에 관해 알아보겠습니다. 클래스는 앞서 알아본 객체지향 프로그래밍을 C++ 문법으로 표현한 것입니다. 클래스는 객체지향 프로그래밍의 핵심이므로 여기서는 클래스가 무엇인지만 간단하게 알아보고 책 전체에 걸쳐서 다양한 개념과 코드를 살펴보겠습니다.

## 클래스란 무엇일까?

앞에서 "객체지향 프로그래밍은 데이터와 함수를 포함하는 객체를 활용하는 프로그래밍 패러다임이며, 다양한 객체 간에 관계를 소스 코드로 구성하여 프로그램을 완성한다"고 했습니다. 여기서 데이터와 함수를 포함하는 논리 단위를 객체$^{object}$라고 하지만 **클래스**$^{class}$라고 하기도 합니다. 이는 '데이터 형식'과 '변수'의 관계와 비교할 수 있습니다.

변수는 값을 저장할 수 있는 공간이고 어떤 형식의 값이 저장되는지 데이터 형식으로 컴파일러에게 알려 줍니다. 여기서 '클래스'는 데이터 형식이고, '객체'는 변수라고 할 수 있습니다. **즉, 클래스는 객체가 포함하는 데이터와 함수를 정의하는 문법적인 요소이고, 객체는 특정 클래스를 사용할 수 있도록 만든 변수입니다.**

클래스를 정의할 때는 객체가 가질 데이터와 함수를 작성합니다. 이때 클래스가 포함하는 데이터를 '멤버 변수', 함수를 '멤버 함수'*라고 합니다. 멤버 변수는 클래스의 속성을, 멤버 함수는 클래스의 행동을 나타냅니다. 그리고 '생성자'와 '소멸자'라는 특별한 함수도 포함할 수 있습니다. 생성자는 객체가 생성될 때, 소멸자는 객체가 소멸할 때 자동으로 호출되는 함수입니다. 생성자와 소멸자는 07장에서 자세히 살펴보겠습니다.

\* 객체지향 프로그래밍에서 멤버 함수를 '메서드(method)'라고도 하지만, 이 책에서는 멤버 함수라고 표현했습니다.

멤버 변수와 멤버 함수를 정의할 때는 public, private 같은 접근 지정자가 필요합니다. 접근 지정자는 접근 범위를 통제하는 역할을 합니다. 자세한 내용은 07장에서 캡슐화를 설명할 때 다루겠습니다.

## 클래스 정의 문법

클래스를 정의하는 문법을 보면 크게 '클래스 선언부'와 '멤버 함수 정의부'로 나눌 수 있습니다. 각 요소를 어떻게 작성하는지 코드를 통해 살펴보겠습니다.

- **클래스 선언부**: 멤버 변수, 멤버 함수, 생성자, 소멸자
- **멤버 함수 정의부**: 멤버 함수 정의

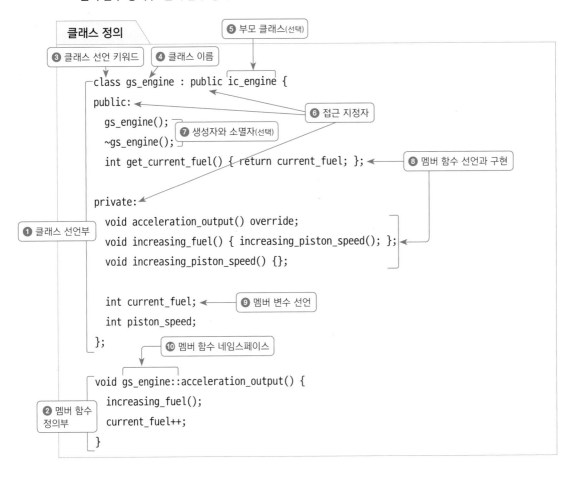

**➊ 클래스 선언부**: 클래스를 선언하는 부분입니다. 멤버 함수 정의를 제외한 클래스와 관련된 모든 것을 이곳에서 선언합니다.

**➋ 멤버 함수 정의부**: 클래스에 선언한 멤버 함수를 정의합니다.

**➌ 클래스 선언 키워드**: 클래스를 선언하는 class 키워드입니다.

**➍ 클래스 이름**: 클래스를 나타내는 이름입니다. 이 클래스의 객체를 만들 때 사용하는 데이터 형식으로 볼 수 있습니다.

**➎ 부모 클래스(선택)**: 클래스가 다른 클래스를 상속받을 때 쌍점(:) 다음에 접근 지정자와 부모 클래스를 지정합니다. 상속받지 않으면 생략합니다.

**➏ 접근 지정자**: 멤버 변수와 함수가 외부에서 접근할 수 있는지를 표시합니다. 접근 지정자 다음에 나오는 멤버 변수와 함수는 해당 접근 제어 설정에 따릅니다.

**➐ 생성자와 소멸자(선택)**: 객체가 생성되거나 소멸할 때 호출되는 함수입니다. 선택적으로 사용할 수 있습니다.

**➑ 멤버 함수 선언과 정의**: 객체에 포함할 멤버 함수를 선언합니다. 간단한 함수는 클래스 선언부에서 중괄호 { }를 이용해 정의하기도 합니다.

**➒ 멤버 변수 선언**: 객체에 포함할 멤버 변수를 선언합니다.

**➓ 멤버 함수 네임스페이스**: 멤버 함수 정의부에서는 해당 함수가 어떤 클래스에 속하는지 알 수 있도록 클래스 이름을 네임스페이스로 사용합니다.

## 객체 선언

앞에서 클래스를 정의하는 방법을 알아보았습니다. 이렇게 정의한 클래스를 사용하려면 **객체**를 선언해야 합니다. 클래스의 객체를 선언하는 방법은 데이터 형식으로 변수를 선언하는 것과 같습니다.

클래스의 객체를 선언하는 방법은 2가지입니다. 클래스를 데이터 형식으로 삼고 객체를 선언하는 방법과 new 키워드를 사용하여 동적으로 메모리를 할당하는 방법입니다. new 키워드로 동적 메모리를 할당한 경우에는 반드시 delete 키워드로 메모리를 해제해 주어야 합니다.

```
// 클래스 정의
class engine { ... (생략) ... };

// 클래스를 데이터 형식처럼 사용하는 방법
engine my_engine;

// 클래스 형식으로 동적 메모리 할당과 해제 방법
engine *my_engine_pointer = new engine();
delete my_engine_pointer;
```

객체를 만들었으면 비로소 클래스의 멤버를 사용할 수 있습니다. 클래스의 멤버를 사용할 때는 다음처럼 객체 이름에 멤버 접근 연산자 점(.)을 사용합니다.

**객체로 클래스의 멤버에 접근**

```
my_engine.current_fuel;                      // 멤버 변수에 접근
my_engine.increasing_piston_speed();  // 멤버 함수 호출
```

객체를 만들고 사용하는 방법은 앞으로 이어질 내용에서 상세하게 다룰 것이므로 여기서는 간략하게 다루었습니다.

## 객체지향 프로그래밍을 적용한 어댑티브 크루즈 컨트롤

앞에서 본 어댑티브 크루즈 컨트롤 코드에 객체지향 프로그래밍을 적용해 보겠습니다. 다음 코드에는 아직 배우지 않은 문법도 포함되어 있습니다. 따라서 세세한 코드보다는 앞에서 배운 내용을 토대로 클래스의 전체 구조와 관계, 접근 제어 등이 어떻게 구성되는지 살펴보기 바랍니다. 각각의 문법은 이후에 자세히 설명하겠습니다.

**Do it! 실습** 어댑티브 크루즈 컨트롤 객체지향 프로그래밍

• ch06/adative_cruise_modeling/adative_cruise_modeling.cpp

```
#include <iostream>
#include <stdlib.h>
#ifdef _WIN32
```

```
#include <Windows.h>
#else
#include <unistd.h>
#endif
#include <cstdlib>

using namespace std;

class accelerator;
const int dummy = 0;

class engine {
private:
  virtual void acceleration_output() = 0;
  virtual void reduce_output() = 0;
  friend class accelerator;
};

class ic_engine : public engine {
private:
  virtual void acceleration_output() = 0;
  virtual void reduce_output() = 0;
};

class gs_engine : public ic_engine {
private:
  void acceleration_output() override { increasing_fuel(); };
  void reduce_output() override { decreasing_fuel(); };
  void increasing_fuel() { increasing_piston_speed(); };
  void decreasing_fuel() { decreasing_piston_speed(); };
  void increasing_piston_speed() { cout << "increasing_piston_speed" << endl; };
  void decreasing_piston_speed() { cout << "decreasing_piston_speed" << endl; };
};

class elec_engine : public engine {
private:
  void acceleration_output() override { increasing_motor_speed(); };
  void reduce_output() override { decreasing_motor_speed(); };
  void increasing_motor_speed() { cout << "increasing_motor_speed" << endl; };
  void decreasing_motor_speed() { cout << "decreasing_motro_speed" << endl; };
};
```

```cpp
class break_system {
public:
  void pushing_break(accelerator &accelerator_obj);
};

class accelerator {
public:
  accelerator(engine &engine) : my_engine(engine){};
  void acceleration_output() { my_engine.acceleration_output(); };
  void set_engine(engine &engine) { my_engine = engine; };

private:
  engine &my_engine;

  void reduce_output();
  friend void break_system::pushing_break(accelerator &accelerator_obj);
};

void break_system::pushing_break(accelerator &accelerator_obj) {
  accelerator_obj.reduce_output();
}

void accelerator::reduce_output() {
  my_engine.reduce_output();
}

class sensor {
public:
  int inquiring_range() { return dummy; };
  int inquiring_current_speed() { return dummy; };
};

class cruise_controller {
public:
  cruise_controller(sensor &sensor, accelerator &accelerator, break_system &
                    break_system)
      : my_sensor(sensor),
        my_accelerator(accelerator),
        my_break_system(break_system) {
    acceleration_adjusting_period = 1;
    user_target_speed = 0;
```

```cpp
      keep_cruise = false;
  };

  void do_cruise();
  void stop_cruise() { keep_cruise = false; };
  void set_target_speed(int speed) { user_target_speed = speed; };

private:
  int calculating_fit_speed(int range, int original_target_speed) { return dummy; };
  void acceleration_adjusting(int target_speed, int current_speed);

  sensor &my_sensor;
  accelerator &my_accelerator;
  break_system &my_break_system;

  int user_target_speed;
  int acceleration_adjusting_period;
  bool keep_cruise;
};

void cruise_controller::do_cruise() {
  int range = dummy, current_speed = dummy;
  keep_cruise = true;

  while (keep_cruise) {
    range = my_sensor.inquiring_range();
    current_speed = my_sensor.inquiring_current_speed();
    acceleration_adjusting(calculating_fit_speed(range, current_speed),
                           user_target_speed);
#ifdef _WIN32
    Sleep(acceleration_adjusting_period);
#else
    sleep(acceleration_adjusting_period / 1000);
#endif
    keep_cruise = false;
  }
}

void cruise_controller::acceleration_adjusting(int current_speed, int target_speed) {
  if (target_speed == current_speed) {
    return;
```

```
  }
  if (target_speed > current_speed) {
    my_accelerator.acceleration_output();
    return;
  }
  my_break_system.pushing_break(my_accelerator);
}

class car {
public:
  car(engine &engine, sensor &sensor, break_system &break_system, accelerator&
      accelerator, cruise_controller &cruise_controller)
    : my_engine(engine),
      my_sensor(sensor),
      my_break_system(break_system),
      my_accelerator(accelerator),
      my_cruise_controller(cruise_controller){};
  void do_cruise();
  void stop();

private:
  engine &my_engine;
  sensor &my_sensor;
  break_system &my_break_system;
  accelerator &my_accelerator;
  cruise_controller &my_cruise_controller;
};

void car::stop() {
  my_break_system.pushing_break(my_accelerator);
}

void car::do_cruise() {
  my_cruise_controller.set_target_speed(100);
  my_cruise_controller.do_cruise();
}

int main(int argc, char* *argv) {
  gs_engine my_engine;
  sensor my_sensor;
  break_system my_break_system;
```

```
    accelerator my_accelerator(my_engine);
    cruise_controller my_cruise_controller(my_sensor, my_accelerator,
                                 my_break_system);
    car my_car(my_engine, my_sensor, my_break_system, my_accelerator,
            my_cruise_controller);
    my_car.do_cruise();
    return 0;
}
```

main 함수를 보면 자동차 부품을 각각 객체로 만들었습니다. 그리고 car 클래스의 생성자를 통해서 이들의 관계를 '포함' 또는 '사용'으로 연결했습니다. 이를 클래스 다이어그램*으로 표현하면 다음과 같습니다.

\* 클래스 다이어그램(class diagram)은 클래스의 구조를 이해하고 설계할 때 사용되며, 객체지향 프로그래밍에서 클래스 간에 관계를 시각적으로 표현하는 데 유용합니다.

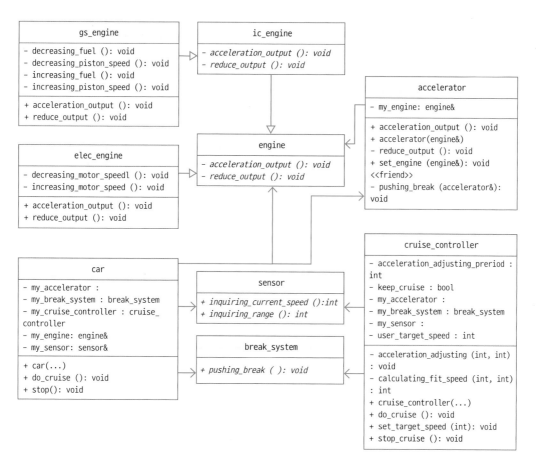

**그림 6-12** 어댑티브 크루즈 컨트롤 클래스 다이어그램

engine 클래스는 모든 엔진의 최상위 클래스입니다. acceleration_output 함수가 호출되면 자식 클래스에 적합한 동력이 생성됩니다. acceleration_output 함수는 해당 클래스와 자식 클래스에서만 접근할 수 있고 다른 클래스에서는 호출할 수 없습니다. 하지만 가속 페달을 통해서 해당 함수를 호출해야 하므로 가속 페달 클래스와 프렌드(friend) 관계를 맺어 함수에 접근할 수 있도록 했습니다. 이러한 문법들은 모두 07장에서 자세하게 다룹니다.

그리고 절차적 프로그래밍 코드의 main 함수에 있던 흐름 코드가 cruise_controller 클래스에 포함됐습니다.

**3분 퀴즈**

**1** 클래스란 무엇일까요? 정의해 보세요.

**2** 객체와 클래스의 차이를 설명해 보세요. 그리고 객체와 클래스는 몇 대 몇 관계일까요?

**3** 앞서 본 [어댑티브 크루즈 컨트롤 객체지향 프로그래밍] 예에서 수소 엔진을 추가해 보세요. 상속 관계도 포함되어야 합니다.

[모범 답안]
**1** 클래스는 객체가 포함하는 데이터와 함수를 정의하는 문법적인 요소입니다.
**2** 객체는 클래스를 사용할 수 있도록 만든 변수입니다. 객체와 클래스는 다대일 관계입니다.
**3** ic_engine 또는 gs_engine을 상속받습니다. 다음 코드에서는 ic_engine을 상속받았습니다.

```
class hydrogen_engine : public ic_engine {
private:
  void acceleration_output() override { increasing_hydro(); };
  void reduce_output() override { decreasing_hydro(); };
  void increasing_hydro() { increasing_piston_speed(); };
  void decreasing_hydro() { decreasing_piston_speed(); };
  void increasing_piston_speed() { cout << "increasing_piston_speed" << endl; };
  void decreasing_piston_speed() { cout << "decreasing_piston_speed" << endl; };
};
```

이번 장에서는 객체지향 프로그래밍 개념과 4가지 특징인 추상화, 캡슐화, 상속성, 다형성에 관해 간단히 정리해 보았습니다. 그리고 4가지 특징을 C++로 표현할 수 있는 클래스도 알아봤습니다. 되새김 문제를 풀며 이번 장에서 배운 내용을 정리해 보세요.

**문제 1** 객체지향 프로그래밍 이외 프로그래밍 패러다임

비구조적 프로그래밍과 절차적 프로그래밍의 장·단점을 비교하고 각 패러다임을 대표하는 언어가 무엇인지 기술해 보세요.

**문제 2** 객체 관계 'is-a', 'has-a'

객체 간에 'is-a', 'has-a' 관계를 잘 생각하면서 진공 청소기의 부품과 다양한 진공 청소기(무선, 유선 등)를 설계해서 클래스 다이어그램으로 표현해 보세요.

**문제 3** 다형성 이해하기

다형성을 적용할 수 있는 클래스 예를 3개 만들고 어떤 기능에 다형성을 적용할지 정해 보세요.

**문제 4** 객체지향 설계 #1

[문제2]에서 설계한 진공 청소기 최상위 부모 클래스를 문법에 맞게 C++로 작성해 보세요.

**문제 5** 객체지향 설계 #2

'is-a', 'has-a'와 객체 간에 접근 제어를 고민해서 주변의 특정 대상을 객체로 모델링해 보세요.

• 모범 답안 위치: github.com/mystous/DoItCPP/tree/main/exercise/ch06

# 07

# 객체지향 프로그래밍 특징

객체지향 프로그래밍의 4가지 특징은 추상화, 캡슐화, 상속성, 다형성입니다.
이 특징들은 C++ 언어를 비롯해 스위프트(Swift), 코틀린(Kotlin), 자바
(Java), C#처럼 객체지향 프로그래밍 언어라면 공통으로 적용됩니다. 이번
장에서는 객체지향 프로그래밍의 특징을 코드와 함께 살펴보겠습니다.

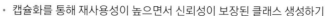 

# 07-1 추상화와 캡슐화

## 추상화란 무엇일까?

미술에서 추상화는 표현해야 할 대상을 점, 선, 면과 같은 단순한 요소로 표현하는 것을 의미합니다. 객체지향 프로그래밍에서 추상화도 비슷합니다. 복잡한 자료, 모듈, 시스템 등으로부터 핵심 개념이나 기능을 간추리는 것을 말합니다. 즉, **추상화**abstraction**는 공통된 특징은 추출하고 불필요한 부분은 제거하여 코드를 간결하고 이해하기 쉽게 만드는 작업입니다.**

추상화가 객체지향 프로그래밍에서 가장 중요한 이유는 클래스를 만드는 과정과 밀접한 관계가 있기 때문입니다. 클래스는 표현하고자 하는 대상의 공통 특징을 속성과 기능으로 구분하여 멤버 변수와 멤버 함수로 만든 것입니다. 대상을 추상화하여 클래스로 만들면 코드의 불필요한 부분을 줄이고 범용성과 재사용성을 높이는 장점이 있습니다.

## 공통 특징 추출하기

추상화는 대상의 공통된 특징을 추출하는 데서 시작합니다. 예를 들어 자동차는 용도에 따라 엔진 종류, 바퀴 개수, 크기 등에는 차이가 있지만, '바퀴와 엔진이 있고 사람이나 짐을 싣고 이동할 수 있다'는 공통된 특징이 있습니다.

그림 7-1 자동차의 공통 특징

추상화는 이처럼 어떤 대상이 속한 집단에서 공통된 특징을 추출하여 정의하는 과정입니다. 그리고 추상화한 내용을 바탕으로 클래스를 만들 수 있습니다. 엔진과 바퀴라는 멤버 변수 2개와 사람 태우기, 짐 싣기, 이동하기라는 멤버 함수 3개로 추상화한 자동차 클래스를 다이어그램으로 표현하면 다음과 같습니다.

| 자동차 클래스 |
| --- |
| 엔진 |
| 바퀴 |
| 사람을 태운다<br>짐을 싣는다<br>이동한다 |

## 불필요한 요소 제거하기

불필요한 요소를 제거하는 것도 추상화의 한 과정입니다. 이번엔 병원 운영 애플리케이션을 만든다고 가정해 보죠. 병원 운영 애플리케이션에는 고객의 이름, 주소, 휴대폰 번호 등과 같은 정보가 필요합니다. 반면에 직업, 취미, 특기, 좋아하는 음식 같은 정보는 필요하지 않을 수 있습니다. 이처럼 불필요한 정보를 제거하는 것도 추상화라고 할 수 있습니다.

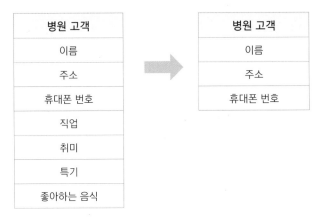

그림 7-2 불필요한 정보 제거하기

정리하면 추상화란 그가 속한 집단에서 개별적인 특징은 빼고 대표하는 특징만 뽑아서 정의하는 과정입니다.

## 캡슐화란 무엇일까?

객체지향 프로그래밍의 두 번째 특징으로 **캡슐화**encapsulation를 알아보겠습니다. 캡슐화는 변수와 함수를 클래스로 감싸서 외부에서는 개별적으로 접근할 수 없도록 하나로 묶어서 관리하는 것을 의미합니다. 즉, 캡슐화는 클래스 밖에서 내부의 멤버에 접근할 수 없도록 정보를 은닉화hiding합니다.

이처럼 정보를 클래스로 캡슐화하면 외부에서는 내부의 세세한 로직을 알 필요가 없으며 혹시 로직이 변경되더라도 외부에 영향을 주지 않습니다. 따라서 복잡도는 낮아지고 재사용성은 높아집니다.

### 은닉화와 접근 지정자

은행 입출금 과정을 예로 설명해 보겠습니다. 다음 그림은 은행의 금고가 고객에게 직접 노출된 상태를 나타냅니다. 고객이 은행에 방문하여 금고까지 직접 들어가 입출금 할 수 있는 상태를 상상하면 됩니다. 은행에서 가장 중요한 금고가 이처럼 아무나 접근할 수 있도록 노출되어 있다면 누가 봐도 위험한 상태입니다. 은행의 가장 중요한 자산인 금고는 아무나 접근할수 없도록 숨겨야 합니다.

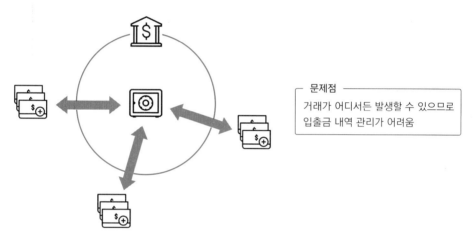

그림 7-3 고객이 금고에 직접 접근

클래스로 캡슐화한 멤버 변수나 멤버 함수도 마찬가지입니다. 여러 클래스를 만들어서 사용할 때 클래스끼리 변수나 함수에 마음대로 접근하면 의도하지 않은 오류가 발생할 수 있습니다. 이런 문제를 해결하는 방법이 은닉화입니다.

C++에서는 은닉화를 위해 다음과 같은 **접근 지정자**<sup>access specifier</sup>를 제공합니다. 클래스의 멤버를 선언할 때는 접근 지정자를 지정해야 하며, 만약 지정하지 않으면 private으로 선언됩니다. 참고로 C++에서는 구조체도 멤버 함수를 포함할 수 있습니다. 구조체의 기본 접근 지정자는 클래스와 다르게 public으로 선언됩니다.

표 7-1 접근 지정자

| 접근 지정자 | 설명 |
| --- | --- |
| private | 클래스 내의 멤버 함수에서만 접근 가능 |
| public | 다른 클래스 어디서든 접근 가능 |
| protected | 클래스 내의 멤버 함수나 상속 관계의 클래스에서 접근 가능 |

private으로 선언한 멤버는 같은 클래스 안의 멤버 함수에서만 접근할 수 있습니다. 그리고 public으로 선언한 멤버는 다른 클래스 어디서든 접근할 수 있습니다. 외부로 노출해야 하는 멤버를 공유하는 접근 지정자입니다. 마지막으로 protected로 선언한 멤버는 같은 클래스 내의 멤버 함수나 상속 관계의 클래스에서 접근할 수 있습니다. 아직 상속을 다루지 않았으므로 07장에서 상속을 다룰 때 다시 설명하겠습니다.

**궁금해요!** 아무 곳에서나 접근하면 안 되는 변수에 주석을 달아 주의하면 안 되나요? 서로 약속만 잘 지키면 접근 지정자가 필요 없어 보이는데요?

개발 규칙을 정하고 지키는 일은 매우 어렵습니다. 소스 코드를 작성하는 단계에서 주의하는 것은 개발자의 역량이지만 인간은 누구나 실수를 하므로 안전이 보장되지는 않습니다. 컴파일 단계에서 잘못된 사용을 확인할 수 있어야 프로그램의 문제로 이어지지 않죠. 접근 지정자는 컴파일 단계에서 접근 권한을 통제할 수 있게 해줍니다.

앞에서 살펴본 은행에서 창구 직원을 고용해 public으로 지정하고, 금고는 private으로 지정하면 어떨까요? 고객은 은행의 창구를 통해서만 금고에 접근할 수 있게 됩니다.

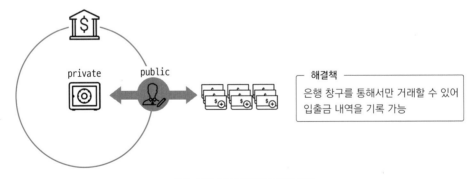

그림 7-4 창구를 통해서만 금고에 접근

'금고'라는 멤버 변수와 '창구'라는 멤버 함수를 하나로 묶으면서(캡슐화) 금고를 감추었습니다(은닉화). 이렇게 하면 창구 직원이 금고에 접근하는 방법이나 금고의 종류가 바뀌더라도 '고객은 창구를 통해 금고에 접근한다'라는 사실은 변하지 않습니다. 즉, 고객은 내부에서 입출금이 어떻게 이뤄지는지 알 필요가 없습니다.

이처럼 은닉화를 통해 캡슐화를 적용하면 여러 사람이 프로젝트를 진행할 때에 중요한 정보는 숨겨서 코드 변경으로 인한 오류를 예방할 수 있습니다.

## 접근 지정자 적용하기

이제 앞에서 살펴본 내용을 코드로 작성해 보겠습니다. 먼저 bank라는 클래스를 다이어그램으로 표현해 보면 다음과 같습니다. 참고로 클래스 다이어그램에서 멤버 앞에 − 기호는 private 멤버를 의미하며, + 기호는 public 멤버를 의미합니다.

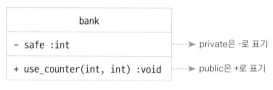

금고를 나타내는 멤버 변수 safe는 private으로 지정했고, 창구를 나타내는 멤버 함수 use_counter는 public으로 지정했습니다. 그리고 use_counter 함수는 입금액과 출금액을 매개변수로 받아서 금고에서 가감하도록 구현할 수 있습니다.

이렇게 설계한 클래스 다이어그램을 바탕으로 코드를 작성해 보면 다음과 같습니다.

---

**Do it! 실습** bank 클래스 정의하기

• ch07/bank/bank.cpp

```cpp
#include <iostream>

using namespace std;

class bank {
private:
  int safe;      // 금고

public:
  bank();        // 기본 생성자
  void use_counter(int _in, int _out);   // 입출금 창구 함수
};
```

```
bank::bank() {
  safe = 1000;      // 은행 금고 초기 금액 설정
  cout << "최초 금고 : " << safe << endl;
  cout << endl;
}

void bank::use_counter(int _in, int _out) {
  safe += _in;      // 입금
  safe -= _out;     // 출금

  cout << "입금 : " << _in << endl;
  cout << "출금 : " << _out << endl;
  cout << "금고 : " << safe << endl;
  cout << endl;
}

int main() {
  bank my_bank;     // my_bank 인스턴스 생성

  my_bank.use_counter(0, 20);      // 출금 20
  my_bank.use_counter(50, 0);      // 입금 50
  my_bank.use_counter(100, 50);    // 입금 100, 출금 50

  return 0;
}
```

**실행 결과**

```
최초 금고 : 1000

입금 : 0
출금 : 20
금고 : 980

입금 : 50
출금 : 0
금고 : 1030

입금 : 100
출금 : 50
금고 : 1080
```

main 함수에서 첫 줄에 있는 bank my_bank 코드는 '**인스턴스**<sup>instance</sup>'를 생성하는 코드입니다. 인스턴스는 클래스가 메모리에 할당되어 생성된 변수를 말합니다. 앞 장에서 배운 객체와 같습니다. 객체라는 용어는 논리적인 개념으로 사용될 때가 많고 메모리에 생성된 객체를 말할 때는 '인스턴스'라는 용어를 사용합니다.

클래스, 객체, 인스턴스를 다음처럼 정리해 볼 수 있습니다.

- **객체(object)**: 논리적 개념으로 클래스로 구현하고자 하는 구현 대상, 또는 인스턴스를 달리 부를 때 사용
- **클래스(class)**: 객체를 구현하기 위한 설계도
- **인스턴스(instance)**: 클래스 정의에 따라 메모리에 실체화된 객체의 형태

main 함수에서 첫 줄에 있는 bank my_bank 코드는 bank 클래스를 사용할 수 있는 인스턴스를 1개 만들어 my_bank라는 이름을 붙인 것입니다. 따라서 이후 코드에서 my_bank라는 이름으로 bank 클래스의 멤버 함수인 use_counter를 호출할 수 있습니다.

그런데 만약 bank 클래스에서 private으로 선언된 멤버(예에서는 safe)를 main 함수에서 바로 접근하면 어떻게 될까요?

**Do it! 실습** private으로 선언된 멤버에 접근하기

• ch07/bank_access_error/bank_access_error.cpp

```cpp
#include <iostream>
using namespace std;

class bank {
private:
  int safe;     // 금고
  ... (생략) ...
}
int main() {
  bank my_bank;
  my_bank.safe -= 100;    // private으로 지정된 금고에 직접 접근하여 인출 시도
  return 0;
}
```

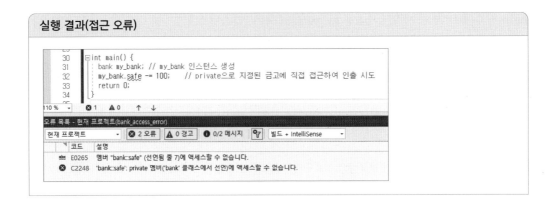

```
30   int main() {
31       bank my_bank; // my_bank 인스턴스 생성
32       my_bank.safe -= 100;    // private으로 지정된 금고에 직접 접근하여 인출 시도
33       return 0;
34   }
```

110 %    ⊗ 1   ▲ 0   ↑   ↓

오류 목록 - 현재 프로젝트(bank_access_error)

현재 프로젝트        ▾   ⊗ 2 오류   ▲ 0 경고   ⓘ 0/2 메시지   ❓▾   빌드 + IntelliSense   ▾

| | 코드 | 설명 |
| --- | --- | --- |
| ⊗ | E0265 | 멤버 "bank::safe" (선언됨 줄 7)에 액세스할 수 없습니다. |
| ⊗ | C2248 | 'bank::safe': private 멤버('bank' 클래스에서 선언)에 액세스할 수 없습니다. |

이 코드는 문법 오류가 발생합니다. 오류 메시지를 보면* bank 클래스의 safe 멤버 변수가 private 접근 지정자로 선언되었다고 알려 줍니다.

\* 컴파일 오류 메시지를 무서워하지 마세요. 앞으로 수많은 컴파일 오류를 만나고 수정하는 작업에 익숙해져야 합니다.

## 추상화와 캡슐화를 이용한 클래스 설계

앞에서 살펴본 추상화와 캡슐화를 이용해 게임 속 몬스터를 클래스로 만들어 보면서 개념을 다시 한번 정리해 보겠습니다. 게임 속 몬스터가 다음과 같은 규칙으로 움직인다고 가정해 보겠습니다.

1) 몬스터는 체력과 공격력이 있다.

2) 몬스터는 데미지를 입으면 체력을 소모한다.

3) 몬스터는 공격할 수 있다.

4) 몬스터는 특수 공격을 할 수 있다.

5) 몬스터의 종류에 따라 공격력과 특수 공격은 다양하다.

그림 7-5 몬스터 추상화

은닉화까지 고려하여 캡슐화한 몬스터를 클래스 다이어그램으로 표현하면 다음과 같습니다.

```
              monster
─────────────────────────────────
- hp :int
- power :int
─────────────────────────────────
+ get_damage(int) :void
+ attack(Player) :void
+ attack_special(Player) :void
```

앞에서 소개한 몬스터의 특징 가운데 1~4번 항목까지 만족하는 기본 몬스터 클래스를 설계했습니다. 마지막 5번 항목인 '몬스터의 종류에 따라 다른 요소' 부분은 어떻게 설계해야 할까요? 상속성과 다형성을 이용해 다음처럼 클래스 다이어그램으로 표현할 수 있습니다. 해당 부분은 다음 절에서 자세하게 다루기로 하고 여기서는 기본 몬스터 클래스가 범용으로 정의되었는지만 미리 살펴봅시다.

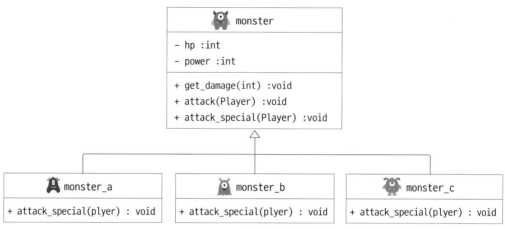

그림 7-6 상속성과 다형성을 반영한 몬스터 클래스 다이어그램

이렇게 설계한 클래스 다이어그램을 바탕으로 몬스터 클래스를 코드로 구현해 보겠습니다. 아직 배우지 않은 문법들도 있지만 여기서는 맛보기로 훑어봅시다. 자세한 설명은 이어지는 절에서 차례로 다루겠습니다. 이 책에서 기본으로 활용하는 코드이므로 전체 구조를 기억해 두기 바랍니다.

---

**Do it! 실습** 몬스터 클래스 정의하기

• ch07/monster_class/monster_class.cpp

```cpp
#include <iostream>
using namespace std;

// 캐릭터 클래스
class character {
public:
  character() : hp(100), power(100){};

protected:
  int hp;
```

```cpp
    int power;
};

// 플레이어 클래스
class player : public character {
public:
  player(){};
};

// 기본 몬스터 클래스
class monster {
public:
  monster(){};
  void get_damage(int _damage){};
  void attack(player target_player){};
  void attack_special(player target_player);
};

void monster::attack_special(player target_player) {
  cout << "기본 공격 : 데미지 - 10 hp" << endl;
}

// 기본 몬스터 클래스 상속
class monster_a : public monster, character {
public:
  // 상속받은 함수 오버라이딩
  void attack_special(player target_player);
};

void monster_a::attack_special(player target_player) {
  cout << "인텡글 공격 : 데미지 - 15 hp" << endl;
}

// 기본 몬스터 클래스 상속
class monster_b : public monster, character {
public:
  // 상속받은 함수 오버라이딩
  void attack_special(player target_player);
```

```
};

void monster_b::attack_special(player target_player) {
  cout << "가상 공격 : 데미지 - 0 hp" << endl;
}

// 기본 몬스터 클래스 상속
class monster_c : public monster, character {
public:
  // 상속받은 함수 오버라이딩
  void attack_special(player target_player);
};

void monster_c::attack_special(player target_player) {
  cout << "강력 뇌전 공격 : 데미지 - 100 hp" << endl;
}

int main()
{
  player player_1;

  monster_a forest_monster;
  monster_b tutorial_monster;
  monster_c boss_monster;

  cout << "몬스터 총 공격" << endl;
  forest_monster.attack_special(player_1);
  tutorial_monster.attack_special(player_1);
  boss_monster.attack_special(player_1);

  return 0;
}
```

**실행 결과**

몬스터 총 공격
인텡글  공격 : 데미지 - 15 hp
가상 공격 : 데미지 - 0 hp
강력 뇌전 공격 : 데미지 - 100 hp

**1** 객체지향 프로그래밍에서 캡슐화를 통해 얻을 수 있는 장점은 무엇일까요?

**2** C++에서 접근 지정자의 종류는 무엇이 있나요?

1) p_____    2) p_____    3) p_____ d

**3** 추상화는 다양한 분야에서 사용되고 의미도 조금씩 다릅니다. C++에서 추상화는 어떤 의미일까요?

[모범 답안]

**1** 속성과 행위를 하나로 묶어서 관리함으로써 복잡도를 낮춰주고 수정하기가 쉽습니다.

**2** 1) private, 2) public 3) protected

**3** C++에서 추상화는 공통된 특징은 추출하고 불필요한 부분은 제거하여 코드를 간결하고 이해하기 쉽게 만드는 작업입니다.

# 07-2 상속성과 다형성

- 상속성 이해와 자식 클래스 만들기
- 다형성 이해와 자식 클래스에 다형성 적용하기

학습
목표

## 상속성이란 무엇일까?

상속은 클래스를 만들 때 다른 클래스의 멤버를 물려받는 것입니다. 즉, 상속성이란 다양한 특성으로 추상화하고 캡슐화한 클래스를 확장하고 변형하는 방법입니다. 이때 상속받은 클래스를 자식 클래스[child class], 파생 클래스[derived class] 혹은 하위 클래스[sub class]라고 합니다. 반대로 상속해 주는 클래스를 부모 클래스[parent class], 기본 클래스[base class] 혹은 슈퍼 클래스[super class]라고 합니다. 이 책에서는 '**부모 클래스**'와 '**자식 클래스**'라고 하겠습니다.

## 부모 속성 상속받기

앞에서 모델링한 몬스터는 체력과 공격력이 있고 데미지를 입으면 체력을 소모하며 기본 공격과 특수 공격을 할 수 있습니다. 그런데 몬스터가 여러 종류이고 저마다 특수 공격만 다르다고 생각해 보겠습니다. 먼저 몬스터 종류마다 다른 클래스로 만들 수 있습니다. 그런데 이렇게 하면 몬스터 종류가 추가될 때마다 공통된 특징을 정의하는 코드가 중복됩니다.

그러나 상속을 이용하면 모든 몬스터가 공통으로 가지는 특징은 부모 클래스로 만들고, 이를 상속받아 특수 공격만 다른 자식 몬스터 클래스를 만들 수 있습니다. 이렇게 하면 코드를 중복하지 않아도 되며 특수 공격만 다른 다양한 몬스터를 쉽게 만들 수 있습니다.

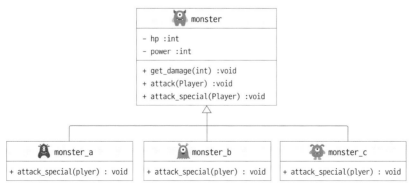

**그림 7-7** 몬스터 클래스를 상속받은 자식 몬스터 클래스

이처럼 상속을 이용하면 공통된 특징은 부모 클래스의 멤버를 사용하고 자식 클래스에서는 고유한 특징만 별도로 정의해서 사용할 수 있습니다. 따라서 부모 클래스는 각 멤버를 일반화하여 범용으로 설계하고, 자식 클래스에서는 개별적이거나 특수한 멤버를 가지도록 설계합니다.

## 부모 클래스를 대신할 수 있는 자식 클래스

상속에는 중요한 특징이 한 가지 있습니다. **자식 클래스는 부모 클래스를 대체할 수 있습니다.** 즉, 부모 클래스를 자식 클래스로 치환<sup>substitution</sup>할 수 있어야 합니다. 그러려면 부모가 가진 속성과 기능을 변경해서는 안 됩니다. 프로그래밍 문법적으로 이야기하면 부모가 외부로 노출한 함수의 시그니처<sup>*</sup>를 그대로 상속해야 합니다.

> \* 함수의 시그니처(signature)란 함수의 이름, 매개변수 구성, 반환 형식을 아우르는 말입니다.

부모 클래스를 자식 클래스로 치환한다는 것은 단순히 형식만 같은 것이 아니라 부모 클래스의 모든 제약 사항과 동작 방식을 그대로 유지한다는 뜻입니다. 이를 '리스코프 치환 원칙'이라고 하며 「09-4」절에서 다시 설명합니다. 지금은 자식 클래스는 어떠한 위치에서도 부모 클래스를 대체할 수 있어야 한다는 특징으로 알면 됩니다.

## 단일 상속과 다중 상속

상속은 이미 구현된 클래스를 재사용할 수 있는 좋은 방법입니다. 클래스를 상속받을 때 부모 클래스를 하나만 지정하면 **단일 상속**<sup>single inheritance</sup>이라고 합니다. 앞 절에서 작성한 몬스터 소스 코드(monster_class.cpp)에서 플레이어는 캐릭터 클래스 하나만 상속받습니다.

**단일 상속**

```
class character {
public:
  character() : hp(100), power(100){};

protected:
  int hp;
  int power;
};

// 단일 상속
class player : public character {
public:
  player(){};
};
```

그런데 클래스를 만들다 보면 한 번에 여러 가지 속성과 기능을 상속받아야 할 때도 있습니다. 앞에서 예로 든 게임 속 캐릭터들은 체력과 힘을 속성으로 가지는데, 이는 몬스터와 플레이어 모두에 공통된 속성입니다. 하지만 몬스터에는 공격이라는 기능이 있습니다. 플레이어와 몬스터는 캐릭터라는 특성은 공유하지만, 공격이라는 특성은 몬스터만 가지고 있습니다.

이처럼 다른 종류의 클래스를 둘 이상 상속받는 것을 **다중 상속**<sup>multiple inheritance</sup>이라고 합니다. 몬스터 소스 코드에서 다중 상속 부분을 보면 쉽게 이해할 수 있습니다. 게임 플레이어는 캐릭터 클래스만 상속받지만, 몬스터 A, B, C는 캐릭터 클래스와 몬스터 클래스를 모두 상속받습니다.

**다중 상속**

```cpp
#include <iostream>
using namespace std;

class character {
public:
  character() : hp(100), power(100){};

protected:
  int hp;
  int power;
};

class player : public character {
public:
  player(){};
};

class monster {
public:
  monster(){};
  void get_damage(int _damage){};
  void attack(player target_player){};
  void attack_special(player target_player);
};

// 다중 상속
class monster_a : public monster, character {
```

```
public:
  // 상속받은 함수 오버라이딩
 void attack_special(player target_player);
};
```

다중 상속을 지정할 때 클래스 이름 앞에 접근 지정자를 생략하면 private으로 상속받습니다. 따라서 코드에서 monster_a는 monster 클래스를 public으로 상속받지만, character 클래스는 private으로 상속받습니다.

다중 상속을 클래스 다이어그램으로 표현하면 다음과 같습니다.

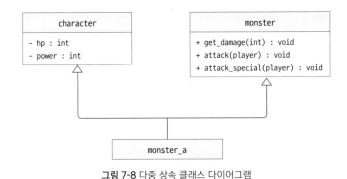

그림 7-8 다중 상속 클래스 다이어그램

다중 상속

다중 상속을 구현할 때는 상속받을 부모 클래스를 나열합니다. 주의 할 점은 상속 접근 지정자를 명시하지 않으면 private으로 지정된다는 것입니다. 다음 예에서 monster는 public으로 상속받고, character는 private으로 상속받습니다. 만약 모두 public으로 상속받으려면 각 클래스에 접근 지정자를 붙여야 합니다.

```
class monster_a : public monster, character {

// 접근 지정자
public:
  // 상속받은 함수 구현
 void attack_special(player target_player);
};
```

## 다형성이란 무엇일까?

다형성<sup>polymorphism</sup>은 상속받은 클래스들이 부모와 다른 다양한 특성을 가지는 것을 말합니다. 객체지향 프로그래밍을 설명하면서 살펴본 엔진의 예를 다시 생각해 볼까요? 자동차 엔진은 연료를 소모하여 발생한 운동 에너지를 바퀴로 전달합니다. 가솔린과 디젤, 가스, 전기 엔진은 연료만 다를 뿐 엔진이라는 사실은 변함이 없습니다.

**그림 7-9** 다양한 엔진의 상속 관계

이처럼 상위 개념(부모 클래스)의 역할을 대신할 수 있으면서 각자의 고유한 특징으로 동작하는 것이 다형성입니다. 새로운 연료를 사용하는 엔진이 만들어지거나 연료를 사용하지 않고 동력을 생산하는 다른 방식이 생기더라도 엔진이라는 형식이 변경되지 않는 한 다형성으로 수용할 수 있습니다.

다형성은 앞으로 만들 새로운 기능을 예상할 수는 없지만, 꼭 해야 할 역할이나 기능을 호출하는 방식은 고정하여 실현할 수 있습니다. 다형성을 적용하면 새로운 기능이 추가될 때 호출하는 소스 코드는 변경하지 않고, 새로운 클래스를 정의하는 것만으로 기능을 확장할 수 있습니다.

## 다형성을 활용한 유지·보수성 향상

다형성은 하위 호환성<sup>backward compatibility</sup>을 처리할 때도 사용됩니다. 하위 호환성이란, 예를 들어 새로운 버전(v2.0)의 소프트웨어가 이전 버전(v1.0)에서 생성한 파일을 읽을 수 있는 것을 말합니다. 하위 버전 호환성을 구현하는 방법은 다양하지만 다형성을 이용하면 유연하고 유지·보수가 편리한 코드로 구현할 수 있습니다.

예를 들어 파일을 읽고 처리하는 부분의 코드를 보겠습니다.

```
... (생략) ...
file_reader_original *reader = nullptr;   // 파일 리더 포인터 선언

reader = file_reader_original::get_reader_instance();   // 파일 리더 인스턴스 생성
if (nullptr != reader) {
  reader->read_contents();   // 파일 읽기
  delete reader;             // 파일 리더 소멸
}

return 0;
... (생략) ...
```

이 코드에서는 파일의 버전에 따른 영향이 전혀 없습니다. 만약 새로운 버전을 구현한 클래스가 추가되더라도 해당 클래스를 대상으로 유연하게 동작합니다. get_reader_instance()로 파일 리더기를 반환받아 read_contents()로 파일을 읽고 해석합니다. 반환된 클래스는 파일 버전과 일치하는 클래스이며, read_contents()는 버전에 적합하게 정의된 멤버 함수가 동작합니다.

get_reader_instance()는 정적(static) 멤버 함수입니다. 파일 리더기를 생성해서 반환하는 역할은 모든 파일 읽기 인스턴스에서 할 필요가 없기 때문입니다. 인스턴스 생성을 별도의 클래스로 분리하는 것이 더 좋은 설계지만*, 지금은 부모 클래스의 정적 멤버 함수로 구현했습니다.

* 이러한 설계 방식을 팩토리 패턴(factory pattern)이라고 합니다. 인스턴스를 생성하는 별도의 팩토리 클래스를 도입하여 인스턴스 생성을 캡슐화합니다. 이렇게 하면 유연성을 높이고 인스턴스가 생성되는 방식을 쉽게 변경할 수 있습니다.

```
... (생략) ...
file_reader_original *file_reader_original::get_reader_instance() {
  file_reader_original *reader = nullptr;

  switch (file_reader_original::read_header()) {   // 파일 헤더를 읽어 버전 확인
  case 1:
    reader = new file_reader_v0100();   // v1.0으로 파일 리더기 생성
```

```
      break;
   case 2:
   default:
     reader = new file_reader_v0200();    // v2.0으로 파일 리더기 생성
     break;
   }


   return reader;
}
... (생략) ...
```

함수를 보면 먼저 파일 헤더에서 버전을 확인합니다. 파일 버전에 따라서 v1.0 파일 리더기 `file_reader_v0100` 또는 v2.0 파일 리더기 `file_reader_v0200`을 사용합니다. 파일 읽기 인스턴스는 별도의 클래스로 생성하는데, 두 클래스는 모두 `file_reader_original`을 상속받았으므로 `file_reader_original` 포인터로 반환합니다.

이후에 새로운 버전을 개발하면 신규 클래스를 생성하고 파일 리더기를 반환하는 부분의 코드만 수정하면 계속 확장할 수 있습니다. 이처럼 객체지향 프로그래밍의 다형성을 활용하면 소프트웨어의 버전이 바뀌어도 주요 로직은 수정할 필요가 없어 유연성이 높아지고 유지·보수가 편리해집니다.

### 함수 재정의하기 — 오버라이딩

객체지향 프로그래밍에서 다형성을 구현하려면 함수의 **오버라이딩**<sup>overriding</sup>을 이용해야 합니다. 부모 클래스로부터 상속받은 함수는 자식 클래스에서 부모 클래스에 정의된 내용을 그대로 사용합니다. 하지만 다형성을 구현하려면 함수의 시그니처는 그대로 유지하면서 다르게 정의해야 합니다.

**시그니처는 그대로 유지하면서 부모 클래스에 정의된 함수를 자식 클래스에서 재정의하는 것을 오버라이딩이라고 합니다.**

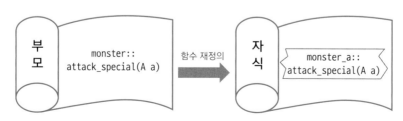

그림 7-10 멤버 함수의 오버라이딩

몬스터 클래스를 다시 살펴보겠습니다. 몬스터 A, B, C는 attack_special(player)라는 함수를 각 클래스에서 재정의했습니다. 부모 클래스의 attack_special(player) 함수를 몬스터 A, B, C 클래스에서 오버라이딩한 것입니다.

오버라이딩 함수는 네임스페이스를 통해서 부모 클래스의 정의를 사용할 수 있습니다. 다음 코드를 실행하면 오버라이딩 함수는 자식 클래스에서 재정의한 함수가 호출되며, 네임스페이스를 사용하면 해당 범위에 속한 함수가 호출됩니다.

**Do it! 실습** 오버라이딩 함수 호출과 네임스페이스 활용

• ch07/monster_class_override/monster_class_override.cpp

```cpp
#include <iostream>
using namespace std;

... (생략) ...          클래스 선언부는 앞 절에서
                        monster_class.cpp 파일의
                        코드를 참고하세요.
int main()
{
  player player_1;

  monster_a forest_monster;
  monster_b tutorial_monster;
  monster_c boss_monster;

  cout << "오버라이딩 공격" << endl;
  forest_monster.attack_special(player_1);
  tutorial_monster.attack_special(player_1);     오버라이딩 함수 호출
  boss_monster.attack_special(player_1);

  cout <<  endl << "기본(monster 클래스) 공격" << endl;
  forest_monster.monster::attack_special(player_1);
  tutorial_monster.monster::attack_special(player_1);     네임스페이스에 속한 함수 호출
  boss_monster.monster::attack_special(player_1);

  return 0;
}
```

오버라이딩 공격
인텡글 공격 : 데미지 - 15 hp
가상 공격 : 데미지 - 0 hp
강력 뇌전 공격 : 데미지 - 100 hp

기본(monster 클래스) 공격
기본 공격 : 데미지 - 10 hp
기본 공격 : 데미지 - 10 hp
기본 공격 : 데미지 - 10 hp

그런데 만약 자식 클래스를 부모 클래스의 레퍼런스로 접근하면 어떤 함수가 호출될까요? 결론부터 말하면 부모 클래스에 정의된 함수가 호출됩니다.

예를 들어 monster_a 클래스의 인스턴스인 forest_monster를 monster 클래스의 레퍼런스와 monster_a 클래스의 레퍼런스 변수에 각각 대입한 후 호출하는 예를 보겠습니다. 실행 결과를 보면 각각 참조하는 클래스에 정의된 함수가 호출되는 것을 확인할 수 있습니다.

**Do it! 실습** 부모와 자식 클래스 레퍼런스로 참조했을 때 호출 변화

• ch07/monster_reference_call/monster_reference_call.cpp

```cpp
#include <iostream>
using namespace std;

... (생략) ...
int main()
{
  player player_1;
  monster_a forest_monster;

  monster &mon = forest_monster;        // 부모 클래스의 레퍼런스에 대입
  monster_a &mon_a = forest_monster;    // 자식 클래스의 레퍼런스에 대입

  cout << endl << "부모 클래스 레퍼런스로 공격" << endl;
  mon.attack_special(player_1);

  cout << endl << "자식 클래스 레퍼런스로 공격" << endl;
  mon_a.attack_special(player_1);

  return 0;
}
```

## 가상 함수를 활용한 함수 오버라이딩

그런데 코드에서 forest_monster는 monster_a 클래스의 인스턴스이므로 부모 클래스인 monster를 참조하더라도 자신의 오버라이딩 함수가 호출돼야 합니다. 즉, 앞의 코드에서 mon.attack_special 함수를 호출해도 monster_a 클래스에 오버라이딩된 함수(인텡글 공격 데미지 출력)가 호출돼야 합니다. 그래야지만 자식마다 다양한 특성을 지니는 다형성이 적용되었다고 할 수 있습니다.

이때는 **가상 함수**<sup>virtual function*</sup>를 활용합니다. 멤버 함수의 이름 앞에 virtual이라는 키워드로 선언하면 가상 함수가 됩니다. 그리고 자식 클래스에서 가상 함수를 오버라이딩하면 런타임 때에 올바른 버전의 함수가 호출됩니다.

\* 가상 함수와 오버라이딩에 대한 자세한 설명은 「08-2」절을 참고하기 바랍니다.

즉, 부모 클래스를 참조하더라도 객체에서 가장 마지막에 오버라이딩된 함수를 호출합니다. 그리고 상위 클래스에 정의된 함수를 호출해야 할 때는 네임스페이스를 활용하면 됩니다.

**Do it! 실습** 가상 함수를 활용한 오버라이딩 호출 변화

• ch07/monster_virtual_function/monster_virtual_function.cpp

```cpp
#include <iostream>
using namespace std;

... (생략) ...

class monster {
public:
  monster(){};
  void get_damage(int _damage){};
  void attack(player target_player){};
  virtual void attack_special(player target_player);    // 가상 함수 선언
};
```

```cpp
void monster::attack_special(player target_player) {
  cout << "기본 공격 : 데미지 - 10 hp" << endl;
}


class monster_a : public monster, character {
public:
  // 가상 함수 오버라이드 선언
  virtual void attack_special(player target_player) override;
};

// 가상 함수 오버라이딩
void monster_a::attack_special(player target_player) {
  cout << "인텡글 공격 : 데미지 - 15 hp" << endl;
}

class monster_b : public monster, character {
public:
  virtual void attack_special(player target_player) override;
};

void monster_b::attack_special(player target_player) {
  cout << "가상 공격 : 데미지 - 0 hp" << endl;
}

class monster_c : public monster, character {
public:
  virtual void attack_special(player target_player) override;
};

void monster_c::attack_special(player target_player) {
  cout << "강력 뇌전 공격 : 데미지 - 100 hp" << endl;
}

int main() {
  player player_1;
  monster_a forest_monster;

  monster &mon = forest_monster;        // 부모 클래스의 레퍼런스에 대입
  monster_a &mon_a = forest_monster;    // 자식 클래스의 레퍼런스에 대입

  cout << endl << "부모 클래스 레퍼런스로 공격" << endl;
```

```
    mon.attack_special(player_1);

    cout << endl << "자식 클래스 레퍼런스로 공격" << endl;
    mon_a.attack_special(player_1);

    cout << endl << "네임스페이스 활용 공격" << endl;
    mon_a.monster::attack_special(player_1);

    return 0;
}
```

---

**실행 결과**

부모 클래스 레퍼런스로 공격

인텡글 공격 : 데미지 - 15 hp  ◀——  가상 함수로 인해 부모를
참조해도 자식의 오버라이
딩 함수가 호출됨

자식 클래스 레퍼런스로 공격

인텡글 공격 : 데미지 - 15 hp

네임스페이스 활용 공격

기본 공격 : 데미지 - 10 hp

---

### 오버라이딩과 오버로딩

같은 시그니처로 자식 클래스에서 함수를 재정의하는 것을 '오버라이딩'이라고 합니다. 그리고 함수 이름만 같고 매개변수 구성이 다른 함수를 만드는 것을 오버로딩이라고 합니다. 오버로딩은 「07-5」절에서 자세히 다룹니다. 오버라이딩 함수는 네임스페이스로 원본 함수를 선택해서 호출하지만, 오버로딩 함수는 호출 인자에 따라서 알맞은 함수가 호출됩니다.

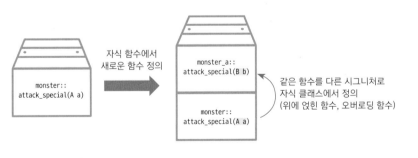

# 객체지향 프로그래밍 특징 정리

지금까지 객체지향 프로그래밍의 4가지 특징인 추상화, 캡슐화, 상속성, 다형성을 공부했습니다. 정리하는 의미에서 표로 정리했습니다.

**표 7-2** 객체지향 프로그래밍의 4가지 특징 요약

| | |
|---|---|
| **추상화** | 여러 개의 복잡한 자료, 모듈, 시스템 등으로부터 공통된 핵심 개념이나 기능으로 간추리는 것을 말합니다. 불필요한 부분은 제거하고 공통된 특징을 추출하여 클래스를 간결하게 만들어 이해하기 쉽게 만드는 작업입니다. |
| **캡슐화** | 클래스의 구체적인 동작을 외부로 노출하지 않도록 감추는 것입니다. 멤버 변수와 멤버 함수를 낱개로 외부에서 사용할 수 있게 하는 것이 아니라 일련의 과정 하나로 묶어서 관리하는 것입니다. 캡슐화를 잘 활용하면 프로그램의 복잡도는 낮아지고 재사용성은 높아집니다. |
| **상속성** | 부모 클래스의 데이터(속성)와 함수(기능)를 자식 클래스가 물려받아 확장하는 것입니다. 상속을 통해서 논리적인 포함 관계와 공통의 특징을 더 명확하게 모델링할 수 있습니다. |
| **다형성** | 하나의 클래스가 다양한 형태의 속성과 기능을 할 수 있음을 나타냅니다. 부모 클래스에서 정의한 함수를 자식 클래스에서 재정의한 후 부모 클래스처럼 사용할 수 있습니다. 이를 통해서 기능이 확장, 변경되어도 소스 코드 변경을 최소화할 수 있습니다. |

이러한 특징을 잘 활용하면 확장성과 유지·보수성이 뛰어난 프로그램을 만들 수 있습니다. 즉, 변경 사항이 생겼을 때 소스 코드를 쉽고 빠르게 변경할 수 있는 장점이 생깁니다. 그리고 수정하거나 추가한 내용이 이전 코드에 영향을 주는 부작용이 발생하지도 않습니다. 이처럼 필요한 부분만 추가하더라도 변경 사항을 잘 적용할 수 있는 것을 "확장에는 열려 있고, 수정에는 닫혀 있다"고 표현합니다. 이 내용은 09장에서 객체지향 설계 원칙을 다룰 때 다시 한번 알아보겠습니다.

## 3분 퀴즈

**1** 객체지향 프로그래밍에서 상속성이 무엇이고 왜 중요할까요?

**2** 다형성 구현을 위해서 C++에서 사용하는 문법이나 기법은 무엇일까요?

**3** 가상 함수를 사용하지 않고 오버라이딩하면 어떤 문제가 발생하나요?

[모범 답안]
**1** 부모 클래스의 속성과 기능을 이어받아서 확장하는 것이 상속성입니다. 클래스를 설계하고 재활용하는 핵심 개념입니다.
**2** 가상 함수를 사용한 함수의 오버라이딩
**3** 자식 클래스를 부모 클래스의 포인터로 접근하면 자식 클래스의 오버라이딩된 함수가 아닌 부모 클래스의 함수가 호출됩니다.

# 07-3 생성자와 소멸자

이번에는 객체를 생성하고 소멸할 때 추가 작업을 할 수 있는 생성자와 소멸자를 살펴보겠습니다. 생성자와 소멸자는 객체를 생성하고 소멸할 때 강제로 호출하게 해서 실수를 방지하거나 다른 개발자가 사용할 때도 반드시 처리해야 할 일들을 알 수 있게 합니다.

## 생성자

객체가 생성될 때마다 객체 내부나 외부에 초기화해야 할 속성들이 있습니다. 초기화하는 작업은 별도의 함수로 만들어 객체 생성 후에 호출하면 됩니다. 하지만 프로그램에는 많은 객체가 사용되는데 객체를 생성할 때마다 초기화 함수를 별도로 호출해야 한다면 개발자가 놓칠 수 있습니다. 이때 생성자를 사용합니다.

생성자constructor는 **객체가 생성된 직후에 자동으로 호출되는 함수**입니다. 이러한 특징을 이용해 생성자에서 속성을 초기화하는 등 객체를 사용할 준비를 합니다.

생성자 함수는 클래스와 같은 이름으로 선언합니다.

| 생성자 선언 |
| --- |
| 클래스_이름() |

다음은 character 클래스의 생성자를 정의한 코드입니다. main 함수에서 character 클래스로 player라는 객체를 생성할 때 character() 생성자가 자동으로 호출됩니다. 코드에서는 생성자 호출을 알려 주는 메시지를 출력했지만, 주로 멤버 변수를 초기화하는 코드를 작성합니다.

• ch07/basic_constructor/basic_constructor.cpp

```cpp
#include <iostream>
using namespace std;

class character {
public:
  character() {
    cout << "character 클래스 생성자" << endl;
  };
};

int main() {
  character player;
  return 0;
}
```

실행 결과

```
character 클래스 생성자
```

## 상속 클래스의 생성자 호출 순서

상속성과 다형성을 배울 때 살펴본 몬스터 코드에서 monster_a 클래스는 monster와 character 클래스를 다중 상속받습니다. 이때 각 클래스의 생성자는 monster_a(), monster(), character() 입니다.

그럼 monster_a 클래스의 객체가 생성될 때 어떤 생성자가 호출될까요? 정답은 세 클래스의 생성자가 모두 호출됩니다. 호출 순서는 상속받은 순서대로 부모의 생성자가 먼저 호출되고 나서 자식의 생성자가 호출됩니다.

• ch07/inheritance_constructor/inheritance_constructor.cpp

```cpp
#include <iostream>
using namespace std;
```

```
class character {
public:
  character() {
    cout << "character 클래스 생성자" << endl;
  };
};

class monster {
public:
  monster() {
    cout << "monster 클래스 생성자" << endl;
  };
};

class monster_a : public monster, character {
public:
  monster_a() {
    cout << "monster_a 클래스 생성자" << endl;
  };
};

int main() {
  monster_a forest_monster;
  return 0;
}
```

**실행 결과**

```
monster 클래스 생성자
character 클래스 생성자
monster_a 클래스 생성자
```

## 값을 전달받는 생성자

객체를 생성할 때 특정 값을 전달할 수 있습니다. 예를 들어 화면에서 몬스터 A가 나타날 위치를 멤버 변수(실습에서는 location[2])로 만들고 객체를 생성할 때 해당 위치를 입력받는 생성자를 생각해 보겠습니다.

이때는 생성자에 매개변수를 추가하면 됩니다. 그러면 객체를 생성할 때 전달한 인자의 종류에 따라 알맞은 생성자가 자동으로 호출됩니다. 만약 기본 생성자는 생략하고 매개변수가 있는 생성자만 작성했을 때는 객체를 생성할 때 반드시 인자를 전달해야 합니다.

---

### Do it! 실습  값을 전달받는 생성자

• ch07/constructor_with_parameter/constructor_with_parameter.cpp

```cpp
#include <iostream>
using namespace std;

... (생략) ...
class monster_a : public monster, character {
public:
  monster_a() {
    cout << "monster_a 클래스 생성자" << endl;
  };

  monster_a(int x, int y) : location{x, y} {
    cout << "monster_a 클래스 생성자 (매개변수 추가)" << endl;
  };

  void show_location() {
    cout << "위치(" << location[0] << " , " << location[1] << ")" << endl;
  };

private:
  int location[2];
};

int main() {
  monster_a forest_monster;                // 기본 생성자 호출
  forest_monster.show_location();
  monster_a wood_monster(10, 25);          // 매개변수가 있는 생성자 호출
  wood_monster.show_location();

  return 0;
}
```

> '초기화 목록'이라고 하며 매개변수로 전달받은 값으로 멤버 변수를 초기화합니다.

```
monster 클래스 생성자
character 클래스 생성자
monster_a 클래스 생성자
위치(-858993460 , -858993460)
monster 클래스 생성자
character 클래스 생성자
monster_a 클래스 생성자 (매개변수 추가)
위치(10 , 25)
```

실행 결과를 보면 값을 전달하지 않고 생성한 forest_monster 객체는 매개변수가 없는 기본 생성자가 호출됩니다. 이때는 location 배열이 초기화되지 않아 쓰레기 값<sup>garbage value</sup>이 출력됩니다. 그런데 값을 전달하면서 생성한 wood_monster 객체는 매개변수가 있는 생성자가 호출됩니다. 이때는 location 배열이 객체를 생성할 때 전달한 값(예에서는 10과 25)으로 초기화되어 위치가 정상으로 출력됩니다.

요약하면 값을 전달하는 생성자를 사용하면 기본 생성자는 실행되지 않습니다. 다른 매개변수를 가지는 생성자를 여럿 만들 수 있지만, 객체를 생성할 때 입력된 인자에 맞는 생성자만 호출됩니다.

### 생성자에서 다른 생성자 호출

생성자에서 다른 생성자를 호출해야 할 수 있습니다. 예를 들어 앞의 코드에서 기본 생성자를 호출하면 위치를 10, 10으로 설정한다고 가정해 보겠습니다. 기본 생성자에서 매개변수가 있는 생성자를 호출해 보겠습니다.

**Do it! 실습** 생성자에서 다른 생성자 호출하기

• ch07/call_on_constructor/call_on_constructor.cpp

```cpp
#include <iostream>
using namespace std;

... (생략) ...
class monster_a : public monster, character {
public:
  monster_a() {
```

```
      cout << "monster_a 클래스 생성자" << endl;
      monster_a(10, 10); ←───[ 생성자에서 다른 생성자 호출 ]
   };

   monster_a(int x, int y) : location{x, y} {
      cout << "monster_a 클래스 생성자 (매개변수 추가)" << endl;
   };

   void show_location() {
      cout << "위치(" << location[0] << " , " << location[1] << ")" << endl;
   };

private:
   int location[2];
};

int main() {
   monster_a forest_monster;
   forest_monster.show_location();

   return 0;
}
```

**실행 결과**

```
monster 클래스 생성자
character 클래스 생성자
monster_a 클래스 생성자
monster 클래스 생성자
character 클래스 생성자
monster_a 클래스 생성자 (매개변수 추가)
위치(-858993460 , -858993460)
```

위치가 10, 10으로 설정될 것으로 생각했는데 실행 결과를 보면 쓰레기 값이 출력됩니다. 그리고 객체는 forest_monster 하나만 생성했는데, 생성자는 부모 클래스는 물론 기본과 매개변수가 있는 생성자가 모두 호출되었습니다.

이러한 현상은 객체를 생성해서 지역 변수에 저장하지 않았기 때문에 발생합니다. 기본 생성자가 호출되는 객체 생성 코드를 보면 monster_a forest_monster처럼 작성했습니다. 이 코드는 monster_a 클래스의 객체를 생성해 forest_monster라는 지역 변수에 대입합니다.

그런데 생성자에서 다른 생성자를 호출하는 코드를 보면 monster_a(10, 10)처럼 생성한 객체를 대입할 지역 변수 이름이 빠졌습니다. 즉, 이름이 없는 객체가 됩니다. 생성자에서 다른 생성자를 호출하는 것이 의도였지만, 실제로는 기본 생성자 내부에서 이름이 없는 객체가 생성되었다가 소멸합니다.

그렇다면 생성자에서 다른 생성자를 어떻게 호출할까요? C++11부터는 초기화 목록에서 다른 생성자를 호출할 수 있게 변경되었습니다. 초기화 목록은 바로 다음 단락에서 다루기로 하고 먼저 수정한 코드를 확인해 보겠습니다. 다른 생성자를 호출하는 코드를 생성자의 초기화 목록으로 옮겼습니다. 이렇게 하면 의도한 대로 생성자가 호출됩니다.

---

**Do it! 실습** 생성자 직접 호출하기

• ch07/initialization_constructor/initialization_constructor.cpp

```cpp
#include <iostream>
using namespace std;

... (생략) ...
class monster_a : public monster, character {
public:
  monster_a() : monster_a(10, 10) {          초기화 목록으로 다른 생성자 호출
    cout << "monster_a 클래스 생성자" << endl;
  };

  monster_a(int x, int y) : location{x, y} {
    cout << "monster_a 클래스 생성자 (매개변수 추가)" << endl;
  };

  void show_location() {
    cout << "위치(" << location[0] << " , " << location[1] << ")" << endl;
  };

private:
  int location[2];
};
```

```
int main() {
  monster_a forest_monster;
  forest_monster.show_location();

  return 0;
}
```

**실행 결과**

```
monster 클래스 생성자
character 클래스 생성자
monster_a 클래스 생성자 (매개변수 추가)
monster_a 클래스 생성자
위치(10 , 10)
```

## 멤버 변수 초기화

클래스는 멤버 변수를 여러 개 가질 수 있습니다. 어떤 멤버 변수는 객체가 생성되고 나서 여러 동작 중에 값이 정해지기도 하고, 클래스가 생성될 때 값을 정해야 하기도 합니다*. 그리고 문법적으로 반드시 초기화해야 하는 멤버 변수도 있습니다.

> \* 클래스의 멤버 변수는 멤버 함수의 실행 중에 값이 정해지더라도 초깃값을 설정하는 것이 오류 방지에 도움이 됩니다.

객체가 생성될 때 초기화가 필요한 멤버 변수는 생성자를 이용합니다. 특별히 레퍼런스 멤버 변수와 상수 멤버 변수는 생성자에서 반드시 초기화해야 하며, 정적 멤버 변수는 전역 범위에서 초기화해야 합니다. 멤버 변수 종류별로 초기화 방법을 살펴보겠습니다.

### 일반 멤버 변수 초기화

일반 멤버 변수는 생성자에서 일반적인 대입 연산(=)으로 초기화하는 방법과 생성자 선언 뒤쪽에 초기화 목록을 이용하는 방법이 있습니다. 초기화 목록을 이용할 때는 대입 연산이 아닌 **직접 초기화**<sup>direct initialization</sup> 구문을 사용합니다.

**초기화 목록과 대입 연산을 이용한 초기화**

```
monster_b() : monster_type("일반") {    // 초기화 목록 이용(직접 초기화)
  difficult_level = 10;               // 대입 연산 이용(복사 초기화)
};
```

대입 연산은 데이터가 복사되므로 **복사 초기화**<sup>copy initialization</sup>라고 합니다. 대입 연산은 메모리 공간이 추가로 필요하고 복사가 일어나므로 성능에 미세한 차이가 있습니다. 일반 변수는 큰 차이가 없지만 클래스 변수는 직접 초기화(초기화 목록 이용)와 복사 초기화(본문에서 대입 연산) 사이에 차이가 존재합니다.

### 레퍼런스 멤버 변수와 상수 멤버 변수 초기화

클래스의 멤버가 아니더라도 레퍼런스 변수와 상수 변수는 선언과 동시에 값이 정해져야 합니다. 레퍼런스 변수에는 참조할 변수나 객체를 지정해야 하고 상수 변수에는 값을 지정해야 합니다. 따라서 클래스의 멤버로 선언한 레퍼런스 변수와 상수 변수는 객체를 생성할 때 자동으로 호출되는 생성자에서 초기화 목록이나 본문의 대입 연산을 통해 반드시 초기화해야 합니다. 상수 멤버 변수는 선언과 동시에 값을 지정해 주어도 됩니다.

### 정적 멤버 변수 초기화

함수에서 정적 변수를 사용하면 선언과 동시에 값을 지정해야 합니다. 함수는 메모리에 한 번 할당되고 사용 범위가 함수로 한정되므로 선언과 동시에 값을 지정하면 됩니다.

하지만 클래스에 선언한 정적 멤버 변수는 조금 다릅니다. 왜냐하면 클래스 멤버 변수를 static으로 선언하면 해당 클래스로 생성하는 모든 객체에서 참조할 수 있기 때문입니다. 객체가 언제 어디서 생성될지 사전에 알 수 없으므로 프로그램이 구동되는 시점에 값이 지정되어야 합니다. 즉, **클래스에 선언한 정적 변수는 전역 범위에서 초기화**해야 합니다.

예를 들어 다음 그림은 monster_b 클래스에 정적 변수로 선언한 total_count를 여러 곳에서 접근하는 모습을 보여 줍니다.

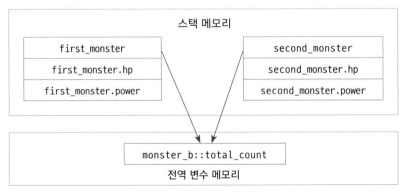

그림 7-11 정적 멤버 변수에 접근하는 객체들

정적 멤버 변수는 전역 범위에서 초기화되므로 어떤 클래스에 속한 멤버인지 알 수 있도록 네임스페이스를 추가해 줍니다.

---

**정적 멤버 변수 초기화**

```
클래스_이름::정적_멤버_변수 = 값;    // 클래스 범위 밖의 전역에서 초기화
```

---

이처럼 정적 멤버 변수는 전역 범위 어디에서나 초기화할 수 있지만, 가독성을 위해서 클래스가 선언된 소스 파일의 최상단이나 클래스 선언부 밑에 작성하는 편이 좋습니다. 참고로 헤더 파일에는 정적 멤버 변수를 초기화하는 코드를 작성할 수 없습니다. 헤더 파일은 여러 곳에서 포함할 수 있어서 중복 초기화가 발생할 수 있기 때문입니다.

---

**문법 요약**   멤버 변수 초기화

```
class monster_b : public monster, character {
public:
  monster_b(player &attack_target)
    : monster_type("일반"),          // ❶ 직접 초기화
    location{0, 0},                  // ❷ 유니폼 초기화
    unique_id(++total_count),        // ❸ 상수 변수 초기화
    target(attack_target) {          // ❹ 레퍼런스 변수 초기화
    difficult_level = 10;            // ❺ 복사 초기화
    quiz = new char[1024];           // ❻ 동적 메모리 할당
  };

private:
  string monster_type;               // ❼ 멤버 변수 목록
  int location[2];
  static int total_count;
  const int unique_id;
  player &target;
  int difficult_level;
  char *quiz;
};

int monster_b::total_count = 0;      // ❽ 정적 변수 초기화
```

❶ **직접 초기화**: 멤버 변수에 값을 직접 대입하는 방법이다. 초기화 목록에서는 초깃값을 소괄호로 감싼다.

❷ **유니폼 초기화**: 배열 형태의 멤버 변수를 초기화하는 방법이다. 생성자 정의부에서도 똑같은 형태로 초기화할 수 있다. 많은 원소를 가진 배열 형태의 멤버 변수 초기화에 유용하다.

❸ **상수 멤버 변수 초기화**: 상수 멤버 변수는 변경할 수 없으므로 객체 생성과 동시에 값이 정해져야 한다. 따라서 초기화 목록에서 초기화해야 한다.

❹ **레퍼런스 멤버 변수 초기화**: 레퍼런스 멤버 변수는 변경할 수 없으므로 객체 생성과 동시에 값이 정해져야 한다. 따라서 초기화 목록에서 초기화해야 한다.

❺ **복사 초기화**: 정의부에서 멤버 변수에 값을 직접 대입한다.

❻ **동적 메모리 할당**: 포인터 변수의 메모리는 필요에 따라 생성자에서 초기화할 수 있다.

❼ **멤버 변수 목록**: 초기화할 멤버 변수 목록이다.

❽ **정적 멤버 변수 초기화**: 정적 멤버 변수는 프로그램 시작과 동시에 값이 지정돼야 하므로 전역 범위에서 초기화한다.

## 복사 생성자

이번에는 복사 생성자에 관해 알아보겠습니다. 복사 생성자란 객체가 복사될 때 자동으로 호출되는 함수를 의미합니다. 먼저 monster_b 클래스의 객체를 2개 생성하는 코드를 살펴보겠습니다. monster_b는 수수께끼를 내는 몬스터입니다.

**Do it! 실습**  같은 클래스의 객체를 2개 생성

• ch07/initialize_member_variables/initialize_member_variables.cpp

```cpp
#include <iostream>
#include <string>
using namespace std;

... (생략) ...
class monster_b : public monster, character {
public:
  monster_b(player &attack_target)
    : monster_type("일반"),
    location{0, 0},
    unique_id(++total_count),
    target(attack_target) {
    difficult_level = 10;
    quiz = new char[1024];
  };
```

```cpp
  ~monster_b() {      // 객체가 소멸할 때 자동으로 호출되는 소멸자(다음 단락에서 다룸)
    delete[]quiz;
    total_count--;
  };

  void set_quiz(const char *new_quiz) { strcpy_s(quiz, 1024, new_quiz); };
  void set_type(string type) { monster_type = type; };
  void set_difficult_level(int level) { difficult_level = level; };
  void set_location(int x, int y) { location[0] = x; location[1] = y; };
  char *get_quiz() { return quiz;  };
  string get_type() { return monster_type; };
  int get_difficult_level() { return difficult_level; };
  int get_x_location() { return location[0]; };
  int get_y_location() { return location[1]; };

private:
  string monster_type;
  int location[2];
  static int total_count;
  const int unique_id;
  player &target;
  int difficult_level;
  char *quiz;
};

int monster_b::total_count = 0;   // 정적 변수 초기화

int main() {
  player first_player;
  monster_b first_mon(first_player);
  first_mon.set_quiz("아침에 네 발, 점심에는 두 발, 저녁에는 두 발인 것은?");
  first_mon.set_difficult_level(100);
  first_mon.set_type("수수께끼 몬스터");
  first_mon.set_location(30, 30);

  monster_b second_mon(first_player);
  second_mon.set_quiz("문이 뒤집어 지면 무엇이 될까?");
  second_mon.set_location(45, 50);
```

```
cout << "[" << first_mon.get_x_location() << " , " << first_mon.get_y_location()
    << "] 첫 번째 몬스터(" << first_mon.get_type() << " - "
    << first_mon.get_difficult_level()
    << ")가 내는 수수께끼 : " << first_mon.get_quiz() << endl;
cout << "[" << second_mon.get_x_location() << " , " << second_mon.get_y_location()
    << "] 두 번째 몬스터(" << second_mon.get_type() << " - "
    << second_mon.get_difficult_level()
    << ")가 내는 수수께끼 : " << second_mon.get_quiz() << endl;

return 0;
}
```

**실행 결과**

[30, 30] 첫 번째 몬스터(수수께끼 몬스터 - 100)가 내는 수수께끼 : 아침에 네 발, 점심에는 두 발,
저녁에는 두 발인 것은?
[45, 50] 두 번째 몬스터(일반 - 10)가 내는 수수께끼 : 문이 뒤집어 지면 무엇이 될까?

이제 second_mon 몬스터의 타입과 난이도를 first_mon 몬스터와 똑같이 설정하고 싶습니다.
first_mon 몬스터처럼 모든 설정 함수를 호출할 수도 있지만, monster_b second_mon = first_
mon처럼 객체를 생성할 때 똑같은 클래스로 생성한 기존 객체를 대입하는 방법도 있습니다.
그러면 멤버 변수들이 그대로 복사되므로 수수께끼와 몬스터 위치만 다르게 설정해 주면 됩
니다.

객체를 대입하는 방법으로 main 함수의 소스 코드를 변경하고 실행해 봅시다.

**Do it! 실습** 객체를 대입하여 생성

• ch07/shallow_copy_constructor/shallow_copy_constructor.cpp

```
#include <iostream>
using namespace std;

... (생략) ...
int main() {
  player first_player;
  monster_b first_mon(first_player);
```

```
first_mon.set_quiz("아침에 네 발, 점심에는 두 발, 저녁에는 두 발인 것은?");
first_mon.set_difficult_level(100);
first_mon.set_type("수수께끼 몬스터");
first_mon.set_location(30, 30);

monster_b second_mon = first_mon;
second_mon.set_quiz("문이 뒤집어 지면 무엇이 될까?");
second_mon.set_location(45, 50);

... (생략) ...
```

**실행 결과**

```
[30 , 30] 첫 번째 몬스터(수수께끼 몬스터 - 100)가 내는 수수께끼 : 문이 뒤집어 지면 무엇이 될까?
[45 , 50] 두 번째 몬스터(수수께끼 몬스터 - 100)가 내는 수수께끼 : 문이 뒤집어 지면 무엇이 될까?
```

second_mon 객체를 생성할 때 first_mon 객체를 대입한 후에 수수께끼와 위치를 재설정했습니다.

몬스터 타입과 난이도, 위치는 의도한 대로 출력되었지만, 수수께끼 내용이 의도와 다르게 출력되었습니다. 첫 번째 몬스터의 수수께끼 내용이 바뀌었습니다. 그리고 다음과 같은 오류도 발생합니다.*   * 컴파일러에 따라서 오류가 발생하지 않을 수도 있습니다.

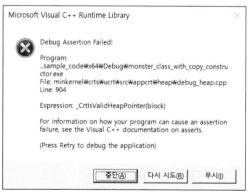

**그림 7-12** 객체 대입 시 발생하는 오류

이러한 현상은 수수께끼를 저장하는 char *quiz 변수가 동적으로 할당되기 때문에 발생합니다. 반면에 위치를 저장하는 int location[2] 변수는 정적으로 할당되므로 이런 현상이 발생하지 않습니다.

## 얕은 복사

객체를 초기화할 때 똑같은 클래스로 생성한 객체를 대입하면 멤버 변수들이 그대로 복사된다고 했습니다. 이때 정적으로 할당된 멤버 변수는 변수가 생성되고 값이 복사됩니다. 반면에 동적으로 할당된 멤버 변수는 메모리를 할당하지 않고 대입한 객체의 멤버 변수를 포인터로 참조합니다. 이를 **얕은 복사**<sup>shallow copy</sup>라고 합니다.

즉, 수수께끼를 저장하는 char *quiz는 동적으로 할당되므로 두 번째 객체는 첫 번째 객체에서 할당한 메모리를 참조합니다. 따라서 두 번째 객체에서 변경한 내용이 첫 번째 객체에도 그대로 반영됩니다.

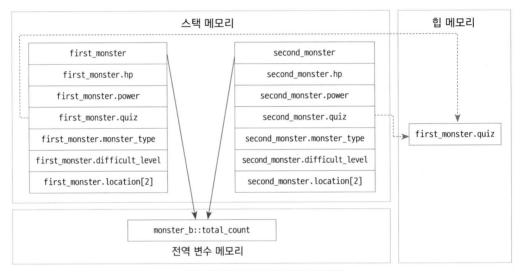

그림 7-13 얕은 복사가 이루어진 객체 대입

그림에서 점선으로 표시한 부분이 얕은 복사입니다. 앞선 실습에서 오류가 발생한 이유는 얕은 복사로 인해 똑같은 메모리 영역을 참조하고 있는데 첫 번째 객체가 소멸(메모리 해제)한 후, 두 번째 객체에서 같은 메모리를 해제하려고 시도하기 때문입니다.

## 깊은 복사

이 문제를 해결하려면 동적으로 메모리가 할당된 멤버 변수의 값은 **깊은 복사**<sup>deep copy</sup>가 이뤄지도록 해야 합니다. 객체를 같은 클래스로 생성한 객체로 초기화하면 얕은 복사를 수행하는 기본 복사 생성자가 호출됩니다. 얕은 복사가 아닌 깊은 복사가 되게 하려면 기본 복사 생성자를 오버라이딩해야 합니다. 먼저 복사 생성자의 형태를 알아보겠습니다.

```
클래스_이름::클래스_이름(const 클래스_이름 &레퍼런스_변수);
```

같은 클래스로 생성된 객체의 레퍼런스를 매개변수로 받아서 원하는 형태의 복사를 수행하는 것입니다. 몬스터 B 클래스의 경우 monster_b::monster_b(const monster_b &ref)으로 선언할 수 있습니다. 복사 생성자를 오버라이딩한 후에 멤버 변수에 값을 저장하거나 동적 메모리를 할당하여 메모리의 위치가 아니라 메모리에 저장된 값을 복사합니다.

**Do it! 실습** 복사 생성자를 깊은 복사로 재정의

• ch07/copy_constructor/copy_constructor.cpp

```cpp
#include <iostream>
#include <string>
using namespace std;

... (생략) ...
class monster_b : public monster, character {
public:
  monster_b(player &attack_target)
    : monster_type("일반"),
    location{0, 0},
    unique_id(++total_count),
    target(attack_target) {
    difficult_level = 10;
    quiz = new char[1024];
  };

  ~monster_b() {
    delete[]quiz;
    total_count--;
  };

  monster_b(const monster_b &ref);    // 복사 생성자 선언

... (생략) ...
};
```

```
int monster_b::total_count = 0;    // 정적 변수 초기화

monster_b::monster_b(const monster_b &ref) : unique_id(++total_count), target(ref.tar
get) {    // 복사 생성자 정의(깊은 복사)
  quiz = new char[1024];
  strcpy_s(quiz, strlen(ref.quiz) + 1, ref.quiz);
  monster_type = ref.monster_type;
  difficult_level = ref.difficult_level;
  location[0] = ref.location[0];
  location[1] = ref.location[1];
}
··· (생략) ···
```

**실행 결과**

[30 , 30] 첫 번째 몬스터(수수께끼 몬스터 - 100)가 내는 수수께끼 : 아침에 네 발, 점심에는 두 발, 저녁에는 두 발인 것은?
[45 , 50] 두 번째 몬스터(수수께끼 몬스터 - 100)가 내는 수수께끼 : 문이 뒤집어 지면 무엇이 될까?

복사 생성자를 오버라이딩하여 수수께끼를 저장할 멤버 변수를 동적으로 할당하고 대입한 객체의 수수께끼 내용(**ref.quiz**)을 복사하도록 정의합니다. 주의할 점은 오버라이딩한 복사 생성자가 호출되면 다른 생성자가 호출되지 않으므로 초기화할 변수를 복사 생성자에서 의도에 맞게 값을 대입해 줘야 합니다.

실행 결과를 보면 두 번째 몬스터의 타입(수수께끼 몬스터)과 난이도(100)는 첫 번째 몬스터의 속성이 복사되어 똑같이 출력됐고, 위치와 수수께끼 내용은 새로 설정된 값으로 출력됐습니다. 그리고 오류도 발생하지 않습니다.

**문법 요약**   **생성자**

```
class monster {
public:
```

```
    // ❶ 기본 생성자
    monster() { ... };
};
class monster_a : public monster {
public:
    // ❷ 자식 클래스 기본 생성자
    monster_a() { ... };
    // ❸ 매개변수가 추가된 생성자
    monster_a(int x, int y) { ... };
    // ❹ 변수 초기화가 추가된 생성자
    monster_a(int z_order) : z_index(z_order) { ... };
    // ❺ 기본 복사 생성자를 오버라이딩한 복사 생성자
    monster_a(monster_a& copy_monster) { ... };
};
```

❶ **기본 생성자**: 클래스 이름과 똑같은 이름으로 함수를 정의한다. 반환값은 작성하지 않으며, 초기화 코드는 함수의 몸체에 작성한다.

❷ **자식 클래스 생성자**: 생성자를 정의하는 방법은 부모나 자식 클래스 모두 같다. 자식 클래스의 생성자는 상속받은 부모 클래스의 생성자 다음에 호출된다.

❸ **매개변수가 추가된 생성자**: 생성자는 매개변수를 전달받아서 적절한 초기화를 진행할 수 있다.

❹ **변수 초기화가 추가된 생성자**: 생성자 정의 내에서 초기화할 수 없거나 별도로 초기화할 변수는 함수 선언부와 정의부 사이에서 초기화한다.

❺ **기본 복사 생성자를 오버라이딩한 복사 생성자**: 기본 복사 생성자 사용으로 문제가 발생할 경우 복사 생성자를 오버라이딩하여 문제를 제거할 수 있다.

**안전성이 강화된 strcpy_s 함수**

코드에서 char 배열을 복사하기 위해서 strcpy_s를 사용했습니다. char 배열을 복사하기 위해 사용하던 strcpy는 복사할 배열의 범위를 벗어날 수 있는 위험이 있어 strcpy 대신 strcpy_s를 사용했습니다. strcpy_s 함수는 복사할 원본과 복사할 대상 메모리의 크기가 다를 때 발생할 수 있는 오류를 방지합니다. strcpy_s 함수를 사용하려면 〈string〉 헤더를 포함해 주어야 합니다.

## 소멸자

소멸자<sup>destructor</sup>는 생성자와 반대 역할을 합니다. 생성자에서는 객체가 생성될 때 필요한 여러 가지 일을 진행했다면, 소멸자에서는 객체가 소멸할 때 필요한 메모리 해제나 외부 환경을 객체 생성 이전 상태로 변경하는 등의 일을 진행합니다.

## 기본 소멸자

소멸자를 선언하는 방법은 간단합니다. 이름은 클래스 이름과 같게 작성하고 이름 앞에 물결표<sup>tilde</sup>(~)를 추가합니다. 다른 함수와는 다르게 반환 형식이나 매개변수는 없습니다.

---

**소멸자 선언**

~클래스_이름()

---

소멸자는 객체가 소멸되는 시점에 자동으로 호출됩니다. 소멸자는 생성자보다 간단합니다. 주로 메모리나 정적 변숫값을 생성 전으로 되돌리는 작업이 많아서 매개변수가 필요하지 않습니다. 그리고 다중 상속일 때 생성자 호출의 역순으로 소멸자가 호출됩니다.

**Do it! 실습  소멸자 정의**

• ch07/basic_destructor/basic_destructor.cpp

```cpp
#include <iostream>
using namespace std;

class character {
public:
  character() {
    cout << "character 클래스 생성자" << endl;
  };
  ~character() {     // character의 소멸자 정의
    cout << "charactor 클래스 소멸자" << endl;
  }
};

class monster {
public:
  monster() {
```

```cpp
      cout << "monster 클래스 생성자" << endl;
  };
  ~monster() {    // monster의 소멸자 정의
    cout << "monster 클래스 소멸자" << endl;
  };
};

class monster_a : public monster, character {
public:
  monster_a() {
    cout << "monster_a 클래스 생성자" << endl;
  };

  ~monster_a() {    // monster_a의 소멸자 정의
    cout << "monster_a 클래스 소멸자" << endl;
  }

};

int main() {
  monster_a forest_monster;
  return 0;
}
```

## 가상 소멸자

클래스 상속을 공부할 때 잠깐 언급한 리스코프 치환 원칙에 따르면, 자식 클래스는 언제든지 부모 클래스를 대신할 수 있어야 합니다. 몬스터 A 클래스를 조금 수정해서 리스코프 치환 원칙을 적용해 보겠습니다.

```cpp
#include <iostream>
using namespace std;

class monster {
public:
  monster() {
    cout << "monster 클래스 생성자" << endl;
  };
  ~monster() {
    cout << "monster 클래스 소멸자" << endl;
  };
};

class monster_a : public monster {
public:
  monster_a() {
    cout << "monster_a 클래스 생성자" << endl;
  };
  ~monster_a() {
    cout << "monster_a 클래스 소멸자" << endl;    ← [이 소멸자가 호출되지 않음]
  };
};

int main() {
  monster *forest_monster = new monster_a();
  delete forest_monster;    // 메모리 해제
  return 0;
}
```

**실행 결과**

```
monster 클래스 생성자
monster_a 클래스 생성자
monster 클래스 소멸자
```

부모인 monster 클래스의 포인터에 자식인 monster_a 객체를 생성해서 대입했습니다. 리스코프 치환 원칙에 따라 프로그램은 정상으로 실행됩니다. 그런데 출력 결과를 보면 monster_a 클래스의 소멸자가 호출되지 않았습니다.

코드에서 자식 클래스가 부모 클래스를 대신하더라도 여전히 부모 클래스가 사용되므로 delete로 메모리를 해제하면 부모 클래스의 소멸자가 호출됩니다. 그리고 객체가 이미 소멸했으므로 자식 클래스의 소멸자는 호출되지 않습니다.

이런 상황에서 자식 클래스의 소멸자까지 호출되게 하려면 부모 클래스의 소멸자를 가상 함수로 만들어야 합니다. 가상 함수를 사용하면 부모 클래스의 포인터나 참조를 통해 자식 클래스의 함수를 호출할 수 있습니다. 이를 통해 런타임에 객체의 실제 형식에 따라 적절한 함수가 호출되는 다형성을 구현할 수 있습니다.

코드에서 ~monster, ~monster_a 앞에 virtual 키워드를 붙여 가상 소멸자로 만들면 부모 객체의 소멸자가 호출되기 전에 자식 객체의 소멸자가 호출되는 것을 확인할 수 있습니다.

**Do it! 실습** 리스코프 치환 원칙을 적용한 가상 소멸자

• ch07/virtual_destructor/virtual_destructor.cpp

```
#include <iostream>
using namespace std;

class monster {
public:
  monster() {
    cout << "monster 클래스 생성자" << endl;
  };
  virtual ~monster() {     // 가상 소멸자로 정의
    cout << "monster 클래스 소멸자" << endl;
  };
};

class monster_a : public monster {
public:
  monster_a() {
    cout << "monster_a 클래스 생성자" << endl;
  };
  virtual ~monster_a() {     // 가상 소멸자로 정의
```

리스코프 치환 원칙을 따르려면 가상 소멸자로 만들어야 하는구나!

```
      cout << "monster_a 클래스 소멸자" << endl;
  };
};

int main() {
  monster *forest_monster = new monster_a();
  delete forest_monster;
  return 0;
}
```

**실행 결과**

monster 클래스 생성자
monster_a 클래스 생성자
monster_a 클래스 소멸자  ◄── 부모 객체가 소멸할 때 자식 객체의 소멸자도 호출됨
monster 클래스 소멸자

가상 소멸자는 아직 가상 함수를 배우지 않았으므로 이해가 어려울 수 있습니다. 여기서는 부모 클래스의 포인터로 생성된 자식 객체가 소멸할 때 자식 클래스의 소멸자가 호출되도록 보장한다는 것만 기억하면 됩니다. 이것이 다형성을 활용한 객체 소멸의 올바른 방법입니다. 08장에서 가상 함수를 다룰 때 다시 한번 설명하겠습니다.

**문법 요약**  **소멸자**

❶ **소멸자**: 클래스 이름과 동일하지만 앞에 ~를 추가한 함수를 정의한다. 객체가 소멸되는 시점에 호출된다.

❷ **자식 클래스 소멸자**: 부모 클래스와 자식 클래스 모두 소멸자 정의 방법은 같다. 자식 클래스의 소멸자가 먼저 호출된 후에 부모 클래스의 소멸자가 호출된다.

❸ **가상 함수로 선언된 소멸자**: 자식 클래스가 부모 클래스를 대신할 경우 자식 클래스 소멸자가 호출되지 않으므로 가상 함수로 자식 클래스의 소멸자가 호출될 수 있도록 한다.

❹ **가상 함수로 선언된 자식 클래스 소멸자**: 가상 함수로 정의된 자식 클래스 소멸자

```
class monster {
public:
  monster() { ... }
  // ❶ 소멸자
  ~monster() { ... }
};
```

```
class monster_a : public monster {
public:
  monster_a() { ... };
  // ❷ 자식 클래스 소멸자
  ~monster_a() { ... };
};
```

```
class monster {                          class monster_a : public monster {
public:                                  public:
  monster() { ... }                        monster_a() { ... };
  // ❸ 가상 함수로 선언된 소멸자              // ❹ 가상 함수로 선언된
  virtual ~monster() { ... }                    자식 클래스 소멸자
};                                         virtual ~monster_a() { ... };
                                         };
```

## 3분 퀴즈

**1** 소멸자를 가상 함수로 정의해야 하는 때는 어떤 경우일까요?

**2** 사용자가 복사 생성자를 직접 정의하지 않으면 객체를 대입할 때 어떤 복사가 이루어지나요?

**3** 정적 멤버 변수의 초기화 위치는 1) _____ 입니다. 레퍼런스 변수는 2) _____ (을)를 사용해서 초기화해야 합니다.

[모범 답안]
**1** 클래스의 다형성을 이용하기 위해서 부모 클래스 포인터로 자식 객체를 지정하였을 때
**2** 얕은 복사
**3** 1) 전역 범위 2) 초기화 목록

# 07-4 자신을 가리키는 this 포인터

this는 객체 내부에서 객체 자신을 가리키는 키워드입니다. 객체 자신을 가리키는 키워드가 왜 필요한지 금방 이해되지 않을 수 있습니다. 이 절에서는 this의 필요성과 활용법을 알아보겠습니다.

## 객체가 메모리에 할당되는 구조

this 포인터를 이해하려면 먼저 객체의 메모리가 어떻게 할당되는지 알아야 합니다. 객체도 하나의 변수이므로 객체가 생성되면 클래스 크기만큼의 메모리가 할당됩니다. 할당받는 메모리양은 클래스를 표현하기 위한 메모리, 멤버 변수를 저장하기 위한 메모리 등이 있습니다.

그런데 멤버 함수는 해당 클래스의 모든 객체가 같은 코드를 공통으로 사용하므로 멤버 함수를 저장할 메모리를 객체마다 할당한다면 낭비일 것입니다. 따라서 멤버 함수는 메모리에 한 번만 적재하고 같은 클래스의 객체를 추가하더라도 똑같은 함수를 참조합니다.

은행 클래스를 구현한 코드와 이를 실행했을 때 메모리* 상태를 그려 보겠습니다.

\* 메모리 할당은 정적인지 동적인지에 따라 스택이나 힙 등 메모리 위치가 달라지지만 여기서는 이해하기 쉽게 정적 메모리 할당을 기준으로 설명하겠습니다.

---

**Do it! 실습** 은행 클래스

· ch07/simple_bank/simple_bank.cpp

```cpp
#include <iostream>
using namespace std;

class bank {
private:
  int safe;    // 금고
  string bank_name;
```

```
public:
  bank(string name) : bank_name(name) { safe = 0; };   // 기본 생성자
  ~bank() {};
  void use_counter(int _in, int _out);   // 입출금 창구 함수
};

void bank::use_counter(int _in, int _out) {
  safe += _in;
  safe -= _out;
  cout << bank_name << " 처리 - 입금: " << _in << ", 출금: " << _out << endl;
}

int main() {
  bank rich_bank("부유한 은행"), global_bank("세계적 은행");
  rich_bank.use_counter(10, 10);
  global_bank.use_counter(20, 5);
  return 0;
}
```

**실행 결과**

부유한 은행 처리 - 입금: 10, 출금: 10
세계적 은행 처리 - 입금: 20, 출금: 5

bank 클래스로 생성한 rich_bank와 global_bank 객체는 각각 멤버 변수인 safe를 포함한 채로 스택에 할당됩니다. 하지만 멤버 함수인 use_counter는 객체와는 별개로 한 번만 할당됩니다. 그리고 함수가 호출되면 공통의 메모리 공간에 접근합니다.

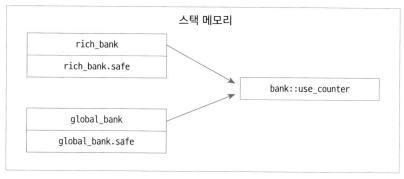

그림 7-14 멤버 변수와 멤버 함수의 스택 메모리 위치

## this 포인터

앞의 코드에서 use_counter 함수는 _in과 _out 매개변수로 전달받은 값을 멤버 변수인 safe
에서 가감합니다. 그런데 무언가 이상합니다. 멤버 변수와 멤버 함수는 스택에서 위치가 다르
므로 주소를 모르면 멤버 함수에서 멤버 변수의 값을 변경할 수 없을 텐데 프로그램이 정상으
로 동작합니다. 어찌된 일일까요?

결론부터 말하면 멤버 함수에서 멤버 변수에 접근할 방법이 필요한데, this 포인터가 이 역할
을 합니다. 앞선 코드에서 this 포인터를 사용하지 않았는데도 프로그램이 정상으로 동작한
이유는 컴파일 과정에서 자동으로 처리되기 때문입니다. 즉, **this 포인터는 멤버 함수 내에서
자동으로 생성되어 해당 함수가 속한 객체의 주소를 가리킵니다.**

앞에서 작성한 소스 코드를 컴파일하면 내부적으로는 다음과 같은 코드로 변경되어 처리됩
니다.

**컴파일된 은행 클래스**

```
... (생략) ...
void bank::use_counter(bank *const this, int _in, int _out) {
  this->safe += _in;
  this->safe -= _out;
}
int main() {
  bank rich_bank, global_bank;
  rich_bank.use_counter(&rich_bank, 10, 10);
  global_bank.use_counter(&global_bank, 20, 5);

  return 0;
}
```

멤버 함수를 호출하는 코드에서는 객체의 주소를 첫 번째 인자로 전달하고, 이에 맞춰 멤버
함수에서는 this 포인터로 주소를 전달받아서 멤버 변수에 접근할 때 사용합니다. 이렇게 하
면 멤버 함수가 스택에서 다른 위치에 할당되더라도 해당 객체의 멤버 변수에 접근할 수 있습
니다.

이것은 C++ 언어에서 메모리를 효율적으로 사용하기 위한 방법으로, 개발자가 직접 작성하
는 코드는 아닙니다. 그러나 개발자가 작성하는 코드에서 객체 자신을 가리키는 this 포인터
를 활용할 수도 있습니다.

## 지역 변수와 구별할 때

앞서 본 은행 코드에서 다음처럼 다른 은행의 계좌를 옮기는 transfer_account라는 함수를 추가하려고 합니다.

```
void transfer_account(int safe);
```

그런데 다른 은행의 계좌를 나타내는 매개변수 이름이 safe로 멤버 변수 이름과 같아서 헷갈립니다. 이럴 때는 멤버 변수를 this 포인터로 표현할 수 있습니다. 다음 코드에서 this->safe와 safe는 각각 멤버 변수와 매개변수를 가리킵니다.

### Do it! 실습  this 포인터 사용

• ch07/this_pointer/this_pointer.cpp

```
... (생략) ...

void bank::transfer_account(int safe) {
  this->safe = safe;
  cout << bank_name << "로 계좌 이동: " << safe << endl;
}
... (생략) ...
int main() {
  bank rich_bank("부유한 은행"), global_bank("세계적 은행");
  rich_bank.use_counter(50, 10);

  global_bank.transfer_account(rich_bank.get_safe());
  rich_bank.reset_account();

  return 0;
}
```

`this->safe` → 멤버 변수  
`safe` → 매개변수

### 실행 결과

```
부유한 은행 처리 - 입금: 50, 출금: 10
세계적 은행으로 계좌 이동: 40
부유한 은행 계좌가 초기화 되었습니다.
```

멤버 변수나 매개변수 이름을 지을 때 될 수 있으면 겹치지 않도록 정의하는 것이 코드를 읽고 해석하기가 쉽습니다. 그러나 여러 개발자가 협업하거나 라이브러리의 클래스들을 사용하다 보면 이런 충돌을 만날 수 있습니다. 그때는 this 포인터를 활용할 수 있습니다.

## 멤버 함수 체이닝을 구현할 때

함수 체이닝<sup>chaining</sup>이란 여러 함수를 연이어 호출하는 방식을 말합니다. 이는 멤버 함수가 객체를 반환하고 해당 객체에서 다시 멤버 함수를 호출하는 방식으로 이루어집니다. 이러한 스타일은 코드를 간결하게 만들고 호출 순서를 직관적으로 표현할 수 있습니다.

멤버 함수 체이닝을 구현할 때에 반환 형식을 레퍼런스(예에서는 bank &)로 지정하고 return 문에 this 포인터를 활용할 수 있습니다. 만약 반환 형식을 레퍼런스가 아닌 포인터(bank *) 로 지정하면 체이닝 호출문은 func1().func2().func3()이 아닌 func1()->func2()->func3()처럼 작성해야 합니다.

**Do it! 실습** 멤버 함수 체이닝 적용

• ch07/function_chanining/function_chanining.cpp

```cpp
#include <iostream>
#include <string>
using namespace std;

... (생략) ...
  bank& deposit_interest(int interest);   // 이자 입금
  bank& withdraw_utility(int utility);    // 공과금 출금
  bank& withdraw_tax(int tax);            // 세금 출금
... (생략) ...

bank& bank::deposit_interest(int interest) {
  safe += interest;
  cout << bank_name << " 이자 지급: " << interest << endl;
  return *this;
}

bank& bank::withdraw_utility(int utility) {
  safe -= utility;
  cout << bank_name << " 공과금 납부: " << utility << endl;
  return *this;
}
```

```
bank& bank::withdraw_tax(int tax) {
  safe -= tax;
  cout << bank_name << " 세금 납부: " << tax << endl;
  return *this;
}

int main() {
  ... (생략) ...
  // 함수 체이닝 호출(함수가 차례로 호출됨)
  global_bank.deposit_interest(10).withdraw_utility(1).withdraw_tax(2);
  cout << endl;
  cout << global_bank.get_bank_name() << "잔액: " << global_bank.get_safe() << endl;

  return 0;
}
```

**실행 결과**

```
부유한 은행 처리 - 입금: 50, 출금: 10

세계적 은행으로 계좌 이동: 40
부유한 은행 계좌가 초기화 되었습니다.

세계적 은행 이자 지급: 10
세계적 은행 공과금 납부: 1
세계적 은행 세금 납부: 2

세계적 은행잔액: 47
```

**3분 퀴즈**

❶ 객체 자신을 레퍼런스 또는 포인터로 소환하여 연속된 호출 형태를 만드는 방법을 무엇이라고 하나요?

❷ 멤버 함수는 클래스 메모리 영역이 아닌 1) _____ 에 위치해서 같은 2) _____ 로 생성한 객체가 공유합니다. 따라서 3) _____ (을)를 활용하여 멤버 변수를 구별해야 합니다.

[모범 답안]
❶ 멤버 함수 체이닝
❷ 1) 코드 메모리 2) 클래스 3) this 포인터

07 • 객체지향 프로그래밍 특징   281

# 07-5 함수와 연산자 오버로딩

- 함수와 연산자 오버로딩이 무엇인지 이해하고 활용하기
- 연산자 오버로딩으로 클래스 객체를 활용한 연산자 정의하기

## 함수 오버로딩

오버라이딩<sup>overriding</sup>은 어떤 규칙이나 권력에 앞서거나 무시한다는 뜻입니다. 부모 클래스의 함수를 오버라이딩한다는 것은 부모의 정의를 무시하거나 그에 앞서 자식 클래스에 정의된 함수를 우선시하겠다는 의미입니다.

반면에 **오버로딩**<sup>overloading</sup>은 과부하 또는 과적이라는 뜻입니다. 짐을 계속해서 쌓는다는 의미죠. 이미 정의된 함수와 같은 이름을 사용하지만 매개변수 구성을 변경해 가면서 새로운 정의를 계속 쌓는 의미로 이해할 수 있습니다.

만약 함수의 이름을 바꾸면 새로운 함수가 되며, 이름과 매개변수 구성은 그대로인데 반환 형식만 바꾼 함수는 오버로딩되지 않고 오류가 발생하므로 주의합니다.

예를 들어 몬스터에 이동 기능을 구현한다고 생각해 보겠습니다. 함수 이름과 매개변수는 평범하게 void move(int x, int y)로 설정했습니다. 개발하다 보니 특정 위치를 거쳐서 가야 하는 요구 사항이 생겨 새로운 함수를 void move_follow_path(int x[], int y[], int spot_count)처럼 만들었습니다. 그런데 이런 식으로 함수가 늘면 이름도 복잡해지고 코드를 이해하기가 어려워질 수 있습니다.

이때는 void move(int x[], int y[], int spot_count)처럼 이름은 같지만 매개변수 구성이 다른 함수를 정의할 수 있습니다. 이를 오버로딩이라고 합니다. 오버로딩 함수도 많아지면 이해가 어려울 수 있지만, 함수 이름이 같고 매개변수 구성만 다르니 이동에 관련된 다른 옵션이 존재한다고 이해할 수 있습니다. 또한 함수 오버로딩은 본문이나 호출하는 코드를 수정하지 않고 기능을 바꿔야 할 때 사용하기도 합니다.

이동은 모든 캐릭터에 필요한 기능이니 character 클래스에 오버로딩 함수를 정의하고 호출해 보겠습니다.

```cpp
#include <iostream>
using namespace std;

class character {
public:
  character() : location{ 0,0 } {
  };
  // 매개변수로 x, y 좌표를 전달받음
  void move(int x, int y) {
    location[0] = x;
    location[1] = y;
    cout << location[0] << ", " << location[1] << "로 이동" << endl;
  };
  // 매개변수로 x, y 배열과 배열 크기를 전달받음
  void move(int x[], int y[], int spot_count) {
    for (int i = 0; i < spot_count; ++i) {
      location[0] = x[i];
      location[1] = y[i];
      cout << i + 1 <<  "번째:" << location[0] << ", " << location[1] << "로 이동" << endl;
    }
  }

protected:
  int location[2];
};

int main(void) {
  character character_obj;
  int x_list[3] = { 10, 15, 20 };
  int y_list[3] = { 10, 15, 20 };

  // x, y 좌표를 인자로 함수 호출
  character_obj.move(10, 10);
  cout << endl;
```

함수 오버로딩은 같은 함수 이름으로 매개변수 구성만 다른 함수를 정의하는 것!

```
  // x, y 배열과 배열 크기를 인자로 함수 호출
  character_obj.move(x_list, y_list, 3);

  return 0;
}
```

**실행 결과**

```
10, 10로 이동

1번째:10, 10로 이동
2번째:15, 15로 이동
3번째:20, 20로 이동
```

## 연산자 오버로딩

이번에는 연산자 오버로딩을 활용해서 몬스터 C끼리 서로 합체하면 레벨이 한 단계 상승하는 함수를 만든다고 생각해 보겠습니다. 두 몬스터 C를 합치는 함수는 어떻게 만들까요? 함수 이름을 짓는 것부터 고민입니다. 만약 단순히 '+' 연산자로 합칠 수 있다면 좋겠습니다. 다음처럼요.

```
monster_c new_monster_c_obj = monster_c_obj1 + monster_c_obj2;
```

코드도 간단해지고 이해하기도 매우 쉽지만, 이대로 작성하고 컴파일하면 오류가 발생합니다.

그림 7-15 더하기 연산을 사용했을 때 발생하는 오류

숫자나 문자열에 사용하던 덧셈 연산자로는 객체를 더할 수 없습니다. 앞에서 살펴본 복사 생성자처럼 개발자가 직접 정의해 주어야 합니다. 클래스에는 얕은 복사를 수행하는 대입 연산자가 기본으로 정의되어 있으며, 필요할 때 복사 생성자를 오버라이딩해서 사용합니다. 복사 생성자는 매개변수 구성이 같으므로 이미 정의된 함수를 오버라이딩합니다.

비슷한 개념으로 몬스터 C끼리 합체하는 덧셈은 이미 정의된 더하기 연산에서 피연산자를 변경하는 것입니다. 즉, int + int, string + string처럼 정의된 더하기 연산에서 int, string

대신에 monster_c 객체를 사용해야 합니다. 따라서 같은 이름으로 함수 정의를 추가하는 오버로딩을 이용해서 더하기 연산자 함수를 만들어야 합니다. 이를 연산자 오버로딩[operator overloading]이라고 합니다.

연산자 오버로딩에서 함수 이름은 operator 키워드에 새로 정의할 연산자 기호를 붙여서 선언하며, 일반적으로 이 연산에 참여할 피연산자를 매개변수로 구성합니다.

---

**연산자 오버로딩**

반환_형식 operator연산자_기호(매개변수)

---

몬스터 C 객체끼리 덧셈하는 연산자를 오버로딩해 보겠습니다.

---

**Do it! 실습** + 연산자 오버로딩(몬스터 C 합체)

• ch07/operator_overload_monster/operator_overload_monster.cpp

```
... (생략) ...
class monster_c : public monster, public character {
public:
  void attack_special(player target_player);
  monster_c operator+(monster_c &operand);     // 덧셈 연산자 오버로딩 선언
  void set_level(int level_value) { level = level_value; };
  void set_hp(int hp_value) { hp = hp_value; };
};


// 덧셈 연산자 오버로딩 정의
monster_c monster_c::operator+(monster_c &operand) {
  monster_c result_monster;
  result_monster.set_level(level + operand.get_level());
  return result_monster;
}
... (생략) ...
int main() {
  monster_c monster_c_obj1, monster_c_obj2;
  monster_c_obj2.set_level(2);
  monster_c new_monster_c_obj = monster_c_obj1 + monster_c_obj2;  // operator+ 함수 호출

  cout << "합체 전 몬스터 C #1 Level[" << monster_c_obj1.get_level()
```

```
      << "], 몬스터 C #2 Level[" << monster_c_obj2.get_level()
      << "]" << endl;

   cout << "합체 후 몬스터 C Level[" << new_monster_c_obj.get_level()
      << "]" << endl;

   return 0;
}
```

**실행 결과**

```
합체 전 몬스터 C #1 Level[1], 몬스터 C #2 Level[2]
합체 후 몬스터 C Level[3]
```

객체끼리 덧셈하는 monster_c_obj1 + monster_c_obj2 코드에서 더하기 연산을 수행하는 주체는 monster_c_obj1이고 피연산자는 monster_c_obj2입니다. 따라서 해당 코드를 monster_c_obj1.operator+(monster_c_obj2)처럼 작성해도 똑같이 동작합니다. 하지만 더하기 연산자만 사용하는 편이 더 쉽습니다.

함수의 이름은 operator+이고 매개변수로는 monster_c 객체의 레퍼런스를 입력받습니다. 만약 매개변수의 데이터 형식을 바꿔 정의하면 다른 클래스의 객체를 받을 수 있습니다. 즉, monster_c와 다른 클래스의 객체를 덧셈할 수 있습니다.

다음 코드에서는 연산자 오버로딩으로 몬스터 C가 플레이어를 흡수해 체력을 보충하는 기능을 추가했습니다.

**Do it! 실습** + 연산자 오버로딩(몬스터 C와 플레이어 합체)

• ch07/op_overload_different_class/op_overload_different_class.cpp

```
... (생략) ...
class monster_c : public monster, public character {
public:
   void attack_special(player target_player);
   monster_c operator+(monster_c &operand);
   monster_c operator+(player &operand);
   void set_level(int level_value) { level = level_value; };
   void set_hp(int hp_value) { hp = hp_value; };
};
```

```
monster_c monster_c::operator+(monster_c &operand) {
  monster_c result_monster;
  result_monster.set_level(level + operand.get_level());
  return result_monster;
}

monster_c monster_c::operator+(player &operand) {  ◄── 덧셈 연산자 오버로딩
  monster_c result_monster;
  result_monster.set_hp(hp + operand.get_hp());
  return result_monster;
}

int main() {

  monster_c monster_c_obj1, monster_c_obj2;
  monster_c_obj2.set_level(2);
  player player1;
  monster_c new_monster_c_obj = monster_c_obj1 + monster_c_obj2;

  cout << "Player 합체 전 몬스터 C HP[" << new_monster_c_obj.get_hp()
      << "]" << endl;

  new_monster_c_obj = new_monster_c_obj + player1;

  cout << "Player 합체 후 몬스터 C HP[" << new_monster_c_obj.get_hp()
      << "]" << endl;

  return 0;
}
```

**실행 결과**

```
Player 합체 전 몬스터 C HP[100]
Player 합체 후 몬스터 C HP[200]
```

실행 결과를 보면 몬스터가 플레이어를 흡수해서 플레이어의 체력만큼 증가된 것을 알 수 있습니다. 물론, 체력을 나타내는 멤버 변수 hp를 public으로 공유해 덧셈할 수도 있습니다. 그러나 체력이 0이 되었을 때 몬스터 삭제, 최고 체력에 도달할 때 더 이상 증가하지 않게 하는

등 전처리와 후처리를 위해서 hp를 protected로 숨기고(은닉화) 멤버 함수나 연산자 오버로딩을 활용하는 방법이 객체지향 프로그래밍에 더 가깝습니다.

---

**궁금해요!** **함수 오버로딩과 연산자 오버로딩은 같은 건가요?**

오버로딩 개념과 동작 과정은 두 가지 모두 같습니다. 다만 연산자는 'operator+'와 같은 이름으로 선언하고 사용할 때는 '+'만 쓰는 특수한 함수입니다. + 연산자를 사용할 수도 있고 operator+로 직접 호출해서 사용할 수도 있습니다.

---

### 3분 퀴즈

**1** 오버로딩과 오버라이딩은 어떤 차이가 있을까요?

**2** 더하기, 빼기 등 잘 알려진 연산자를 새로 정의하는 것을 ＿＿＿＿＿＿＿＿＿ 라고 합니다.

**3** 매개변수 구성이 다르게 함수를 오버로딩할 수 있지만 ＿＿＿＿＿＿＿＿＿ 만 다른 함수는 오류가 발생합니다.

---

[모범 답안]

**1** 자식 클래스에서 부모 클래스의 멤버와 시그니처가 같은 함수를 재정의하는 것을 오버라이딩이라고 하고, 함수 이름은 같지만 매개변수 구성이 다른 함수를 중복 정의하는 것을 오버로딩이라고 합니다.

**2** 연산자 오버로딩

**3** 반환 형식

# 07-6 접근 지정자와 프렌드

- 접근 지정자 public, private, protected 복습하기
- 상속 관계에서 접근 지정자의 접근 권한 변경 이해하기
- 외부에서 protected 멤버에 접근할 수 있는 friend 키워드 배우기

이번 절에서는 접근 지정자에 관한 이야기를 해보겠습니다. 접근 지정자는 객체지향 프로그래밍에서 캡슐화를 구현하는 수단입니다. C++ 언어는 접근 지정자로 객체의 멤버 접근 권한을 세밀하게 설정할 수 있습니다. 하지만 잘못 사용하면 접근 권한이 의도하지 않게 설정되므로 주의해야 합니다.

## 상속에 따른 접근 지정자의 변화

먼저 「07-1」절에서 캡슐화를 공부할 때 설명한 접근 지정자를 다시 보겠습니다. 표에서 우선순위는 상속에서 접근 지정자가 적용되는 우선순위를 의미합니다.

접근 지정자는 클래스에서 멤버 변수를 정의하거나 상속받을 때 주로 사용합니다. 클래스를 정의할 때는 선언부에서 public, private, protected 키워드와 쌍점(:)을 작성하고 그 아래쪽에 해당 접근 지정자로 정의할

표 7-3 접근 지정자와 우선순위

| 접근 지정자 | 설명 | 우선순위 |
|---|---|---|
| private | • 클래스 내의 멤버 함수에서만 접근 가능<br>• 상속받은 클래스에서 접근 불가능 | 높음 |
| public | • 다른 클래스 어디서든 접근 가능<br>• 상속받은 클래스에서 접근 가능 | 낮음 |
| protected | • 클래스 내의 멤버 함수에서 접근 가능<br>• 상속받은 클래스에서도 접근 가능 | 중간 |

멤버를 작성합니다. 그리고 클래스를 상속받을 때는 부모 클래스 이름 앞에 접근 지정자를 작성합니다. 만약 접근 지정자를 생략하면 기본 접근 지정자<sup>default access specifier</sup>가 적용되는데, C++에서 기본 접근 지정자는 **private**입니다.*      * 단, 구조체(struct)에서 기본 접근 지정자는 public입니다.

접근 지정자는 클래스 외부에서 접근과 상속받은 자식 클래스에서 접근을 제어합니다. 외부 접근은 클래스 외부(예를 들면 main 함수)에서 클래스 객체를 생성하고 이를 통해 멤버 함수나 변수에 접근하는 것을 말합니다.

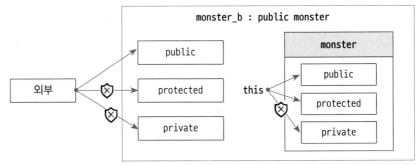

그림 7-16 외부 및 자식 클래스 접근을 통제하는 접근 지정자

자식 클래스에서 부모 클래스로 접근할 때 private으로 지정된 멤버에는 접근할 수가 없습니다. 자식 클래스는 상속을 선언할 때 명시한 접근 지정자(이하 상속 접근 지정자)에 영향을 받아서 상속받은 부모 클래스의 멤버에 지정된 접근 권한이 변경됩니다. 즉, 상속 접근 지정자의 우선순위보다 낮은 접근 지정자는 모두 상속 접근 지정자로 변경됩니다.

예를 들어 상속 접근 지정자가 protected라면 부모 클래스의 public 멤버는 모두 protected 멤버로 변경됩니다. 또 상속 접근 지정자가 private이라면 부모 클래스의 public, protected 멤버는 모두 private 멤버로 변경됩니다. 그러나 상속 접근 지정자가 public일 때는 부모 클래스의 접근 지정자를 그대로 따릅니다. public의 우선순위가 가장 낮기 때문입니다.

다음 그림은 부모 클래스의 접근 지정자가 그물망으로 표현한 상속 접근 지정자를 통과했을 때 자식 클래스에서 어떻게 바뀌는지를 보여 줍니다.

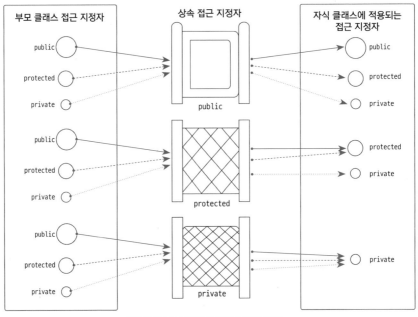

그림 7-17 상속에 따른 접근 지정자 변화

부모 클래스에서 private으로 지정한 멤버는 자식 클래스나 외부에서 모두 접근할 수 없습니다. 그리고 상속 접근 지정자로 변경된 멤버 함수의 접근 지정자는 다시 상속받는 자식 클래스에 영향을 미칩니다.

## 멤버 변수 공개를 지양해야 하는 이유

멤버 변수를 public으로 공개하면 어느 곳에서나 자유롭게 접근할 수 있습니다. 자유로운 접근은 멤버 변수의 값이 의도하지 않게 설정되어 오류가 발생하기도 합니다.

예를 들어 배열의 인덱스를 저장하는 멤버 변수의 값은 0보다 작거나 배열의 전체 크기보다 크면 오류가 발생합니다. 배열의 인덱스가 public으로 공개된 멤버 변수라면 클래스 외부에서 음수로 설정해도 컴파일 오류가 발생하지 않습니다. 하지만 배열을 인덱스로 접근할 때 문제가 발생합니다.

**Do it! 실습** public 멤버 변수 접근

• ch07/member_variable_access/member_variable_access.cpp

```cpp
#include <iostream>
#include <array>

using namespace std;

class manage_data_structure {
public:
  manage_data_structure();
  int current_index;
  array<int, 10> data_queue;
};

manage_data_structure::manage_data_structure() :
  current_index(0), data_queue{0, 1, 2, 3, 4, 5, 6, 7, 8, 9}{
}

int main(void) {
  int data;
  manage_data_structure data_structure;

  data_structure.current_index = -1;
  data = data_structure.data_queue[data_structure.current_index];
```

```
    cout << "Data [" << data_structure.current_index << "] : " << data << endl;

    return 0;
}
```

비주얼 스튜디오에서는 인덱스 범위가 벗어난 논리 오류를 다음 그림처럼 경고로 보여 줍니다. 무시하고 실행할 수 있지만 프로그램은 오류가 발생하여 비정상으로 종료됩니다. 이 코드는 간단하고 오류가 명료해서 비주얼 스튜디오가 경고해 주지만, 소스 코드가 복잡해지고 양이 많으면 오류를 찾아내지 못할 수도 있습니다.

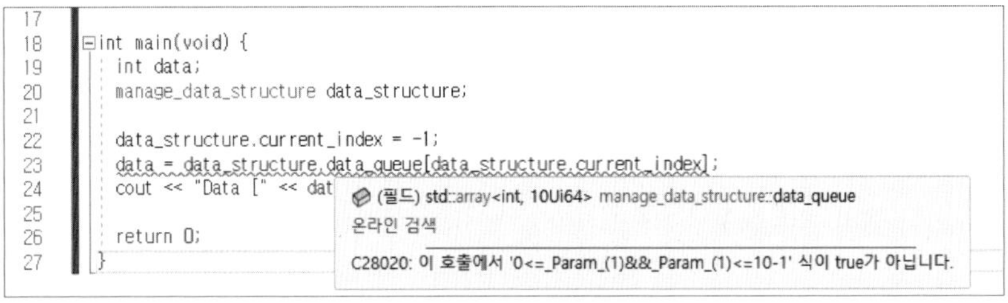

그림 7-18 배열의 인덱스 범위를 벗어났을 때 알려 주는 경고

앞의 코드를 객체지향 원칙에 맞게 수정해 보겠습니다. 배열과 배열의 인덱스를 private 변수로 선언하고 이에 접근해 값을 설정하거나 가져오는 함수를 추가합니다. 그리고 set_current_index 함수에서는 배열의 현재 인덱스를 설정할 때 범위를 벗어났으면 정상 범위로 조정하여 문제가 발생하지 않도록 합니다.

**Do it! 실습**  private 멤버 변수 접근

• ch07/encapsulation_applied/encapsulation_applied.cpp

```
#include <iostream>
#include <array>

using namespace std;

class manage_data_structure {
public:
  manage_data_structure();
  int get_current_index() { return current_index; };
```

```cpp
    void set_current_index(int new_index);
    int get_array_value() { return data_queue[current_index]; };
private:
    int current_index;
    array<int, 10> data_queue;
};

manage_data_structure::manage_data_structure() :
    current_index(0), data_queue{ 0, 1, 2, 3, 4, 5, 6, 7, 8, 9 }{}

void manage_data_structure::set_current_index(int new_index) {
    if (new_index < 0 || new_index >= 10)
        return;

    current_index = new_index;
}

int main(void) {
    int data, index;
    manage_data_structure data_structure;

    data_structure.set_current_index(-1);
    index = data_structure.get_current_index();
    data = data_structure.get_array_value();
    cout << "Data [" << index << "] : " << data << endl;

    return 0;
}
```

> 멤버 변수는 될 수 있으면 private 으로 선언하고 멤버 함수에서 접근하 도록 구현하는구나!

**실행 결과**

```
Data [0] : 0
```

이처럼 클래스의 멤버 변수는 특별한 이유가 없다면 public으로 지정하지 말고 private이나 protected로 지정한 후 멤버 함수를 통해서 값을 설정하거나 얻어야 합니다.

## 프렌드 클래스

앞에서 설명한 대로 private이나 protected로 지정된 멤버 변수와 함수는 외부에서 접근할 수 없고, protected 멤버는 자식 클래스에서만 접근할 수 있습니다. 그런데 때때로 private이나 protected 멤버를 특정 클래스에서만 public처럼 접근해야 할 수도 있습니다. 이때 해당 클래스를 프렌드(friend)로 등록하면 됩니다. 프렌드 등록은 특정 클래스에만 예외를 허용하는 것으로 친한 친구끼리 비밀을 공유하는 것과 같습니다.

프렌드 클래스는 대상 클래스* 내부에 friend 키워드로 선언합니다. 그러면 마치 대상 클래스의 객체처럼 모든 멤버에 접근할 수 있는 권한이 생깁니다.

*여기서 대상 클래스란 외부에서 접근을 허용할 멤버가 선언된 클래스를 말합니다.

---

**문법 요약** **프렌드 클래스**

```
class gs_engine : public ic_engine {
public:
  gs_engine();
  ~ gs_engine();
private:
  void acceleration_output();
  // 프렌드 클래스 선언
  friend class automobile;
};
```

gs_engine의 프렌드 클래스로 automobile 클래스가 선언되면 접근 지정자와 상관없이 automobile 클래스 내부에서 gs_engine 클래스의 모든 멤버 변수, 함수에 접근할 수 있다. automobile을 상속받은 클래스는 friend 속성을 물려받지 않는다. 상속받은 자식 클래스에서도 접근 지정자와 상관없이 멤버에 접근하게 허용하려면 gs_engine에서 friend 클래스로 지정해 주어야 한다.

---

프렌드 클래스를 사용하는 코드를 보겠습니다. 객체지향 프로그래밍을 설명할 때 보았던 크루즈 컨트롤 코드입니다.

```
class engine {
private:
  virtual void acceleration_output() = 0;
  virtual void reduce_output() = 0;
  friend class accelerator;
};
... (생략) ...
class accelerator {
public:
  accelerator(engine &engine) : my_engine(engine){};
  void acceleration_output() { my_engine.acceleration_output(); };
  void set_engine(engine &engine) { my_engine = engine; };

private:
  engine &my_engine;

  void reduce_output();
};
```

accelerator 클래스에서 engine의 acceleration_output 함수를 호출합니다. 클래스 정의에 있는 접근 지정자에 따르면 이 함수는 engin 클래스의 private 함수여서 engin 외부에서는 접근할 수 없습니다. 가속기에서 엔진을 조정하기 위해서 engine 객체를 포함했지만*, engine 입장에서 accelerator는 외부이므로 비공개 함수에 접근할 수 없습니다.

\* 이처럼 객체가 다른 객체를 포함하는 것을 '어그리게이션(aggregation)'이라고 하며 08장에서 자세히 다룹니다.

그런데 engine 클래스에서 friend class accelerator처럼 accelerator 클래스를 프렌드로 선언하여 engine 클래스의 private 멤버에 접근을 허용했습니다.

## 프렌드 함수

프렌드 함수는 외부의 특정 함수가 내부의 모든 멤버(private 멤버 포함)에 접근할 수 있게 허용하는 것입니다. 프렌드 함수에서는 주로 객체를 다루기 때문에 매개변수로 객체를 전달받습니다. 특정 클래스의 멤버 함수를 프렌드 함수로 지정할 수도 있고, 전역 함수를 프렌드 함수로 지정할 수도 있습니다. 전역 함수를 프렌드로 지정할 때는 클래스 선언 이전에 해당 함수 선언이나 정의가 있어야 합니다.

**문법 요약**　**프렌드 함수**

```
class gs_engine : public ic_engine {
public:
  gs_engine();
  ~gs_engine();
private:
  void acceleration_output();

  friend class automobile;
  // ❶ 프렌드 함수 선언
  friend void accelerator::acceleration_output(gs_engine &engine);
  // ❷ 프렌드 함수 선언과 전역 함수 정의
  friend void acceleration_output_ex(gs_engine &engine){ ... };
};
```

❶ **프렌드 함수 선언**: gs_engine의 private 멤버들에 대해서 accelerator 클래스의 acceleration_output 함수에서 접근할 수 있게 허용했다. acceleration_output 함수 이외에 accelerator 클래스 멤버 함수에서는 gs_engine 클래스의 private 멤버에 접근할 수 없다.

❷ **프렌드 함수 선언과 전역 함수 정의**: 전역 함수에서 클래스 내부에 접근할 수 있도록 프렌드 함수를 지정할 수 있다. 프렌드 함수로 선언된 전역 함수 내부에서는 gs_engine 클래스의 모든 멤버에 접근할 수 있다.

프렌드 함수를 사용하는 코드를 보겠습니다. breaking_system 클래스의 멤버 함수 pushing_break에서 accelerator 클래스의 멤버에 접근할 수 있도록 프렌드 함수를 선언하는 코드입니다.

**Do it! 실습**　**프렌드 함수 사용**

• ch06/adative_cruise_modeling/adative_cruise_modeling.cpp

```
... (생략) ...
class break_system {
 public:
```

```
    void pushing_break(accelerator &accelerator_obj);
};

class accelerator {
 public:
  accelerator(engine &engine) : my_engine(engine){};
  void acceleration_output() { my_engine.acceleration_output(); };
  void set_engine(engine &engine) { my_engine = engine; };

 private:
  engine &my_engine;

  void reduce_output();
  // break_system의 pushing_break 함수를 프렌드로 선언
  friend void break_system::pushing_break(accelerator &accelerator_obj);
};

// break_system의 pushing_break 함수 정의
void break_system::pushing_break(accelerator &accelerator_obj) {
  accelerator_obj.reduce_output();    // accelerator의 비공개 멤버에 접근 가능
}
... (생략) ...
```

**은닉화를 깨트리는 친구**

접근 지정자는 객체지향 프로그래밍에서 추상화와 은닉화를 구현하기 위한 수단입니다. 따라서 은닉화를 깨트리는 프렌드 클래스나 함수를 남용하는 것은 매우 안 좋은 습관입니다. 클래스를 설계하고 구현하다 보면 프렌드를 사용해야 할 때가 있습니다. 이때는 꼭 필요한지, 구조 변경으로 대체할 수 있는지 다시 한번 확인해 보는 것이 좋습니다.

**1** protected 접근 지정자는 자식 클래스에서는 접근 1) 가능 / 불가능하고 외부에서는 접근 2) 가능 / 불가능합니다. private 접근 지정자는 자식 클래스에서는 접근 3) 가능 / 불가능하고 외부에서는 접근 4) 가능 / 불가능합니다.

**2** 부모 클래스를 private으로 상속받으면 부모 클래스의 protected 멤버가 _____ (로)으로 변경됩니다.

**3** private 멤버 함수를 특정 클래스에서 사용하려면 _____ 키워드를 사용합니다.

**[모범 답안]**
**1** 1) 가능 2) 불가능 3) 불가능 4) 불가능
**2** private
**3** friend

이번 장에서는 객체지향 프로그래밍의 4가지 특징인 추상화, 캡슐화, 상속성, 다형성에 관해 알아본 후 클래스와 객체로 어떻게 표현하는지 확인했습니다. 되새김 문제를 풀며 이번 장에서 배운 내용을 정리해 보세요.

**문제 1** **객체지향 프로그래밍 4가지 특징**

객체지향 프로그래밍은 추상화, 캡슐화, 상속성, 다형성이라는 4가지 특징이 있습니다. 각 특징의 핵심을 요약해서 설명해 보세요.

**문제 2** **객체지향 설계 #1**

객체지향 프로그래밍의 4가지 특징을 활용해 야구팀의 선수와 코치를 설계하고 설계된 내용을 클래스 다이어그램으로 그려 보세요.

**문제 3** **객체지향 설계 #2**

객체지향 프로그래밍의 4가지 특징을 활용해 음료수 자판기를 설계하고 설계된 내용을 클래스 다이어그램으로 그려 보세요.

**문제 4** **객체지향 설계 #3**

객체지향 프로그래밍의 4가지 특징을 활용해 슈팅 게임을 설계하고 설계된 내용을 클래스 다이어그램으로 그려 보세요.

**문제 5** **객체지향 프로그래밍**

이번 장에서 배운 내용을 바탕으로 몬스터 C를 프로그래밍해 보세요. 몬스터 C는 무적 타임이 적용되어 1분에 2초씩 데미지를 입지 않는다고 가정하겠습니다. 몬스터 C의 특별 공격은 플레이어의 체력과 힘에 동시에 데미지를 입힙니다. this 포인터를 이용해 멤버 함수 체이닝을 사용하세요.

• 모범 답안 위치: github.com/mystous/DoItCPP/tree/main/exercise/ch07

# 08 객체지향을 돕는 기능들

이번 장에서는 객체지향 프로그래밍을 돕는 C++ 언어의 기능과 활용 방법을
알아보겠습니다. 실전에서 요긴하게 쓸 수 있는 내용이 많으니 조금 어렵더라
도 차분하게 공부한다면 객체지향 프로그래밍 실력을 키울 수 있을 것입니다.

# 08-1 컴포지션과 어그리게이션

07장에서 다룬 다중 상속은 앞에서도 간단하게 다뤘고 많이 알려졌지만, 컴포지션<sup>composition</sup>과 어그리게이션<sup>aggregation</sup>은 생소할 수 있습니다. 두 가지 모두 클래스의 속성과 기능을 직접 구현하지 않고 이전에 정의된 것을 재활용하는 방법입니다. 다중 상속은 새 클래스에서 기존 클래스를 코드로 구현하지만, 컴포지션과 어그리게이션은 멤버 객체로 참조하는 방법입니다. 이 차이점을 염두에 두고 구체적인 내용을 살펴보겠습니다.

## 다중 상속 다시 보기

다중 상속<sup>multi inheritance</sup>은 부모 클래스를 여러 개 상속받아 자식 클래스를 정의하는 것을 말합니다. 다양한 부모 클래스를 상속받기 때문에 많은 부분이 이미 정의되어 있습니다. 같은 개발 조직에서 부모 클래스를 개발할 때 안정적이고 견고한 디자인 패턴을 적용해 두면, 이를 상속받아 사용하는 클래스에도 개발 방법론이나 구조를 흔들림 없이 빠르게 전파할 수 있습니다.

07장에서 살펴본 몬스터 코드(monster_class.cpp)에서 몬스터 A~C는 character와 monster 클래스를 다중 상속받습니다.

**몬스터 클래스 정의 부분**

```
#include <iostream>
using namespace std;

// 캐릭터 클래스
class character {
public:
  character() : hp(100), power(100){};
```

```cpp
protected:
  int hp;
  int power;
};

// 캐릭터를 상속받는 플레이어 클래스
class player : public character {
public:
  player(){};
};

// 기본 몬스터 클래스
class monster {
public:
  monster(){};
  void get_damage(int _damage){};
  void attack(player target_player){};
  void attack_special(player target_player);
};

void monster::attack_special(player target_player) {
  cout << "기본 공격 : 데미지 - 10 hp" << endl;
}

// 캐릭터와 기본 몬스터를 상속받는 몬스터 A
class monster_a : public monster, character {
public:
  void attack_special(player target_player);
};

void monster_a::attack_special(player target_player) {
  cout << "인텡글 공격 : 데미지 - 15 hp" << endl;
}

class monster_b : public monster, character {
public:
  void attack_special(player target_player);
};
```

```
void monster_b::attack_special(player target_player) {
  cout << "가상 공격 : 데미지 - 0 hp" << endl;
}

class monster_c : public monster, character {
public:
  void attack_special(player target_player);
};

void monster_c::attack_special(player target_player) {
  cout << "강력 뇌전 공격 : 데미지 - 100 hp" << endl;
}
... (생략) ...
```

다중 상속 문법은 단일 상속과 크게 다르지 않으므로 어렵지 않습니다. 상속받고자 하는 클래스들을 쉼표로 구분해서 나열하면 됩니다. 한 가지 주의할 점은 상속 접근 지정자를 명시하지 않으면 private으로 지정된다는 것입니다.

## 다중 상속 단점

몬스터 A~C는 기본 monster 클래스를 상속받습니다. 몬스터가 가져야 할 기본 속성과 동작을 상속받아서 새로운 몬스터를 만들고 해당 몬스터에만 특화된 내용을 정의했습니다. 이런 관계를 'is-a'라고 합니다. is-a 관계에서 자식 클래스는 언제든지 부모 클래스를 대체할 수 있습니다.

그런데 몬스터가 다양한 지형에 특화된 기술을 가진다고 가정해 보겠습니다. '지형에 따른 특성'이라는 요소는 모든 몬스터에 적용될 수 있고 캐릭터에도 적용될 수 있습니다. 그러면 여러 지형에 적합한 속성을 클래스로 만든 후 상속받도록 구현할 수 있습니다. 지형에 따른 속성 외에도 다양한 속성이 추가될 수 있고 이를 모두 상속으로 구현한다면 어떻게 될까요? 다중 상속이 많아질수록 여러 가지 문제가 발생할 수 있습니다.

그중 클래스가 커지고 컴파일 시간이 늘어나는 문제점을 알아보겠습니다.

## 클래스가 커지는 문제

클래스가 다양한 역할을 수행하게 되는 거대 클래스<sup>large class</sup>는 개발자가 지양해야 할 문제입니다. 클래스가 커지면 그만큼 속성과 기능이 많아지므로 사용하기가 어렵기 때문입니다. 그리고 부모 클래스 중 일부가 변경되면 상속받은 모든 클래스를 다시 컴파일해야 하는데, 자식 클래스가 많거나 다양한 라이브러리에서 사용되면 변경 사항이 여러 곳에 영향을 주므로 바람직하지 않습니다.

예를 들어 부모 클래스 A, B, C를 상속받은 자식 클래스 E, D, F가 있고, 부모 클래스의 멤버 함수를 상속받아 재정의했다고 가정해 보겠습니다. 부모 클래스 A, B, C의 멤버 함수가 변경되면 이를 재정의한 E, D, F도 수정해야 하고 이 함수를 사용하는 클래스나 함수도 역시 수정해야 합니다.

이처럼 상속이나 사용 관계로 서로 의존도가 높아지면 **결합도**<sup>coupling</sup>가 높다고 표현합니다. 소스 코드는 결합도가 낮을수록 유지·보수가 수월합니다. 거대 클래스는 결합도를 높이는 주요 원인이 되므로 피해야 합니다.

## 컴파일 시간이 늘어나는 문제

C++는 컴파일 언어이므로 소스 코드가 변경되면 다시 컴파일해서 실행 파일을 만들어야 합니다. 클래스 파일이 수십 개라면 몇 분 안에 컴파일이 완료되겠지만, 오픈소스처럼 클래스 파일이 수만 개라면 몇 시간이 걸릴 수도 있습니다.

물론 변경된 소스 코드만 다시 컴파일하므로 변화의 범위가 적을 때는 반복 컴파일하면서 개발해도 큰 문제는 없습니다. 하지만 상속 관계가 복잡하고 다중 상속이 복잡하게 엉켜 있으면 컴파일에 많은 시간이 소요되어 개발에 부담이 됩니다.

**궁금해요!** **클래스가 커지더라도 잘 관리하면 문제가 없을 것 같은데요?**

클래스가 커지면 관리가 어려워집니다. 객체지향 개발의 조언 중에 "수정에는 닫혀 있고, 확장에는 열려 있어야 한다"라는 말이 있습니다. 수정에 닫혀 있어야 한다는 것은 수정한 내용이 될 수 있으면 적은 범위에 영향을 미쳐야 한다는 의미입니다. 즉, 수정이 다른 클래스나 함수의 수정으로 이어지지 않아야 합니다. 그리고 확장에 열려 있어야 한다는 것은 기능 확장이 다른 부분에 수정을 유발하지 않으면서도 새로운 기능을 쉽게 추가할 수 있어야 한다는 의미입니다.

## 다중 상속 대안

그렇다면 클래스가 커지고 컴파일 시간이 늘어나는 문제점을 피할 수는 없을까요? 여러 가지 방법 가운데 클래스 설계에서 고려할 수 있는 방법이 있습니다. 다중 상속으로 코드를 재사용하는 것이 아니라 재사용할 속성과 기능을 별도의 클래스로 분리하고 이 클래스를 멤버 변수로 포함하는 것이죠. 이렇게 하면 분리된 클래스는 단일 속성과 기능을 가지므로 결합도는 낮아지고 변경에 따른 영향이 다른 클래스로 전이되지 않습니다.

이처럼 클래스를 분리하여 포함하는 방식에는 '컴포지션'과 '어그리게이션' 두 가지가 있습니다. 컴포지션은 분리한 클래스를 포함(part-of)하는 개념이고, 어그리게이션은 사용(has-a)하는 개념입니다.

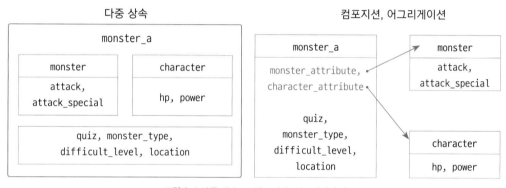

**그림 8-1** 다중 상속 vs 컴포지션, 어그리게이션

변수처럼 객체에도 생명 주기<sup>life cycle</sup>가 있습니다. 객체가 생성되어 소멸하는 과정을 의미합니다. 어떤 객체는 다른 객체가 생성될 때 함께 생성되거나 다른 객체에 의해서 생성될 수 있으며 소멸도 마찬가지입니다. 이때 두 객체는 '생명 주기가 같다'고 표현합니다. 지금부터 소개할 컴포지션과 어그리게이션을 구별하는 첫 번째 기준은 생명 주기가 같은지 보는 것입니다.

## 컴포지션

컴포지션<sup>composition</sup>은 클래스가 가져야 할 특징을 다른 클래스로부터 상속받는 것이 아니라 **멤버 변수로 포함**하는 개념입니다. 조금 더 풀어서 설명하면 재사용할 속성과 기능을 별도의 클래스로 분리하고 이 클래스의 객체를 멤버 변수로 포함하는 것입니다.

컴포지션을 흔히 'part-of'라고 하는데, 별도로 분리한 클래스의 객체가 이를 멤버 변수로 포함한 클래스의 일부임을 나타냅니다. 즉, 멤버 변수로 포함한 클래스에 종속됩니다. 따라서 분리한 클래스의 객체는 이를 멤버 변수로 포함한 클래스에서 생명 주기를 직접 관리하므로 논리적으로도 완전히 포함 관계이며 두 클래스의 생명 주기는 같습니다.

다음 그림은 monster_a 클래스에서 monster와 character 클래스의 객체를 멤버 변수로 포함하는 컴포지션을 나타냅니다. 이렇게 하면 monster와 character 클래스의 객체는 monster_a에 종속되고 이에 따라 객체가 생성되고 소멸하는 생명 주기도 같아집니다.

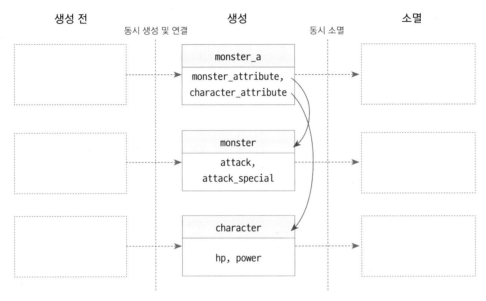

그림 8-2 컴포지션 생명 주기

이처럼 상속을 사용하지 않고 컴포지션으로 포함하는 이유는 앞에서 설명한 것처럼 클래스가 커지는 것을 막고, 변경에 따른 영향을 최소화하기 위해서입니다. 또한 자식 클래스가 부모 클래스를 완전히 대체할 수 있는 다형성 구현에도 상속보다 컴포지션이 더 유리합니다.

**상속과 컴포지션 차이점**

상속과 컴포지션은 메모리에 생성되고 소멸되는 관점에서는 비슷하지만, 코드가 분리돼 있다는 점이 다릅니다. 즉, 분리된 클래스가 변경될 때 이 클래스의 객체를 멤버 변수로 포함하는 클래스는 변경하지 않아도 되며 이에 따라 컴파일을 유도하지도 않습니다. 따라서 늦은 바인딩(late binding)이 가능하다는 점도 눈여겨볼 점입니다. 늦은 바인딩은 동적 바인딩이라고도 하며 호출 대상이 호출 시점에 결정되는 것을 말합니다. 다음 절에서 자세히 알아봅니다.

## 어그리게이션

어그리게이션aggregation도 재사용할 속성과 기능을 별도의 클래스로 분리하고 이 클래스의 객체를 멤버 변수로 포함하는 것은 컴포지션과 같습니다. 그러나 어그리게이션은 **분리된 클래스의 객체를 포인터나 레퍼런스 변수로 포함**합니다.* 따라서 분리된 클래스와 이를 포함하는 클래스의 생명 주기가 다릅니다. 분리된 클래스를 사용하는 개념이므로 'has-a' 관계가 성립하며, 'is-a' 관계인 상속과는 차이가 있습니다.

\* 만약 레퍼런스 변수로 사용한다면 「07-3」절에서 배운 것처럼 반드시 생성자에서 초기화해야 합니다.

어그리게이션은 컴포지션과 달리 분리된 클래스가 이를 사용하는 클래스와 유연한 관계를 가집니다. 리스코프 치환 원칙*에 따라서 분리된 클래스를 직접 참조할 수도 있고, 해당 클래스를 상속받은 자식 클래스를 참조할 수도 있습니다.

\* 자식 클래스는 항상 부모 클래스를 대신할 수 있어야 한다는 원칙으로, 09장에서 자세히 설명합니다.

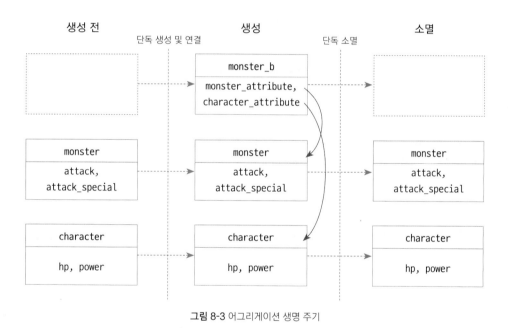

그림 8-3 어그리게이션 생명 주기

다음 코드에서 monster_a와 monster_b는 각각 컴포지션과 어그리게이션을 구현했습니다. 기존 실습에서는 character와 monster 클래스를 다중 상속받았는데, 여기서는 두 클래스의 객체를 멤버 변수로 포함했습니다. monster_a에서는 일반 멤버 변수로 선언해 컴포지션을, monster_b에서는 레퍼런스 변수로 참조해 어그리게이션을 구현했습니다.

```cpp
#include <iostream>
using namespace std;

class character {
... (생략) ...
};

class player {
... (생략) ...
};

class monster {
public:
  monster() {};
  void get_damage(int _damage) {};
  virtual void attack(player target_player) {
    cout << " 공격 : 데미지 - 10 hp" << endl;
  };
};

class monster_2nd_gen : public monster {
public:
  virtual void attack(player target_player) override {
    cout << " 새로운 공격 : 데미지 - 30 hp" << endl;
  };
};

class monster_a {        ←──[ 몬스터 A는 컴포지션으로 구현 ]
public:
  void attack(player target_player) {
    main_role.attack(target_player);
  };
private:
  // 캐릭터와 몬스터 객체를 직접 생성(몬스터 A와 생명 주기가 같음)
  character main_body;
  monster main_role;
```

```cpp
};

class monster_b {    ←    몬스터 B는 어그리게이션으로 구현
public:
  // 레퍼런스 멤버 변수는 초기화 목록으로 초기화
  monster_b(character &ref_character, monster &ref_monster)
    : main_body(ref_character), main_role(ref_monster) {};
  void attack(player target_player) {
    main_role.attack(target_player);
  };
private:
  // 캐릭터와 몬스터 객체를 참조(몬스터 B와 생명 주기가 다름)
  character &main_body;
  monster &main_role;
};

int main() {
  player player_1;
  character chararater_obj;
  monster monster_obj;
  monster_2nd_gen monster_new_obj;

  // 내부에서 객체를 직접 생성
  monster_a forest_monster;

  // 외부 객체 전달
  monster_b tutorial_monster(chararater_obj, monster_obj);
  monster_b urban_monster(chararater_obj, monster_new_obj);

  cout << "몬스터 A 공격" << endl;
  forest_monster.attack(player_1);

  cout << endl << "몬스터 B 공격" << endl;
  tutorial_monster.attack(player_1);
  urban_monster.attack(player_1);

  return 0;
}
```

어그리게이션으로 구현한 monster_b 클래스의 객체인 tutorial_monster와 urban_monster 를 보면, 생성자에 전달한 두 번째 인자가 서로 다릅니다. urban_monster 객체에는 monster 클래스를 상속받은 monster_2nd_gen 클래스의 객체를 대입했습니다. 그 결과로 monster_b 클래스의 코드는 같지만, tutorial_monster와 urban_monster 객체의 공격은 서로 다른 결과 를 출력합니다. 즉, monster_b를 수정하지 않고(수정에는 닫혀 있고) 새로운 공격 방식을 추 가했습니다(확장에는 열려 있다).

컴포지션과 어그리게이션은 다양한 디자인 패턴에서 사용하는 방법입니다. 09장에서 설명 할 SOLID 원칙에서도 많이 사용하니 두 개념을 꼭 알아 두기 바랍니다.

### 3분 퀴즈

**1** monster 클래스를 public으로 상속받고, character 클래스를 protected로 상속받는 monster_d 클래 스의 선언문을 작성해 보세요.

**2** 상속과 컴포지션은 각각 어떤 경우에 사용할까요?

**3** 컴포지션과 어그리게이션에서 중요한 구별점은 1) _____ 입니다. 이에 따라 분리된 클래스와 포함하 는 클래스의 관계를 컴포지션은 2) _____ (이)라고 하며, 어그리게이션은 3) _____ (이)라고 합니다.

[모범 답안]
**1** class monster_d : public monster, protected character
**2** 상속은 부모 클래스를 자식 클래스가 대체할 수 있어야 할 때 사용하며, 컴포지션은 클래스의 공통 기능이나 단위 기능을 클래스로 분 리할 때 사용합니다.
**3** 1) 생명 주기, 2) part-of, 3) has-a

# 08-2 가상 함수와 동적 바인딩

- 가상 함수, 동적 바인딩, 순수 가상 함수를 이해하고 활용하기
- 가상 함수의 동작 원리와 가상 함수 테이블 구조 이해하기

가상 함수는 객체지향 프로그래밍에서 다형성을 구현하는 데 필요합니다. 다형성은 한 클래스가 다양한 방식의 속성과 기능을 가질 수 있는 특성을 말합니다. 가상 함수는 부모를 상속받은 자식 클래스에 의해서 동작합니다.

## 가상 함수란?

C++에서 다형성을 구현할 때 **멤버 함수 가운데 자식 클래스에서 오버라이딩**(재정의)**해야 하는 함수**는 가상 함수<sup>virtual function</sup>로 선언해야 합니다. 일반 멤버 함수도 자식 클래스에서 오버라이딩할 수 있지만, 가상 함수로 선언하는 이유는 부모 클래스로 업캐스팅<sup>upcasting</sup>*되었을 때 호출되는 함수에 차이가 있기 때문입니다.

> \* 업캐스팅이란 자식 클래스를 부모 클래스 형식으로 변환하는 것을 말합니다. 업캐스팅은 자동으로 이뤄집니다.

일반 멤버 함수는 업캐스팅된 부모 클래스에 구현된 함수가 호출되지만, 가상 함수는 자식 클래스에서 오버라이딩한 함수가 호출됩니다. 이러한 특징 덕분에 가상 함수로 다형성을 구현할 수 있는 것입니다.

### 가상 함수 선언과 구현, 사용 방법

가상 함수는 클래스의 멤버 함수를 선언할 때 앞부분에 virtual 키워드를 붙이면 됩니다.

**가상 함수 선언**

```
virtual 반환_형식 함수_이름(매개변수);
```

자식 클래스에서 가상 함수를 오버라이딩할 때도 똑같은 선언문을 사용합니다. 마지막에 override 키워드는 추가하지 않아도 되지만, 부모 클래스의 멤버 함수를 오버라이딩할 것을 알려 주는 역할을 합니다. 또한 가상 함수를 재정의할 때에 다른 함수 시그니처를 입력하는 실수도 방지합니다.

**가상 함수 오버라이딩 선언**

```
virtual 반환_형식 함수_이름(매개변수) override;
```

**문법 요약** **가상 함수**

```
class monster {
public:
  void attack(player target_player) {};
    // ❶ 가상 함수 선언
  virtual void attack_special(player target_player);
};
// ❷ 가상 함수 정의
void monster::attack_special(player target_player) { ... 생략 ... }


class monster_c : public monster {
public:
    // ❸ 가상 함수 오버라이드 선언
  virtual void attack_special(player target_player) override;
};
// ❹ 가상 함수 오버라이딩(재정의)
void monster_c::attack_special(player target_player) { ... 생략 ... }
```

❶ **가상 함수 선언**: 가상 함수 선언은 앞부분에 virtual 키워드를 추가하는 것만 다르고 일반 함수 선언과 같다.

❷ **가상 함수 정의**: 가상 함수 정의는 일반 함수와 같다.

❸ **가상 함수 오버라이드 선언**: 자식 클래스에서 가상 함수 오버라이드를 선언할 때는 마지막 부분에 override 키워드를 추가한다.

❹ **가상 함수 오버라이딩(재정의)**: 자식 클래스에 오버라이드된 가상 함수 정의는 일반 오버라이딩 함수와 같다.

## 가상 함수로 다형성 구현

가상 함수를 사용하는 가장 큰 목적은 다형성 구현 때문입니다. 리스코프 치환 원칙에 따라 자식 클래스가 부모 클래스를 대체하더라도(업캐스팅) 부모 클래스의 멤버 함수가 아닌 자식 클래스에 오버라이딩한 함수가 호출돼야 다형성이 구현됩니다.

가상 함수로 다형성을 구현하는 코드를 보면서 의미를 알아보겠습니다.

**Do it! 실습** 가상 함수 선언으로 인한 호출 변화

• ch08/basic_virtual_function/basic_virtual_function.cpp

```cpp
#include <iostream>
using namespace std;

class character {
public:
  character() : hp(100), power(100){};

protected:
  int hp;
  int power;
};

class player : public character {
public:
  player(){};
};

class monster {
public:
  monster(){};
  void get_damage(int _damage){};
  void attack(player target_player){};
  virtual void attack_special(player target_player);   // 가상 함수 선언
};

void monster::attack_special(player target_player) {
  cout << "기본 공격 : 데미지 - 10 hp" << endl;
}

class monster_a : public monster, character {
public:
```

```
  // 가상 함수 오버라이드 선언
  virtual void attack_special(player target_player) override;
};

// 가상 함수 오버라이딩
void monster_a::attack_special(player target_player) {
  cout << "인텡글 공격 : 데미지 - 15 hp" << endl;
}

... (생략) ...

int main() {
  player player_1;

  monster_a forest_monster;

  monster &mon = forest_monster;  ◄──[ 업캐스팅 발생 ]
  monster_a &mon_a = forest_monster;

  cout << endl << "부모 클래스로 업캐스팅 후 공격" << endl;
  mon.attack_special(player_1);  ◄──[ monster_a의 오버라이딩 함수 호출 ]

  cout << endl << "자식 클래스로 공격" << endl;
  mon_a.attack_special(player_1);

  cout << endl << "범위 연산자로 공격" << endl;
  mon_a.monster::attack_special(player_1);

  return 0;
}
```

**실행 결과**

부모 클래스로 업캐스팅 후 공격
인텡글 공격 : 데미지 - 15 hp  ◄──[ 자식 클래스에서 오버라이딩한 attack_special 함수 호출 결과 ]

자식 클래스로 공격
인텡글 공격 : 데미지 - 15 hp

범위 연산자로 공격
기본 공격 : 데미지 - 10 hp

메인 함수에서 monster_a 클래스의 forest_monster 객체를 monster와 monster_a의 레퍼런스 변수에 각각 대입했습니다. monster_a는 monster 클래스를 상속받았으므로 부모 클래스의 레퍼런스 변수 &mon에 자식 클래스의 객체 forest_monster를 대입하면 업캐스팅이 발생합니다. 하지만 가상 함수를 활용했으므로 부모 클래스로 업캐스팅 후 공격하는 첫 번째 출력문은 자식 클래스에서 오버라이딩한 attack_special 함수가 호출됩니다.

그럼 가상 함수를 사용하지 않고 함수를 오버라이딩했을 때 동작도 살펴보겠습니다. 이전 코드와는 다르게 업캐스팅 후에 부모의 멤버 함수가 호출되는 것을 확인할 수 있습니다.

**Do it! 실습** 일반 함수를 활용한 오버라이딩 호출 변화

• ch08/mon_function_override/mon_function_override.cpp

```cpp
#include <iostream>
using namespace std;
... (생략) ...


class monster {
public:
  monster(){};
  void get_damage(int _damage){};
  void attack(player target_player){};
  void attack_special(player target_player);
};


void monster::attack_special(player target_player) {
  cout << "기본 공격 : 데미지 - 10 hp" << endl;
}


class monster_a : public monster, character {
public:
  // 일반 함수 오버라이드 선언
  void attack_special(player target_player);
};


void monster_a::attack_special(player target_player) {
  cout << "인텡글 공격 : 데미지 - 15 hp" << endl;
}


... (생략) ...
```

```
int main() {
  player player_1;

  monster_a forest_monster;

  monster &mon = forest_monster;    ← [업캐스팅 발생]
  monster_a &mon_a = forest_monster;

  cout << endl << "부모 클래스로 업캐스팅 후 공격" << endl;
  mon.attack_special(player_1);    ← [monster의 멤버 함수 호출]

  cout << endl << "자식 클래스로 공격" << endl;
  mon_a.attack_special(player_1);

  return 0;
}
```

**실행 결과**

부모 클래스로 업캐스팅 후 공격

기본 공격 : 데미지 - 10 hp  ← [부모 클래스의 attack_special 함수 호출 결과]

자식 클래스로 공격

인텡글 공격 : 데미지 - 15 hp

## 함수의 동적 바인딩

앞에서 알아본 것처럼 가상 함수는 자식 클래스가 부모 클래스로 변환되더라도 자식 클래스의 오버라이딩 함수를 사용합니다. 이렇게 동작하는 이유는 가상 함수가 '가상 함수 테이블'을 통해 동적으로 바인딩되기 때문입니다. 여기서는 동적 바인딩과 가상 함수 테이블이 무엇인지 알아보겠습니다.

## 바인딩

프로그램을 실행하면 함수 호출이나 변수 참조가 해당 코드와 연결되는데, 이 과정을 바인딩 binding이라고 합니다. 바인딩은 **정적 바인딩**static binding과 **동적 바인딩**dynamic binding 두 가지 종류가 있으며, 각각 '이른 바인딩early binding', '늦은 바인딩late binding'이라고도 합니다.

정적 바인딩은 컴파일 시점에 동작합니다. 즉, **정적으로 바인딩되는 대상은 컴파일할 때 결정되어 프로그램이 실행되는 동안 그대로 유지됩니다.** C++ 언어는 auto 변수 외에는 형식 추론을 하지 않으므로 일반 변수와 함수, 클래스, 정적 멤버 함수, 템플릿* 등 대부분을 정적으로 바인딩합니다.

\* 템플릿은 함수나 클래스를 범용으로 만드는 방법이며 10장에서 자세히 다룹니다.

다음은 함수 호출에서 정적 바인딩을 나타낸 그림입니다.

```
스택 메모리

메모리 주소: 0xAE1F4C

void print_out_array (string pre, int(&array)[10]) {
  cout << pre;

  for (int i = 0; i < 10; ++i) {
    cout << array[i] << " , ";
  }
  cout << endl
}

메모리 주소: 0xAB104A

int main(void) {
  int array[10] = { 7, 8, 2, 5, 3, 9, 0, 4, 1, 6 };

  sort(array, array + 10);
  print_out_array("정렬후: ", array);       메모리 이동
                                          주소(0xAE1F4C)
  return 0;
}
```

그림 8-4 함수 호출에서 바인딩

### 정적 바인딩에서 고정되는 것

정적 바인딩이라고 해서 항상 같은 메모리 주소가 저장되는 것이 아니라, 바인딩 대상이 컴파일 시점에 결정되는 것입니다. 실제 참조할 메모리 주소는 프로그램을 실행할 때마다 달라집니다. 따라서 정적 바인딩은 실제 메모리 주소를 고정하는 것이 아니라, 바인딩 대상이 있는 위치를 고정하는 것으로 이해하면 됩니다.

## 함수의 동적 바인딩

정적 바인딩이 컴파일 시점에 대상을 미리 정해 놓는 것이라면, 동적 바인딩은 **대상이 실행 시점에 결정되며 변경될 수 있습니다.** C++에서는 가상 함수 그리고 자식 클래스로 치환된 부모 클래스의 포인터가 동적으로 바인딩됩니다.

정적으로 바인딩된 대상은 고정되므로 만약 고정된 대상을 변경하려면 소스 코드를 수정하고 다시 컴파일해야 합니다. 반면에 동적으로 바인딩된 대상은 프로그램이 실행되는 동안에 수시로 변경될 수 있습니다.

몬스터의 특수 공격을 가상 함수로 구현한 코드를 보면서 동적 바인딩을 살펴보겠습니다.

**Do it! 실습** 함수의 동적 바인딩

• ch08/function_dynamic_binding/function_dynamic_binding.cpp

```
#include <iostream>
using namespace std;

... (생략) ...

class monster {
public:
  monster(){};
  virtual void attack_special(player target_player);
};

void monster::attack_special(player target_player) {
  cout << "기본 공격 : 데미지 - 10 hp" << endl;
}

class monster_a : public monster, character {
public:
  virtual void attack_special(player target_player) override;
};

void monster_a::attack_special(player target_player) {
  cout << "인텡글 공격 : 데미지 - 15 hp" << endl;
}

int main() {
```

```
    player player_1;

    monster mother_monster;
    monster_a forest_monster;

    mother_monster.attack_special(player_1);

    monster *mon = &forest_monster;
    cout << endl << "부모 클래스로 업캐스팅 후 공격" << endl;
    mon->attack_special(player_1);

    mon = &mother_monster;
    cout << endl << "부모 클래스로 공격" << endl;
    mon->attack_special(player_1);

    return 0;
}
```

**실행 결과**

기본 공격 : 데미지 - 10 hp

부모 클래스로 업캐스팅 후 공격
인탱글 공격 : 데미지 - 15 hp

부모 클래스로 공격
기본 공격 : 데미지 - 10 hp

코드에서 부모 클래스의 객체인 mother_monster로 멤버 함수를 직접 호출할 때는 정적으로 바인딩된 함수가 호출되며, 클래스 포인터 mon으로 호출할 때는 동적으로 바인딩된 함수가 호출됩니다.

정적·동적으로 바인딩된 함수를 호출하는 부분을 컴파일하면 내부적으로 다음과 같은 어셈블리어 코드가 만들어집니다.

```
어셈블리어 코드 예(∟,으로 표시)

mother_monster.attack_special(player_1);
  ∟ call     monster::attack_special (0xAE1F4C)  ❶
monster *mon = &forest_monster;
  ∟ lea      rax, [forest_monster]    ❷
  ∟ mo       aword ptr [mon],rax      ❸
mon->attack_special(player_1);
  ∟ call     aword ptr [rax]  ❹
```

이를 해석하면 ❶ monster::attack_special 함수를 주어진 메모리 주소(0xAE1F4C)에서 호출합니다. ❷ forest_monster 변수의 주소를 rax 레지스터*에 불러오고(lea), ❸ 그 주솟값을 mon이라는 메모리 주소에 64비트 데이터로 복사합니다(mov). 그리고 ❹ rax 레지스터에 저장된 주소로 이동하여 해당 주소에 위치한 함수를 호출합니다.

\* 어셈블리어, 레지스터 등은 컴퓨터 구조나 운영체제에 따라 다릅니다.

즉, 코드에서 부모 클래스의 객체인 mother_monster로 멤버 함수를 직접 호출할 때는 정적으로 바인딩된 함수가 호출되므로 함수의 주소(예에서는 0xAE1F4C)로 바로 이동하지만, 클래스 포인터 mon으로 호출할 때는 클래스의 객체로 이동한 후 객체에서 해당 함수의 주소로 이동합니다. 따라서 mon이 가리키는 객체의 attack_special 함수 호출문에 동적으로 바인딩된 주소를 찾아서 호출합니다.

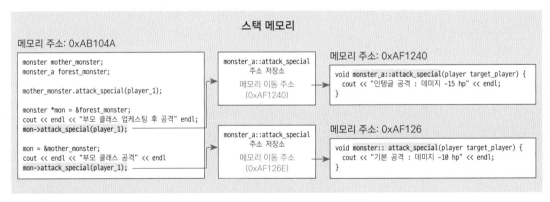

그림 8-5 함수의 동적 바인딩

동적 바인딩을 처음 공부한다면 프로그램이 실행되는 동안에 동적으로 바인딩된 함수는 호출 대상이 바뀔 수 있다는 것만 기억하면 됩니다. 즉, 바인딩 대상이 계속 변경될 수 있어서 동적 바인딩이라고 합니다.

## 가상 함수 테이블

앞에서 가상 함수로 구현한 몬스터 공격 코드에서 클래스 포인터 mon에 대입한 객체는 모두 가상 함수를 가지고 있으며, attack_special은 대입한 객체의 코드로 호출되었습니다. 이런 동작이 가능한 이유는 가상 함수를 포함하는 클래스는 **가상 함수 테이블**<sup>virtual function table</sup>을 이용하기 때문입니다.

가상 함수가 있는 클래스로 객체를 생성하면 메모리에 _vfptr이라는 가상 함수 테이블을 가리키는 포인터가 자동으로 생기고, 객체가 가상 함수를 호출할 때 _vfptr을 사용합니다.

가상 함수 테이블은 클래스의 계층 구조에서 최상위 클래스에만 존재합니다. 자식 클래스는 부모 클래스의 가상 함수 테이블을 상속받으며, 가상 함수를 오버라이딩할 때 해당 함수의 주소를 가상 함수 테이블에 등록합니다.

monster 클래스의 포인터로 선언한 mon에 monster_a 클래스의 객체를 대입(업캐스팅)했을 때와 monster 클래스의 객체를 대입했을 때 가상 함수 테이블의 상태를 그림으로 표현해 보겠습니다.

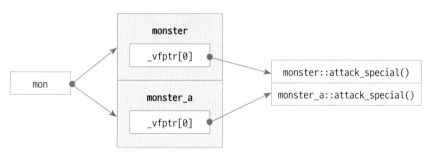

**그림 8-6** 가상 함수 테이블 구조

monster 클래스에서 가상 함수 attack_special을 구현했으므로 컴파일러는 가상 함수 테이블을 만들어 해당 함수의 주소를 등록하고, 이를 가리키는 _vfptr 포인터를 monster 클래스에 생성합니다. 그리고 monster 클래스를 상속받은 monster_a는 monster의 _vfptr 포인터까지 상속받습니다. monster_a 클래스에서 가상 함수 attack_special를 오버라이딩했으므로 함수의 주소를 가상 함수 테이블에 등록합니다. 따라서 같은 함수를 호출하더라도 mon이 가리키는 객체에 따라 호출되는 구현체는 다릅니다.

가상 함수 테이블은 배열이므로 가상 함수를 여러 개 구현하면 인덱스에 따라 이동합니다. 현재는 가상 함수가 한 개이므로 [0]으로 접근하지만, 만약 monster와 monster_a 클래스에 attack_at_dawn이라는 가상 함수를 추가로 구현한다면 다음 그림처럼 표현할 수 있습니다.

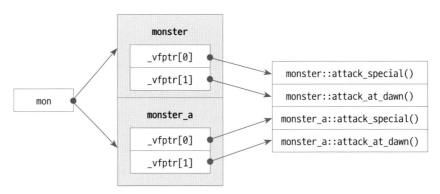

**그림 8-7** 가상 함수가 여러 개일 때 가상 함수 테이블 구조

monster 클래스의 포인터인 mon에 객체를 대입하면 해당 객체로 이동한 후 _vfptr이 가리키는 함수를 호출합니다. 내부적으로는 더 복잡하게 동작하지만, 여기서는 가상 함수가 호출될 때 가상 함수 테이블이 사용된다는 사실만 기억하고 넘어가겠습니다.

### 비주얼 스튜디오에서 _vfptr 확인하기

비주얼 스튜디오의 디버깅 기능을 이용하면 _vfptr이 가리키는 주소를 확인할 수 있습니다. 함수의 동적 바인딩 코드에서 monster 클래스의 포인터로 선언한 mon에 monster_a 클래스의 객체를 대입(업캐스팅)했을 때와 monster 클래스의 객체를 대입했을 때 _vfptr이 가리키는 주소를 확인해 보겠습니다.

여기서는 필자가 제공한 실습 파일을 기준으로 설명하겠습니다.* 비주얼 스튜디오에서 sample_code.sln 파일을 엽니다. 그리고 ch08 폴더에 있는 function_dynamic_binding 프로젝트를 시작 프로젝트로 설정한 후 function_ dynamic_binding.cpp 파일을 열어서 확인합니다.

\* 이 책의 실습 파일을 내려받고 실행하는 방법은 01장을 참고 바랍니다.

비주얼 스튜디오 편집 창에서 49번 줄에 F9를 눌러 중단점breakpoint을 설정합니다. 그리고 F5를 눌러 디버깅을 시작합니다. 49번 줄에 중단점을 설정했으므로 해당 줄에서 실행이 멈춥니다. 이때 F10을 누르면 코드가 줄 단위로 실행되고 노랑 화살표가 나타나 다음에 실행할 줄을 가리킵니다.

52번 줄까지 코드를 실행해 보세요. 그러면 노랑 화살표는 다음 그림처럼 53번 줄을 가리킵니다. 이 상태에서 아래쪽에 [자동]이라는 창을 보면 현 시점에서 객체의 상태를 확인할 수 있습니다. mon과 forest_monster를 펼쳐서 가상 함수 테이블을 확인합니다.

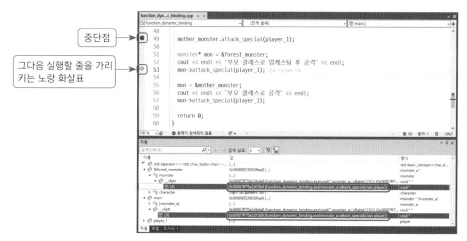

중단점

그다음 실행할 줄을 가리키는 노랑 화살표

**그림 8-8** monster_a 클래스를 monster 클래스로 업캐스팅했을 때 가상 함수 테이블

자식 클래스인 `forest_monster`는 `monster` 클래스를 품고 있고, `monster` 클래스 안에 `_vfptr`이 있습니다. 주소의 마지막 4자리만 보면 '10b9'입니다. `mon` 클래스 포인터는 `monster_a` 클래스를 가리키고, `_vfptr[0]`이 `forest_monster`의 `_vfptr[0]`인 '10b9'을 가리키고 있음을 확인할 수 있습니다. `mon`이 `monster` 클래스의 포인터지만, `monster_a` 클래스의 `attack_special` 함수를 호출하는 이유입니다.

이번에는 `monster` 클래스의 객체를 대입했을 때를 살펴보겠습니다. F10을 몇 차례 더 눌러 56번 줄까지 실행하고 노랑 화살표가 57번 줄을 가리키도록 합니다. 다시 [자동] 창을 보면 `mon` 클래스 포인터의 `_vfptr[0]`이 이번에는 `mother_monster`의 `_vfptr[0]`인 '11e0'을 가리키고 있습니다. 이처럼 동적 바인딩은 같은 코드여도 프로그램이 실행되는 동안에 호출 대상 함수가 동적으로 변경될 수 있습니다.

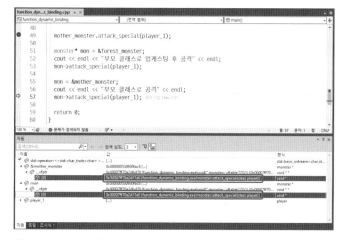

**그림 8-9** monster 클래스를 monster 클래스 포인터에 대입했을 때 가상 함수 테이블

## 순수 가상 함수

앞에서 살펴본 가상 함수 코드를 보면 부모 클래스에도 함수를 정의했습니다. 그런데 부모 클래스에서는 가상 함수를 선언만 하고 자식 클래스에서 정의하도록 강제할 수도 있습니다. 이러한 함수를 **순수 가상 함수**<sup>pure virtual function</sup>라고 합니다. 부모 클래스에서는 동작하지 않지만 자식 클래스의 기능을 미리 선언하고 싶을 때 사용합니다.

### 순수 가상 함수 선언

클래스에서 가상 함수를 선언만 하고 정의하지 않으면 오류가 발생하므로 순수 가상 함수를 선언하려면 다음처럼 마지막 부분에 '= 0'을 추가해야 합니다.

**순수 가상 함수 선언**

```
virtual void attack_special(player target_player) = 0;
```

순수 가상 함수로 선언한 후에는 이 클래스를 상속받는 자식 클래스에서 반드시 정의해야 합니다. 만약 상속받은 클래스에서도 정의하지 않고 자식 클래스를 상속받는 또 다른 클래스에서 정의하게 하려면 자식 클래스에서 다시 순수 가상 함수로 선언하면 됩니다.

### 순수 가상 함수 활용

몬스터 코드를 조금 변형해 순수 가상 함수의 사용법을 알아보겠습니다. 몬스터들이 새벽이 되면 공격하는 기능을 추가해 보겠습니다. 지금까지 개발해 온 monster_a, monster_b, monster_c에는 새벽 공격 기능을 멤버 함수나 가상 함수로 추가할 수 있겠지만, 앞으로 만들 새로운 몬스터 클래스에서는 실수로 빠뜨릴 수도 있습니다. 따라서 순수 가상 함수로 만들어 자식 클래스에서 정의하도록 해보겠습니다.

몬스터 클래스의 계층 구조에서 최상위인 monster 클래스에 attack_at_dawn이라는 순수 가상 함수를 만들겠습니다. 즉, monster 클래스에서는 attack_at_dawn 가상 함수 선언만하고 자식 클래스에서 강제로 정의하도록 만들겠습니다.

• ch08/pure_virtual_function_error/pure_virtual_function_error.cpp

```cpp
#include <iostream>
#include <list>

using namespace std;
... (생략)...
class monster {
public:
  monster() {};
  void attack(player target_player) {};
  virtual void attack_special(player target_player);
  virtual void attack_at_dawn() = 0; ← 순수 가상 함수로 선언
};

class monster_a : public monster, character {
public:
  // 상속받은 함수 오버라이드 선언
  virtual void attack_special(player target_player) override;
};

class monster_b : public monster, character {
public:
  virtual void attack_special(player target_player) override;
};

class monster_c : public monster, character {
public:
  virtual void attack_special(player target_player) override;
};

int main() {
  list<monster*> mon_list;

  monster_a first_monster;
  mon_list.push_back(&first_monster);

  monster_b second_monster;
  mon_list.push_back(&second_monster);

  monster_c third_monster;
```

```
    mon_list.push_back(&third_monster);
    for (auto item : mon_list) {
      item->attack_at_dawn();
    }


    return 0;
}
```

monster 클래스에 선언한 attack_at_dawn()은 순수 가상 함수이므로 상속받은 자식 클래스에서 구현하지 않으면 컴파일 오류가 발생합니다. 오류 메시지는 두 가지입니다. 첫 번째는 순수 가상 함수를 정의하지 않았다는 오류이고, 두 번째는 추상 클래스를 인스턴스화할 수 없다는 오류입니다. 첫 번째 오류는 앞에서 이야기한 것처럼 가상 함수 오버라이딩을 문법적으로 강제해서 발생합니다. 두 번째 오류는 다음 절에서 다룰 추상 클래스와 관련된 내용인데 첫 번째 오류를 해결하면 함께 해결됩니다.

이처럼 자식 클래스에서 오버라이딩을 강제하는 방법으로 순수 가상 함수를 사용할 수 있습니다. 이제 monster_a, monster_b, monster_c 클래스에서 attack_at_dawn 함수를 정의하고 결과를 확인해 보겠습니다.

```cpp
#include <iostream>
#include <list>
using namespace std;

class character {
public:
  character() : hp(100), power(100){};
  void get_damage(int _damage){};

protected:
  int hp;
  int power;
};

class player : public character {
public:
  player(){};
};

class monster {
public:
  monster(){};
  void attack(player target_player){};
  virtual void attack_special(player target_player);
  virtual void attack_at_dawn() = 0;
};

void monster::attack_special(player target_player) {
  cout << "기본 공격 : 데미지 - 10 hp" << endl;
}

class monster_a : public monster, character {
public:
  virtual void attack_special(player target_player) override;
  virtual void attack_at_dawn() override;
};
```

```cpp
// 순수 가상 함수 오버라이딩
void monster_a::attack_at_dawn() {
  cout << "동쪽에서 기습!" << endl;
}

void monster_a::attack_special(player target_player) {
  cout << "인텡글 공격 : 데미지 - 15 hp" << endl;
}

class monster_b : public monster, character {
public:
  virtual void attack_special(player target_player) override;
  virtual void attack_at_dawn() override;
};

void monster_b::attack_special(player target_player) {
  cout << "가상 공격 : 데미지 - 0 hp" << endl;
}

void monster_b::attack_at_dawn() {
  cout << "적진에 조용히 침투하여 방화!" << endl;
}

class monster_c : public monster, character {
public:
  virtual void attack_special(player target_player) override;
  virtual void attack_at_dawn() override;
};

void monster_c::attack_special(player target_player) {
  cout << "강력 뇌전 공격 : 데미지 - 100 hp" << endl;
}

void monster_c::attack_at_dawn() {
  cout << "남쪽에서 적진을 향해 대포 발사!" << endl;
}

int main() {
```

```
    list<monster*> mon_list;

    monster_a first_monster;
    mon_list.push_back(&first_monster);

    monster_b second_monster;
    mon_list.push_back(&second_monster);

    monster_c third_monster;
    mon_list.push_back(&third_monster);

    for (auto item : mon_list) {
      item->attack_at_dawn();
    }

    return 0;
}
```

모든 자식 클래스에서 순수 가상 함수를 오버라이딩했으므로 정상으로 실행됩니다. 코드에서 마지막 부분의 for 문을 보면 mon_list의 모든 객체를 부모 클래스인 monster*형으로 업캐스팅했지만, 각 클래스에서 오버라이딩한 가상 함수가 실행된 것을 확인할 수 있습니다.

## 가상 소멸자

가상 함수에서 마지막으로 살펴볼 부분은 가상 소멸자입니다. 생성자와 소멸자는 클래스가 생성되거나 종료될 때 필요한 여러 가지 작업을 합니다. 특히 C++ 언어에서는 메모리를 해제하는 후처리가 중요한데, 메모리 해제는 보통 소멸자에서 수행합니다. 하지만 의도한 대로 소멸자가 호출되지 않는다면 문제가 발생할 수 있습니다.

## 호출되지 않는 자식 클래스 소멸자

먼저 몬스터 클래스를 가지고 생성자와 소멸자의 호출 순서를 확인해 보겠습니다.

생성자와 소멸자 호출 순서

• ch08/monster_destructor/monster_destructor.cpp

```cpp
#include <iostream>
using namespace std;

class monster {
public:
  monster();     // 생성자
  ~monster();    // 소멸자
private:
  int *dummy;
};

monster::monster() {
  cout << "monster() 생성자 호출" << endl;
  dummy = new int;
}

monster::~monster() {
  cout << "~monster() 소멸자 호출" << endl;
  delete dummy;    // 메모리 해제
}

class monster_a : public monster{
public:
  monster_a();
  ~monster_a();
private:
  int *dummy_a;
};

monster_a::monster_a() {
  cout << "monster_a() 생성자 호출" << endl;
  dummy_a = new int;
}
```

```
monster_a::~monster_a() {
    cout << "~monster_a() 소멸자 호출" << endl;
    delete dummy_a;
}

int main() {
    monster_a *mon = new monster_a();

    delete mon;
    return 0;
}
```

실행 결과

```
monster() 생성자 호출
monster_a() 생성자 호출
~monster_a() 소멸자 호출
~monster() 소멸자 호출
```

앞서 「07-3」절에서 배운 대로 생성자는 부모 클래스, 자식 클래스 순으로 호출되고, 소멸자는 자식 클래스, 부모 클래스 순으로 호출됩니다. 그리고 각 클래스에 있는 dummy_a 포인터도 의도한 순서에 맞게 메모리가 할당되었다가 해제됩니다.

그런데 다음 코드처럼 monster_a 클래스의 객체를 생성할 때 부모 클래스로 업캐스팅 후 결과를 살펴보면 생성자는 제대로 호출되지만 자식 클래스의 소멸자가 호출되지 않습니다. 업캐스팅 때문에 부모 클래스의 소멸자가 호출되어 메모리를 해제하기 때문입니다. 이러면 자식 클래스에 있는 dummy_a 메모리는 할당만 되고 해제되지 않아서 메모리 누수[memory leak]가 발생합니다.

> **Do it! 실습** 업캐스팅 때 생성자와 소멸자 호출 순서
>
> • ch08/upcasting_destructor/upcasting_destructor.cpp

```
#include <iostream>
... (생략) ...
int main() {
    monster *mon = new monster_a();     // 부모 클래스로 업캐스팅
    delete mon;
    return 0;
}
```

```
monster() 생성자 호출
monster_a() 생성자 호출
~monster() 소멸자 호출
```

## 가상 소멸자 사용

앞에서 살펴본 문제를 해결하려면 가상 소멸자를 사용해야 합니다. 가상 함수는 업캐스팅된 객체에서 재정의된 함수를 호출할 수 있는 방법입니다. 클래스의 생성자와 소멸자는 특별한 함수여서 자식 클래스에서 정의한 생성자와 소멸자는 이름이 달라도 부모 클래스의 생성자와 소멸자를 재정의한 것으로 여깁니다. 따라서 소멸자를 가상 함수로 정의하면 업캐스팅 상황에서도 자식 클래스에 정의된 소멸자를 호출할 수 있습니다.

가상 소멸자를 사용해 업캐스팅 상황에서도 자식 클래스의 소멸자가 호출되도록 코드를 수정해 보겠습니다. 이렇게 하면 의도한 순서대로 소멸자까지 호출되는 것을 볼 수 있습니다. 업캐스팅된 monster_a의 소멸자가 호출된 후에 상속 구조에 따라 부모 클래스로 올라가면서 호출됩니다.

**Do it! 실습** 가상 소멸자

• ch08/virtual_destructor_second/virtual_destructor_second.cpp

```cpp
#include <iostream>
using namespace std;

class monster {
public:
  monster();
  virtual ~monster();
private:
  int *dummy;
};
... (생략) ...
int main() {
  monster *mon = new monster_a();   // 부모 클래스로 업캐스팅
  delete mon;
  return 0;
}
```

monster() 생성자 호출

monster_a() 생성자 호출

~monster_a() 소멸자 호출

~monster() 소멸자 호출

가상 함수는 메모리 구조를 이해해야 해서 조금 어려울 수 있습니다. 세세한 동작 원리보다는 어떤 상황에서 사용해야 하는지만 알아도 됩니다. 다음 절에서는 가상 함수로만 구성된 추상 클래스를 알아보겠습니다.

## 3분 퀴즈

**1** 가상 함수에 대해서 정의하고 어떤 상황에서 사용할 수 있는지 설명해 보세요.

**2** _____ 를 사용하지 않으면 업캐스팅된 클래스의 객체를 생성했을 때 부모 클래스의 소멸자만 호출되어 자식 클래스의 객체에 필요한 후처리를 할 수 없게 됩니다.

**3** 가상 함수는 가상 함수의 위치를 저장할 수 있는 _____ (이)가 존재하기 때문에 동작합니다.

[모범 답안]
**1** 가상 함수는 다형성을 구현하기 위해 함수를 오버라이딩하는 특별한 방법입니다. 객체가 업캐스팅된 후에 호출해도 자식 클래스의 오버라이딩 함수를 호출해야 할 때 사용합니다.
**2** 가상 소멸자
**3** 가상 함수 테이블

# 08-3 추상 클래스와 정적 멤버

- 추상 클래스와 정적 멤버를 이해하고 활용하기
- 정적 멤버를 활용한 디자인 패턴 알아보기

학습
목표

이번 절에서는 특이한 형태의 클래스를 알아보겠습니다. 지금까지 공부한 클래스는 객체를 선언해서 사용했지만, 이번에 공부할 추상 클래스는 객체를 선언할 수 없습니다. 또한 정적 멤버를 가지는 클래스는 객체를 생성하지 않고 사용할 수 있습니다. 두 가지 클래스를 어떤 용도로 사용하는지 알아보겠습니다.

## 추상 클래스

추상 클래스<sup>abstract class</sup>는 이름처럼 추상적인 클래스입니다. 이때 추상적이라는 말은 '구체적이지 않다'는 뜻입니다. 클래스가 구체적이지 않다는 것은 명확한 정의가 없다고 할 수 있습니다. 클래스에 순수 가상 함수가 있으면 추상 클래스라고 합니다. 일반 함수나 멤버 변수를 가지고 있어도 순수 가상 함수를 포함한다면 추상 클래스입니다.

C++ 언어에서 추상 클래스는 일반 클래스<sup>*</sup>와는 달리 객체를 직접 생성할 수 없으며, 추상 클래스를 상속받은 자식 클래스에서 객체를 선언합니다. 자식 클래스에서는 순수 가상 함수를 반드시 오버라이딩해야 합니다.

\* 추상 클래스와 대비되는 일반 클래스를 구상 클래스(concrete class)라고 합니다.

추상 클래스는 객체지향 원칙의 다형성을 구현할 때 사용합니다. 추상 클래스에는 특정 역할을 담당할 함수를 선언만 해놓고, 여러 자식 클래스에서 각기 다른 알고리즘으로 동작하도록 정의할 수 있습니다.

다시 몬스터 코드를 보겠습니다. 부모 클래스인 monster를 추상 클래스로 정의한 후 monster_a, monster_b, monster_c가 상속받는 구조로 만들어 다형성을 구현해 보겠습니다. 자식 클래스에서 몬스터의 특별 공격과 길 찾기 알고리즘을 다르게 구성한다고 가정해 보겠습니다.

• ch08/monster_find_route/monster_find_route.cpp

```cpp
#include <iostream>
#include <list>
using namespace std;

class character {
public:
  character() : hp(100), power(100){};

protected:
  int hp;
  int power;
};

class player : public character {
public:
  player(){};
};

// 추상 클래스
class monster {
public:
  monster();            // 생성자
  virtual ~monster();    // 소멸자
  virtual void find_route() = 0;                        // 순수 가상 함수
  virtual void attack_special(player target_player) = 0;   // 순수 가상 함수
};

monster::monster() {
  cout << "Monster 부모 클래스 생성자" << endl;
}

monster::~monster() {
  cout << "Monster 부모 클래스 소멸자" << endl;
}

class monster_a : public monster {
```

```
public:
  virtual void attack_special(player target_player) override;
  virtual void find_route() override;    // 순수 가상 함수 오버라이드 선언
};


void monster_a::attack_special(player target_player) {
  cout << "인텡글 공격 : 데미지 - 15 hp" << endl;
}

// 추상 클래스의 순수 가상 함수 구현
void monster_a::find_route() {
  cout << "깊이 우선 탐색(DFS)" << endl;
}


class monster_b : public monster {
public:
  virtual void attack_special(player target_player) override;
  virtual void find_route() override;
};


void monster_b::attack_special(player target_player) {
  cout << "가상 공격 : 데미지 - 0 hp" << endl;
}


void monster_b::find_route() {
  cout << "너비 우선 탐색(BFS)" << endl;
}


class monster_c : public monster {
public:
  virtual void attack_special(player target_player) override;
  virtual void find_route() override;
};


void monster_c::attack_special(player target_player) {
  cout << "강력 뇌전 공격 : 데미지 - 100 hp" << endl;
}
```

```
void monster_c::find_route() {
   cout << "다익스트라 최단 경로 알고리즘" << endl;
}

// 전역 함수
void monster_routine(monster *mon, player target_player) {
  mon->find_route();
  mon->attack_special(target_player);
}

int main() {
  list<monster*> mon_list;
  monster_a first_mon;
  monster_b second_mon;
  monster_c third_mon;
  player target_player;

  mon_list.push_back(&first_mon);
  mon_list.push_back(&second_mon);
  mon_list.push_back(&third_mon);

  for (auto mon : mon_list) {
    monster_routine(mon, target_player);
  }

  return 0;
}
```

**실행 결과**

... (부모 클래스 생성자 출력 생략) ...
깊이 우선 탐색(DFS)
인텡글 공격 : 데미지 - 15 hp
너비 우선 탐색(BFS)
가상 공격 : 데미지 - 0 hp
다익스트라 최단 경로 알고리즘
강력 뇌전 공격 : 데미지 - 100 hp
... (부모 클래스 소멸자 출력 생략) ...

코드에서 전역 함수로 정의한 monster_routine은 매개변수로 전달받은 부모 클래스의 포인터로(업캐스팅) find_route와 attack_special 함수를 호출하여 몬스터의 길 찾기와 특수 공격이 각각 다른 알고리즘으로 동작하도록 했습니다 .이렇게 설계하는 것을 '전략 패턴strategy pattern'이라고 합니다.

전략 패턴은 같은 기능을 다른 알고리즘으로 정의하고 싶을 때 각각을 캡슐화하여 교체할 수 있게 하는 것입니다. 알고리즘을 사용하는 곳(예에서는 monster_routine)과 제공하는 클래스(monster_a~monster_c)를 분리하여, 사용하는 곳에서는 알고리즘이 어떻게 구현되었는지 신경 쓰지 않아도 되며 다른 알고리즘으로 쉽게 교체할 수도 있습니다. 이렇게 하면 소프트웨어의 유지·보수성을 높이고 새로운 알고리즘을 추가하기도 쉬워집니다.

추상 클래스는 전략 패턴 외에도 여러 가지 디자인 패턴에 활용할 수 있으며 객체지향 설계 원칙을 따를 수 있도록 돕습니다.

**추상 클래스와 인터페이스**

추상 클래스를 '인터페이스(interface)'라 하기도 합니다. 다만 C++ 표준 명세에는 인터페이스에 대한 정의가 없습니다. 대신 추상 클래스와 순수 가상 함수로 비슷한 기능을 구현할 수 있습니다.

인터페이스는 프로그래밍에서 많이 사용되는 개념이며, 비주얼 스튜디오에서는 __interface 키워드로 인터페이스를 선언할 수 있도록 지원합니다. __interface는 표준 C++ 문법은 아니지만 비주얼 스튜디오에서 클래스를 선언할 때 class 대신 사용하면 인터페이스를 선언할 수 있습니다. 인터페이스에서는 순수 가상 함수임을 나타내는 '=0'을 가상 함수 선언 뒤에 추가하지 않아도 모두 순수 가상 함수로 선언됩니다.

비주얼 스튜디오에서 __interface를 사용하는 방법은 docs.microsoft.com/ko-kr/cpp/cpp/interface?view=msvc-170를 참고하기 바랍니다.

## 정적 멤버

클래스에 멤버 변수나 함수를 선언할 때 static 키워드를 사용할 수 있으며, 이렇게 선언한 멤버 변수나 함수를 '정적 멤버 변수', '정적 멤버 함수'라고 합니다. 07장에서 정적 멤버 변수를 초기화하는 방법을 배울 때 정적 멤버에 관해 잠시 살펴봤습니다. 여기서 다시 한번 복습하면서 활용법을 알아보겠습니다.

## 정적 멤버 특징

정적 멤버는 클래스에 속하지만 특정 인스턴스에 종속되지 않으므로 메모리에 한 번만 할당
되어 모든 인스턴스가 공유할 수 있습니다. 즉, 클래스로 선언하는 객체와는 독립적입니다.

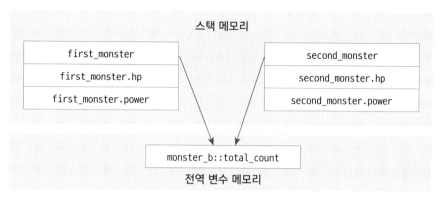

**그림 8-10** 정적 멤버 변수에 접근하는 객체들

따라서 외부에서 정적 멤버 변수를 사용하거나 정적 멤버 함수를 호출할 때는 범위 연산자
(::)로 해당 클래스의 이름을 붙여서 소속을 밝혀야 합니다.* 객체를 생성한 후에도 정적 멤
버를 사용하는 방법은 같습니다. 즉, 객체를 생성했다고     * 정적 멤버가 선언된 범위(클래스)에서는 범
해서 객체 이름으로 사용하는 것이 아니라, 여전히 클래     위 연산자를 사용하지 않고 사용할 수 있습니다.
스 이름을 붙여서 사용합니다.

**정적 멤버 변수, 정적 멤버 함수 사용**

```
class_name::static_variable = 10;
class_name::static_function();
```

정적 멤버를 범위 연산자로 접근하는 것을 보면 어디서나 접근할 수 있을 것 같지만, 정적 멤
버도 클래스에 속하는 것이므로 사용 범위는 일반 멤버처럼 클래스에서 지정한 접근 지정자
에 따릅니다. 이는 정적 멤버가 전역 변수나 함수와 다른 점입니다. 즉, 정적 멤버는 접근 지정
자로 사용 범위를 통제할 수 있습니다. 또한 클래스로 캡슐화할 수 있어서 어느 소속인지 이
해하기가 쉽습니다.

　정적 멤버

- 클래스당 한 번만 메모리에 할당된다.
- 해당 클래스로 선언한 모든 인스턴스가 공유한다.
- 소속 클래스를 범위 지정자로 붙여서 사용한다.
- 정적 멤버 변수는 클래스 안에 선언하고 밖에서 초기화해야 한다.
- 정적 멤버 함수는 클래스 안에 정의해도 메모리에는 별도로 존재하므로 인스턴스에 독립적이다.

```cpp
class monster {
public:
    // 정적 멤버 함수 선언
    static monster* create_monster();
private:
    // 정적 멤버 변수 선언
    static int mon_count;
};
// 정적 멤버 변수 초기화
int monster::mon_count = 0;
```

## 정적 멤버 활용

이러한 특징의 정적 멤버는 어느 때에 활용할 수 있을까요? 클래스에서 어떤 자료는 모든 객체가 공유해야 할 때 정적 멤버 변수로 선언할 수 있습니다. 그리고 정적 멤버 함수는 클래스의 객체를 클래스 내부에서 직접 관리하고 싶을 때, 또는 유틸리티 함수를 만들 때 활용할 수 있습니다.

유틸리티 함수$^{utility\ function}$란, 문자열 조작, 날짜나 시간 계산, 수학적 계산, 파일 입출력 등 특정 작업을 지원하는 함수를 의미합니다. 클래스나 객체에 독립적으로 프로그램의 다양한 부분에서 편리하게 재사용할 수 있으며 유지·보수성을 높이는 데에 좋습니다.

예를 들어 행렬이나 벡터를 처리하는 함수를 만든다고 가정해 보겠습니다. 선형대수학 클래스를 정의하면서 행렬과 벡터는 데이터를 저장해야 하므로 객체로 생성하고, 연산 함수는 선형대수학 클래스에 포함하면 될 것 같습니다. 그런데 이렇게 하면 행렬 연산이 필요할 때마다 객체를 생성해야 하거나 연산에 필요한 선형대수학 객체를 함수의 매개변수로 매번 전달해야 합니다. 꽤 귀찮은 작업이 될 것 같습니다.

이럴 때 행렬, 벡터 연산 함수를 선형대수학 클래스의 정적 멤버 함수로 선언하면 연산이 필요한 행렬, 벡터 객체가 있는 함수에서 바로 호출해서 사용할 수 있습니다. 주의할 점은 정적 멤버 함수에서는 정적 멤버 변수에만 접근할 수 있으므로 매개변수로 객체를 입력받아야 합니다.

그럼 행렬끼리 곱셈, 행렬과 벡터를 곱셈하는 정적 멤버 함수를 작성해 보겠습니다.

**Do it! 실습** 행렬, 벡터 연산 ─ 정적 멤버 활용 1

• ch08/static_class_members/static_class_members.cpp

```cpp
#include <iostream>
#include <list>

using namespace std;

class my_vector {
public:
  my_vector(int size);
private:
  int vector_size;
  list<int> contents;
};

my_vector::my_vector(int size) : vector_size(size) {
  for (int i = 0; i < vector_size; ++i) {
    contents.push_back(0);
  }
}

class matrix {
public:
  matrix(int row, int col);
  ~matrix();
private:
  int row_count;
  int col_count;
  list< my_vector*> contents;
};
```

```cpp
matrix::matrix(int row, int col) : row_count(row), col_count(col) {
  for (int i = 0; i < row_count; ++i) {
    my_vector *new_vector = new my_vector(col_count);
    contents.push_back(new_vector);
  }
}

matrix::~matrix() {
  for (auto item : contents) {
    delete item;
  }
}

// 정적 클래스
class linear_algebra {
public:
  // 정적 멤버 함수 선언
  static void matrix_multiply(matrix &operand1, matrix &operand2);
  static void dot_product(my_vector &operand1, my_vector &operand2);

private:
  // 정적 멤버 변수 선언
  static void matrix_vector_multiply(matrix &operand1, my_vector &operand2);
};

void linear_algebra::matrix_multiply(matrix &operand1, matrix &operand2) {
  cout << "두 개의 행렬곱을 계산합니다." << endl;
}

void linear_algebra::matrix_vector_multiply(matrix &operand1, my_vector &operand2) {
  cout << "행렬과 벡터의 곱을 계산합니다." << endl;
}

void linear_algebra::dot_product(my_vector &operand1, my_vector &operand2) {
  cout << "벡터의 내적을 계산합니다." << endl;
}

// 전역 함수에서 공개 정적 멤버에 접근 가능
```

```
void do_matrix_multiply(matrix &matrix_1, matrix &matrix_2) {
  linear_algebra::matrix_multiply(matrix_1, matrix_2);
}

// 전역 함수에서 비공개 정적 멤버에 접근 불가능
void do_matrix_vector_multiply(matrix &matrix_1, my_vector &vector_1) {
  // 다음 코드는 접근 지정자에 따라 접근할 수 없음
  // linear_algebra::matrix_vector_multiply(matrix_1, vector_1);
}

void do_vector_innerproduct(my_vector &vector_1, my_vector &vector_2) {
  linear_algebra::dot_product(vector_1, vector_2);
}

int main() {
  matrix matrix_1(10, 10), matrix_2(10, 10);
  my_vector vector_1(10), vector_2(10);

  do_matrix_multiply(matrix_1, matrix_2);
  do_matrix_vector_multiply(matrix_1, vector_2);
  do_vector_innerproduct(vector_1, vector_2);
  return 0;
}
```

**실행 결과**

두 개의 행렬곱을 계산합니다.
벡터의 내적을 계산합니다.

코드에서 linear_algebra 클래스는 정적 멤버로만 설계했습니다. 이처럼 정적 멤버로만 구성된 클래스를 '정적 클래스'라고 합니다. 정적 클래스라는 용어는 C++에서 공식적으로 정의돼 있지는 않지만, 개발자들 사이에서 많이 사용합니다.

전역 함수에서는 public 정적 멤버에 접근할 수 있지만, private 정적 멤버에 접근할 수 없습니다. 이처럼 접근 지정자로 정적 멤버의 접근을 통제할 수 있다는 점이 전역 변수·함수와 다릅니다.

물론 행렬곱 함수를 다른 방식으로 구현해도 됩니다. 하지만 정적 멤버로 선언하면 함수가 속한 클래스의 개념에 부합하고 코드의 구조를 이해하기가 쉽습니다.

## 객체를 생성하는 정적 멤버 함수

이번에는 객체를 생성하는 정적 멤버 함수의 예*를 보겠습니다. 몬스터를 지형에 맞게 생성하고 배치하는 코드입니다. 배치할 지형에 적합한 몬스터 객체를 생성하는 함수를 monster 클래스에 정적 멤버로 만듭니다. 그리고 몬스터를 관리하는 목록도 monster 클래스의 정적 멤버 변수로 만듭니다. 프로그램이 시작할 때 몬스터를 생성해서 배치하고 프로그램이 종료할 때 몬스터를 모두 삭제합니다.

\* 이번 예는 소스가 길어서 지면상 많이 생략했습니다. 전체 소스는 필자가 제공하는 실습 파일에서 확인할 수 있습니다.

> **Do it! 실습** 몬스터 배치와 관리 — 정적 멤버 활용 2
>
> • ch08/monster_factory_pattern/monster_factory_pattern.cpp

```cpp
#include <iostream>
#include <list>
using namespace std;

const int forest_terrain = 0;
const int cyber_terrain = 1;
const int urban_terrain = 2;

... (생략) ...

class monster
{
public:
  virtual void find_route() = 0;
  virtual void attack_special(player target_player) = 0;
  virtual ~monster() {};

  static monster *create_monster(const int terrain_type);
  static void destroy_monster();
  static monster *get_monster(const int terrain_type, int index);
  static int get_monster_count(const int terrain_type);

private:
```

```cpp
    static list<monster *> mon_a_list;
    static list<monster *> mon_b_list;
    static list<monster *> mon_c_list;
    static int mon_a_count;
    static int mon_b_count;
    static int mon_c_count;
};

list<monster *> monster::mon_a_list = {};
list<monster *> monster::mon_b_list = {};
list<monster *> monster::mon_c_list = {};

int monster::mon_a_count = 0;
int monster::mon_b_count = 0;
int monster::mon_c_count = 0;

... (생략) ...

int monster::get_monster_count(const int terrain_type) {
  switch (terrain_type) {
  case forest_terrain:
    return mon_a_count;
  case cyber_terrain:
    return mon_b_count;
  case urban_terrain:
    return mon_c_count;
  }

  return 0;
}

monster *monster::get_monster(const int terrain_type, int index) {
  monster *new_mon = nullptr;
  switch (terrain_type) {
  case forest_terrain: {
      auto item = mon_a_list.begin();
      advance(item, index);
      new_mon = *item;
    }
```

```
    break;
  case cyber_terrain: {
      auto item = mon_b_list.begin();
      advance(item, index);
      new_mon = *item;
      }
    break;
  case urban_terrain: {
      auto item = mon_c_list.begin();
      advance(item, index);
      new_mon = *item;
    }
    break;
  }

  return new_mon;
}

monster *monster::create_monster(const int terrain_type) {
  monster *new_mon = nullptr;
  switch (terrain_type) {
  case forest_terrain:
    new_mon = new monster_a();
    mon_a_list.push_back(new_mon);
    mon_a_count++;
    break;
  case cyber_terrain:
    new_mon = new monster_b();
    mon_b_list.push_back(new_mon);
    mon_b_count++;
    break;
  case urban_terrain:
    new_mon = new monster_c();
    mon_c_list.push_back(new_mon);
    mon_c_count++;
    break;
  }
```

```
    return new_mon;
}

... (생략) ...

void monster_routine(monster *mon, player target_player) {
  mon->find_route();
  mon->attack_special(target_player);
}

void create_monster(const int terrain_type, int count) {
  for (int i = 0; i < count; ++i) {
    monster::create_monster(terrain_type);
  }
}
void attact_all(const int terrain_type) {
  int mon_count, i;
  player target_player_dummy;

  mon_count = monster::get_monster_count(terrain_type);
  for (i = 0; i < mon_count; ++i) {
    monster_routine(monster::get_monster(terrain_type, i), target_player_dummy);
  }
}

int main() {
  create_monster(forest_terrain, 5);
  create_monster(cyber_terrain, 7);
  create_monster(urban_terrain, 5);

  attact_all(forest_terrain);
  attact_all(cyber_terrain);
  attact_all(urban_terrain);

  monster::destroy_monster();
  return 0;
}
```

깊이 우선 탐색(DFS)

인텡글 공격 : 데미지 - 15 hp

... (생략) ...

너비 우선 탐색(BFS)

가상 공격 : 데미지 - 0 hp

... (생략) ...

다익스트라 최단 경로 알고리즘

강력 뇌전 공격 : 데미지 - 100 hp

... (생략) ...

이 코드는 07장에서 다형성을 공부할 때 잠시 언급했던 팩토리 패턴$^{factory pattern}$으로 작성했습니다. 팩토리 패턴을 사용하면 객체를 일정한 규칙으로 생성할 수 있으며 이와 관련한 복잡한 로직을 캡슐화하여 시스템의 확장성을 높이고 변화에 대응하기가 쉽습니다.

### 3분 퀴즈

❶ 추상 클래스는 ＿＿＿＿＿＿＿＿(이)가 포함된 클래스를 말합니다. 추상 클래스로 객체를 선언할 수 없습니다. 그 이유는 ＿＿＿＿＿＿의 정의가 없어서 메모리에 인스턴스를 생성할 수 없기 때문입니다.

❷ 정적 클래스 멤버는 1) ＿＿＿＿＿＿＿ 없이 함수와 변수를 사용할 수 있습니다. 전역 변수·함수와 다른 점은 2) ＿＿＿＿＿＿(을)를 통해서 클래스 외부에서 사용할 수 없도록 강제할 수 있습니다.

[모범 답안]
❶ 순수 가상 함수
❷ 1) 객체 생성 2) 접근 지정자

이번 장에서는 다중 상속으로 여러 부모 클래스에서 속성과 기능을 상속받는 법을 배웠습니다. 그리고 다중 상속의 단점을 극복할 수 있는 컴포지션과 어그리게이션도 알아보았습니다. 가상 함수는 상속받아서 오버라이딩한 함수가 다형성을 지원할 수 있게 하며, 추상 클래스는 객체의 흐름만 순수 가상 함수로 설계한 후, 구현은 자식 클래스에 위임해 설계 의도에 따를 수 있게 합니다. 정적 멤버는 사용 범위를 통제하면서 객체를 생성하지 않고도 특정 속성이나 기능을 공통으로 사용할 수 있는 방법입니다.

### 문제 1 클래스 객체 곱하기 연산자 오버로딩

몬스터 A, B, C를 진화하기 위해서 A, B, C를 곱하는 연산을 오버로딩해 보세요. A×B, A×C, B×A, B×C, C×A, C×B 각각 다른 형태로 진화하도록 만들어 보겠습니다. A×B와 B×A는 다른 형태의 진화입니다. 몬스터 사이에는 상생이 있어서 상생이 좋은 경우는 능력치가 더욱 향상되고, 상생이 좋지 않은 경우에는 진화에 실패합니다. 상생 관계는 다음 표와 같습니다.

|  | A | B | C |
|---|---|---|---|
| A | X2 | X3 | 실패 |
| B | X5 | X2 | 실패 |
| C | 실패 | X4 | X2 |

소스 코드로 구현할 때 한 가지 요구 사항이 있습니다. 흡수한 제물의 능력치를 빼앗는 것뿐만 아니라, 제물의 특수 능력을 사용할 수 있어야 합니다. 그런데 몬스터의 특수 능력은 몬스터 A, B, C가 상속받은 부모의 함수를 오버라이딩한 함수입니다. 제물을 흡수한 몬스터는 자신의 특수 능력과 제물의 특수 능력을 모두 사용 가능합니다. 제물은 컴포지션이나 어그리게이션으로 표현합니다.

### 문제 2 다중 상속 개념

다중 상속의 단점을 설명해 보세요. 그리고 몬스터 소스에서 다중 상속을 받는 클래스 한 가지를 선택하여 어그리게이션으로 변경해 보세요.

**가상 함수 활용**

커피를 제공하는 클래스를 만들어 보세요. 커피를 제공하는 기본 흐름은 order_coffee 멤버 함수로 구현합니다. order_coffee 함수는 커피 주문받기, 커피 만들기, 커피 서빙하기를 수행합니다. 그리고 이 클래스를 상속받는 다양한 커피 판매소가 있습니다. 커피 판매소1은 무인 매장이고 판매소2는 프랜차이즈, 판매소3은 주문만 키오스크를 사용합니다. 커피 판매소1~3은 모두 커피를 만드는 클래스를 상속받습니다. 이 조건에 만족하는 클래스를 설계하고 의사코드를 작성해 보세요.

**문제 4** **추상 클래스 활용**

추상 클래스를 활용해 비행기 클래스를 설계해 보세요. 비행기는 전투기, 대형 항공기, 헬리콥터, 행글라이더 4종류입니다. 필수 기능으로는 이륙, 착륙, 고도 상승, 고도 하강, 불시착입니다. 추상 클래스를 여러 개 활용해도 됩니다. 공통 기능은 상속이 아닌 컴포지션이나 어그리게이션으로 작성해 보세요.

**문제 5** **정적 멤버 활용**

정적 멤버의 특징을 활용해 자유로운 주제로 클래스를 설계하고 구현해 보세요. 설계는 클래스 다이어그램을 활용합니다.

• 모범 답안 위치: github.com/mystous/DoItCPP/tree/main/exercise/ch08

# 09
# 객체지향 설계 원칙

이 장에서는 앞서 배운 객체지향 프로그래밍 문법을 실전에서 활용하는 방법을 알아보겠습니다. 먼저 객체지향 설계 원칙을 정리한 SOLID에 관해 공부하고 객체지향 프로그래밍 기법을 활용한 몇 가지 디자인 패턴을 살펴보겠습니다. 내용이 다소 어렵지만 C++ 언어를 실전에서 활용하는 데 큰 도움이 될 것입니다. 혹시 내용이 너무 어렵다면 지금은 가볍게 훑어보고 필요할 때 다시 열어 봐도 좋습니다.

# 09-1 단일 책임 원칙(SRP)

## SOLID 원칙이란?

먼저 이번 장에서 소개할 SOLID 원칙이 무엇인지 간단하게 알아보겠습니다. **SOLID 원칙**은 로버트 C. 마틴[Robert C. Martin]이 2000년대 초반에 발표한 객체지향 설계의 다섯 가지 원칙을 마이클 C. 페더스[Michael C. Feathers]가 부르기 쉽게 머리글자로 소개한 것입니다. SOLID는 소프트웨어의 유지·보수와 확장성에 도움이 되는 다섯 가지 기본 원칙입니다.

- Single Responsibility Principle(SRP): 단일 책임 원칙
- Open-Closed Principle(OCP): 개방·폐쇄 원칙
- Liskov Substitution Principle(LSP): 리스코프 치환 원칙
- Interface Segregation Principle(ISP): 인터페이스 분리 원칙
- Dependency Inversion Principle(DIP): 의존성 역전 원칙

## 산탄총 수술

이번 절에서 소개할 단일 책임 원칙[single responsibility principle](SRP)은 **'클래스는 한 가지 기능만 수행해야 하고, 한 가지 이유로만 변경해야 한다'**는 원칙입니다. 클래스를 설계할 때 역할을 복잡하지 않게 해야 한다는 의미입니다. 주목할 점은 뒤쪽에 있는 '변경'에 대한 언급으로, 클래스는 한 가지 목적으로만 수정돼야 한다는 뜻입니다. 즉, 어떤 클래스가 A라는 기능을 수정할 때도 변경되고, B라는 기능을 수정할 때도 변경되는 현상을 지양해야 한다고 말합니다.

현대 소프트웨어 개발에서는 구조가 복잡해지고 다양한 인력이 개발에 참여하면서 유지·보수성이 꽤 중요해졌습니다. 한 가지 기능을 수정할 때 클래스를 여러 개 수정해야 한다면 유지·보수성은 떨어지기 마련입니다. 이러한 현상을 가리켜 '산탄총 수술[shotgun surgery]'이라고 합니다. 산탄총처럼 탄흔을 사방에 남긴다는 의미입니다.

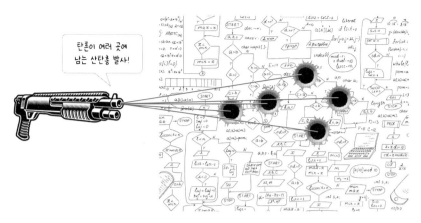

**그림 9-1** 산탄총 수술

만약 수정된 내용이 다른 클래스에 영향을 준다면 한 클래스만 수정하더라도 문제가 될 수 있습니다. 구현부가 변경되는 것은 상관없지만 함수의 시그니처가 변경되거나 함수 자체가 변경된다면 다른 클래스에도 수정이 필요합니다.

기능을 수정할 때 여러 클래스가 변경되지 않아야 하는 것은 물론이고, 변경된 클래스가 다른 클래스에 영향을 주지 않아야 합니다. 변경 사항이 한 클래스에 국한되는 것과 변경된 클래스가 다른 클래스에 영향을 주지 않는 것, 이 두 가지가 단일 책임 원칙의 핵심입니다. 변경 사항이 한 클래스에 갇혀야 한다는 점은 「09-4」절의 '인터페이스 분리 원칙(ISP)'과도 연결되는 개념입니다.

## 클래스 추출

단일 책임 원칙을 적용하는 구체적인 방법을 설계 측면과 리팩터링* 측면에서 살펴보겠습니다. 먼저 설계 측면에서는 상속 관계보다는 컴포지션이나 어그리게이션

> \* 리팩터링(refactoring)이란 프로그램의 실행 결과는 유지한 채 유지·보수가 쉽도록 코드를 정리하는 것을 의미합니다.

을 적극 활용하는 방법이 있습니다. 상속도 객체지향 언어의 중요한 특징이지만, 다중 상속이 너무 많아지거나 상속이 쌓이면 클래스가 커집니다. 다중 상속을 받았다는 것은 자식 클래스의 역할이 하나가 아니라 여러 가지라는 의미입니다.

프로그램을 제작하다 보면 클래스가 여러 가지 기능을 가질 수밖에 없습니다. 앞 장에서 살펴본 몬스터 코드에서 개별 몬스터는 캐릭터와 기본 몬스터의 다양한 속성을 상속받습니다. 이처럼 다중 상속이 필요한 상황에서 컴포지션과 어그리게이션은 단일 책임 원칙을 지켜 수정 범위를 한 클래스에 갇히게 하는 좋은 방법입니다.

08장에서 다룬 컴포지션과 어그리게이션은 클래스가 다른 클래스를 멤버 변수로 포함하는 방법이며, 이때 클래스를 상속받아 정의를 직접 가지고 있는 것이 아니라 멤버 변수로 가지거나 포인터형 멤버 변수로 객체를 참조합니다.

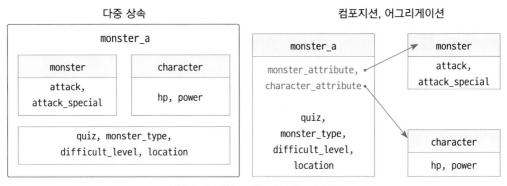

그림 9-2 다중 상속 vs 컴포지션, 어그리게이션

리팩터링 측면에서는 클래스를 추출해 거대 클래스<sup>large class</sup>를 작은 단위로 나눕니다. 거대 클래스를 작은 단위로 나누더라도 논리적인 관계는 유지돼야 합니다. 기존 거대 클래스는 여러 가지 기능을 묶는 역할만 하고, 단일 책임으로 추출한 하위 클래스는 컴포지션이나 어그리게이션을 이용해 has-a 관계로 구현합니다.

거대 클래스의 상속 관계를 잘 정리하거나 컴포지션, 어그리게이션을 적용하는 작업에는 정답이 없습니다. 많은 훈련으로 경험을 쌓을 수밖에 없습니다.

> **궁금해요!** **그렇다면 다중 상속을 문법에서 없애는 것이 좋지 않을까요?**
>
> 다중 상속을 남발하면 클래스가 커져서 '산탄총 수술' 현상이 발생할 수 있습니다. 하지만 상속 관계가 복잡하지 않거나 상속 세대가 깊지 않을 때는 다중 상속으로 간단하게 구현할 수도 있습니다. 다중 상속은 필요할 때 한정해서 사용하는 것이 좋습니다.

# 09-2 개방·폐쇄 원칙(OCP)

개방·폐쇄 원칙<sup>open-closed principle</sup>(OCP)은 이름만 보면 모순처럼 느껴지지만 개방과 폐쇄를 적용해야 할 대상이 다릅니다. 모든 SOLID 원칙과 마찬가지로 유지·보수성을 향상하기 위한 방법입니다.

## 확장에 열려 있고, 수정에 닫혀 있다

개방·폐쇄 원칙을 풀어서 설명하면 '확장에 열려(개방)있고 수정에 닫혀(폐쇄) 있어야 한다' 라고 말할 수 있습니다. 08장에서 배운 동적 바인딩이 개방·폐쇄 원칙을 잘 설명해 줍니다. 동적 바인딩을 이용하면 프로그램은 새로운 기능을 추가할 수 있는 방법(확장에 개방)이 생기며, 다른 코드에 파급 효과가 없어 추가되는 기능 외에는 수정이 필요없습니다(수정에 폐쇄).

주변에서 비슷한 예를 살펴볼까요? 시내에 있는 커피 전문점에서 "따뜻한 아메리카노 주세요"라고 주문하면 커피 제조를 담당하는 직원은 주문을 받아 커피를 제조합니다. 그날 추천하는 브랜딩 원두가 에스프레소 머신에서 곱게 갈리고 커피 잔에 따뜻한 물과 함께 추출되어 커피가 완성됩니다. 그리고 주문자를 부르면 커피를 가지러 갑니다.

만약 이 커피 전문점에서 연말을 맞이하여 시즌 메뉴를 추가하더라도(확정에 열림) 주문 방법은 바뀌지 않습니다(수정에 닫힘). 커피 제조 직원이 시즌 메뉴를 만드는 제조 방법을 새로 배우기만 하면 됩니다.

## 추상 클래스 활용

개방·폐쇄 원칙은 추상 클래스(인터페이스)를 통해서 구현할 수 있습니다. 프로그램에서 주요 기능의 흐름은 추상 클래스를 활용해 작성하고 이를 상속받아 구현하는 클래스에 따라서 세부 동작이 결정되게 합니다. 즉, 흐름의 뼈대는 템플릿으로 만들고 살을 붙이는 작업은 자식 클래스에 위임하는 것으로, 이러한 방식으로 설계하는 패턴을 가리켜 **템플릿 메서드 패턴**<sub>template method pattern</sub>이라고 합니다.

08장에서 작성한 몬스터 코드에 템플릿 메서드 패턴을 적용해 보겠습니다. 먼저 클래스 다이어그램부터 보겠습니다. 참고로 `monster_routine` 함수에서 각 클래스의 멤버 함수 호출을 연결한 화살표는 UML 표준이 아닌 이해를 돕기 위한 표시입니다.

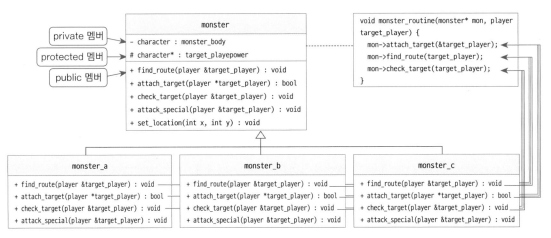

**그림 9-3** 템플릿 메서드 패턴으로 설계한 예

추상 클래스에 주요 기능을 모두 가상 함수로 선언하고 이를 상속받는 자식(구현) 클래스에서 가상 함수를 각각 구현합니다. 그리고 템플릿 함수(예에서는 `monster_routine`)에서 자식 클래스의 객체에 오버라이딩된 가상 함수를 호출해 논리의 흐름을 완성합니다. 만약 확장이 필요하면 자식 클래스를 추가하면 됩니다.

이러한 설계를 바탕으로 코드를 작성해 보겠습니다. 참고로 이번 장의 실습 코드는 꽤 길어서 책에서는 주요한 부분만 소개하고 나머지는 생략했습니다. 전체 코드는 필자가 제공하는 실습 파일을 참고해 주세요.

**Do it! 실습** 템플릿 메서드 패턴 적용

• ch09/template_method_monster/template_method_monster.cpp

```
... (생략) ...
// 몬스터 추상 클래스
class monster
{
public:
```

```cpp
  // 템플릿 메서드 패턴을 위한 순수 가상 함수 선언
  virtual void find_route(player &target_player) = 0;
  virtual bool attack_target(player *target_player) = 0;
  virtual void check_target(player &target_player) = 0;
  virtual void attack_special(player &target_player) = 0;
  virtual void set_location(int x, int y) { monster_body.set_location(x, y); };
  virtual ~monster(){};
... (생략) ...


// 추상 클래스 상속
class monster_a : public monster {
public:
  // 순수 가상 함수 오버라이드 선언
  virtual void find_route(player &target_player) override;
  virtual bool attack_target(player *target_player) override;
  virtual void check_target(player &target_player) override;
  virtual void attack_special(player &target_player) override;
};


// 몬스터 A에 특화된 공격 정의
void monster_a::attack_special(player &target_player) {
  cout << "인텡글 공격 : 데미지 - 15 hp" << endl;
}


void monster_a::find_route(player &target_player) {
  cout << "타깃 찾아 가기 - 최단 거리 우선" << endl;
}
... (생략) ...


// 몬스터 B에 특화된 공격 정의
void monster_b::attack_special(player &target_player) {
  cout << "가상 공격 : 데미지 - 0 hp" << endl;
}


void monster_b::find_route(player &target_player) {
  cout << "타깃 찾아 가기 - 최소 시간 우선" << endl;
}
... (생략) ...
```

```
// 몬스터 C에 특화된 공격 정의
void monster_c::attack_special(player &target_player) {
  cout << "강력 뇌전 공격 : 데미지 - 100 hp" << endl;
}

void monster_c::find_route(player &target_player) {
  cout << "타깃 찾아 가기 - 타깃 시선에 보이지 않도록" << endl;
}
... (생략) ...

// 순수 가상 함수의 조합으로 흐름을 정의하는 전역 함수
void monster_routine(monster *mon, player target_player) {
  mon->attack_target(&target_player);
  mon->find_route(target_player);
  mon->check_target(target_player);
}

int main() {
  int mon_count, i;
  player target_player_dummy;

  target_player_dummy.set_location(dis(gen), dis(gen));
  monster_factory::initialize_monster();

  mon_count = monster_factory::get_monster_count();
  for (i = 0; i < mon_count; ++i) {
    cout << endl;
    // 전체 몬스터를 순회하면서 같은 흐름으로 실행
    monster_routine(monster_factory::get_monster(i), target_player_dummy);
  }
  monster_factory::destroy_monster();
  return 0;
}
```

**실행 결과(출력 내용은 다를 수 있음)**

뒤따라 가면서 플레이어 쫓아 가기
타깃 찾아 가기 - 최단 거리 우선

```
타깃 찾아 가기 - 최단 거리 우선

위치 추적을 통해서 찾아 가기
타깃 찾아 가기 - 최소 시간 우선

위치 추적을 통해서 찾아 가기
타깃 찾아 가기 - 최소 시간 우선

타깃 찾아 가기 - 최소 시간 우선

눈에 띄면 무조건 따라감
타깃 찾아 가기 - 타깃 시선에 보이지 않도록
강력 뇌전 공격 : 데미지 - 100 hp
```

이 코드에서는 monster_a, monster_b, monster_c의 부모인 monster 클래스에 가상 함수를 선언했습니다. 그리고 이 가상 함수를 사용하는 monster_routine이라는 템플릿 함수를 전역 범위에 정의했습니다. 이를 활용해 각 몬스터가 플레이어를 추적하고 공격합니다. 플레이어와 몬스터의 거리에 따라 대상을 추적할지가 결정되므로 출력 내용은 실행할 때마다 달라집니다.

initialize_monster 함수를 보면 세 종류(monster_a, monster_b, monster_c)의 몬스터를 생성한 후에 포인터로 리스트를 만듭니다. 그런 다음 몬스터 리스트를 순회하면서 모든 몬스터에 일정한 순서로 같은 명령을 실행하지만 각각 다르게 동작합니다. 즉, 몬스터 A, B, C는 대상 설정, 찾아가기, 공격 결정하기가 각각 다르게 동작합니다.

# 09-3 리스코프 치환 원칙(LSP)

- 리스코프 치환 원칙 이해하기
- is-a 관계와 리스코프 치환 원칙 연결해서 이해하기

리스코프 치환 원칙<sup>Liskov substitution principle</sup>(LSP)은 '하위 클래스는 상위 클래스를 대체할 수 있어야 한다'는 의미입니다. 이 원칙은 바바라 리스코프<sup>Barbara Liskov</sup>가 OOPSLA '87 기조 연설로 발표한 'Data abstraction and hierarchy'에서 소개한 개념으로, 다형성의 동작 원리를 설명합니다.

자식 클래스가 부모 클래스를 치환한다는 것은 부모 클래스의 역할을 자식 클래스가 수행할 수 있다는 이야기입니다. 앞에서 상속을 다룰 때 자식 클래스가 부모 클래스를 완전히 대체할 수 있는 관계를 'is-a'라고 했습니다. is-a 관계로 정의된 클래스는 리스코프 치환 원칙에 따르는 클래스이며, 이는 다음의 두 가지를 의미합니다.

1. 부모 클래스를 상속받아 구현한 자식 클래스는 부모 클래스로 업캐스팅이 가능하다.
2. 자식 클래스에서 부모 클래스의 멤버 함수를 상속받아 오버라이딩하거나 유지해야 한다.

리스코프 치환 원칙에 해당하는 코드는 앞에서도 많이 다루었습니다. 이번에는 몬스터가 활동하는 지형을 클래스로 설계해서 리스코프 치환 원칙을 설명해 보겠습니다. 지형이 가지는 특징을 최상위 부모 클래스에 정의하고 몬스터, 플레이어와 상호 작용할 수 있는 가상 함수를 만들어 자식 클래스들이 상속받도록 하겠습니다.

---

**Do it! 실습** 지형 클래스에 리스코프 치환 원칙 적용

- ch09/liskov_substitution_principle_terrain/liskov_substitution_principle_terrain.cpp

```
... (생략) ...
class terrain {
public:
  // 리스코프 치환 원칙을 준수하는 순수 가상 함수 두 종류
  virtual void allocate_monster(monster *mon) = 0;
```

---

```cpp
  virtual void bost_monster(monster *mon) = 0;
  void set_start_location(int x, int y) { start_location_x = x;
                                          start_location_y = y; };
  void set_end_location(int x, int y) { end_location_x = x; end_location_y = y; };

protected:
  int terrain_type;
  void update_monster_list(monster *mon);

private:
  int start_location_x;
  int start_location_y;
  int end_location_x;
  int end_location_y;
  list<monster*> mon_list;
};

void terrain::update_monster_list(monster *mon) {
  mon_list.push_back(mon);
}

class forest_terrain : public terrain {
public:
  forest_terrain() {
    terrain_type = forest_terrain_type;
  };
  virtual void allocate_monster(monster *mon) override;
  virtual void bost_monster(monster *mon) override;
};

// 함수의 시그니처가 부모와 같지만, 다르게 동작
void forest_terrain::allocate_monster(monster *mon) {
  if (monster_a_type == mon->get_monster_type()) {
    update_monster_list(mon);
    cout << "Monster A를 숲에 배치 합니다." << endl;
  }
}
```

```
// 함수의 시그니처가 부모와 같지만, 다르게 동작
void forest_terrain::bost_monster(monster *mon) {
  if (monster_a_type == mon->get_monster_type()) {
    cout << "몬스터A가 숲에서는 힘이 더 강해 집니다." << endl;
  }
}


class cyber_terrain : public terrain {
public:
  cyber_terrain() {
    terrain_type = cyber_terrain_type;
  };
  virtual void allocate_monster(monster *mon) override;
  virtual void bost_monster(monster *mon) override;
};


// 함수의 시그니처가 부모와 같지만, 다르게 동작
void cyber_terrain::allocate_monster(monster *mon) {
  update_monster_list(mon);
  cout << "모든 종류의 Monster를 사이버 공간에 배치 합니다." << endl;
}


// 함수의 시그니처가 부모와 같지만, 다르게 동작
void cyber_terrain::bost_monster(monster *mon) {
  cout << "모든 몬스터가 사이버 공간에서는 속도가 빨라 집니다." << endl;
}


class urban_terrain : public terrain {
public:
  urban_terrain() {
    terrain_type = urban_terrain_type;
  };
  virtual void allocate_monster(monster *mon) override;
  virtual void bost_monster(monster *mon) override;
};


// 함수의 시그니처가 부모와 같지만, 다르게 동작
void urban_terrain::allocate_monster(monster *mon) {
```

```cpp
    if (monster_a_type != mon->get_monster_type()) {
      update_monster_list(mon);
      cout << "Monster B, C를 도심에 배치 합니다." << endl;
    }
}


// 함수의 시그니처가 부모와 같지만, 다르게 동작
void urban_terrain::bost_monster(monster *mon) {
  if (monster_c_type == mon->get_monster_type()) {
    update_monster_list(mon);
    cout << "Monster C는 도심에 힘이 강해 집니다." << endl;
  }
}
... (생략) ...


  // 종류에 상관없이 monster 클래스로 업캐스팅하여 같은 흐름으로 실행
monster *monster_factory::create_monster(const int terrain_type, terrain *terrain_inst)
{
  monster *new_mon = nullptr;
  switch (terrain_type) {
  case forest_terrain_type:
    new_mon = new monster_a();
    break;
  case cyber_terrain_type:
    new_mon = new monster_b();
    break;
  case urban_terrain_type:
    new_mon = new monster_c();
    break;
  }

  terrain_inst->allocate_monster(new_mon);
  terrain_inst->bost_monster(new_mon);
  mon_list.push_back(new_mon);
  mon_count++;
  return new_mon;
}
... (생략) ...
```

이 함수에서 리스코프 치환 원칙을 적용했구나!

```
int main() {
  int mon_count, i;
  player target_player_dummy;

  target_player_dummy.set_location(dis(gen), dis(gen));
  monster_factory::create_terrain();
  monster_factory::initialize_monster();

  mon_count = monster_factory::get_monster_count();
  for (i = 0; i < mon_count; ++i) {
    cout << endl;
    monster_routine(monster_factory::get_monster(i), target_player_dummy);
  }

  monster_factory::destroy_monster();
  monster_factory::destroy_terrain();

  return 0;
}
```

---

**실행 결과(출력 결과는 랜덤)**

Monster A를 숲에 배치 합니다.
몬스터A가 숲에서는 힘이 더 강해 집니다.
Monster B, C를 도심에 배치 합니다.
... (생략) ...

---

몬스터들이 배치될 수 있는 지형은 모두 세 종류입니다. 숲, 사이버 공간 그리고 도심입니다. 세 가지 공간 모두 terrain 클래스를 상속받습니다. 주목할 코드는 monster_factory:: create_monster 함수입니다. 매개변수로 입력받은 terrain 클래스의 포인터가 가리키는 실제 객체는 forest_terrain, cyber_terrain, urban_terrain 가운데 하나입니다. 함수에서는 세 클래스 모두 terrain 클래스 객체처럼 동작합니다. 이 부분이 바로 리스코프 치환 원칙을 따르고 있는 것입니다.

monster 클래스에서 리스코프 치환 원칙이 적용된 부분은 필자가 제공한 전체 소스를 보고 여러분이 직접 찾아보세요. 이 또한 리스코프 치환 원칙을 이해하는 공부가 될 수 있습니다.

학습
목표

• 인터페이스 분리 원칙 이해하기
• 인터페이스 분리 원칙과 단일 책임 원칙의 관계 이해하기

08장에서 추상 클래스를 다룰 때 C++ 표준 명세에는 인터페이스에 대한 공식 정의가 없고, 추상 클래스를 인터페이스로 활용한다고 했습니다. 따라서 이 절에서 말하는 인터페이스는 순수 가상 함수만으로 구성된 추상 클래스를 떠올리면 됩니다.

인터페이스 분리 원칙<sup>interface segregation principle</sup>(ISP)은 단일 책임 원칙을 인터페이스에 적용한 것으로 생각하면 이해가 쉽습니다. 단일 책임 원칙을 떠올려 보면 '클래스는 한 가지 기능만 수행해야 하고, 한 가지 이유로만 변경해야 한다'는 것입니다.

인터페이스를 상속받은 클래스에서는 인터페이스를 구현해야 합니다. 그런데 클래스에서 여러 인터페이스를 구현하다 보면 단일 책임 원칙에 위배됩니다. 단일 책임 원칙을 지키려면 인터페이스가 '작고 섬세<sup>fine grained</sup>'해야 하며, 클래스는 역할에 특화된 최소한의 인터페이스를 구현해야 합니다.

결국 인터페이스 분리 원칙은 **'인터페이스는 작고 섬세해야 하고, 클래스는 필요한 인터페이스만 구현해야 한다'**라고 정리할 수 있습니다.

지금까지 몬스터들은 기본 몬스터 클래스를 상속받거나 인터페이스로 변경된 몬스터 클래스 하나를 상속받아 구현했습니다. 아직 기능이 많지 않아서 인터페이스를 하나만 사용했지만, 인터페이스 분리 원칙을 설명하기 위해 조금 복잡한 기능을 추가하여 몬스터 코드를 작성해 보겠습니다.

**Do it! 실습** 인터페이스 분리 원칙 적용

• ch09/ISP_monster_example/ISP_monster_example.cpp

```
... (생략) ...
// 인터페이스로 사용할 추상 클래스
class IRoute {
public:
  virtual void find_route(int x, int y) = 0;
```

```cpp
  virtual void set_location(int x, int y) = 0;
  virtual int get_location(bool x) = 0;
};

// 인터페이스로 사용할 추상 클래스
class IAttack {
public:
  virtual bool attach_target(character* target_player) = 0;
  virtual void check_target(character& target_player) = 0;
  virtual void attack_special(character& target_player) = 0;
};

// character 클래스와 추상 클래스 IRoute 상속
class player : public character, public IRoute {
public:
  player(){};
  virtual void find_route(int x, int y) override;
  virtual void set_location(int x, int y) override;
  virtual int get_location(bool x) override;
private:
  int location_x;
  int location_y;
};
... (생략 )...

// IRoute, IAttack 추상 클래스를 상속받아 정의
class monster : public IRoute, public IAttack {
public:
  int get_monster_type() { return monster_type; };
  virtual void set_location(int x, int y) override { location_x = x;
                                                     location_y = y; };
  virtual int get_location(bool x) override { return x ? location_x : location_y; };

protected:
  int calculate_distance(int x, int y);
  character *target_player = nullptr;
  int monster_type;
  character monster_body;

private:
```

```
  int location_x;
  int location_y;
};
... (생략) ...
class npc_object : public IRoute {
public:
  virtual void find_route(int x, int y) override;
  virtual void set_location(int x, int y) override;
  virtual int get_location(bool x) override;

private:
  int location_x; int location_y;
};
... (생략)...

// 작은 범위로 정의된 여러 추상 클래스를 상속받아 정의한 함수 사용
void monster_routine(monster *mon, player target_player) {
  mon->attack_target(&target_player);
  mon->find_route(target_player.get_location(true), target_player.get_location(false));
  mon->check_target(target_player);
}
... (생략) ...

int main() {
  int mon_count, i;
  player target_player_dummy;

  target_player_dummy.set_location(dis(gen), dis(gen));
  character_factory::create_terrain();
  character_factory::initialize_monster();

  mon_count = character_factory::get_monster_count();
  for (i = 0; i < mon_count; ++i) {
    cout << endl;
    monster_routine(character_factory::get_monster(i), target_player_dummy);
  }

  character_factory::destroy_monster();
  character_factory::destroy_terrain();
  return 0;
}
```

Monster A를 숲에 배치 합니다.

몬스터A가 숲에서는 힘이 더 강해 집니다.

Monster A를 숲에 배치 합니다.

... (생략) ...

기본 몬스터 클래스에 있던 순수 가상 함수들을 이동 인터페이스인 **IRoute**와 공격 인터페이스인 **IAttack**으로 각각 분리했습니다. **IRoute**는 새로 추가된 `player`에도 적용해 정해진 규칙에 따르도록 했습니다.

이로써 몬스터와 NPC가 이동 인터페이스는 활용하지만, 공격이 필요하지 않은 NPC는 공격 인터페이스를 구현하지 않고 필요한 인터페이스만 구현할 수 있게 되었습니다.

다음 그림은 인터페이스 분리 원칙으로 설계한 클래스 다이어그램을 보여 줍니다. 클래스 간에 관계를 살펴볼 수 있습니다.

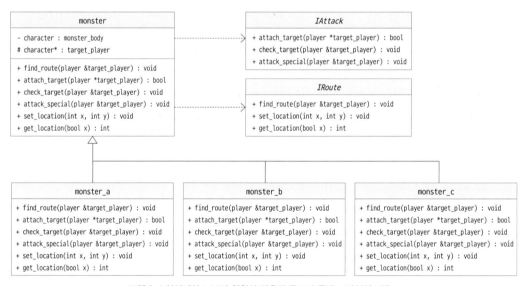

그림 9-4 인터페이스 분리 원칙이 적용된 몬스터 클래스 다이어그램

# 09-5 의존성 역전 원칙(DIP)

· 의존성 역전 원칙 이해하기
· 의존성 역전 원칙 적용 코드 보기

학습
목표

SOLID에서 마지막으로 의존성 역전 원칙<sup>dependency inversion principle</sup>(DIP)을 알아보겠습니다. 이 원칙은 **'상위 수준 모듈은 하위 수준의 모듈에 의존해서는 안 되며 상위·하위 수준 모두 추상 레이어(인터페이스)에 의존해야 한다'**로 정리할 수 있습니다. 의존성 역전 원칙은 '개방·폐쇄 원칙'을 적용하기 위해 사용됩니다.

의존성 역적 원칙이 적용되지 않은 구조와 적용된 구조를 비교해 보겠습니다. 다음 그림은 몬스터를 상대할 플레이어에 무기와 탈것을 포함하는 구조를 보여 줍니다. 의존성 역전 원칙을 적용하지 않고 클래스를 활용해 기능적으로 설계한 예입니다. 그런데 이렇게 하면 플레이어 클래스가 구상 클래스<sup>concrete class</sup>를 통해 무기와 탈것에 직접 의존하게 됩니다. 따라서 무기나 탈것을 추가하거나 삭제할 때에 플레이어 클래스를 수정해야 합니다.

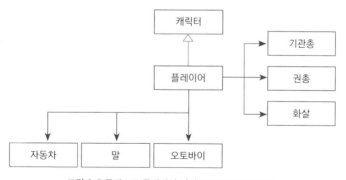

**그림 9-5** 클래스로 플레이어 설계(의존성 역전 원칙 미적용)

반면에 다음 그림은 무기와 탈것이 추상 계층, 즉 인터페이스를 거쳐서 플레이어가 사용하도록 설계한 예입니다. 이렇게 하면 의존성 역전 원칙이 적용됩니다.

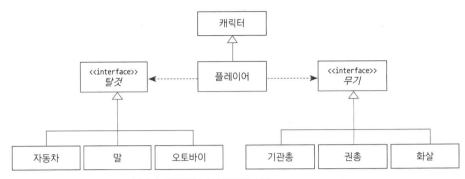

**그림 9-6** 인터페이스로 플레이어 설계(의존성 역전 원칙 적용)

탈것과 무기를 관리하는 인터페이스를 추가하고 플레이어는 인터페이스를 참조하도록 했습니다. 이렇게 의존성 역전 원칙을 적용하면 무기나 탈것을 추가하더라도 플레이어 클래스는 변경하지 않고 확장할 수 있습니다. 즉, 개방·폐쇄 원칙도 함께 적용됩니다.

지금까지 설계한 몬스터와 플레이어를 소스 코드로 작성해 보겠습니다. 그런데 몬스터에 기능이 추가되면서 코드가 길고 복잡해졌습니다. 이때는 클래스를 별도의 파일로 분리하면 좋지만, 이 책에서는 한 파일로 살펴보겠습니다.<sup>*</sup>

\* 책에서는 반복되고 긴 코드는 생략했습니다. 전체 소스는 필자가 제공하는 실습 파일을 참고하세요.

---

**Do it! 실습** 의존성 역전 원칙 적용

• ch09/DIP_monster_example/DIP_monster_example.cpp

```cpp
... (생략) ...
// 인터페이스로 사용할 추상 클래스 IWeapon
class IWeapon {
public:
  virtual void reload_bullet() = 0;
  virtual bool is_bullet_empty() = 0;
  virtual void shoot_weapon(void* target_plaery) = 0;
};


// 인터페이스로 사용할 추상 클래스 IRiding_object
class IRiding_object {
public:
  virtual int check_energy() = 0;
  virtual void set_destination(int x, int y) = 0;
  virtual void run_to_destination() = 0;
```

```cpp
};
... (생략) ...


class player : public character, public IRoute {
public:
  virtual void find_route(int x, int y) override;
  virtual void set_location(int x, int y) override;
  virtual int get_location(bool x) override;
  void set_weapon(IWeapon *new_weapon) { weapon = new_weapon; };
  void set_riding_object(IRiding_object *new_riding_object) {
    riding_object = new_riding_object; };
  void release_weapone() { weapon = nullptr; };
  void release_riding_object() { riding_object = nullptr; };
  void *get_weapon() { return weapon; };
  void *get_riding_object() { return riding_object; };
private:
  int location_x;
  int location_y;

  // 클래스가 아닌 인터페이스에 의존
  IWeapon *weapon = nullptr;
  IRiding_object *riding_object = nullptr;
};
... (생략) ...


class gun : public IWeapon { ... (생략) ... };
class machine_gun : public IWeapon { ... (생략) ... };
class arrow : public IWeapon { ... (생략) ... };
... (생략) ...


class car : public IRiding_object { ... (생략) ... };
class horse : public IRiding_object { ... (생략) ... };
class motor_cycle : public IRiding_object { ... (생략) ... };
... (생략) ...
```

> 반격을 막아내는 함수, 무기와 탈것은 모두 인터페이스로 처리 인터페이스를 상속한 클래스가 무엇이든 이 함수는 변경되지 않음

```cpp
void monster::depence_strike_back(void *target_player) {
  player *target_player_inst = (player*)target_player;
  IWeapon *weapon = (IWeapon*)target_player_inst->get_weapon();
  IRiding_object *riding_object =
```

```
      (IRiding_object*)target_player_inst->get_riding_object();
  if (nullptr == weapon) {
    return;
  }

  if (weapon->is_bullet_empty()) {
    weapon->reload_bullet();
  }
  weapon->shoot_weapon(this);

  if (riding_object->check_energy() > 10) {
    riding_object->set_destination(get_location(true) + 30, get_location(false) + 30);
    riding_object->run_to_destination();
  }
}
... (생략) ...

int main() {
  int mon_count, i;
  player target_player;
  car riding_car;
  machine_gun m_gun;

  random_device rd;
  mt19937 gen(rd());
  uniform_int_distribution<int> dis(0, 99);

  target_player.set_riding_object(&riding_car);
  target_player.set_weapon(&m_gun);
  target_player.set_location(dis(gen), dis(gen));

  character_factory::create_terrain();
  character_factory::initialize_monster();

  mon_count = character_factory::get_monster_count();
  for (i = 0; i < mon_count; ++i) {
    cout << endl;
    monster_routine(character_factory::get_monster(i), target_player);
```

```
    }

    character_factory::destroy_monster();
    character_factory::destroy_terrain();

    return 0;
}
```

코드를 보면 플레이어 클래스가 구상 클래스를 통해 무기와 탈것에 직접 의존하는 것이 아니라, 인터페이스를 통해서 의존하는 것을 알 수 있습니다.

이 코드에서는 자동차와 기관총을 사용하지만, 말과 화살을 사용하려면 set_weapon(), set_riding_object() 함수의 객체만 변경해 주면 됩니다. 그리고 새로운 무기와 탈 것을 만들 때는 IWeapon, IRiding_object 인터페이스를 상속받아 구현하면 됩니다. 즉, 새로운 무기 클래스가 개발되더라도 플레이어 클래스는 수정할 필요가 없습니다. 개방·폐쇄 원칙에서 배웠던 수정에는 닫히고, 확장에는 열린 상태가 되었습니다.

클래스 다이어그램으로 전체 설계도를 살펴보면 다음과 같습니다.

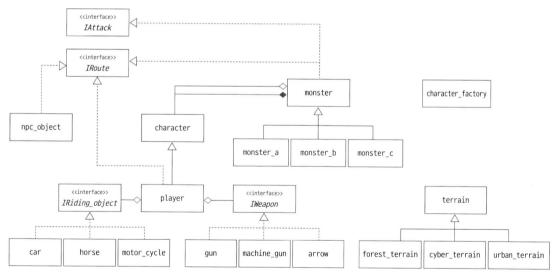

**그림 9-7** 의존성 역전 원칙이 적용된 플레이어의 클래스 다이어그램

이번 장의 내용은 너무 복잡하고 어렵습니다. 이렇게 복잡한 내용을 공부할 필요가 있는 건가요?

SOLID 원칙은 C++ 언어를 사용하는 데 필수는 아니며 처음 접할 때 이해가 쉽지도 않습니다. 하지만 SOLID 원칙을 적용하려고 노력하고 반복해서 사용하다 보면 C++ 언어를 사용할 줄 아는 개발자를 넘어, 좋은 소프트웨어 구조를 만들 수 있는 개발자가 될 수 있습니다. 그러므로 SOLID 원칙을 생각하면서 프로그래밍하는 습관을 들이는 것이 좋습니다.

## 3분 퀴즈

**1** 5가지 객체지향 설계 원칙인 SOLID를 영어와 한글로 풀어서 설명해 보세요.

**2** _____ 은(는) 특히 소프트웨어 개발과 유지·보수에 있어 중요한 원칙입니다.

**3** 의존성 역전 원칙(DIP)은 구체적인 것보다는 _____ 에 의존해야 한다는 원칙입니다. C++ 언어에서는 통상 _____ 을(를) 사용해 의존성 역전 원칙을 준수합니다.

[모범 답안]
**1** 1) 단일 책임 원칙(single responsibility principle), 2) 개방·폐쇄 원칙(open-closed principle), 3) 리스코프 치환 원칙(Liskov substitution principle), 4) 인터페이스 분리 원칙(interface segregation principle), 5) 의존성 역전 원칙(dependency inversion principle)
**2** 개방·폐쇄 원칙(open closed principle)
**3** 1) 추상적인 것, 2) 추상 클래스와 인터페이스

이 장에서는 객체지향 설계 원칙인 SOLID에 관해 배웠습니다. C++를 배우는 단계에서 객체지향 설계 원칙은 어렵다고 생각할 수 있습니다. 하지만 설계 원칙을 고민하고 만든 소프트웨어와 그렇지 않은 소프트웨어는 유지·보수 면에서 큰 차이가 있습니다. SOLID 원칙을 적용하면 C++를 좀 더 객체지향으로, 오류가 적고 유지·보수가 쉬운 소프트웨어로 만들 수 있습니다.

### 문제 1  SOLID 원칙

SOLID에서 각 알파벳이 의미하는 원칙을 설명하고 객체지향의 4가지 특징 가운데 어떤 특징이 적용되는지 기술해 보세요.

### 문제 2  개방·폐쇄 원칙(OCP)

개방·폐쇄 원칙이 적용된 2가지 디자인 패턴을 제시하고 개방·폐쇄 원칙이 어떻게 적용되는지 설명해 보세요.

### 문제 3  리스코프 치환 원칙(LSP)

08장 되새김 문제 3번에서 작성한 커피 만들기 클래스의 의사코드에서 리스코프 치환 원칙이 잘 적용되었는지 코드를 들어 기술해 보세요.

### 문제 4  인터페이스 분리 원칙(ISP)

우리가 사용하는 라이브러리 또는 프레임워크에서 인터페이스 분리 원칙이 주요 설계 원칙인 예를 찾아서 설명해 보세요.

### 문제 5  SOLID 원칙 고민해 보기

의존성 역전 원칙에서 보인 코드에는 SOLID의 여러 가지 원칙이 적용돼 있습니다. 해당 코드에 적용된 SOLID 원칙을 찾아서 어떻게 적용되어 있는지 설명해 보세요.

• 모범 답안 위치: github.com/mystous/DoItCPP/tree/main/exercise/ch09

# 10 템플릿

둘째마당의 마지막 장에서는 C++ 언어에서 범용성을 지원하는 템플릿을 다룹니다. 템플릿이라는 말은 비슷한 형태의 모양을 만들어 내는 '틀'을 이야기합니다. 이 틀을 가지고 함수를 만들어 내면 함수 템플릿, 클래스를 만들어 내면 클래스 템플릿이라고 합니다. 템플릿 문법을 사용하면 여러 가지 유용한 기능을 만들 수 있습니다. 또한 표준 라이브러리를 배울 때도 도움이 됩니다.

# 10-1 함수 템플릿

- 함수 템플릿 개념과 사용법 이해하기
- 함수에 템플릿을 적용해 범용 함수 만들기

학습
목표

C++ 언어는 1980년대부터 널리 사용될 수 있는 범용성을 주요한 특징으로 고수하고 있습니다. 이러한 범용성과 개발자의 편의를 고려한 문법이 바로 템플릿입니다. 이번 절에서는 함수에서 다양한 데이터 형식을 처리할 수 있는 함수 템플릿에 관해 알아보겠습니다.

## 템플릿으로 범용 함수 만들기

만약 다양한 데이터 형식의 매개변수를 2개 입력받아서 덧셈하는 범용 함수를 만든다고 가정해 보겠습니다. 이 함수를 호출할 때 어떤 형식의 값이든 처리할 수 있도록 정수, 실수, 문자열 등 데이터 형식별로 덧셈하는 함수를 적어도 3개 만들어야 합니다. 그리고 데이터 형식이 추가된다면 함수도 추가로 만들어야 합니다.

하지만 **템플릿**<sup>template</sup>을 이용하면 함수 하나로 다양한 형식의 데이터를 같은 알고리즘으로 처리할 수 있습니다. 템플릿은 09장에서 배운 개방·폐쇄 원칙(OCP)을 지키면서 여러 가지 용도로 널리 쓸 수 있는 함수를 만드는 방법의 하나입니다. 템플릿을 이용하면 중복되는 코드를 줄이고 함수의 알고리즘이 변경될 때 대응하기가 편리합니다.

이러한 템플릿을 사용하면 매개변수의 데이터 형식을 함수를 작성하는 시점이 아닌, 사용(호출)하는 시점에 정할 수 있습니다. 함수 템플릿이 포함된 소스 코드를 컴파일하면 해당 함수에 사용된 데이터 형식으로 함수의 실제 구현체가 만들어집니다.

먼저 템플릿이 어떻게 동작하는지 코드를 살펴보겠습니다. 다음 코드에서 data_sum 함수는 다양한 형식의 데이터를 입력받아서 처리하도록 템플릿으로 구현했습니다.

• ch10/function_template/function_template.cpp

```cpp
#include <iostream>
#include <string>

using namespace std;

// 함수 템플릿 선언과 정의
template <typename T>          ←─────  템플릿 선언
T data_sum(T operand1, T operand2) {  ←  함수 템플릿 정의
  return operand1 + operand2;
}

int main() {
  int data1 = 3, data2 = 5;
  double data3 = 4.5, data4 = 8.9;
  string data5 = "Hello, ", data6 = "World!";

  cout << "정수형 데이터 합: " << data_sum(data1, data2) << endl;
  cout << "실수형 데이터 합: " << data_sum(data3, data4) << endl;
  cout << "문자열 데이터 합: " << data_sum(data5, data6) << endl;
  return 0;
}
```

**실행 결과**

```
정수형 데이터 합: 8
실수형 데이터 합: 13.4
문자열 데이터 합: Hello, World!
```

템플릿을 선언할 때는 `template`이라는 키워드를 사용합니다. 그리고 `<typename T>`처럼 `typename` 키워드 뒤에 함수 템플릿에서 '임의의 데이터 형식'을 나타낼 이름을 작성하는데, 이를 **템플릿 매개변수**라고 합니다. 예에서는 'T'라고 작성했습니다. 만약 템플릿 매개변수를 여러 개 선언하려면 `typename` 키워드와 함께 나열하면 됩니다.

함수 템플릿의 본문을 정의하는 방법은 일반 함수와 같습니다. 다만, 함수 템플릿을 정의할 때는 임의의 데이터 형식을 나타낼 자리에 앞에서 선언한 템플릿 매개변수를 입력합니다. 함

수를 호출할 때도 일반 함수와 같지만, 함수에 전달할 인자의 데이터 형식을 고정하지 않아도 됩니다. 어떤 데이터 형식이든 템플릿 매개변수가 받아서 처리합니다.

함수 템플릿을 한 번 정의해 놓으면 다양한 데이터 형식을 처리할 수 있습니다. 그러나 함수 템플릿은 모든 데이터 형식에 대응할 수 있는 알고리즘으로 정의해야 합니다. 그렇지 않으면 컴파일 오류가 발생할 수 있습니다. 예를 들어 앞에서 살펴본 코드에서 string 형식이 아닌 char* 또는 char 배열을 인자로 사용하면 어떻게 될까요?

```
char data7[] = "Hello, ", data8[] = "New World!";
cout << "문자 데이터 배열의 합" << data_sum(data7, data8) << endl;
```

이렇게 두 줄을 추가하고 컴파일하면 오류가 발생합니다. 오류 메시지를 확인해 보면 '두 포인터를 더할 수 없다'라고 나옵니다. 즉, 문자 배열은 '+' 연산으로 합칠 수 없어 컴파일 오류가 발생합니다. 오류는 호출이 아닌 함수를 정의한 곳(그림에서는 8번 줄)에서 발생합니다. 즉, 호출이 잘못된 것이 아니라 함수 정의에서 연산이 잘못됐다는 의미입니다.

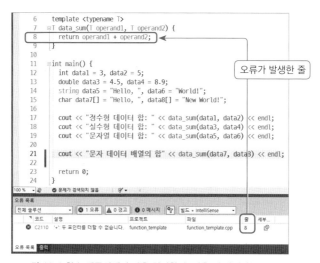

그림 10-1 함수 템플릿에서 값을 처리할 수 없을 때 발생하는 오류

따라서 함수 템플릿은 어떤 상황에서든지 두루 쓸 수 있는 알고리즘으로 구현해야 합니다. 템플릿을 사용하면 어떤 형식이든지 대응할 수 있어 유연하지만, 모든 데이터 형식을 고려하는 것은 꽤 어려운 문제입니다.

## 템플릿의 인스턴스화

함수와 지역 변수는 컴파일러가 소스 코드를 오브젝트 코드로 만들 때 스택 메모리의 크기가 정해집니다. 그리고 운영체제가 프로그램을 실행할 때 실제 메모리에 적재합니다. 즉, **스택 메모리의 크기는 컴파일 시점에 결정**됩니다.

따라서 함수에서 사용한 템플릿 매개변수 역시 컴파일 과정에서 실제 데이터 형식으로 대체되어 메모리 크기가 정해져야 합니다. 컴파일러는 함수 템플릿을 호출하는 구문을 만나면 인자로 전달한 값으로 템플릿 매개변수의 데이터 형식을 추론하고, 이 형식으로 완성된 함수를 오브젝트 코드로 만듭니다. 이 과정을 '**템플릿의 인스턴스화**template Instantiation'라고 합니다.

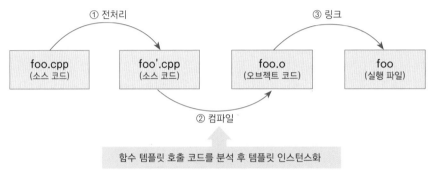

**그림 10-2** 템플릿의 인스턴스화

함수 템플릿은 여러 가지 데이터 형식에 대응해야 하므로 데이터 형식별로 알맞은 오브젝트 코드가 만들어져야 합니다. 즉, 앞선 코드에서 템플릿을 사용해 정의한 **data_sum** 함수는 모두 세 번 호출되는데, 각각 데이터 형식이 다릅니다. 따라서 컴파일러는 정수, 실수, 문자열 형식을 덧셈하는 **data_sum** 함수 3개를 오브젝트 코드로 만들고, 운영체제가 프로그램을 실행할 때 모두 메모리에 적재합니다.

```
cout << "정수형 데이터 합: " << data_sum(data1, data2) << endl;
cout << "실수형 데이터 합: " << data_sum(data3, data4) << endl;
cout << "문자열 데이터 합: " << data_sum(data5, data6) << endl;
```

이처럼 함수 템플릿은 컴파일 시점에 데이터 형식별로 템플릿이 인스턴스로 만들어지므로 템플릿을 많이 사용하면 컴파일 시간이 길어지고 실행 파일의 크기가 커집니다. 이는 규모가 작은 프로그램에서는 문제가 없겠지만, 큰 프로그램에서는 부담일 수밖에 없습니다.

## 데이터 형식 추론과 명시적 호출

컴파일러는 함수 템플릿을 호출하는 구문에서 전달한 값을 바탕으로 템플릿 매개변수의 데이터 형식을 추론합니다. 그리고 해당 데이터 형식으로 인스턴스화된 함수가 없다면 새로 인스턴스화를 진행합니다. 만약 데이터 형식 추론이 어렵거나 잘못된 호출이면 컴파일이 중단됩니다. 형식 추론은 시간이 많이 소요되는 작업이며, 데이터 형식이 모호하면 추론이 불가능해 컴파일 오류가 발생합니다.

그렇다면 모호한 데이터 형식이란 어떤 것일까요? 앞에서 본 컴파일 오류가 발생하는 코드를 다시 보겠습니다.

```
T data_sum(T operand1, T operand2) {
  return operand1 + operand2;
}
... (생략) ...
char data7[] = "Hello, ", data8[] = "New World!";
cout << "문자데이터 배열의 합" << data_sum(data7, data8) << endl;
```

data_sum 함수에 char 배열의 시작 주소를 넘기면 주소끼리 덧셈 연산은 불가능하므로 컴파일러는 오류라고 판단합니다. 만약 char 배열 대신 string을 사용하면 data_sum 함수는 문제 없이 잘 동작합니다. 컴파일러가 char 배열을 string으로 변환해 주면 좋겠지만, 컴파일러는 변환의 기준이 명확하지 않으면 형 변환을 해주지 않습니다.

따라서 필요하면 명시적 형 변환을 이용해야 합니다. 함수 템플릿을 호출할 때 템플릿 매개변수의 데이터 형식을 지정해 주는 것입니다. 다음 코드는 앞의 char 배열을 string형으로 변환해서 호출합니다.

**함수 템플릿의 명시적 호출**

```
char data7[] = "Hello, ", data8[] = "New World!";
cout << "문자데이터 배열의 합" << data_sum<string>(data7, data8) << endl;
```

함수 템플릿 호출문에서 인자를 입력하기 전에 꺾쇠 괄호 <>로 데이터 형식을 명시하면 됩니다. 이처럼 템플릿 매개변수의 데이터 형식을 명시해 함수를 호출하면 컴파일러가 데이터 형식을 추론하지 않고 해당 형식으로 변환한 후에 곧바로 인스턴스화합니다.

## 템플릿 특수화

함수 템플릿은 여러 가지 데이터 형식을 처리하는 방법이지만, 특정 데이터 형식만 다른 알고리즘으로 처리하게 만들 수도 있습니다. 이처럼 특수한 상황일 때만 별도의 함수 템플릿으로 만들어 처리하는 방법을 **템플릿 특수화**template specialization라고 합니다.

템플릿 특수화는 모든 템플릿 매개변수를 특정 데이터 형식으로 지정하는 '명시적 특수화explicit specialization'와 일부 템플릿 매개변수만 특정 데이터 형식으로 지정하는 '부분 특수화partial specialization'가 있습니다. 함수 템플릿에서는 명시적 특수화만 사용할 수 있습니다. 부분 특수화는 다음 절에서 클래스 템플릿을 다룰 때 알아보겠습니다.

함수 템플릿의 명시적 특수화는 템플릿 매개변수를 사용하지 않고 함수에 데이터 형식을 모두 지정하는 방법입니다. 이때 함수 이름과 매개변수 개수는 변경하지 않습니다. 이러한 구조는 「07-2」절에서 배운 멤버 함수의 오버라이딩과 비슷한 개념입니다.

data_sum 함수에 실수를 넘길 때 정수로 변환한 후 계산하는 코드를 보겠습니다. 실행 결과를 보면 실수 4.5와 8.9가 각각 정수 4, 8로 변환되어 덧셈 결과 12가 출력됩니다. 이처럼 템플릿 특수화는 특별한 데이터 형식만 별도로 처리할 때 사용할 수 있습니다.

**Do it! 실습** 함수 템플릿 특수화

• ch10/function_template_specialization/function_template_specialization.cpp

```cpp
#include <iostream>
#include <string>

using namespace std;

template <typename T>
T data_sum(T operand1, T operand2) {
  return operand1 + operand2;
}

template <>
double data_sum(double operand1, double operand2) {
  return (int)operand1 + (int)operand2;
}

int main() {
```

```
    int data1 = 3, data2 = 5;
    double data3 = 4.5, data4 = 8.9;
    string data5 = "Hello, ", data6 = "World!";

    cout << "정수형 데이터 합: " << data_sum(data1, data2) << endl;
    cout << "실수형 데이터 합: " << data_sum(data3, data4) << endl;
    cout << "문자열 데이터 합: " << data_sum(data5, data6) << endl;

    return 0;
}
```

**실행 결과**

```
정수형 데이터 합: 8
실수형 데이터 합: 12
문자열 데이터 합: Hello, World!
```

 **템플릿 특수화를 사용하지 않고 함수를 따로 만들면 되지 않나요?**

템플릿 특수화를 사용할지, 별도의 함수로 만들지는 개발자의 몫입니다. 그러나 템플릿을 사용하는 소스 코드에서 특정 데이터만 다르게 처리해야 할 때는 템플릿 특수화를 이용하는 편이 좋습니다. 템플릿 특수화는 목적이 같은 알고리즘을 처리 방법만 다르게 표현하는 방법이므로 맥락은 같습니다. 이처럼 목적이 같은 코드를 같은 맥락으로 일관되게 작성하면 가독성을 높이는 데 도움이 됩니다.

# 10-2 클래스 템플릿

- 클래스 템플릿 개념과 사용법 이해하기
- 템플릿으로 범용 클래스 만들기

학습
목표

## 템플릿으로 범용 클래스 만들기

클래스 템플릿은 앞에서 살펴본 템플릿을 클래스에 적용한 것으로, 템플릿 매개변수를 활용해 다양한 형식에 대응할 수 있는 범용 클래스를 만드는 방법입니다. 클래스 템플릿은 함수 템플릿보다 조금 복잡하지만, 기본적인 문법은 그렇게 어렵지 않습니다. 보통은 클래스 템플릿을 직접 선언하기보다는 라이브러리에서 이미 선언된 클래스 템플릿을 이용할 때가 더 많습니다.

먼저 템플릿 선언은 앞서 본 함수 템플릿을 선언할 때와 같습니다. template과 typename 키워드로 템플릿 매개변수들을 선언합니다.

### 템플릿 선언과 클래스 정의

```
template <typename Type1, typename Type2>
class data_package {
public:
  data_package(Type1 first, Type2 second) : first(first), second(second){}
private:
  Type1 first;
  Type2 second;
};
```

클래스 템플릿은 범용 데이터 형식을 지정할 자리에 템플릿 매개변수를 사용하는 것 외에는 일반 클래스와 같습니다. 템플릿 매개변수는 멤버 함수나 멤버 변수에 모두 사용할 수 있습니다. 함수 템플릿을 만들었던 것처럼 멤버 함수를 만들면 됩니다. 함수 템플릿과 다른 점은 명시적 특수화뿐만 아니라 부분 특수화도 사용할 수 있다는 점입니다. 부분 특수화는 잠시 후에 알아보겠습니다.

클래스 템플릿으로 객체를 생성할 때는 템플릿 매개변수에 사용할 데이터 형식을 지정합니다. 그리고 생성자나 멤버 함수에서 템플릿 매개변수에 맞춰 지정한 데이터 형식을 일관되게 유지하면서 사용하면 됩니다. 그러면 컴파일러가 지정된 데이터 형식을 사용하는 클래스를 인스턴스화합니다.

**클래스 템플릿의 객체 생성**

```
int main() {
  data_package<int, double> template_inst1(5, 10.5);
  data_package<string, int> template_inst2("문자열", 10);
... (생략) ...
```

템플릿으로 클래스를 만들고 사용하는 코드를 살펴보겠습니다.

**Do it! 실습 클래스 템플릿 사용**

• ch10/class_template/class_template.cpp

```
#include <iostream>
using namespace std;

template <typename Type1, typename Type2>
class data_package {
public:
  data_package(Type1 first, Type2 second) : first(first), second(second){}
  void print_out_element() {
    cout << "첫 번째 요소: " << first << ", 두 번째 요소: " << second << endl;
  }
private:
  Type1 first;
  Type2 second;
};

int main() {
  data_package<int, double> template_inst1(5, 10.5);
  data_package<string, int> template_inst2("문자열", 10);

  template_inst1.print_out_element();
  template_inst2.print_out_element();
  return 0;
}
```

코드에서 클래스 템플릿으로 만든 data_package는 값을 2개 전달받아 생성자에서 멤버 변수에 복사합니다. 그리고 멤버 함수 print_out_element에서 멤버 변수의 값을 각각 '첫 번째 요소', '두 번째 요소'라는 설명을 붙여 출력합니다.

템플릿 매개변수로 선언된 데이터 형식은 클래스의 객체를 선언할 때 명시적으로 지정합니다. 코드에서 template_inst1은 정수와 실수 형식으로 지정했고, template_inst2는 문자열과 정수 형식으로 지정했습니다.

이 코드에서 data_package 클래스는 형식과 무관하게 값을 2개를 전달받을 수 있습니다. C++ 표준 라이브러리의 함수들은 이처럼 다양한 데이터 형식을 받아서 같은 알고리즘으로 동작하는 클래스 템플릿으로 구성되었습니다.

**궁금해요!** 클래스는 이미 범용성을 가진 문법 아닌가요? 왜 템플릿을 사용해야 하나요?

클래스가 가진 범용성은 기능을 묶어서 추상화한 것입니다. 그런데 기능을 추상화해서 표현하더라도 데이터 형식은 고정해서 사용합니다. 반면에 템플릿을 사용하면 데이터 형식까지 범용으로 만들 수 있습니다.

## 클래스 템플릿에서 형식 추론

함수 템플릿에서는 컴파일러가 템플릿 매개변수의 데이터 형식을 추론할 수 있지만, 클래스 템플릿에서는 객체를 생성할 때 템플릿 매개변수의 형식을 명시해 주어야 합니다. 앞서 본 코드에서 템플릿 객체를 생성할 때 생성자의 인자뿐만 아니라 템플릿 매개변수의 형식 역시 지정해주는 것을 확인할 수 있습니다.

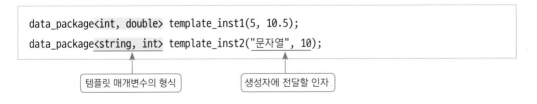

```
data_package<int, double> template_inst1(5, 10.5);
data_package<string, int> template_inst2("문자열", 10);
```

템플릿 매개변수의 형식     생성자에 전달할 인자

하지만 C++17 표준 이후부터는 클래스 템플릿에서도 형식을 추론할 수 있게 되었습니다. 앞서 본 코드에서 객체를 생성할 때 템플릿 매개변수의 데이터 형식을 생략해 보겠습니다. 이 코드는 C++17 이후 컴파일러에서는 오류가 발생하지 않지만, C++14 컴파일러로 변경\*한 후 실행하면 오류가 발생합니다.     \* 컴파일러를 변경하는 방법은 「01-2」절을 참고하기 바랍니다.

**Do it! 실습  클래스 템플릿에서 형식 추론**

• ch10/class_template_datatype_inference/class_template_datatype_inference.cpp

```cpp
#include <iostream>
using namespace std;

template <typename Type1, typename Type2>
class data_package {
public:
  data_package(Type1 first, Type2 second) : first(first), second(second){}
  void print_out_element() {
    cout << "첫 번째 요소: " << first <<
      ", 두 번째 요소: " << second << endl;
  }
private:
  Type1 first;
  Type2 second;
};

int main() {
  data_package template_inst1(5, 10.5);
  data_package template_inst2("문자열", 10);

  template_inst1.print_out_element();
  template_inst2.print_out_element();
  return 0;
}
```

**실행 결과**

```
첫 번째 요소: 5, 두 번째 요소: 10.5
첫 번째 요소: 문자열, 두 번째 요소: 10
```

C++17부터 클래스 템플릿에서도 형식을 추론할 수 있게 되었지만, 컴파일러는 템플릿 매개 변수의 형식을 완벽하게 추론해 낼 수 없습니다. 데이터 형식이 명확할 때는 상관이 없지만, 모호할 때는 직접 명시해 주어야 합니다.

> **궁금 해요!** **무조건 가장 최신 버전의 컴파일러를 사용하면 되지 않을까요?**
>
> 프로그램을 처음부터 개발할 때는 최신 버전의 컴파일러를 사용하면 됩니다. 하지만 이미 개발된 프로그램을 수정하거나 개발 도중에 새 버전의 컴파일러가 배포되면 변경이 쉽지 않습니다. 언어의 버전이 올라가면서 추가되는 기능만 있는게 아니라, 변경되거나 삭제되는 기능도 있습니다. 특정 버전에 맞춰 개발된 프로그램은 해당 버전의 기능을 고려했을 것이므로 최신 버전을 사용하면 오동작할 수도 있습니다.

## 부분 특수화

템플릿을 사용하다 보면 특정 데이터 형식의 값을 별도로 처리해야 할 때가 있습니다. 앞서 함수 템플릿에서 사용했던 명시적 특수화가 하나의 예입니다. 클래스 템플릿의 특수화는 템 플릿 매개변수 전체를 지정할 수 있는 명시적 특수화뿐만 아니라, 일부만 지정할 수 있는 부 분 특수화를 이용할 수도 있습니다.

부분 특수화는 클래스 템플릿을 인스턴스화할 때 매개변수를 특정 형식의 값으로 처리하는 것입니다. 앞에서 본 클래스 템플릿 코드에서 첫 번째 템플릿 매개변수를 문자열로 지정하는 부분 특수화의 예를 보겠습니다.

> **Do it! 실습** 클래스 템플릿 부분 특수화
> • ch10/class_template_partial_specialization/class_template_partial_specialization.cpp

```cpp
#include <iostream>

using namespace std;

template <typename Type1, typename Type2>
class data_package {
public:
  data_package(Type1 first, Type2 second) : first(first), second(second){}
  void print_out_element() {
    cout << "첫 번째 요소: " << first << ", 두 번째 요소: " << second << endl;
  }
```

```
private:
  Type1 first;
  Type2 second;
};

                              ┌─────────┐
                              │ 부분 특수화 │
                              └────┬────┘
                                   ↓
template <typename T>
class data_package<string, T> {
public:
  data_package(string first, T second) : first(first), second(second){}
  void print_out_element() {
    cout << first << "과 함께 입력된" <<
      ", 두 번째 요소: " << second << endl;
  }
private:
  string first;
  T second;
};

int main() {
  data_package<int, double> template_inst1(5, 10.5);
  data_package<string, int> template_inst2("문자열", 10);

  template_inst1.print_out_element();
  template_inst2.print_out_element();
  return 0;
}
```

**실행 결과**

```
첫 번째 요소: 5, 두 번째 요소: 10.5
문자열과 함께 입력된, 두 번째 요소: 10
```

실행 결과를 보면 앞선 실습과 다르게 동작하는 것을 알 수 있습니다. 클래스 템플릿의 객체를 생성할 때 첫 번째 인자의 타입을 string으로 입력하면 부분 특수화가 적용된 class data_package<string, T>가 인스턴스화됩니다. 이처럼 클래스 템플릿의 부분 특수화를 이용하면 몇몇 형식을 특정하여 별도로 처리할 수 있습니다.

## 중첩 클래스 템플릿

클래스 내에 중첩된 클래스를 만들 수 있는 것처럼 클래스 템플릿도 중첩할 수 있습니다. 중첩된 클래스 템플릿(이하 안쪽 클래스)에서는 기존 클래스 템플릿(이하 바깥쪽 클래스)의 매개변수를 사용할 수도 있고 새로 정의해도 됩니다. 바깥쪽 클래스의 템플릿 매개변수를 사용하면 안쪽 클래스에서도 같은 데이터 형식으로 사용됩니다.

중첩된 클래스 템플릿을 사용하는 방법은 두 가지입니다. 첫 번째는 **안쪽 클래스를 멤버 변수처럼 사용하는 방법**입니다. 멤버 변수이므로 바깥쪽 클래스에서 안쪽 클래스의 멤버 변수를 선언하고 필요하면 초기화도 진행합니다.

두 번째는 **안쪽 클래스를 독립된 객체로 선언해서 사용하는 방법**입니다. 이때 주의할 점은 템플릿이 중첩된 형태이므로 바깥쪽 클래스의 템플릿 매개변수도 모두 입력해야 한다는 점입니다.

두 가지 사용법을 코드로 확인해 보겠습니다.

---

**Do it! 실습** 중첩 클래스 템플릿

- ch10/class_template_nested_template/class_template_nested_template.cpp

```cpp
#include <iostream>
using namespace std;

template <typename Type1, typename Type2>
class data_package {     // 바깥쪽 클래스
public:
  template <typename Type3>
  class nested_class_data_package {     // 안쪽 클래스
  public:
    nested_class_data_package(Type3 data) : nested_class_data(data) {}
```

```
      Type3 get_element() { return nested_class_data; }
      Type3 nested_class_data;
   };

   template <typename Type4>      // 새 템플릿 매개변수 사용
   class nested_class {           // 안쪽 클래스
   public:
      nested_class(Type4 data) : nested_class_data(data) {}
      void print_out_element() {
         cout << "중첩 클래스 데이터: " << nested_class_data << endl;
      }
   private:
      Type4 nested_class_data;
   };

   data_package(Type1 first, Type2 second) : first(first), second(second),
                                             internal_data(second){}

   void print_out_element() {
      cout << "첫 번째 요소: " << first << ", 두 번째 요소: " << second << endl;
      cout << "중첩 클래스 요소: " << internal_data.get_element() << endl;
   }

private:
   Type1 first;
   Type2 second;
   nested_class_data_package<Type2> internal_data;
                              ↑
};                    ┌─────────────────────────────────────────────┐
                      │ 바깥쪽 클래스의 멤버 변수를 안쪽 클래스를 사용해서 선언 │
                      └─────────────────────────────────────────────┘
int main() {
   data_package<string, int> template_inst1("문자열", 10);
   data_package<string, int>::nested_class<int> template_inst2(500);
                            ↑
                ┌──────────────────┐
                │ 독립된 객체로 선언 │
                └──────────────────┘
   cout << "중첩 클래스 첫 번째 범례" << endl;
   template_inst1.print_out_element();

   cout << endl << "중첩 클래스 두 번째 범례" << endl;
   template_inst2.print_out_element();
   return 0;
}
```

```
중첩 클래스 첫 번째 범례
첫 번째 요소: 문자열, 두 번째 요소: 10
중첩 클래스 요소: 10

중첩 클래스 두 번째 범례
중첩 클래스 데이터: 500
```

첫 번째 범례는 멤버 변수로 만드는 경우입니다. 이때는 일반적인 클래스 템플릿과 같으며 이를 클래스 안에서 사용하는 것입니다. 템플릿 매개변수에 맞춰서 코드를 작성하면 클래스 템플릿을 사용하는 멤버 변수를 사용할 수 있습니다.

안쪽 클래스에서는 nested_class_data_package처럼 바깥쪽 클래스의 템플릿 매개변수의 데이터 형식(Type2)을 템플릿 매개변수(Type3)로 사용하거나 nested_class처럼 새로 정의(Type4)해서 사용할 수도 있습니다. 예에서는 바깥쪽 클래스 템플릿과 안쪽 클래스 템플릿 간에 상속 관계가 없습니다. 따라서 중첩되었어도 접근 지정자는 상속 관계를 고려하지 않고 독립적으로 적용됩니다.

두 번째 범례는 논리적으로 중첩된 클래스입니다. 안쪽 클래스를 객체로 생성하는 것이 아니라 정의만 중첩되고 실제 객체는 필요할 때 생성됩니다. 이는 일반적인 클래스 템플릿의 활용과 같습니다. 다만, 범위 연산자로 안쪽 클래스 템플릿의 이름을 붙여 객체를 선언합니다.

## 템플릿 매개변수 기본값

C++ 언어의 함수는 기본값으로 동작하도록 만들 수 있습니다. 즉, 매개변수의 기본값을 정의해 놓으면 함수를 호출할 때 값을 전달하지 않아도 됩니다.

템플릿 매개변수도 기본값을 설정해서 사용할 수 있습니다. 다만, 템플릿 매개변수는 데이터 형식을 나타내므로 여기서 '기본값'이란 기본 데이터 형식을 나타냅니다. 즉, 클래스 템플릿의 객체를 생성할 때 템플릿 매개변수의 형식을 입력하지 않아도 기본으로 설정한 데이터 형식이 지정됩니다.

다음 코드에서 템플릿을 선언할 때 매개변수 T의 기본 형식을 int로 설정했으므로 클래스 템플릿의 객체를 생성할 때 형식을 지정하지 않거나 전체(<>)로 지정하면 int형이 됩니다. int형이 아닐 때는 해당 형식(예에서는 string)을 명시해 주면 됩니다.

```cpp
#include <iostream>

using namespace std;

template <typename T = int>    // 기본 형식 설정
class data_package {
public:
  data_package(T first) : first(first){}
  void print_out_element() {
    cout << "템플릿 매개변수 값 : " << first << endl;
  }
private:
  T first;
};

int main() {
  data_package<> template_inst1(5);    // 기본 형식(여기서는 int)으로 지정
  data_package<string> template_inst2("클래스 템플릿 기본값이 아닌 string형");

  template_inst1.print_out_element();
  template_inst2.print_out_element();
  return 0;
}
```

**실행 결과**

```
템플릿 매개변수 값 : 5
템플릿 매개변수 값 : 클래스 템플릿 기본값이 아닌 string형
```

## 클래스 템플릿 프렌드

클래스 템플릿도 07장에서 배운 프렌드 클래스와 함수를 가질 수 있습니다. 클래스 템플릿의 프렌드는 인스턴스화 순서와 프렌드 규칙을 준수해야 하므로 주의해야 할 것들이 있습니다. 그 외에는 모두 일반 프렌드와 같습니다.

우선 클래스 템플릿을 프렌드로 선언하는 코드를 확인해 보겠습니다.

```cpp
#include <iostream>
using namespace std;

template <typename U>
class caller {
public:
  caller() : object(nullptr){};
  void set_object(U *obj_pointer) { object = obj_pointer; }
  void printout_friend_object() {
    cout << "(friend 클래스 템플릿 호출) 템플릿 매개변수 값 : "
        << object->first << endl;
  }
private:
  U *object;
};

template <typename T = int>
class data_package {
public:
  data_package(T first) : first(first){}
  friend caller<data_package>;
private:
  T first;
};

int main() {
  caller<data_package<>> caller_int_obj;
  caller<data_package<string>> caller_string_obj;

  data_package<> template_inst1(5);
  data_package<string> template_inst2("클래스 템플릿 기본값이 아닌 string형");

  caller_int_obj.set_object(&template_inst1);
  caller_string_obj.set_object(&template_inst2);
  caller_int_obj.printout_friend_object();
  caller_string_obj.printout_friend_object();
  return 0;
}
```

프렌드 클래스는 반드시 friend 로 지정되기 전에 선언과 정의가 있어야 하는구나!

caller 클래스를 프렌드로 지정

(friend 클래스 템플릿 호출) 템플릿 매개변수 값 : 5
(friend 클래스 템플릿 호출) 템플릿 매개변수 값 : 클래스 템플릿 기본값이 아닌 string형

프렌드 클래스는 반드시 friend로 지정되기 전에 선언과 정의가 있어야 합니다. 예에서는 data_package 클래스 이전에 caller 클래스 템플릿이 있습니다. 만약 두 클래스 템플릿의 위치가 뒤바뀌면 다음과 같은 오류가 발생합니다. 앞에서 잠시 언급했던 것처럼 클래스 템플릿은 헤더 파일과 구현 파일을 구별할 수 없으므로 선언 순서에 꼭 주의해야 합니다.

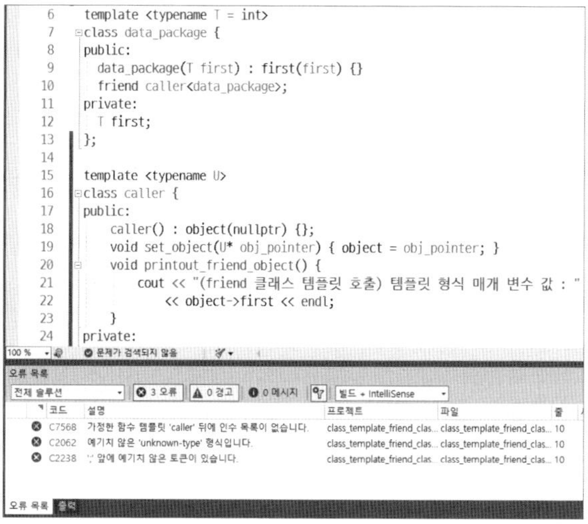

그림 10-3 프렌드 클래스 선언 순서 오류

다음으로는 클래스 템플릿에서 프렌드 함수를 정의하는 코드를 살펴보겠습니다.

**Do it! 실습  클래스 템플릿 내부에 프렌드 함수 정의**

• ch10/class_template_friend_function/class_template_friend_function.cpp

```cpp
#include <iostream>
using namespace std;

template <typename T = int>
class data_package {
public:
  data_package(T first) : first(first) {}
```

```
    friend void printout_friend_element(data_package<T>& data_object) {
      cout << "(friend 클래스 템플릿 호출) 템플릿 매개변수 값 : "
        << data_object.first << endl;
    }
private:
  T first;
};

int main() {
  data_package<> template_inst1(5);
  data_package<string> template_inst2("클래스 템플릿 기본값이 아닌 string형");

  printout_friend_element(template_inst1);
  printout_friend_element(template_inst2);
  return 0;
}
```

이 코드에서는 클래스 템플릿에 프렌드 함수를 선언하면서 정의까지 했습니다. 템플릿 매개변수를 그대로 사용할 수 있는 가장 간단한 방법입니다. 이렇게 하면 printout_friend_element 함수는 전역에서 접근할 수 있으며, 친구가 된 **data_package** 클래스의 비공개 멤버에 접근할 수 있습니다.

그런데 이 방법은 간단하지만 가독성이 떨어집니다. 전역 함수임을 확실히 알게 하려면 다음처럼 클래스 템플릿에는 프렌드 선언만 하고 정의는 바깥쪽에서 하는 편이 더 좋습니다.

**Do it! 실습** 클래스 템플릿 외부에 프렌드 함수 정의
• ch10/class_template_friend_function_global_scope/class_template_friend_function_global_scope.cpp

```
#include <iostream>
using namespace std;


template <typename T = int>
```

```
class data_package {
public:
  data_package(T first) : first(first){}
  template <typename C>
  friend void printout_friend_element(C &data_object);   // 프렌드 함수 선언
private:
  T first;
};

template <typename C>
void printout_friend_element(C &data_object) {   // 프렌드 함수 정의
  cout << "(friend 클래스 템플릿 호출) 템플릿 매개변수 값 : "
    << data_object.first << endl;
}

int main() {
  data_package<> template_inst1(5);
  data_package<string> template_inst2("클래스 템플릿 기본값이 아닌 string형");

  printout_friend_element(template_inst1);
  printout_friend_element(template_inst2);
  return 0;
}
```

**실행 결과**

```
(friend 클래스 템플릿 호출) 템플릿 매개변수 값 : 5
(friend 클래스 템플릿 호출) 템플릿 매개변수 값 : 클래스 템플릿 기본값이 아닌 string형
```

프렌드 함수를 클래스 내부에 정의했을 때와 다른 점은 템플릿 매개변수를 한 번 더 선언한 것
입니다. 전역 범위에서 함수를 정의할 때는 data_package 클래스에서 선언한 템플릿 매개변
수를 사용할 수 없으므로 printout_friend_element 함수에서 사용할 템플릿 매개변수를 별
도로 선언해야 합니다.

main 함수에서는 template_inst1 객체를 생성할 때 다양한 자료형을 처리할 수 있도록 data_
package<>처럼 전체 형식으로 지정했습니다. 만약 printout_friend_element 함수가 data_
package형 객체만 처리하도록 만들려면 다음처럼 작성합니다. 한 가지 주의할 점은 data_

package 클래스를 선언할 때 사용한 템플릿 매개변수 T가 아닌, 새로 선언한 템플릿 매개변수 C를 사용해야 합니다.

---

**특정 형식만 수용하는 템플릿**

```
template <typename C>
void printout_friend_element(data_package<C> &data_object)
```

---

**3분 퀴즈**

**1** 함수 템플릿이나 클래스 템플릿에서 사용한 템플릿 매개변수는 소스 코드를 작성할 때가 아니라 컴파일할 때 추론된 형식으로 _____ 이(가) 됩니다.

**2** 템플릿 매개변수로 정의한 함수나 클래스의 멤버 함수는 전체 매개변수의 데이터 형식을 지정하는 1) _____ 와 (과) 일부 매개변수의 데이터 형식을 지정하는 2) _____ 이(가) 있습니다. 2) _____ 은(는) 클래스 템플 릿에서만 가능하고 1) _____ 은(는) 함수 템플릿과 클래스 템플릿에서 모두 사용할 수 있습니다.

---

[모범 답안]
**1** 인스턴스화
**2** 1) 명시적 특수화  2) 부분 특수화

---

이번 장에서는 템플릿을 살펴보았습니다. 템플릿은 C++에서 활용도가 매우 높은 문법입니다. 익숙해질 때까지 시간이 조금 걸릴 수 있으므로 많은 연습이 필요합니다. 되새김 문제를 풀며 이번 장에서 배운 내용을 정리해 보세요.

### 문제 1 함수 템플릿 #1

템플릿을 사용해 다양한 데이터 형식의 값을 출력하는 함수를 만들어 보세요. print_data(T data) 형식으로 함수 템플릿을 만들어서 cout으로 "입력받은 값은 :"이라는 문장과 함께 입력받은 값을 출력하는 함수를 만들어 보세요.

### 문제 2 함수 템플릿 #2

템플릿을 이용해서 is_equal(T data1, T data2) 함수를 만들어 보세요. 이 함수 템플릿은 다음과 같은 규칙으로 data1, data2가 같은 값임을 판단합니다. 이외의 데이터 형식은 false를 반환합니다. is_equal 함수를 호출할 때 data1, data2에는 같은 데이터 형식의 값을 입력한다고 가정합니다.

| 데이터 형식 | 같은 값 판단 기준 |
|---|---|
| bool | data1과 data2의 논릿값이 true나 false로 같을 때 |
| int | data1 == data2 연산이 참일 때 |
| float | data1 - data2 연산의 절댓값이 0.000001 이하일 때 |
| double | |
| string | 영문으로만 국한해서 빈칸과 문장 부호는 무시하고 대·소문자 구별 없이 문장 안에 모든 알파벳의 개수와 순서가 같을 때 |

**문제 3** 클래스 템플릿

[문제 2]서 작성한 소스 코드를 활용해 클래스 템플릿을 만들어 보세요. is_equal 함수 대신 operator=를 오버로드해서 만들어 보기 바랍니다.


**문제 4** 프렌드 함수

[문제 3]에서 만든 클래스에 프렌드 함수를 추가해 보겠습니다. 추가할 프렌드 함수는 [문제 1]에서 만든 함수처럼 입력받은 클래스 템플릿 객체의 멤버 변수를 출력해 주는 기능을 합니다.

• 모범 답안 위치: github.com/mystous/DoItCPP/tree/main/exercise/ch10

# 라이브러리 활용

프로그래밍 언어가 널리 쓰이려면 언어 자체도 훌륭해야 하지만 활용성이 좋아야 합니다. 언어의 기반 시스템이 잘 갖춰져 있어야 여러 분야에서 널리 쓰일 수 있습니다. C++ 언어는 프로그램을 좀 더 쉽고 편리하게 개발하는 데 도움을 주는 표준 라이브러리를 제공합니다. C++ 표준 라이브러리는 프로그래밍 효율을 높여 줄 뿐만 아니라, 언어의 철학도 제시한다는 점에서 매력적입니다. 셋째마당에서는 C++ 표준 라이브러리를 활용하는 방법을 알아보겠습니다.

# 11 C++ 표준 라이브러리

C++ 표준 라이브러리는 어느 프로그램에서나 자주 쓰는 코드를 매번 작성하는 수고를 덜어 줍니다. 표준 라이브러리를 이용하면 개발자는 핵심 로직에 더 집중할 수 있어 생산성을 올리는 데 필수로 여겨집니다. 게다가 표준 라이브러리는 충분히 검증된 코드이므로 프로그램의 신뢰성을 높이는 효과도 있습니다.

C++ 표준 라이브러리는 매우 방대하지만 이 책에서는 기본이면서 자주 사용하는 기능 위주로 소개하려고 합니다. 이 책에서 다루는 내용만 활용할 수 있어도 개발하는 데에 큰 도움이 될 것입니다.

# 11-1 표준 라이브러리 구성과 사용법

- 표준 라이브러리 이해하기
- 표준 라이브러리 구성과 사용법 익히기

학습
목표

## 표준 라이브러리 구성

C++ 표준 라이브러리는 언어의 핵심 부분으로, 개발자는 이를 활용해 효율적이고 안정적인 코드를 작성할 수 있습니다. C++ 표준 라이브러리는 100여 개가 넘는 헤더 파일로 구성되었으며 지금도 꾸준히 업데이트되고 있습니다.

표준 라이브러리에서 제공하는 주요 기능은 다음과 같습니다.

- **입출력**: 입출력 스트림을 사용하여 파일, 키보드, 화면과의 상호 작용을 지원합니다.
- **문자열 처리**: 문자열 조작, 검색, 대·소문자 변환 등의 기능을 제공합니다.
- **컨테이너**: 벡터, 리스트, 큐, 스택 등의 자료 구조를 제공하여 데이터를 저장하고 관리하는 데 사용합니다.
- **알고리즘**: 검색, 정렬, 변환, 그래프 알고리즘 등을 제공하여 코드를 간결하게 작성하고 최적화할 수 있습니다.
- **기타 유틸리티**: 다양한 도구와 유틸리티 함수를 제공하여 작업을 단순화하고 생산성을 높입니다.

표준 라이브러리가 제공하는 모든 기능을 외울 필요는 없습니다. IDE가 제공하는 도움말이나 각종 참고 사이트에 잘 정리되어 있기 때문입니다. 여기서는 C++ 프로그래밍을 할 때 자주 쓰는 기능을 위주로 살펴보겠습니다. 더 많은 기능은 다음의 참고 사이트에서 헤더 목록을 확인할 수 있습니다.

- **표준 라이브러리 헤더**: https://en.cppreference.com/w/cpp/header

**서드 파티 라이브러리**

공식 C++ 표준 라이브러리 말고도 개인이나 조직이 개발한 라이브러리도 많습니다. 이를 가리켜 '서드 파티 라이브러리(third-party library)'라고 합니다. 예를 들어 오픈 CV(OpenCV)는 얼굴 감지, 객체 추적, 이미지 필터링, 동영상 처리 등 영상 처리와 컴퓨터 비전 작업에 많이 사용합니다. 그리고 텐서플로(TensorFlow)는 머신러닝과 딥러닝 알고리즘을 개발하고 구현하는 데 사용합니다.

서드 파티 라이브러리는 해당 라이브러리를 제공하는 공식 웹 사이트나 인기 있는 오픈소스 저장소(예: boost.org)에서 얻을 수 있습니다. 라이브러리를 내려받은 후 소스에 헤더를 포함하고 명세에 따라 기능을 사용하면 됩니다. 또한 온라인에서 해당 라이브러리를 활용하는 코드를 검색해 볼 수도 있습니다.

## 표준 라이브러리 사용 방법

C++ 표준 라이브러리를 사용하려면 다음과 같은 형식으로 헤더 파일을 지정해야 합니다. #include 구문은 지금 작성하고 있는 소스에 포함할 헤더 파일을 전처리기에 알리는 역할을 합니다.

**헤더 포함**

```
#include <파일_이름>
```

보통은 #include 다음에 헤더 파일 이름을 큰따옴표로 감싸서 지금 작성하는 소스 파일이 있는 디렉터리에서 헤더 파일을 찾지만, 표준 라이브러리 헤더를 포함할 때는 화살괄호 <>를 사용합니다. 즉, #include 문에서 화살괄호 <>는 컴파일러와 함께 제공되는 헤더 파일을 포함할 때 사용합니다. 이 책에서 맨 처음에 만든 프로그램의 코드를 보겠습니다.

**표준 라이브러리 사용 예**

```cpp
#include <iostream>
using namespace std;

int main()
{
  cout << "Hello World!\n";
  return 0;
}
```

코드에서 첫 줄은 iostream 헤더 파일의 모든 내용을 복사해 오도록 전처리기에 요청합니다. 그러면 이 소스 파일에서 iostream 헤더 파일에 정의된 기능을 사용할 수 있습니다.

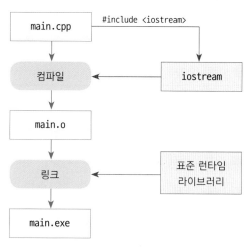

**그림 11-1** 표준 라이브러리 헤더 포함 과정

일반적으로 헤더 파일에는 함수와 변수가 선언만 되어 있고 실제 내용은 링크 단계에서 자동으로 연결되는 표준 런타임 라이브러리에 구현되어 있습니다. 예를 들어 `std::cout`은 iostream 헤더에 선언되어 있지만, 링크 단계에서 연결되는 표준 런타임 라이브러리에 정의되어 있습니다.

---

**3분 퀴즈**

**❶** C++ 언어에서 각종 입출력, 문자열, 컨테이너 등 어느 프로그램에서나 자주 쓰는 코드를 효율적으로 활용할 수 있도록 제공하는 것을 무엇이라고 하나요?

**❷** 소스 파일에서 표준 입출력 관련 라이브러리를 사용하려고 합니다. 어떤 헤더 파일을 지정해야 하는지 코드로 작성해 보세요.

```
#i
```

[모범 답안]
❶ C++ 표준 라이브러리
❷ #include <iostream>

# 11-2 문자열 라이브러리

- 표준 문자열 라이브러리 활용하기
- 다양한 문자열을 효율적이고 안전하게 다루기

학습
목표

## 표준 문자열 라이브러리 — std::string

C++ 표준 문자열 라이브러리인 〈string〉에 관해 알아보겠습니다. 이미 02장에서 문자열을 다룰 때 std::string 클래스를 잠깐 소개한 적이 있습니다. 이번 장에서는 string과 함께 사용할 수 있는 함수를 위주로 살펴보겠습니다.

표준 문자열 라이브러리를 사용하려면 먼저 string 헤더 파일을 포함해야 합니다.

**Do it! 실습** string 라이브러리 사용

• ch11/string/string.cpp

```
#include <iostream>
#include <string>  ← [ 표준 문자열 라이브러리를 포함하는 지시문 ]

using namespace std;

int main() {
  string str1("Hello");
  cout << str1 << endl;

  cout << str1[0] << endl;
  cout << str1[1] << endl;
  cout << str1[2] << endl;
  cout << str1[3] << endl;
  cout << str1[4] << endl;

  return 0;
}
```

```
Hello
H
e
l
l
o
```

string 클래스의 객체를 생성할 때에 초깃값을 할당하는 방법은 생성자를 이용할 수 있고 문자열을 직접 대입해 넣을 수도 있습니다.

**객체 초기화 방법**

```
string str1("Hello");    // 생성자 호출로 초기화
string str1 = "Hello";   // 대입 연산으로 초기화
```

그리고 char str[] = "Hello" 형태의 char형 배열처럼, string 클래스의 객체도 문자 하나하나에 직접 접근할 수 있습니다. string 클래스는 이런 기본 동작 외에도 문자열과 관련된 다양한 멤버 함수를 제공합니다. 자주 사용하는 함수를 알아보겠습니다.

## 문자열 길이 구하기 — length, size

length 함수는 문자열의 길이를 반환합니다. 그런데 메모리의 크기를 구하는 size 함수와 혼동할 때가 많아 두 함수를 비교해 보겠습니다.

**Do it! 실습** length와 size 함수로 문자열 길이 구하기 비교

• ch11/string_length/string_length.cpp

```cpp
#include <iostream>
#include <string>

using namespace std;

int main() {
  string str1("Hello");
  cout << str1 << endl;
```

```
    cout << str1.length() << endl;
    cout << str1.size() << endl;

    return 0;
}
```

**실행 결과**

```
Hello
5
5
```

실행 결과를 보면 length와 size 함수는 "Hello"라는 문자열의 길이 5를 반환합니다. 마치 둘 다 문자열의 길이를 반환하는 것처럼 보이지만, 사실은 length 함수만 문자열의 길이를 반환하고, size 함수는 해당 객체가 차지하는 메모리의 크기를 반환합니다. 따라서 결과는 같아도 문자열의 길이가 필요할 때는 length 함수를 사용하는 것이 맞습니다.

 **length와 size 함수의 결괏값이 같은 이유**

C 언어 스타일 문자열(char *)은 뒤에 문자열의 끝을 표시하는 '₩0' 문자가 붙습니다. 반면에 C++ 언어의 str::string에서는 '₩0' 문자가 붙지 않습니다. 이는 string 클래스에서 문자열 길이를 직접 가지고 있어서 C 언어처럼 문자열의 끝을 알려 주는 '₩0' 문자가 필요 없기 때문입니다. 따라서 string의 length와 size 함수의 결괏값이 같은 것입니다. 만약 C 언어 스타일의 문자열이었다면 length보다 size 함수의 결괏값이 항상 1만큼 큽니다.

## 빈 문자열인지 검사하기 — empty

empty는 문자열을 검사해 비었으면 true, 아니면 false를 반환하는 함수입니다.

**Do it! 실습** empty 함수로 빈 문자열인지 검사하기

• ch11/string_empty/string_empty.cpp

```
#include <iostream>
#include <string>

using namespace std;
```

```
int main() {
  string str1("");
  cout << str1 << endl;

  cout << std::boolalpha;
  cout << str1.empty() << endl;    // true 또는 false 출력

  return 0;
}
```

```
true
```

str1 변수에 문자열이 없으므로 empty 함수는 true를 반환합니다. 참고로 cout << std:: boolalpha 코드는 cout에서 논리형 값을 알파벳 형식인 true나 false로 출력해 줍니다. 다시 원래대로 숫자 0이나 1로 출력되게 하려면 cout << noboolalpha 코드를 작성합니다.

## 문자열 추가하기 — append

append는 문자열 끝에 새로운 문자열을 추가하는 함수입니다. 다음처럼 두 가지 방법으로 사용할 수 있습니다.

**append 함수 사용법**

```
문자열.append("추가할_문자열")
문자열.append("추가할_문자열", 문자열_시작_인덱스, 문자_개수)
```

두 번째 방법은 추가할 문자열에서 시작 인덱스와 개수를 지정할 수 있습니다. 코드로 살펴보겠습니다.

```cpp
#include <iostream>
#include <string>

using namespace std;

int main() {
  string str1("Hello");
  str1.append(" World!");
  cout << str1 << endl;

  string str2("Hello");
  str2.append(" World!", 6, 1);
  cout << str2 << endl;

  return 0;
}
```

**실행 결과**

```
Hello World!
Hello!
```

실행 결과를 보면 append 함수가 "Hello" 문자열 뒤에 " World!"를 추가해 "Hello World!"
라는 문자열이 완성된 것을 볼 수 있습니다. 더불어 추가할 문자열과 함께 인덱스 6과 개수 1
을 인자로 전달한 append 함수 호출문에서는 추가할 문자열 " World!"에서 6번 인덱스를 시
작으로 1개 문자인 '!'만 추가됩니다.

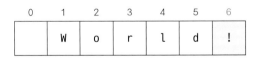

**그림 11-2** append(" World!", 6, 1) 코드의 의미

# 문자열 찾기 — find

find는 원하는 문자열의 시작 위치를 알려 주는 함수입니다. 사용 방법은 다음과 같습니다.

**find 함수 사용법**

```
문자열.find(찾을_문자열);
문자열.find(찾을_문자);
문자열.find(찾을_문자열, 시작_위치);
```

find 함수는 매개변수로 전달받은 문자열을 찾는 데 성공하면 해당 문자열의 시작 위치를 반환합니다. 만약 찾지 못하면 정수 타입의 string::npos라는 상수를 반환합니다.

**Do it! 실습** find 함수로 문자열 찾기

• ch11/string_find/string_find.cpp

```cpp
#include <iostream>
#include <string>

using namespace std;

void check_found(string::size_type n) {
  if (n == string::npos) {     // 문자열을 찾지 못했는지 검사
    cout << "not found" << endl;
  }
  else {
    cout << "found index: " << n << endl;
  }
}

int main() {     // 문자열의 크기를 나타내는 형식(부호 없는 정수)
  string::size_type n;
  string str = "This is an example of a standard string.";

  // 문자열 시작 지점부터 "example" 탐색
  n = str.find("example");
  check_found(n);

  // 문자열 시작 지점부터 "is" 탐색
  n = str.find("is");
```

```
        check_found(n);

        // 문자열 내 index 위치 4부터 "is" 탐색
        n = str.find("is", 4);
        check_found(n);

        // 문자열 시작 지점부터 'h' 탐색
        n = str.find('h');
        check_found(n);

        // 문자열 시작 지점부터 'k' 탐색
        n = str.find('k');
        check_found(n);
        return 0;
}
```

**실행 결과**

```
found index: 11
found index: 2
found index: 5
found index: 1
not found
```

## 문자열 비교하기 — compare

compare 함수는 문자열을 비교할 때 사용합니다.

**compare 함수 사용법**

```
대상_문자열.compare(비교할_문자열);
```

compare 함수는 두 문자열의 차이를 나타내는 정수를 반환하는데, 그 의미는 3가지로 다음과 같습니다.

- **0**: 두 문자열이 완전히 같음
- **양수**: 대상 문자열이 더 길거나 일치하지 않는 첫 번째 문자가 더 큼
- **음수**: 대상 문자열이 더 짧거나 일치하지 않는 첫 번째 문자가 더 작음

```cpp
#include <iostream>
#include <string>

using namespace std;

void compare_result(int result) {
  if (result == 0) {
    cout << result << " = 두 문자열이 같음" << endl;
  }
  else if (result > 0) {
    cout << result << " = 대상 문자열이 더 길거나
                        일치하지 않는 첫 번째 문자가 더 큼" << endl;
  }
  else if (result < 0) {
    cout << result << " = 대상 문자열이 더 짧거나
                        일치하지 않는 첫 번째 문자가 더 작음" << endl;
  }
}

int main() {
  string s1 = "Hello";
  string s2 = "Hello";
  int result = s1.compare(s2);          ❶ s1, s2 문자열이 같을 때
  compare_result(result);


  s1 = "Hello";
  s2 = "Hello World";
  result = s1.compare(s2);              ❷ s1 문자열의 길이가 더 짧을 때
  compare_result(result);


  s1 = "cat";
  s2 = "dog";
  result = s1.compare(s2);              ❸ s1 문자열의 첫 번째 문자가
  compare_result(result);                알파벳 순서상 먼저 나올 때
```

```
    s1 = "Hello World";
    s2 = "Hello";
    result = s1.compare(s2);          ❹ s1 문자열의 길이가 더 클 때
    compare_result(result);


    s1 = "cat";                       ❺ s1 문자열의 길이가 더 짧지만, 일치
    s2 = "apple";                        하지 않는 첫 번째 문자가 알파벳 순서상
    result = s1.compare(s2);             늦게 나올 때
    compare_result(result);


    return 0;
}
```

**실행 결과**

0 = 두 문자열이 같음
-1 = 대상 문자열이 더 짧거나 일치하지 않는 첫 번째 문자가 더 작음
-1 = 대상 문자열이 더 짧거나 일치하지 않는 첫 번째 문자가 더 작음
1 = 대상 문자열이 더 길거나 일치하지 않는 첫 번째 문자가 더 큼
1 = 대상 문자열이 더 길거나 일치하지 않는 첫 번째 문자가 더 큼

실행 결과에서 첫 번째와 두 번째 결과는 쉽게 이해할 수 있습니다. 그런데 세 번째 결과에서
s1 문자열은 "cat", s2 문자열은 "dog"입니다. 두 문자열의 길이는 같죠. 하지만 일치하지 않
는 첫 번째 문자 'c'와 'd'를 비교했을 때 알파벳 순서상 'c'가 더 작습니다. 따라서 compare 함
수는 −1을 반환합니다.

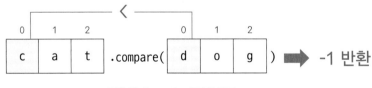

**그림 11-3** cat, dog 문자열 비교

그리고 다섯 번째 결과에서 s1 문자열은 "cat", s2 문자열은 "apple"입니다. 비교할 문자열
s2의 길이가 대상 문자열 s1보다 길죠. 길이만 놓고 보면 compare 함수의 결괏값은 −1입니다.

하지만 일치하지 않는 첫 번째 문자 'c'와 'a'를 비교했을 때 알파벳 순서상 'c'가 더 큽니다. 따라서 결괏값은 1입니다.

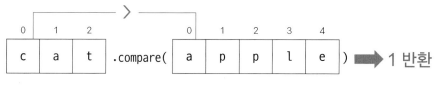

**그림 11-4** cat, apple 문자열 비교

이처럼 compare 함수가 반환하는 값에는 문자열 비교와 관련된 여러 가지 정보가 담겨 있습니다. 그런데 때로는 문자열을 간단하게 비교하고 싶을 때도 있습니다. 이때는 compare 함수 대신 <, >, !=, == 등의 관계 연산자를 사용하면 더 직관적입니다. 관계 연산 결과가 참이면 true, 거짓이면 false입니다.

**Do it! 실습** 관계 연산자로 문자열 비교

• ch11/string_compare_operator/string_compare_operator.cpp

```cpp
#include <iostream>
#include <string>

using namespace std;

int main() {
  string s1 = "Hello";
  string s2 = "Hello";
  if (s1 == s2) {
    cout << "두 문자열 일치" << endl;
  }

  s1 = "Hello";
  s2 = "World";
  if (s1 != s2) {
    cout << "두 문자열 불일치" << endl;
  }

  return 0;
}
```

실행 결과

두 문자열 일치

두 문자열 불일치

## 문자열 교체하기 — replace

replace는 문자열의 일부를 다른 문자열로 교체하는 함수입니다. replace 함수는 다음의 표처럼 다양한 형태를 지원합니다.

표 11-1 replace 함수 종류

| 문자열 종류 | 함수 원형 |
|---|---|
| 문자열<br>(string) | string& **replace**(size_t pos, size_t len, const string &str);<br>string& **replace**(const_iterator i1, const_iterator i2, const string &str); |
| 부분 문자열<br>(substring) | string& **replace**(size_t pos, size_t len, const string &str,<br>    size_t subpos, size_t sublen = npos); |
| C 언어 스타일 문자열<br>(c-string) | string& **replace**(size_t pos, size_t len, const char *s);<br>string& **replace**(const_iterator i1, const_iterator i2, const char *s); |

다음 코드에서는 replace 함수에 인자를 3개 전달해 문자열에서 일부를 다른 문자열로 교체했습니다.

**Do it! 실습**  replace 함수로 문자열 교체하기

• ch11/string_replace/string_replace.cpp

```
#include <iostream>
#include <string>

using namespace std;

int main() {
  string str = "Hello, world!";
  cout << "Original string: " << str << std::endl;

  // 문자열 일부분을 교체
  str.replace(7, 5, "C++");
```

```
    cout << "Replaced string: " << str << endl;
    return 0;
}
```

**실행 결과**

```
Original string: Hello, world!
Replaced string: Hello, C++!
```

첫 번째 인자 7은 교체할 문자열의 시작 위치를 나타내는 인덱스입니다. 두 번째 인자인 5는
교체할 문자열의 길이를 나타냅니다. 세 번째 인자인 "C++"는 교체할 문자열을 나타냅니다.

즉, "Hello, world!" 문자열에서 7번 인덱스에 있는 'w'부터 5개의 문자열을 "C++" 문자열
로 교체합니다. 그 결과, "world" 문자열이 "C++" 문자열로 바뀝니다.

replace 함수는 특별한 경우가 아니면 단독으로 사용되는 일은 드뭅니다. 다음 코드는 replace
함수를 find 함수와 함께 사용한 예입니다. 이처럼 특정 문자열을 찾아 다른 문자열로 교체하
는 코드는 URL이나 쿼리 등을 직접 다룰 때 자주 사용합니다.

**Do it! 실습** find 함수와 함께 사용한 replace 함수

- ch11/string_find_replace/string_find_replace.cpp

```
#include <iostream>
#include <string>

using namespace std;

int main() {
  // 문자열 생성
  string text = "The C++ programming language is one of the hardest languages.";

  // 찾을 문자열과 교체할 문자열 정의
  string target = "hardest";
  string replacement = "most powerful";

  // 처음 등장하는 위치 찾기
  size_t pos = text.find(target);
```

```
  // 문자열 교체
  if (pos != string::npos) {
    text.replace(pos, target.length(), replacement);
    cout << "교체 후 문장: " << text << endl;
  }
  else {
    cout << target << " 을 찾을 수 없음" << endl;
  }

  return 0;
}
```

**실행 결과**

교체 후 문장: The C++ programming language is one of the most powerful languages.

먼저 string 타입의 변수 text를 선언하고 대상 문자열로 초기화합니다. 그리고 찾을 문자열 ("hardest")과 교체할 문자열("most powerful")을 정의합니다. 그런 다음 find 함수로 text 문자열에서 "hardest"가 처음으로 등장하는 위치를 찾습니다. 그리고 find 함수의 반환값이 string::npos가 아니면 replace 함수로 문자열을 교체합니다. 실행 결과를 보면 문자열에서 "hardest"가 "most powerful"로 변경된 것을 확인할 수 있습니다.

참고로 find 함수는 찾는 문자열이 없으면 string::npos를 반환합니다. npos는 string 클래스에서 제공하는 size_t 타입의 상수로, std::string에서 찾는 문자열이 존재하지 않음을 나타냅니다. 실제로 npos는 다음처럼 -1로 정의되어 있습니다.

**string::npos 정의**

```
static const size_t npos = -1;
```

## 와이드 문자열 ─ wstring

string은 유니코드<sup>unicode</sup>를 지원하지만, 상황에 맞게 적절한 데이터 형식과 인코딩을 선택하여 유니코드 문자열을 처리해야 하는 번거로움이 있습니다. 그래서 C++11부터는 std::wstring이라는 **와이드 문자열** 형식을 제공합니다. wstring은 02장에서 소개한 와이드 문자형식인 wchar와 같은 맥락으로 문자열을 지원하는 형식으로 생각하면 됩니다.

wstring으로 유니코드 문자열을 저장하고 출력하는 간단한 예를 보겠습니다.

다음 코드에서 setlocale 함수는 프로그램의 지역<sup>locale</sup>을 설정합니다. 첫 번째 인자로 전달한 LC_ALL은 모든 지역을 의미합니다. 그리고 wstring으로 유니코드 문자열을 초기화하는데, 이때 접두어 L은 문자열 리터럴이 와이드 문자열임을 나타냅니다. 그리고 유니코드 문자열을 출력할 때는 와이드 문자열 출력 스트림인 wcout을 사용합니다.

---

**Do it! 실습**  wstring 활용하기

• ch11/wstring/wstring.cpp

```cpp
#include <iostream>
#include <string>

using namespace std;

int main() {
  // 프로그램의 지역 설정
  setlocale(LC_ALL, "");

  // 유니코드 문자열 초기화
  wstring korString = L"안녕하세요";

  // 유니코드 문자열 출력
  wcout << korString << endl;

  return 0;
}
```

---

**실행 결과**

안녕하세요

---

이처럼 와이드 문자열은 유니코드를 더 직관적으로 표현할 수 있으며, 유니코드 문자열 처리에 편리한 함수도 제공합니다. 와이드 문자열 형식은 유니코드 인코딩 방식에 따라 wstring, u16string, u32string 등을 사용할 수 있습니다.

### 유니코드

유니코드는 전 세계의 모든 문자를 표현하기 위한 표준 문자 인코딩 시스템입니다. 이전에는 문자를 표현하기 위해 다양한 인코딩 방식을 사용했는데, 이때 언어나 지역에 따라 서로 다른 인코딩 방식 때문에 발생하는 호환성 문제를 해결하고자 유니코드가 만들어졌습니다.

유니코드는 모든 문자를 유일한 코드 포인트(code point)로 매핑하는 국제 표준입니다. 예를 들어 알파벳 'A'는 U+0041, 한글 '가'는 U+AC00이라는 코드 포인트로 표현합니다. 이를 통해 어떤 문자라도 일관되게 표현할 수 있습니다. 유니코드는 다국어를 지원하는 프로그램을 개발할 때 필수입니다.

---

**3분 퀴즈**

**1** 표준 라이브러리를 이용해 문자열을 처리하려고 합니다. 이때 어떤 헤더 파일을 포함해야 하는지 코드로 작성해 보세요.

```
#i
```

**2** 다음은 유니코드에 특화된 와이드 문자열 형식을 활용하는 코드입니다. 빈 부분의 코드를 채워 보세요.

```
s_____ name;
std::wcout << L"이름을 입력하세요: ";
std::wcin >> name;
```

[모범 답안]
**1** #include <string>
**2** std::wstring

# 11-3 파일 시스템

## 파일 시스템이란 무엇일까?

파일 시스템이란 데이터를 저장하고 관리하는 체계를 의미합니다. 이러한 파일 시스템은 운영체제에 따라 디렉터리, 파일 종류, 권한, 상태, 속성 등의 구조가 다릅니다. 따라서 운영체제마다 파일 시스템 프로그래밍에서 사용하는 헤더 파일과 사용 방법이 다릅니다. C++ 표준 라이브러리에서는 이러한 어려움을 해결할 수 있도록 파일 시스템과 관련된 다양한 형식과 함수를 지원합니다.

파일 시스템 라이브러리는 데이터의 입출력을 담당하는 **fstream**과는 다릅니다. **fstream**은 해당 파일의 내용을 읽어내는 역할을 하지만, 파일 이름이나 위치 같은 파일에 관한 정보 <sub>metadata</sub>를 수정할 수는 없습니다. 반면에 파일 시스템 라이브러리는 파일에 관한 정보에 접근할 수 있지만, 파일 자체를 읽을 수는 없습니다.

## 파일 시스템 라이브러리

C++14까지 표준 라이브러리에는 파일 입출력을 위한 수단은 있었지만, 파일 시스템을 위한 수단은 없었습니다. C++17에서 드디어 C++도 파일 시스템 라이브러리를 지원하게 되었습니다. C++ 파일 시스템 라이브러리의 모든 형식과 함수는 **std::filesystem** 네임스페이스에 속해 있으며, 이를 사용하려면 소스 파일에 **<filesystem>** 헤더를 포함해야 합니다.

C++ 파일 시스템 라이브러리는 파일과 디렉터리 조작에 유용한 기능을 제공합니다. 주요 구성 요소와 함수를 정리하면 다음과 같습니다.

표 11-2 파일 시스템 라이브러리가 제공하는 주요 기능

| 구분 | 이름 | 설명 |
|---|---|---|
| 클래스 | path | 파일과 디렉터리 경로를 나타내는 클래스. 경로 조작이나 분석 지원 |
| | directory_entry | 디렉터리 내의 항목을 나타내는 클래스. 경로나 속성 정보 제공 |
| | directory_iterator | 디렉터리 내의 모든 항목을 순회하기 위한 반복자 클래스 |
| | file_status | 파일이나 디렉터리의 상태 정보를 나타내는 열거형 클래스 |
| | file_time_type | 파일의 시간 정보를 나타내는 file_time과 같은 형식 |
| | space_info | 디스크 공간에 대한 정보를 제공하는 클래스 |
| 열거형 | perms | 파일이나 디렉터리의 권한을 나타내는 열거형 상수 집합 |
| | file_type | 파일이나 디렉터리의 유형을 나타내는 열거형 상수 집합 |
| 함수 | exists | 주어진 경로에 파일이나 디렉터리가 존재하는지 확인 |
| | is_directory | 주어진 경로가 디렉터리인지 확인 |
| | is_regular_file | 주어진 경로가 일반 파일인지 확인 |
| | create_directory | 디렉터리 생성 |
| | create_directories | 경로에 지정된 디렉터리나 중간 디렉터리 생성 |
| | remove | 파일이나 디렉터리 삭제 |
| | rename | 파일이나 디렉터리의 이름 변경 |
| | copy | 파일이나 디렉터리 복사 |
| | copy_file | 파일을 복사 |
| | copy_directory | 디렉터리를 복사 |
| | copy_symlink | 심벌릭 링크 복사 |
| | file_size | 파일의 크기 반환 |
| | last_write_time | 파일이나 디렉터리의 마지막 수정 시간 반환 |
| | current_path | 현재 작업 디렉터리의 경로 반환 |
| | equivalent | 두 경로가 같은 파일이나 디렉터리를 가리키는지 확인 |
| | is_empty | 주어진 디렉터리가 비었는지 확인 |
| | remove_all | 디렉터리와 하위 항목 모두 삭제 |
| | resize_file | 파일 크기 변경 |
| | status | 파일이나 디렉터리의 상태 정보 반환 |
| | temp_directory_path | 임시 디렉터리의 경로 반환 |

이러한 기능들은 파일 시스템 조작을 더 편리하게 해주므로 필요할 때 찾아서 활용하면 더 빠르고 쉽게 프로그래밍할 수 있습니다. 먼저 파일 시스템 라이브러리를 다루기 전에 알아야 할 기본 지식을 살펴보고 실습 코드를 보겠습니다.

## 절대 경로와 상대 경로

컴퓨터상의 모든 파일에는 해당 파일의 위치를 나타내는 고유 주소가 있는데, 이를 **경로**<sup>path</sup>라고 합니다. '주소'가 아니라 '경로'라고 부르는 이유는 컴퓨터에서 해당 파일을 참조할 때 첫 번째 디렉터리부터 차례로 찾기 때문입니다. 예를 들어 /a/b/c라는 경로가 있다면 맨 처음에 /a 디렉터리를 찾고, 그 안에 b 디렉터리를 찾고, 마지막으로 b 안에 c 파일을 찾습니다.

경로를 지정하는 방식에는 **절대 경로**<sup>absolute path</sup>와 **상대 경로**<sup>relative path</sup>가 있습니다. 절대 경로는 최상위 디렉터리인 루트<sup>root</sup>에서 내가 원하는 파일까지의 전체 경로를 의미합니다. 윈도우에서 루트는 'C:₩'나 'D:₩'처럼 표기될 수 있고, 리눅스에서는 간단히 '/'로 표기될 수 있습니다. 아무튼 경로의 맨 앞이 루트로 시작하면 절대 경로라고 보면 됩니다.

상대 경로는 현재 위치를 기준으로 한 경로를 나타냅니다. 예를 들어 a/b라는 경로가 있다면 이는 현재 위치에서 a라는 디렉터리를 찾고 그 안에 b라는 파일을 찾습니다. 만약 현재 실행 중인 프로그램의 절대 경로가 /foo/bar라면 a/b 파일의 절대 경로는 /foo/bar/a/b가 됩니다.

## 경로를 나타내는 path 객체

파일 시스템 라이브러리에서 파일이나 디렉터리를 다루는 모든 함수는 path 객체를 매개변수로 받습니다. 따라서 보통 다음의 순서로 작업합니다.

1. 원하는 경로에 있는 파일/디렉터리의 path 정의
2. 해당 path로 파일/디렉터리 정보 수집

한 가지 중요한 점은 path 객체만으로는 실제 해당 경로에 파일이 존재하는지 알 수 없습니다. path 클래스는 그냥 경로를 나타낼 뿐 실제 파일을 지칭하지는 않기 때문입니다. 만약, 해당 경로에 파일이 실제로 존재하는지 보려면 exists 함수를 사용해야 합니다.

exists 함수 원형

```
bool exists(const std::filesystem::path& p)
```

## 파일 시스템 활용하기

파일 시스템 라이브러리는 원래 boost의 filesystem을 C++17 표준에 병합한 것입니다. 아직은 표준보다 boost가 더 기능이 많고 광범위하게 사용되므로 std::filesystem으로 사용하는 것은 boost::filesystem으로 대체할 수 있습니다.

boost를 사용할 때는 헤더 파일만 포함해도 되는 것이 많지만, boost::filesystem은 사용하는 시스템에 맞게 컴파일된 라이브러리가 필요합니다. std::filesystem도 앞서 언급한 바와 같이 C++17 이상의 컴파일러에서만 사용할 수 있습니다.

다음 코드는 파일 시스템 라이브러리를 사용하여 파일과 디렉터리를 생성, 쓰기, 읽기, 삭제까지 다루는 예입니다. 코드를 먼저 보고 각 기능을 하나씩 살펴보겠습니다.

> **Do it! 실습** 파일 시스템 라이브러리 활용
>
> • ch11/filesystem/filesystem.cpp

```cpp
#include <iostream>
#include <string>
#include <filesystem>    // 파일 시스템 헤더 파일
#include <fstream>       // 파일 입출력 헤더 파일

using namespace std;

namespace fs = filesystem;

int main() {
  // ❶ 디렉터리 생성
  fs::create_directories("MyDirectory");

  // ❷ 파일 생성과 쓰기
  ofstream outFile("MyDirectory/myFile.txt");
  outFile << "Hello, FileSystem Library!" << endl;
  outFile.close();

  // ❸ 디렉터리 내의 파일 확인
  cout << "Files in MyDirectory:\n";
  for (const fs::directory_entry& entry : fs::directory_iterator("MyDirectory")) {
    if (entry.is_regular_file()) {
      cout << entry.path().filename() << endl;
```

```
    }
  }

  // ❹ 파일 읽기
  ifstream inFile("MyDirectory/myFile.txt");
  string line;
  while (getline(inFile, line)) {
    cout << line << endl;
  }
  inFile.close();

  // ❺ 파일과 디렉터리 삭제
  fs::remove_all("MyDirectory");

  return 0;
}
```

실행 결과

```
Files in MyDirectory:
"myFile.txt"
Hello, FileSystem Library!
```

## 디렉터리 생성

create_directories 함수는 지정된 경로에 디렉터리를 생성합니다. 필요하면 중간 단계의
디렉터리도 함께 생성합니다. 예를 들어 path/to/MyDirectory에 해당하는 디렉터리를 생성
하려고 할 때 path와 to 디렉터리가 없으면 새로 만들고, 이미 있어도 오류가 발생하지 않으
므로 안전하게 사용할 수 있습니다.

```
fs::create_directories("path/to/MyDirectory");
```

## 파일 생성과 쓰기

앞에서 본 다음 코드는 ofstream을 사용하여 MyDirectory에 myFile.txt라는 파일을 생성하
고, 이 파일을 열어서 "Hello, FileSystem Library!"라는 문자열을 쓰고 닫습니다.

```
ofstream outFile("MyDirectory/myFile.txt");
outFile << "Hello, FileSystem Library!" << endl;
outFile.close();
```

ofstream(파일 출력 스트림)을 사용하여 파일에 내용을 쓰고 난 후 outFile.close 함수를 호출하는 이유는 파일을 제대로 닫기 위해서입니다. 파일을 열었을 때 메모리를 사용하게 되는데, 이 메모리를 정리하고 파일을 닫지 않으면 다른 부분에서 이 파일에 접근하지 못하거나 문제가 발생할 수 있습니다. 따라서 파일을 열었으면 작업 후에 항상 닫아 줘야 합니다.

C++에서는 ofstream의 소멸자가 파일을 자동으로 닫아 주긴 하지만, 명시적으로 close 함수를 호출하는 것이 코드를 해석하기 쉽게 하고, 파일을 여는 곳과 닫는 곳이 명확하게 구분되어 유지·보수 때도 좋습니다.

### 디렉터리 탐색

앞에서 본 다음 코드는 MyDirectory를 탐색하여 해당 디렉터리의 모든 파일 이름을 출력합니다.

```
cout << "Files in MyDirectory:\n";
for (const fs::directory_entry& entry : fs::directory_iterator("MyDirectory")) {
  if (entry.is_regular_file()) {
    cout << entry.path().filename() << endl;
  }
}
```

먼저 MyDirectory 경로에 대한 디렉터리 반복자(directory_iterator)를 생성합니다. 이 반복자는 해당 디렉터리의 파일과 디렉터리 정보를 제공합니다. 그리고 범위 기반 for 문*으로 반복자가 가리키는 모든 원소를 대상으로 반복합니다. 여기서 entry는 각 파일이나 디렉터리에 대한 참조를 나타냅니다.                         * 범위 기반 for 문은 「15-2」절에서 다룹니다.

if 문에서는 현재 반복자가 가리키는 항목이 디렉터리가 아닌 파일인지 확인하고 현재 파일의 경로에서 파일 이름만 출력합니다. entry.path 함수는 파일의 전체 경로를 나타내며, filename 함수는 파일 이름만 추출합니다.

## 파일 읽기

앞에서 본 다음 코드는 `ifstream`을 사용하여 파일을 열고 각 줄을 읽어 그 내용을 화면에 출력합니다. 그리고 파일을 닫습니다.

```
ifstream inFile("MyDirectory/myFile.txt");
string line;
while (getline(inFile, line)) {
  cout << line << endl;
}
inFile.close();
```

MyDirectory/myFile.txt 파일을 읽기 모드로 엽니다. 이때 `ifstream`은 파일을 읽기 위한 입력 스트림을 제공합니다. 그리고 `getline` 함수로 파일에서 한 줄씩 읽어 `line`에 저장한 후 화면에 출력하는 동작을 파일의 끝에 도달할 때까지 반복합니다. `getline` 함수는 첫 번째 인자로 전달한 스트림에서 한 줄을 읽어 두 번째로 전달한 인자에 저장하는데, 스트림에서 더 이상 읽을 내용이 없으면 `false`를 반환합니다.

마지막으로 `inFile.close` 함수를 호출하여 파일을 닫습니다. 파일을 닫음으로써 파일 자원을 해제하고 접근을 종료합니다.

## 파일 삭제

앞에서 본 다음 코드는 `remove_all` 함수를 사용하여 디렉터리를 삭제합니다. 즉, MyDirectory와 그 안에 있는 파일, 하위 디렉터리까지 모두 삭제합니다.

```
fs::remove_all("MyDirectory");
```

`remove_all` 함수는 지정한 디렉터리와 그 안에 포함된 모든 요소를 삭제합니다. 만약 디렉터리 안에 하위 디렉터리나 파일이 있더라도 재귀하는 방법으로 모두 삭제합니다. `remove_all` 함수는 디렉터리와 파일을 완전히 삭제하므로 조심해서 사용해야 합니다.

**1** 파일 시스템 라이브러리을 사용하려면 어떤 헤더를 사용해야 할까요?

> #i

**2** 다음 설명에서 빈칸을 채워 보세요.

> d_____는 파일 시스템 라이브러리에서 제공하는 객체로, 특정 디렉터리에 대한 반복자 역할을 합니다. 이 객체는 디렉터리 내의 파일과 하위 디렉터리에 대한 정보를 제공하며, 각 반복에서 d_____ 객체를 반환합니다. 이를 통해 디렉터리 내의 파일이나 디렉터리 작업을 수행할 수 있습니다.

# 11-4 기타 유용한 함수

## 난수 생성

프로그래밍을 하다 보면 난수가 필요할 때가 많습니다. 특히 게임 분야에서 난수는 매우 중요합니다. 난수란 **정의된 범위에서 무작위로 추출된 임의의 수**를 의미합니다. 난수는 그다음에 나올 값을 누구도 확신할 수 없어야 합니다. 컴퓨터 프로그래밍에서 난수를 만들 때는 보통 시드seed라는 시작 숫자를 이용하는데, 이 시드값으로 현재 시각을 사용하는 경우가 많습니다. 즉, 시시각각 변하는 현재 시각을 특정한 알고리즘에 넣어 난수를 만듭니다.

C와 C++ 언어에서는 이처럼 난수를 생성하는 rand와 srand 함수가 있습니다. rand 함수는 난수 생성 패턴을 한 개로 설정하고, srand 함수는 난수 생성 패턴을 여러 개로 설정하는 차이가 있습니다. 이 함수들이 정의된 헤더 파일을 확인해 보면 `#define RAND_MAX 0x7fff`라는 매크로 상수가 선언되어 있습니다. 이는 난수의 범위가 0~32,767까지라는 의미입니다. 범위가 생각보다 넓지 않아서 난수가 균등하게 분포되지 않을 수 있습니다.

이런 문제를 해결하기 위해 C++11부터는 고품질의 난수 생성기와 분포 클래스를 제공하여 난수의 형식, 범위, 분포와 형태 등을 세세하게 조절할 수 있도록 했습니다.

다음 코드는 `<random>` 헤더 파일에 있는 `std::mt19937`을 이용하는 예입니다. `mt19937`은 32bit 버전이고, 64bit 버전인 `mt19937_64`도 있습니다. 다음 코드는 64bit 버전을 이용하여 임의의 수 10개를 생성하는 예입니다.

> **Do it! 실습** 난수 생성하기
>
> • ch11/random/random.cpp
>
> ```
> #include <iostream>
> #include <random>
>
> using namespace std;
> ```

```
int main()
{
  mt19937_64 mt_rand;

  for (int i = 0; i < 10; i++) {
    cout << mt_rand() << endl;
  }

  return 0;
}
```

```
14514284786278117030
4620546740167642908
13109570281517897720
17462938647148434322
355488278567739596
7469126240319926998
4635995468481642529
418970542659199878
9604170989252516556
6358044926049913402
```

그런데 이 코드는 난수를 생성할 때에 시드값을 사용하지 않아 실행할 때마다 같은 값이 나올
수 있습니다. 이번에는 시드값으로 시스템의 현재 시각을 넣어 난수를 생성해 보겠습니다.

**Do it! 실습** **시드값으로 난수 생성하기**

ch11/chrono/chrono.cpp

```
#include <iostream>
#include <random>
#include <chrono>

using namespace std;

int main()
```

```
{
  // 시드값 사용
  auto curTime = chrono::system_clock::now();

  auto duration = curTime.time_since_epoch();

  auto millis = chrono::duration_cast<chrono::milliseconds>(duration).count();
```
> auto 키워드는 형식 연역을 할 수 있는 지정자로, 「14-1」절에서 다룹니다.

```
  mt19937_64 mt_rand(millis);

  for (int i = 0; i < 10; i++) {
    cout << mt_rand() << endl;
  }
  return 0;
}
```

**실행 결과**

```
15679643833092956256
12842249489731865397
17302142222799370782
10301189558332042119
18147668297370799075
7404339794962184967
5829574859668400879
10697024794190343412
6673049286310623441
10615868138674902293
```

이처럼 시드값을 이용하면 실행할 때마다 다른 값을 만들 수 있습니다. 그런데 이러한 시드값 대신 하드웨어 엔트로피를 이용하는 방법도 있습니다. 여기서 말하는 하드웨어 엔트로피란, 시스템에서 발생하는 무작위성의 정도를 나타냅니다.

표준 라이브러리에서 제공하는 random_device 클래스를 이용하면 이러한 하드웨어 엔트로피를 이용해 난수를 생성할 수 있습니다. 하드웨어의 마우스 움직임, 커서 위치, 키보드 입력, 디스크 I/O 등 다양한 외부 요인을 활용하여 엔트로피를 수집합니다.

**Do it! 실습** 하드웨어 엔트로피로 난수 생성하기

• ch11/random_device/random_device.cpp

```cpp
#include <iostream>
#include <random>

using namespace std;

int main() {
  random_device rng;

  for (int i = 0; i < 10; i++) {
    auto result = rng();
    cout << result << endl;
  }
  return 0;
}
```

**실행 결과**

```
실행 결과
3499157824
2033147778
4023491842
553450092
406820767
3272902983
991870752
3827992927
1136119549
2107782506
```

그러나 random_device는 대체로 mt19937 엔진보다 느립니다. 그래서 생성할 난수가 많을 때
는 mt19937 엔진을 사용하고, random_device는 엔진의 시드값을 생성하는 데만 사용하는 것
이 좋습니다.

<random>에는 random_device 외에도 3가지 난수 생성 엔진을 제공합니다. 표준 라이브러리에
서 다양한 난수 생성 엔진을 제공한다는 것만 기억해 두고 필요할 때 참고해 보기 바랍니다.

- linear_congruential_engine: 선형 합동 난수 엔진

- mersenne_twister_engine: 메르센 트위스터 난수 엔진

- subtract_with_carry_engine: 감산 캐리 난수 엔진

**궁금 해요!** 완벽한 난수를 만들 수 있나요?

완벽한 난수 생성기는 예측이 불가능하며 어떠한 패턴도 갖지 않아야 합니다. 그러나 컴퓨터 에서 사용되는 대부분의 난수 생성기는 사실상 의사 난수(pseudo-random number)입 니다. 의사 난수는 특정한 알고리즘을 기초로 생성되며 초깃값이 같으면 같은 순서로 생성합 니다. 따라서 초깃값이나 시드값에 의존하므로 예측할 수 있습니다. 또한, 오랫동안 사용하면 주기적으로 반복되는 패턴이 나타날 수 있습니다.

이를 보완하려면 더 복잡하고 예측이 어려운 알고리즘을 사용하거나 외부 장치를 활용하여 무작위성을 높이는 방법이 있습니다. 외부 장치로는 물리적인 현상을 활용하는 하드웨어 난 수 발생기가 있습니다. 이러한 발생기는 주로 양자역학의 물리적인 현상을 활용하여 완벽한 난수를 생성합니다.

정리하자면 컴퓨터에서 완벽한 난수를 만드는 것은 매우 어려우며, 현실에서는 특정한 요구 사항에 맞는 안전하고 예측이 어려운 난수 생성기를 선택하는 것이 중요합니다.

## 수학 함수

표준 라이브러리에서는 다양한 수학 함수도 제공합니다. 프로그래밍을 하다 보면 수학 함수 를 쓸 일이 많습니다. <cmath> 헤더 파일을 이용하면 삼각 함수, 지수 함수, 로그 함수 같은 수 식을 쉽게 사용할 수 있습니다. 자주 사용하는 수학 함수를 보면 다음과 같습니다.

**표 11-3** 자주 사용하는 수학 함수

| 함수 | 설명 |
|---|---|
| abs | 절댓값 반환 |
| sqrt | 제곱근 반환 |
| pow | 거듭제곱 계산 |
| exp | 지수 함수 (e^x) 계산 |
| log | 자연 로그 계산 |
| sin, cos, tan | 삼각 함수 계산 |
| asin, acos, atan | 역삼각 함수 계산 |

| | |
|---|---|
| ceil | 올림 계산 |
| floor | 내림 계산 |
| round | 반올림 계산 |

더 많은 수학 함수는 다음 주소에서 확인할 수 있으며 여기서는 수학 함수를 활용한 예를 확인하고 넘어가겠습니다. 참고로 예에서 원주율 파이($\pi$)를 나타내는 상수 `numbers::pi`는 C++20부터 사용할 수 있습니다.

- **〈cmath〉 헤더 소개**: https://en.cppreference.com/w/cpp/header/cmath

---

**Do it! 실습** 수학 함수 활용하기

- ch11/cmath/cmath.cpp

```cpp
#include <iostream>
#include <cmath>
#include <numbers>

using namespace std;

int main() {
  double x = 2;
  double y = 3;
  cout << "x = " << x << ", " << "y = " << y << endl;
  cout << "pow(x, y) = " << pow(x, y) << endl;
  cout << "sqrt(x) = " << sqrt(x) << endl;
  cout << "log(x) = " << log(x) << endl;
  cout << endl;

  x = 2.847;
  y = -3.234;
  cout << "x = " << x << ", " << "y = " << y << endl;
  cout << "ceil(x) = " << ceil(x) << ", ceil(y) = " << ceil(y) << endl;
  cout << "floor(x) = " << floor(x) << ", floor(y) = " << floor(y) << endl;
  cout << "round(x) = " << round(x) << ", round(y) = " << round(y) << endl;
  cout << "abs(x) = " << abs(x) << ", abs(y) = " << abs(y) << endl;
  cout << endl;
```

```
    cout << "PI = " << numbers::pi << endl;
    cout << "sin(PI/3) = " << sin(numbers::pi / 3) << endl;
    cout << "cos(PI/3) = " << cos(numbers::pi / 3) << endl;
    cout << "tan(PI/3) = " << tan(numbers::pi / 3) << endl;

    return 0;
}
```

**실행 결과**

```
x = 2, y = 3
pow(x, y) = 8
sqrt(x) = 1.41421
log(x) = 0.693147

x = 2.847, y = -3.234
ceil(x) = 3, ceil(y) = -3
floor(x) = 2, floor(y) = -4
round(x) = 3, round(y) = -3
abs(x) = 2.847, abs(y) = 3.234

PI = 3.14159
sin(PI/3) = 0.866025
cos(PI/3) = 0.5
tan(PI/3) = 1.73205
```

## 복사 함수

프로그래밍에서 복사는 두 가지 종류가 있습니다. 하나는 얕은 복사<sup>shallow copy</sup>, 다른 하나는 깊은 복사<sup>deep copy</sup>입니다.

- **얕은 복사**: 주솟값을 복사
- **깊은 복사**: 실제 값을 새로운 메모리 공간에 복사

얕은 복사는 복사 대상이 주솟값이므로 참조하는 값이 서로 같습니다. 따라서 원본 값이 바뀌면 복사한 값도 바뀐 값을 참조합니다. 반면에 깊은 복사는 서로 다른 독립적인 메모리에 실

제 값까지 복사하는 것을 의미합니다. 따라서 깊은 복사에서는 원본 값이 바뀌어도 복사한 값에는 영향이 없습니다.

깊은 복사를 반복문으로 직접 구현하면 객체에 포함된 모든 원소를 하나하나 복사하므로 코드도 길고, 양에 따라 오래 걸릴 수도 있습니다. 표준 라이브러리에서는 이를 보완하고자 깊은 복사 함수 copy를 제공합니다.

copy 함수의 원형은 다음과 같습니다. _First부터 _Last 전 까지의 모든 원소를 _Dest부터 시작하는 곳에 복사합니다.

**copy 함수 원형**

```
template <class _InIt, class _OutIt>
_CONSTEXPR20 _OutIt copy(_InIt _First, _InIt _Last, _OutIt _Dest)
```

다음 코드는 copy 함수를 활용한 예입니다. 예에서 벡터 컨테이너를 사용했는데, 이는 12장에서 자세히 다루겠습니다. 여기서는 크기를 동적으로 조절할 수 있는 배열로 생각해 주세요.

**Do it! 실습  copy 함수 활용하기**

• ch11/copy/copy.cpp

```cpp
#include <iostream>
#include <vector>
#include <algorithm>

using namespace std;

// 사람 정보를 담는 구조체
struct Person {
  string name;    // 이름
  int age;        // 나이
  float height;   // 키
  float weight;   // 몸무게
};

// 벡터에 저장된 사람 정보 출력 함수
void print_person_all(vector<Person>& vec) {
  for (vector<Person>::iterator it = vec.begin(); it != vec.end(); it++) {
```

```cpp
        cout << "이름: " << it->name << "\t > " << "나이: " << it->age << ", "
             << "키: " << it->height << ", " << "몸무게: " << it->weight << endl;
    }
}

int main() {
    // Person 구조체 배열 생성
    Person p[5] = {
        {"Brain", 24, 180, 70},
        {"Jessica", 22, 165, 55},
        {"James", 30, 170, 65},
        {"Tom", 12, 155, 46},
        {"Mary", 18, 172, 62}
    };

    // from_vector에 Person 배열 순서대로 넣기
    vector<Person> from_vector;
    from_vector.push_back(p[0]);
    from_vector.push_back(p[1]);
    from_vector.push_back(p[2]);
    from_vector.push_back(p[3]);
    from_vector.push_back(p[4]);

    // from_vector 출력
    cout << "-----from_vector-----" << endl;
    print_person_all(from_vector);
    cout << endl;

    // to_vector에 from_vector의 원소를 '깊은 복사' 수행
    vector<Person> to_vector;
    copy(from_vector.begin(), from_vector.end(), back_inserter(to_vector));

    // 복사 후 to_vector 출력
    cout << "-----to_vector-----" << endl;
    print_person_all(to_vector);
    cout << endl;

    // from_vector의 첫 번째 원소 수정
```

```
    from_vector[0].name = "Chris";

    from_vector[0].age = 5;

    from_vector[0].height = 110;

    from_vector[0].weight = 20;


    // 수정 후 from_vector 출력
    cout << "-----from_vector-----" << endl;

    print_person_all(from_vector);

    cout << endl;


    // to_vector 출력
    cout << "-----to_vector-----" << endl;

    print_person_all(to_vector);

    cout << endl;

    return 0;

}
```

## 실행 결과

```
-----from_vector-----
이름: Brain      > 나이: 24, 키: 180, 몸무게: 70
이름: Jessica    > 나이: 22, 키: 165, 몸무게: 55
이름: James      > 나이: 30, 키: 170, 몸무게: 65
이름: Tom        > 나이: 12, 키: 155, 몸무게: 46
이름: Mary       > 나이: 18, 키: 172, 몸무게: 62


-----to_vector-----
이름: Brain      > 나이: 24, 키: 180, 몸무게: 70
이름: Jessica    > 나이: 22, 키: 165, 몸무게: 55
이름: James      > 나이: 30, 키: 170, 몸무게: 65
이름: Tom        > 나이: 12, 키: 155, 몸무게: 46
이름: Mary       > 나이: 18, 키: 172, 몸무게: 62


-----from_vector-----
이름: Chris      > 나이: 5, 키: 110, 몸무게: 20
이름: Jessica    > 나이: 22, 키: 165, 몸무게: 55
이름: James      > 나이: 30, 키: 170, 몸무게: 65
이름: Tom        > 나이: 12, 키: 155, 몸무게: 46
```

```
-----to_vector-----
이름: Brain      > 나이: 24, 키: 180, 몸무게: 70
이름: Jessica    > 나이: 22, 키: 165, 몸무게: 55
이름: James      > 나이: 30, 키: 170, 몸무게: 65
이름: Tom        > 나이: 12, 키: 155, 몸무게: 46
이름: Mary       > 나이: 18, 키: 172, 몸무게: 62
```

copy 함수가 깊은 복사를 하는지 직접 확인하고자 이름을 비롯해 여러 원소를 가진 Person 구조체의 객체들을 벡터 컨테이너에 저장했습니다.

실행 결과에서 to_vector로 표시한 부분을 보면 Person 구조체의 모든 원소가 완전히 복사된 것을 확인할 수 있습니다. 또한 to_vector에 복사한 후 from_vector의 첫 번째 값을 변경해도 to_vector에 저장된 원소에는 전혀 영향이 없음을 확인할 수 있습니다. 즉, from_vector와 독립적으로 깊은 복사가 수행되었습니다.

이처럼 여러 개의 원소를 깊게 복사해야 한다면 표준 라이브러리의 copy 함수를 적극 활용해 보세요. 코드가 간결해질 뿐만 아니라 성능까지 확보할 수 있습니다.

**3분 퀴즈**

❶ 표준 라이브러리를 이용하여 난수를 생성하려면 어떤 헤더를 포함해야 할까요?

```
#i
```

❷ 표준 라이브러리의 다양한 수학 함수를 사용하려면 어떤 헤더를 포함해야 할까요?

```
#i
```

[모범 답안]
❶ #include 〈random〉
❷ #include 〈cmath〉

# 되 | 새 | 김 | 문 | 제

이번 장에서는 C++ 언어의 표준 라이브러리를 살펴보았습니다. 표준 라이브러리는 이미 충분히 검증된 코드이므로 적극 활용하면 신뢰성은 물론 개발 시간도 단축할 수 있어 매우 유용합니다. 표준 라이브러리에서 제공하는 헤더는 워낙 방대하므로 웬만한 기능은 거의 다 있다고 보아도 무방합니다. 따라서 프로그래밍을 하다가 어떤 기능이 필요하면 먼저 표준 라이브러리의 헤더를 살펴보기 바랍니다.

이제 되새김 문제를 풀며 이번 장에서 배운 내용을 정리해 보세요.

### 문제 1    표준 문자열 라이브러리 활용

어떤 문자열이든지 문장 안에 있는 '고양이'를 '강아지'로 바꾸는 함수를 만들어 보세요. 그리고 해당 함수가 잘 동작하는지 메인 함수에서 확인하는 코드도 작성해 보세요.

### 문제 2    파일 시스템: 디렉터리 생성, 파일 생성, 쓰기

실행 파일이 있는 곳의 하위 디렉터리에 my_folder/_test.txt 파일을 생성해 보세요. _test.txt 파일에는 여러분의 영문 이름을 기록해 보세요.

### 문제 3    파일 시스템: 디렉터리 탐색

특정 디렉터리에 위치한 모든 텍스트 파일의 이름과 크기를 출력하는 프로그램을 작성해 보세요. 각 파일의 정보는 filesystem::file_size 함수를 이용하여 얻을 수 있습니다.

### 문제 4    난수 함수 활용

두 개의 주사위를 던지는 시뮬레이션을 하도록 프로그램을 작성해 보세요. 사용자에게 몇 번 던질지 입력받고 던질 때마다 주사위 눈의 합을 출력합니다.

•모범 답안: github.com/mystous/DoItCPP/tree/main/exercise/ch11

# 12

# STL의 컨테이너와 알고리즘

표준 템플릿 라이브러리(standard template library, STL)는 표준 라이브 러리의 일부로서 템플릿에 기반을 둔 컨테이너, 알고리즘, 반복자 등을 구현 한 클래스와 함수를 가리키는 용어입니다. 표준 템플릿 라이브러리를 사용하 면 특정한 데이터 형식이나 알고리즘에 종속되지 않고 코드의 재사용성과 유 연성을 높일 수 있습니다.

이번 장에서는 표준 템플릿 라이브러리 가운데 가장 많이 활용되는 컨테이너 들과 몇 가지 유용한 알고리즘을 알아보겠습니다.

# 12-1 컨테이너와 반복자

- 컨테이너와 반복자 이해하기
- 목적에 맞게 설계된 컨테이너 선택과 활용하기

학습 목표

## 컨테이너란 무엇일까?

C++ 표준 템플릿 라이브러리를 왜 사용해야 하는지 묻는다면, 필자는 주저없이 '컨테이너'라고 대답할 수 있습니다. C++ 언어를 사용하는 실제 개발 현장에서 컨테이너를 사용하지 않는 프로젝트는 아마도 찾아보기 힘들 것입니다.

**컨테이너**<sup>container</sup>는 같은 타입의 여러 객체를 저장할 수 있는 묶음 단위의 데이터 구조입니다. 쉽게 생각해서 단어 그대로의 의미인 컨테이너 상자 또는 마트에서 물건을 담는 쇼핑카라고 생각하면 됩니다.

**그림 12-1** 컨테이너와 쇼핑카

컨테이너의 주 역할은 데이터를 저장하고 관리하며 저장된 원소에 접근할 수 있는 멤버 함수를 제공합니다. 표준 템플릿 라이브러리의 컨테이너는 10장에서 다룬 템플릿 클래스 형태로 제공됩니다. 이를 이용하여 특정 타입의 객체를 저장할 수 있는 전용 컨테이너를 만들 수 있습니다. 컨테이너에는 한 가지 타입의 객체들만 보관할 수 있습니다.

## 반복자(이터레이터)란 무엇일까?

본격적으로 컨테이너를 살펴보기 전에 먼저 반복자에 관해 알아보겠습니다. 그래야만 이후의 내용을 이해하는 데 무리가 없을 것 같습니다. **반복자**<sup>iterator</sup>는 객체지향 프로그래밍에서 배열 같은 컨테이너의 내부 원소들을 순회하는 객체입니다. 반복자는 포인터와 비슷한 동작을 한다고 볼 수 있습니다.

표준 템플릿 라이브러리에서 모든 컨테이너는 각자의 반복자를 제공합니다. 각 컨테이너의 반복자는 공통의 멤버 함수를 가지는데, 대표적으로 `begin`과 `end`가 있습니다. 반복자의

begin과 end 함수를 사용하는 예를 보겠습니다. 예에서 벡터 컨테이너를 사용했는데 잠시 후에 자세히 다루기로 하고 여기서는 그냥 배열이라고 생각해도 됩니다.

**Do it! 실습** 반복자에 역참조(*) 연산

• ch12/iterator/iterator.cpp

```cpp
#include <iostream>
#include <vector>

using namespace std;

int main() {
  vector<int> vec;      // 벡터 컨테이너 vec 선언

  vec.push_back(0);     // vec에 원소 추가
  vec.push_back(1);
  vec.push_back(2);
  vec.push_back(3);
  vec.push_back(4);

  vector<int>::iterator it = vec.begin();   // 반복자 it 선언과 vec의 시작 위치로 초기화

  cout << *it << endl;     // vec에 저장된 원소 출력
  cout << *(it + 1)  << endl;
  cout << *(it + 2) << endl;
  cout << *(it + 3) << endl;
  cout << *(it + 4) << endl;

  return 0;
}
```

**실행 결과**

```
0
1
2
3
4
```

begin 함수는 벡터의 첫 번째 원소에 접근할 수 있도록 위치를 반환해 줍니다. 앞서 반복자는 포인터처럼 이해하면 쉽다고 했습니다. begin 함수가 반환하는 반복자 it에 포인터처럼 역참조 연산자(*)를 이용하면 해당 원소에 접근할 수 있습니다. 따라서 *it, *(it + 1) 등의 코드는 벡터 컨테이너에 저장된 원소를 출력합니다.*

\* 사실 반복자의 역참조 연산은 * 연산자 오버로딩을 통해 마치 포인터처럼 동작하게 만든 것입니다.

반복자를 포인터와 같은 역할로 이해하면 좋은 예를 한 가지 더 보겠습니다. 반복자에도 포인터처럼 증감 연산자를 사용할 수 있습니다.

---

**Do it! 실습**  반복자 증가 연산

• ch12/iterator_operation/iterator_operation.cpp

```cpp
#include <iostream>
#include <vector>

using namespace std;

int main() {
  vector<int> vec;

  for (int i = 0; i < 5; i++)
    vec.push_back(i);                    반복자를 이용해 vec 순회

  for (vector<int>::iterator it = vec.begin(); it != vec.end(); it++)
    cout << *it << endl;

  return 0;
}
```

---

**실행 결과**

```
0
1
2
3
4
```

두 번째 반복문을 보면 반복자 it를 선언하면서 vec.begin 함수를 호출해 vec의 시작 위치로 초기화합니다. 그리고 vec 컨테이너를 한 칸씩 순회하면서 원소를 출력(*it)합니다. 이때 it++처럼 반복자에 증가 연산자를 사용할 수 있습니다.

한 가지 짚고 넘어갈 것은 end 함수가 가리키는 위치입니다. end 함수는 컨테이너에 저장된 맨 마지막 원소의 바로 다음 위치를 반환합니다. 다음 그림처럼 end가 가리키는 반복자를 'past-the-end 반복자'라고 부릅니다. 이는 맨 마지막 원소를 지나친 반복자라는 의미입니다. 만약 컨테이너가 빈 상태라면 해당 컨테이너의 begin과 end는 같은 위치를 가리킵니다.

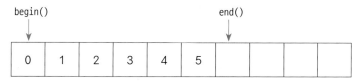

**그림 12-2** begin과 end 함수가 반환하는(가리키는) 위치

반복자를 사용하면 어떤 컨테이너에 접근하든지 같은 방법으로 접근할 수 있습니다. 이것은 컨테이너와 알고리즘을 함께 사용할 수 있도록 반복자가 중간자 역할을 할 수 있다는 의미입니다. 컨테이너와 함께 사용하는 대표적인 알고리즘은 후속 절에서 소개할 정렬과 검색 그리고 「11-4」에서 살펴본 복사 등이 있습니다.

표준 템플릿 라이브러리에서 모든 컨테이너는 자신만의 반복자를 제공하는데, 컨테이너의 특성에 따라 각각의 반복자가 사용할 수 있는 연산과 함수가 다릅니다. 반복자의 종류와 특성을 비교 정리하면 다음과 같습니다. 표의 내용을 외울 필요는 없지만 반복자의 특성에 따라 할 수 있는 작업이 다른 점은 꼭 알아야 합니다.

**표 12-1** 반복자의 종류와 특성(출처: cplusplus.com/reference/iterator/)

| 반복자 종류 | 가능한 것들 | 관련 예시 |
|---|---|---|
| 모든 종류 | 복사, 복사 할당 | X b(a);<br>b = a; |
| | 증가 | ++a<br>a++ |

| 임의 접근 | 양방향 | 순방향 | 입력 | 등식, 부등식 | a == b<br>a != b |
|---|---|---|---|---|---|
| | | | | rvalue 역참조 | *a<br>a->m |
| | | | 출력 | lvaule 역참조<br>(변경 가능할 때만) | *a = t<br>*a++ = t |
| | | | | 기본 생성자 | X a;<br>X() |
| | | | | 다중 패스* | { b=a; *a++; *b; } |
| | | 감소 | | | --a<br>a--<br>*a-- |
| | | 산술 연산 | | | a + n<br>n + a<br>a - n<br>a - b |
| | | 반복자 간의 부등식 비교 | | | a < b<br>a > b<br>a <= b<br>a >= b |
| | | 할당 연산 += , -= | | | a += n<br>a -= n |
| | | 오프셋 역참조 연산 [] | | | a[n] |

* 반복자를 역참조하거나 증가시켜도 반복자가 가리키는 값은 변경되지 않음(반복자가 포인터와 비슷한 객체임을 의미)

지금까지 반복자를 살펴봤습니다. 반복자는 컨테이너에 저장된 원소에 효과적으로 접근할 수 있는 도구라고 생각할 수 있습니다. 배열이나 리스트와 같은 컨테이너에 저장된 원소를 한 번에 하나씩 접근할 수 있게 해주는 역할이라고 보면 됩니다.

반복자의 가장 큰 장점은 컨테이너의 내부 정보를 외부에 노출시키지 않고도 원소에 접근할 수 있다는 것입니다. 덕분에 컨테이너의 내부 구현 방식이 변경되더라도 코드를 수정할 필요 없이 반복자를 통해 원소에 접근할 수 있습니다.

반복자는 잠시 후 알아볼 배열이나 벡터, 리스트, 큐처럼 선형 컨테이너에 적합하지만, 특정 조건을 만족하지 않을 때는 사용하기 어려울 수도 있습니다. 예를 들어 뒤로 이동할 수 없는 컨테이너나 무한한 개수의 원소를 가진 컨테이너에는 반복자를 사용할 수 없습니다. 따라서 반복자를 사용하기 전에 컨테이너의 특성과 반복자의 제약을 꼭 고려해야 합니다.

# 순차 컨테이너

이제 본격적으로 컨테이너에 관해 알아보겠습니다. 컨테이너는 종류에 따라 다음 3가지 범주로 나눌 수 있습니다. 각 범주에서 대표적인 컨테이너를 소개하고 어떤 상황에서 활용할 수 있는지 살펴보겠습니다.

- **순차 컨테이너**: 데이터가 순서대로 삽입되는 컨테이너입니다.
- **연관 컨테이너**: 데이터가 오름차순/내림차순처럼 미리 정의된 순서로 삽입되는 컨테이너입니다. 연관 컨테이너 안에 있는 원소들은 언제나 정렬된 상태를 유지합니다.
- **컨테이너 어댑터**: 순차, 연관 컨테이너와 다르게 특별한 자료 구조를 표현한 컨테이너입니다.

먼저 **순차 컨테이너**<sup>sequential container</sup>는 원소들이 선형으로 배열된 데이터 구조를 나타냅니다. 순차 컨테이너는 원소들을 순차적으로 저장하며, 각 원소는 위치(인덱스)에 따라 접근할 수 있습니다. C++ 표준 템플릿 라이브러리에서 제공하는 대표적인 순차 컨테이너는 다음과 같습니다.

**표 12-2** 순차 컨테이너

| 컨테이너 | 헤더 | 설명 |
|---|---|---|
| array | <array> | 표준 C 언어 스타일 배열 |
| vector | <vector> | 활용도가 높은 기본 컨테이너 |
| list | <list> | 연결 리스트(linked list) |
| deque | <deque> | 양방향 큐(queue) |

각 컨테이너는 특정한 작업에 더 적합한 성능을 제공하므로 상황과 요구 사항에 따라 선택해서 활용할 수 있습니다. 예를 들어 원소를 추가하고 삭제하는 일이 빈번할 때에는 list나 deque를 사용할 수 있으며, 원소에 빠르게 접근해야 할 때에는 vector나 array를 선택할 수 있습니다.

그럼 각 컨테이너를 어떻게 사용하는지 살펴보겠습니다.

## 배열(std::array)

C++11에서 소개된 array는 고정된 크기의 배열을 담는 컨테이너입니다. 이 컨테이너를 이용하면 일반 배열 변수가 포인터로 변환되었을 때 배열 길이 정보를 알 수 없다는 문제와 동적 배열의 메모리 할당·해제 문제에서 벗어날 수 있는 장점이 있습니다. 즉, array는 '안전한 배열'이라고 생각하면 됩니다.

array의 기본 사용법을 알아보겠습니다. 먼저 array는 <array> 헤더의 std 네임스페이스에 정의되어 있습니다. <array> 헤더를 포함하고 array 컨테이너를 선언하는 방법은 다음과 같습니다. 이때 지정하는 원소의 데이터 형식은 기본 외에 개발자가 직접 만든 클래스도 지정할 수 있습니다.

**배열 컨테이너 선언**

```
#include <array>
using namespace std;

array<데이터_형식, 크기> 객체_이름;
```

array 컨테이너를 초기화하는 방법은 일반 배열과 같습니다. 만약 원소를 5개 가지는 배열 컨테이너를 선언했는데, 이보다 더 많은 값을 넣으려고 시도하면 컴파일 단계에서 오류가 발생합니다.

```
array<int, 5> myArray {1, 2, 3, 4, 5};    // 크기가 5인 배열 생성과 초깃값 5개 할당
myArray = {1, 2, 3, 4, 5, 6};             // 6개 원소 할당으로 컴파일 오류!
```

또한 일반 배열처럼 [] 연산자로 각 원소에 접근할 수 있습니다. 다만 배열의 유효 범위 밖의 인덱스로 접근을 시도하면 런타임 오류가 발생합니다.

```
cout << myArray[3];     // 정상 동작(유효 인덱스 범위 0 ~ 4)
cout << myArray[5];     // 유효 범위 밖 인덱스 접근 시도. 런타임 오류!
```

잘못된 접근으로 인한 런타임 오류를 막으려면 array 클래스가 제공하는 at 함수를 사용합니다. at 함수에 배열의 인덱스를 전달하면 해당 원소에 안전하게 접근할 수 있습니다.

예를 들어 다음 코드처럼 배열의 유효 범위를 벗어나는 접근을 시도하면 at 함수가 std::out_of_range라는 예외를 던집니다. at 함수는 유효 범위를 검사하므로 [] 연산자보다 느리지만 안전한 코드를 작성할 수 있습니다.

```
array<int, 5> myArray{ 1, 2, 3, 4, 5 };
myArray.at(10) = 0;    // 유효 범위 밖 접근 시도. 예외 발생!
```

array 컨테이너에서 배열의 크기를 알 수 있는 size 함수도 유용한 멤버 함수입니다. size 함수는 컨테이너가 메모리에서 차지하는 크기가 아닌 원소를 저장할 수 있는 개수(=배열의 길이)를 반환합니다. 참고로 size 함수는 C 언어에서 자료형의 크기를 바이트 단위로 구하는 sizeof 연산자와는 다릅니다. sizeof 연산자는 '배열_원소_자료형의_크기 × 배열_길이'를 반환하므로 array 컨테이너에서 제공하는 size 함수와는 확연히 다릅니다.

```
array<int, 5> myArray{ 1, 2, 3, 4, 5 };
cout << myArray.size() << endl;    // 5 출력
```

array 컨테이너는 크기가 고정된 배열을 다룰 때에 주로 사용되며, 인덱스를 이용해 원소에 빠르게 접근할 수 있다는 장점이 있습니다.

이제 실습 코드를 살펴보겠습니다. array 컨테이너를 이용해 크기가 고정된 배열을 다루는 방법을 이해할 수 있도록 구성했습니다. 이미 array 컨테이너의 기본 사용법을 익혔으므로 주석을 보면 코드를 금방 이해할 수 있을 것입니다.

**Do it! 실습** 배열 컨테이너 활용

• ch12/array/array.cpp

```cpp
#include <iostream>
#include <array>

using namespace std;

int main() {
  // 크기가 5인 std::array 생성
  array<int, 5> myArray;
```

```cpp
    // 배열 초기화
    myArray = { 1, 2, 3, 4, 5 };

    // 배열 출력
    cout << "배열 출력: ";
    for (const int& element : myArray) {
        cout << element << " ";
    }
    cout << endl;

    // 배열 크기 출력
    cout << "배열 크기: " << myArray.size() << endl;

    // 배열의 첫 번째 원소 출력
    cout << "첫 번째 원소: " << myArray[0] << endl;

    // 배열의 두 번째 원소 변경
    myArray[1] = 10;

    // 변경된 배열 출력
    cout << "변경된 배열: ";
    for (int i = 0; i < 5; i++) {
        cout << myArray[i] << " ";
    }
    cout << endl;

    return 0;
}
```

**실행 결과**

```
배열 출력: 1 2 3 4 5
배열 크기: 5
첫 번째 원소: 1
변경된 배열: 1 10 3 4 5
```

실행 결과를 보면 첫 줄은 배열에 저장된 초깃값이고, 두 번째 줄은 size 함수로 출력한 배열의 크기입니다. 세 번째 줄은 첫 번째 원소를 0번 인덱스로 접근한 결과이며, 마지막 줄은 두 번째 원소를 10으로 변경한 후에 전체 원소를 출력한 결과입니다.

## 벡터(std::vector)

방금 살펴본 std::array가 고정된 길이의 배열 컨테이너였다면, 이번에 살펴볼 std::vector는 동적인 길이의 배열 컨테이너입니다. 즉, 배열의 길이가 가변적입니다. vector 컨테이너는 임의의 위치에 저장된 원소에 빠르게 접근할 수 있고, 동적 배열 관리를 안전하게 수행해 주는 덕분에 표준 컨테이너 가운데 가장 많이 활용됩니다.

vector 컨테이너는 <vector> 헤더의 std 네임스페이스에 정의되어 있으며 다음처럼 선언해 사용합니다.

**벡터 컨테이너 선언**

```
#include <vector>
using namespace std;

vector<데이터_형식> 객체_이름;
vector<데이터_형식> 객체_이름(크기);
vector<데이터_형식> 객체_이름(크기, 초깃값);
vector<데이터_형식> 객체_이름 = {값1, 값2, 값3, ...};
```

verctor 컨테이너를 선언할 때 크기를 지정하지 않을 수도 있고, 지정할 수도 있습니다. 그리고 크기와 초깃값을 함께 지정할 수도 있으며, 중괄호를 이용한 유니폼 초기화도 할 수 있습니다. 유니폼 초기화는 초깃값을 중괄호 안에 나열하는 방법으로, 다양한 컨테이너나 배열, 객체 등에도 적용할 수 있습니다. 이 방식은 코드의 가독성을 높이고, 초기화 과정에서 발생할 수 있는 오류를 방지하는 데 도움이 됩니다.

```
vector<int> vec1;              // 벡터 크기 미지정
vector<int> vec2(5);           // 크기(원소 개수)가 5인 벡터 선언
vector<int> vec3(5, 1);        // 크기가 5인 벡터를 1로 초기화
vector<int> vec4 = {1, 2, 3, 4, 5};   // 유니폼 초기화
```

vector 컨테이너의 원소에는 배열처럼 [] 연산자로 접근할 수 있으며, array 컨테이너에서 보았던 at 함수도 사용할 수 있습니다.

---

**vector 컨테이너의 원소에 인덱스로 접근하는 방법**

```
vector<int> vec = {1, 2, 3, 4, 5};

vec[0] = 10;     // 첫번째 원소를 10으로 변경
cout << vec[0] << endl;

vec.at(1) = 20;  // 두 번째 원소를 20으로 변경(at 함수 사용)
cout << vec.at(1) << endl;
```

---

벡터의 크기는 동적이므로 힙 메모리가 허용하는 한 계속 늘릴 수 있습니다. 따라서 push_back이라는 멤버 함수로 벡터의 끝에 원소를 계속 추가할 수 있습니다.

---

**Do it! 실습**  벡터 컨테이너에 원소 추가하기

• ch12/vector/vector.cpp

```
#include <iostream>
#include <vector>

using namespace std;

int main() {
  vector<int> vec;
  vec.push_back(0);  // 맨 뒤에 0 추가
  vec.push_back(1);  // 맨 뒤에 1 추가
  vec.push_back(2);  // 맨 뒤에 2 추가

  for (int i = 0; i < 3; i++) {
    cout << "vec 의 " << i + 1 << " 번째 원소 : " << vec[i] << endl;
  }
  return 0;
}
```

---

push_back 함수를 호출할 때마다 전달한 값이 벡터의 마지막 원소 다음에 추가됩니다. 만약 빈 벡터에 push_back 함수를 호출하면 첫 번째 인덱스에 채워집니다. 따라서 앞의 코드에서 vec에는 정수 0, 1, 2가 차례로 저장됩니다.

**벡터 컨테이너의 메모리 운영 방식**

벡터 컨테이너는 배열의 길이보다 항상 여유분을 포함해 메모리를 운영합니다. 벡터 맨 뒤에 원소를 추가하거나 빼는 것은 매우 빠르지만, 배열의 특성상 임의의 위치에 원소를 추가하거나 제거하는 것은 매우 느립니다. 또한 기존에 할당된 공간이 다 차서 더 큰 새로운 공간으로 이동할 때는 원소들을 복사해야 합니다. 따라서 원소의 개수가 n개일 때 시간 복잡도는 O(n)만큼 걸립니다.

이처럼 컨테이너는 동작 원리에 따라 같은 동작도 속도 차이가 발생할 수 있습니다. 따라서 각 컨테이너를 잘 이해하고 용도에 맞는 최적의 컨테이너를 골라서 사용해야 합니다.

벡터 컨테이너의 insert와 erase 함수에 반복자를 전달하면 중간에 새로운 원소를 넣거나 지울 수도 있습니다.

**Do it! 실습** 벡터 컨테이너의 insert와 erase 함수

• ch12/vector_insert_erase/vector_insert_erase.cpp

```cpp
#include <iostream>
#include <vector>

using namespace std;

// 벡터의 모든 원소를 출력하는 함수
template <typename T>
void print_vector_all(vector<T>& vec) {
  cout << "벡터 내 원소 개수 : " << vec.size() << endl;
```

```cpp
  // 벡터의 모든 원소 출력
  for (typename vector<T>::iterator it = vec.begin(); it != vec.end(); it++) {
    cout << *it << " ";
  }
  cout << endl << "--------------------" << endl;
}

int main() {
  vector<int> vec;
  vec.push_back(0);
  vec.push_back(10);
  vec.push_back(20);
  vec.push_back(30);
  vec.push_back(40);

  cout << "원본" << endl;
  print_vector_all(vec);

  // 벡터에 원소 삽입
  vec.insert(vec.begin() + 3, 25);      // vec[3] 앞에 25 추가
  cout << "insert 결과" << endl;
  print_vector_all(vec);

  // 벡터에서 원소 삭제
  vec.erase(vec.begin() + 3);           // vec[3] 제거
  cout << "erase 결과" << endl;
  print_vector_all(vec);

  return 0;
}
```

**실행 결과**

```
원본
벡터 내 원소 개수 : 5
0 10 20 30 40
--------------------
insert 결과
```

```
벡터 내 원소 개수 : 6
0 10 20 25 30 40
---------------------
erase 결과
벡터 내 원소 개수 : 5
0 10 20 30 40
---------------------
```

코드에서 벡터 컨테이너를 선언하고 **push_back** 함수로 원소를 5개 추가한 상태를 그림으로 표현하면 다음과 같습니다.

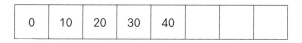

**그림 12-3** 벡터 컨테이너 초기 상태

여기서 **insert(vec.begin() + 3, 25)** 함수가 호출되면 벡터의 시작 위치에서 +3만큼 이동한 공간에 25를 넣습니다.

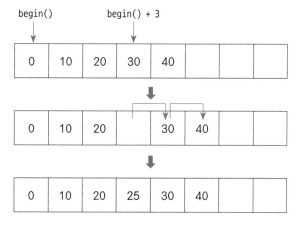

**그림 12-4** 벡터에 원소 삽입

벡터 컨테이너에 insert 함수로 원소가 삽입되는 과정을 보면 30이 저장된 위치에 25가 들어가면서 30을 포함해 그 뒤에 있는 원소 40까지 한 칸씩 뒤로 밀리도록 복사 저장합니다. 이러한 특성 때문에 벡터 컨테이너는 삽입되는 위치에 따라 처리 속도 면에서 불리할 수 있다는 점을 기억해야 합니다.

erase 함수도 insert와 유사하게 동작합니다. 지정한 위치의 원소를 제거합니다. erase 함수에 전달한 인자는 제거할 원소의 위치입니다. begin() + 3을 지정하면 벡터의 시작 위치에서 +3만큼 이동한 곳의 원소를 제거합니다.

그런데 원소를 제거한 후 그 빈자리는 어떻게 될까요? 제거한 원소 다음부터 벡터의 끝까지 모든 원소가 앞으로 한 칸씩 당겨지도록 복사 저장합니다.

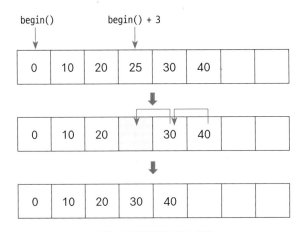

**그림 12-5** 벡터에서 원소 제거

즉, insert 함수는 한 칸씩 뒤로 밀리도록 복사 저장하고, erase 함수는 한 칸씩 앞으로 당겨지도록 복사 저장합니다. 만약 많은 원소가 저장된 벡터의 앞부분에서 insert나 erase 함수가 수행된다면 그 속도는 더욱 느려집니다. 따라서 삽입이나 제거가 빈번하게 발생한다면 벡터 대신 다른 컨테이너를 사용하는 것이 좋습니다.

### 함수 템플릿 활용하기

표준 템플릿 라이브러리에서 제공하는 컨테이너는 모두 클래스 템플릿 형태입니다. 따라서 특정 타입의 객체를 저장할 수 있는 전용 컨테이너를 선언할 수 있습니다. 즉, 같은 벡터 컨테이너라도 저장할 수 있는 데이터 형식을 각각 다르게 선언할 수 있습니다. 만약 직접 만든 구조체나 클래스 형식의 데이터를 저장하려면 해당 구조체나 클래스의 이름을 넣어주면 됩니다.

- **vector<int>**: 정수 형식의 데이터를 저장할 수 있는 벡터 컨테이너
- **vector<float>**: 부동 소수점 형식의 데이터를 저장할 수 있는 벡터 컨테이너
- **vector<string>**: 문자열 형식의 데이터를 저장할 수 있는 벡터 컨테이너
- **vector<MyClass>**: 사용자 정의 형식(MyClass)의 데이터를 저장할 수 있는 벡터 컨테이너

그런데 이처럼 다양한 형식의 벡터 컨테이너를 하나의 함수로 모두 처리하고 싶다면 어떻게 해야 할까요? 클래스 템플릿 형태인 표준 템플릿 라이브러리의 컨테이너를 이용하다 보면 실제로 이러한 요구가 자주 발생합니다. 이때는 10장에서 다룬 함수 템플릿을 이용하면 됩니다. 앞선 예에서 함수 템플릿을 이용한 코드는 다음과 같습니다.

```
template <typename T>
void print_vector_all(vector<T> &vec)
```

함수 템플릿을 이용하면 템플릿 매개변수(예에서는 T)를 이용해 다양한 형식을 전달받아 처리할 수 있습니다. 즉, 예에서 print_vector_all 함수는 다양한 형식의 벡터 컨테이너를 전달받아 모든 원소를 출력하도록 범용으로 만들었습니다.

## 값을 변경할 수 없는 정적 반복자

앞서 반복자를 다룰 때 '반복자는 포인터처럼 동작한다'고 했는데, std::vector에서 지원하는 반복자 가운데 const_iterator가 있습니다. const_iterator는 정적 포인터처럼 생각하면 쉽습니다. 즉, 반복자가 가리키는 원솟값을 변경할 수 없습니다.

```
vector<int>::const_iterator const_it_begin = vec.cbegin();
vector<int>::const_iterator const_it_end = vec.cend();
```

const_iterator는 cbegin과 cend 함수로 얻을 수 있습니다. 반복자로 지정한 값을 변경하지 않고 참조만 할 때 const iterator를 활용할 수 있습니다.

> **Do it! 실습  정적 반복자 활용**
>
> • ch12/vector_const_iterator/vector_const_iterator.cpp

```
#include <iostream>
#include <vector>
```

```
using namespace std;

int main() {
  vector<int> vec;
  vec.push_back(0);
  vec.push_back(10);
  vec.push_back(20);
  vec.push_back(30);
  vec.push_back(40);

  vector<int>::const_iterator const_it = vec.cbegin();
  cout << *const_it << endl;

  ++const_it;
  cout << *const_it << endl;

  const_it = vec.cend();
  --const_it;
  cout << *const_it << endl;
  return 0;
}
```

**실행 결과**

```
0
10
40
```

const_iterator 형식으로 선언한 반복자 const_it는 일반 반복자처럼 역참조 연산자로 값을 참조하거나 증감 연산 등으로 가리키는 대상을 자유롭게 변경할 수 있습니다. 하지만 다음 코드처럼 반복자가 가리키는 원솟값을 변경할 수는 없습니다. 이는 const 키워드의 특성을 그대로 따르기 때문입니다.

**정적 반복자의 값 변경 시도**

```
*const_it = 100;   // 컴파일 오류!
```

## 거꾸로 동작하는 리버스 반복자

std::vector에서 지원하는 반복자 중에 거꾸로 동작하는 리버스 반복자 reverse iterator도 있습니다. 리버스 반복자는 벡터 컨테이너의 뒤부터 앞으로 움직이는 특성이 있습니다. 리버스 반복자를 활용하는 예를 보겠습니다.

**Do it! 실습 리버스 반복자 활용**

• ch12/vector_reverse_iterator/vector_reverse_iterator.cpp

```cpp
#include <iostream>
#include <vector>

using namespace std;

int main() {
  vector<int> vec;

  for (int i = 0; i < 3; i++)
    vec.push_back(i);

  for (vector<int>::reverse_iterator it = vec.rbegin(); it != vec.rend(); it++)
    cout << *it << endl;

  return 0;
}
```

**실행 결과**

```
2
1
0
```

for 문에 있는 vec.rbegin 함수는 벡터 컨테이너의 가장 마지막에 저장된 위치를 가리키는 리버스 반복자를 반환합니다. 리버스 반복자를 대상으로 증가(++) 연산을 수행하면 다음 위치가 아닌 이전 위치를 가리킵니다. 그리고 rend 함수는 벡터 컨테이너의 가장 앞에 저장된 원소에서 바로 이전 위치를 가리키는 리버스 반복자를 반환합니다. 즉, 벡터 컨테이너의 시작 위치와 마지막 위치를 반환하는 begin, end 함수와 반대이며, 연산 결과도 반대입니다.

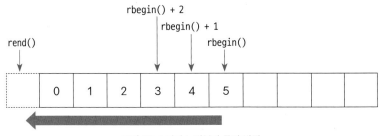

그림 12-6 리버스 반복자 동작 방법

## 리스트(std::list)

C++의 std::list는 연결 리스트linked list라는 데이터 구조를 구현한 컨테이너입니다. 연결 리스트는 데이터가 노드node라 불리는 개별 객체로 구성되며, 각 노드는 다음 노드를 가리키는 포인터를 포함합니다. 이러한 특성 때문에 리스트는 데이터를 삽입하고 삭제하는 데 효율적이며 순서를 유지할 수 있습니다.

list 컨테이너를 사용하여 값을 추가, 삭제하고 리스트의 크기와 리스트가 비었는지를 확인하는 간단한 예를 살펴보겠습니다.

**Do it! 실습** 리스트 컨테이너 활용

• ch12/list/list.cpp

```cpp
#include <iostream>
#include <list>

using namespace std;

int main() {
  list<int> myList;

  // 리스트 뒤쪽에 값 추가
  myList.push_back(2);
  myList.push_back(3);
  myList.push_back(4);

  // 리스트 앞쪽에 값 추가
  myList.push_front(1);
  myList.push_front(0);
```

```cpp
    // 리스트 출력
    cout << "리스트 출력: ";
    for (const int& value : myList) {
        cout << value << " ";
    }
    cout << endl;

    myList.pop_front();   // 첫 번째 원소 제거
    myList.pop_back();    // 마지막 원소 제거

    // 삭제 후 리스트 출력
    cout << "삭제 후 리스트 출력: ";
    for (const int& value : myList) {
        cout << value << " ";
    }
    cout << endl;

    // 리스트 크기 확인
    cout << "리스트 크기: " << myList.size() << endl;

    // 리스트가 비었는지 확인
    cout << "리스트가 비었는가? " << (myList.empty() ? "예" : "아니오") << endl;

    return 0;
}
```

**실행 결과**

```
리스트 출력: 0 1 2 3 4
삭제 후 리스트 출력: 1 2 3
리스트 크기: 3
리스트가 비었는가? 아니오
```

리스트에 값을 추가할 때는 push_back과 push_front 함수를 사용합니다. 이름에서 알 수 있듯이 push_back은 리스트의 뒤쪽에, push_front는 리스트의 앞쪽에 값을 추가하는 함수입니다. 값을 제거할 때도 방향에 따라 pop_front와 pop_back 함수를 사용합니다. 각각 첫 번째 값과 마지막 값을 제거합니다.

리스트의 크기는 size 함수로 알 수 있으며 반환값은 원소의 개수입니다. empty 함수는 리스트가 비었는지 확인할 때 사용합니다. 예에서는 값을 5개 넣고, 2개만 제거했으므로 원소가 남아 있어 '아니오'가 출력됩니다.

리스트 컨테이너도 벡터 컨테이너처럼 삽입된 순서를 유지하는 순차 컨테이너입니다. 활용법도 벡터와 매우 유사합니다. 그러나 벡터와 리스트는 내부 구현 방식이 다릅니다. 벡터는 동적 배열로 구현되어 원소들을 연속된 메모리 공간에 저장합니다. 반면에 리스트는 이중 연결 리스트로 구현되어 각 원소에는 다음 원소와 이전 원소를 가리키는 포인터가 있습니다.

이러한 차이점 때문에 벡터는 임의 접근이 가능하며 원소를 상수 시간*에 접근할 수 있지만, 리스트는 임의 접근이 불가능하며 원소에 접근하려면 이전 원소들을 차례로 따라가야 합니다. 따라서 **벡터는 원소에 자주 접근하고 수정해야 할 때에 주로 사용하고, 리스트는 삽입과 삭제가 빈번할 때에 유용**합니다.

> \* 상수 시간(constant time)이란, 알고리즘이나 연산이 실행되는 데 필요한 시간이 입력 크기에 무관하게 일정한 시간만큼 소요되는 것을 의미합니다. 즉, 연산에 필요한 시간이 상수로 고정되어 있어서 입력 크기가 증가하더라도 실행 시간이 변하지 않습니다.

### 덱(std::deque)

순차 컨테이너에서 마지막으로 소개할 컨테이너는 deque^double-ended queue입니다. deque 역시 배열 기반의 컨테이너이며 벡터 컨테이너와 유사합니다. 멤버 함수도 벡터 컨테이너와 비슷합니다.

벡터는 하나의 메모리 블록에 원소들을 저장하는 구조입니다. 따라서 새로운 원소를 추가할 때 공간이 부족하면 메모리를 재할당한 후에 이전 원소들을 모두 복사합니다.

반면에 deque 컨테이너는 여러 개의 메모리 블록을 나눠서 저장하는 것이 특징입니다. 저장할 공간이 부족하면 일정한 크기의 새로운 메모리 블록을 만들어서 연결합니다. 따라서 벡터 컨테이너에서 일어나는 복사 저장이 발생하지 않습니다.

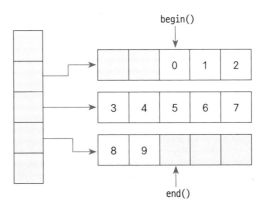

그림 12-7 덱 컨테이너의 저장 방식

즉, deque은 벡터의 단점을 보완하는 컨테이너입니다. deque과 벡터의 특징을 비교하면 다음과 같습니다.

**표 12-3** 덱과 벡터의 특징 비교

| 특징 | std::deque | std::vector |
|:---:|:---|:---|
| 메모리 할당 방식 | 메모리의 재할당이 자주 발생하지 않음 | 메모리의 재할당이 발생할 수 있음 |
| 원소 삽입과 삭제 | 양쪽 끝에서 O(1)의 시간 복잡도로 수행 | 끝에서 O(1)의 시간 복잡도로 수행, 중간에서 O(n)의 시간 복잡도로 수행 |
| 원소 접근 | O(1)의 시간 복잡도로 수행 | O(1)의 시간 복잡도로 수행 |

deque 컨테이너는 원소의 삽입과 삭제가 빈번하게 일어나는 상황에서 사용하기에 좋습니다. 특히 원소의 삽입과 삭제가 양쪽 끝에서 빈번하게 일어나는 상황에서는 deque이 리스트보다 더 효율적입니다.

리스트에서 살펴본 예를 deque을 사용하는 예로 바꿔 보겠습니다.

---

**Do it! 실습** 덱 컨테이너 활용

• ch12/deque/deque.cpp

```cpp
#include <iostream>
#include <deque>

using namespace std;

int main() {
  deque<int> myDeque;

  // 덱 뒤쪽에 값 추가
  myDeque.push_back(2);
  myDeque.push_back(3);
  myDeque.push_back(4);

  // 덱 앞쪽에 값 추가
  myDeque.push_front(1);
  myDeque.push_front(0);
```

```cpp
    // 덱 출력
    cout << "deque 출력: ";
    for (const int& value : myDeque) {
        cout << value << " ";
    }
    cout << endl;

    myDeque.pop_front();    // 첫 번째 원소 제거
    myDeque.pop_back();     // 마지막 원소 제거

    // 삭제 후 덱 출력
    cout << "삭제 후 deque 출력: ";
    for (const int& value : myDeque) {
        cout << value << " ";
    }
    cout << endl;

    // 덱 크기 확인
    cout << "deque 크기: " << myDeque.size() << endl;

    // 덱이 비었는지 확인
    cout << "deque이 비었는가? " << (myDeque.empty() ? "예" : "아니오") << endl;

    // 덱의 첫 번째와 마지막 원소 출력
    cout << "deque 첫 번째 원소: " << myDeque.front() << endl;
    cout << "deque 마지막 원소: " << myDeque.back() << endl;

    return 0;
}
```

**실행 결과**

```
deque 출력: 0 1 2 3 4
삭제 후 deque 출력: 1 2 3
deque 크기: 3
deque이 비었는가? 아니오
deque 첫 번째 원소: 1
deque 마지막 원소: 3
```

deque에 원소를 추가하고 삭제하는 방법과 크기를 구하고 비었는지 확인하는 방법 등은 모두 리스트 예에서 작성한 것과 똑같습니다. 마지막에 deque의 첫 번째와 마지막 원소를 출력하는 front와 back 함수를 호출하는 코드만 추가했습니다.

deque은 큐$^{queue}$ 자료 구조와 벡터의 특성을 모두 가진 C++ 표준 템플릿 라이브러리의 컨테이너 중 하나로, 데이터를 양쪽 끝에서 효율적으로 추가하고 제거할 수 있습니다. 벡터는 원소의 삽입과 삭제가 배열의 끝에서만 이뤄지지만, deque은 양쪽 끝에서 삽입과 삭제가 효율적으로 이루어지며 중간 부분에서도 상수 시간에 원소를 삽입하거나 삭제할 수 있습니다.

---

**궁금해요!** ▸ **시간 복잡도가 무엇인가요?**

시간 복잡도(time complexity)는 알고리즘이나 프로그램의 실행 시간이 어느 정도인지 나타내는 용어입니다. 알고리즘의 성능을 이야기할 때 항상 등장하는 용어이지요. 시간 복잡도는 대개 '빅 오(Big O) 표기법'을 사용해 입력 크기에 대한 함수로 나타냅니다. 여기서 빅 오는 최악의 경우에 대한 성능을 의미하며, 이는 곧 알고리즘 성능의 상한과 같은 의미입니다. 시간 복잡도를 간단한 표로 정리하면 다음과 같습니다.

| 시간 복잡도 | 설명 | 예시 |
|---|---|---|
| $O(1)$ | 상수 시간 | 배열에서 특정 원소 접근 |
| $O(\log n)$ | 로그 시간 | 이진 탐색 |
| $O(n)$ | 선형 시간 | 배열 순회 |
| $O(n \log n)$ | 선형 로그 시간 | 퀵 정렬, 병합 정렬 |
| $O(n^2)$, $O(n^3)$, ... | 다항 시간 | 이중 반복문 정렬 알고리즘 |
| $O(2^n)$ | 지수 시간 | 효율적이지 않은 재귀 알고리즘 |

일반적으로는 최대한 $O(n \log n)$ 이하의 시간 복잡도를 가지는 알고리즘을 선택하는 것이 좋습니다. 시간 복잡도를 고려한 효율적인 방법을 선택하고 문제를 해결하는 습관을 가질 수 있도록 노력해 보세요.

---

## 연관 컨테이너

연관 컨테이너는 데이터를 저장하고 검색할 때에 사용합니다. 특정 키$^{key}$를 사용하여 데이터를 효율적으로 검색할 수 있습니다. 연관 컨테이너의 내부 구조는 트리나 해시 테이블과 같은 최적화된 데이터 구조를 사용하므로 검색 작업의 시간 복잡도가 일반적으로 O(log n) 또는 O(1)에 가깝습니다.

이러한 구조 덕에 대량의 데이터에서도 빠르게 검색할 수 있으며, 실시간 또는 반응형 시스템에서 매우 유용합니다. C++ 표준 템플릿 라이브러리에서 제공하는 주요 연관 컨테이너는 다음과 같습니다.

**표 12-4** 주요 연관 컨테이너

| 컨테이너 | 헤더 | 정렬 | 특징 |
|---|---|---|---|
| set | <set> | ○ | 중복된 값 허용하지 않음 |
| multiset | <set> | ○ | 중복된 값 허용 |
| map | <map> | ○ | 키와 값이 서로 쌍으로 구성 |
| multimap | <map> | ○ | 중복된 키 허용 |

## 세트(std::set)

연관 컨테이너 중 가장 기본인 std::set부터 살펴보겠습니다. set는 고유한 값을 정렬된 순서로 저장합니다. set 컨테이너는 다음처럼 선언합니다.

**세트 컨테이너 선언**

```
std::set<데이터_형식> 객체_이름;
```

set 컨테이너가 제공하는 주요 함수들을 살펴보겠습니다. 먼저 세트에 데이터를 넣을 때는 insert 함수를 사용하며 제거할 때는 erase나 clear 함수를 사용합니다. erase 함수는 세트에서 특정 값을, clear 함수는 모든 값을 제거합니다

그리고 find 함수는 세트에서 특정 값을 검색할 때에 사용합니다. 만약 해당 값이 없으면 set::end를 반환합니다. count 함수는 세트에서 특정 값의 개수를 반환하는데, 세트는 중복된 값을 허용하지 않으므로 반환값은 0이나 1입니다. 반면에 size 함수는 전체 값의 개수를 반환합니다.

begin 함수는 세트에서 첫 번째 데이터가 있는 곳을 가리키는 반복자를 반환하고, end 함수는 마지막 데이터가 있는 곳의 다음을 가리키는 반복자(유효한 값이 아님)를 반환합니다.

set 컨테이너가 제공하는 함수를 실습해 보겠습니다.

• ch12/set/set.cpp

```cpp
#include <iostream>
#include <set>

using namespace std;

int main() {
  set<int> mySet;

  // 값 삽입
  mySet.insert(5);
  mySet.insert(2);
  mySet.insert(8);

  // 값 5가 세트에 있는지 확인
  if (mySet.find(5) != mySet.end()) {
    cout << "5는 set에 저장되어 있음" << endl;
  }

  // 세트를 순회하며 값 출력
  for (auto it = mySet.begin(); it != mySet.end(); ++it) {
    cout << *it << " ";
  }
  cout << endl;

  // 세트의 크기 출력
  int size = mySet.size();
  cout << "set 크기: " << size << endl;

  return 0;
}
```

실행 결과

```
5는 set에 저장되어 있음
2 5 8
set 크기: 3
```

예에서 세트에는 정수 5, 2, 8을 저장했습니다. 값 5는 세트에 존재하므로 "5는 set에 저장되어 있음"이라는 메시지가 출력됩니다. 그리고 세트를 순회하며 값을 출력하고, 마지막으로 세트의 크기가 3인 것을 확인할 수 있습니다.

set는 연관 컨테이너에 속하지만 내부적으로는 이진 탐색 트리를 사용하여 원소를 저장하고 정렬된 순서를 유지하는 정렬 컨테이너<sup>sorted container</sup>이기도 합니다. 따라서 세트에 원소를 삽입하면 자동으로 정렬되어 저장됩니다. 이때 정렬은 오름차순이 기본이지만, 사용자 정의 형식(클래스나 구조체)의 원소를 저장할 때는 해당 형식에 오버로딩된 비교 연산자(operator<)에 따라 정렬 순서가 결정됩니다.

이처럼 set 컨테이너는 데이터를 항상 정렬된 상태로 유지하므로 검색을 효율적으로 수행할 수 있습니다. 이진 탐색 트리의 특성 덕분에 삽입, 삭제, 검색 작업의 시간 복잡도가 O(log n)에 가깝습니다.

## 멀티 세트(std::multiset)

std::multiset도 std::set처럼 정렬된 세트 자료 구조를 구현하는 연관 컨테이너지만, 중복된 값을 포함한다는 차이가 있습니다. 즉, 멀티 세트 컨테이너에는 중복된 값을 저장할 수 있습니다.

다음 코드는 중복된 값을 허용하지 않는 set에 중복된 값을 삽입한 예입니다.

---

**Do it! 실습** 중복된 값을 허용하지 않는 세트 컨테이너

• ch12/set_not_allow/set_not_allow.cpp

```cpp
#include <iostream>
#include <set>

using namespace std;

int main() {
  set<int> mySet;
  mySet.insert(5);
  mySet.insert(2);
  mySet.insert(5);    // 중복된 값. 저장되지 않음!

  cout << "set 크기: " << mySet.size() << endl;
  return 0;
}
```

---

**실행 결과**

```
set 크기: 2
```

---

multiset 컨테이너를 선언하는 방법은 다음과 같습니다.

---

**멀티 세트 컨테이너 선언**

std::multiset<데이터_형식> 객체_이름;

---

멀티 세트 컨테이너가 제공하는 함수는 앞에서 본 세트 컨테이너와 같습니다. 다만 erase 함수로 데이터를 제거할 때 중복된 값이 있다면 해당 값을 모두 제거한다는 정도의 차이만 있을 뿐입니다. 앞에서 set 컨테이너를 활용한 예를 multiset 컨테이너를 활용하는 예로 바꿔 보겠습니다.

**Do it! 실습** 멀티 세트 컨테이너 활용

• ch12/multiset/multiset.cpp

```cpp
#include <iostream>
#include <set>

using namespace std;

int main() {
  multiset<int> myMultiset;

  // 값 삽입
  myMultiset.insert(5);
  myMultiset.insert(2);
  myMultiset.insert(5);    // 중복된 값도 저장됨

  // 특정 값의 개수 출력
  int count = myMultiset.count(5);
  cout << "저장되어 있는 5의 개수: " << count << endl;

  // 멀티 세트를 순회하며 값 출력
  for (auto it = myMultiset.begin(); it != myMultiset.end(); ++it) {
    cout << *it << " ";
  }
  cout << endl;
```

```
    // 멀티 세트의 크기 출력
    int size = myMultiset.size();
    cout << "multiset 크기: " << size << endl;


    return 0;
}
```

## 맵(std::map)

std::map은 키-값<sup>key-value</sup> 쌍을 저장하는 연관
컨테이너입니다. 각 키는 고유해야 하며 키를
기준으로 정렬된 순서로 저장됩니다. 맵 컨테
이너는 특정 키에 연관된 값을 검색하고, 값을
추가, 제거, 수정하는 등의 작업에 주로 사용되
며 키-값 쌍을 관리하고자 할 때 유용합니다.

맵 컨테이너는 다음처럼 선언합니다.

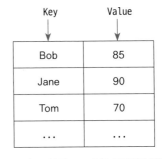

그림 12-8 키(key)와 값(value)으로 이루어진 맵 자료 구조

**맵 컨테이너 선언**

```
std::map<std::키_형식, 값_형식> 객체_이름;
```

예를 들어 학생의 이름과 그에 해당하는 점수로 구성된 키-값 쌍을 맵 컨테이너로 만든다고
가정해 보겠습니다. 이름은 문자열이므로 string 형식으로, 값은 정수이므로 int 형식으로
선언할 수 있습니다.

**키(이름)와 값(점수) 쌍으로 구성된 맵 선언**

```
std::map<std::string, int> scores;
```

맵에 키-값 쌍을 삽입할 때는 insert 함수를 이용합니다. 이때 키와 값을 묶어 std::pair 객체로 만들어 주는 std::make_pair 함수를 사용할 수 있습니다. make_pair 함수는 템플릿 매개변수를 이용하므로 키-값 쌍으로 묶을 원소의 데이터 형식을 따로 지정하지 않아도 됩니다.

예를 들어 다음 코드는 std::make_pair 함수로 "Bob"이라는 이름과 85라는 점수를 키-값 쌍으로 만든 후, insert 함수를 사용해 scores 맵에 삽입하는 예입니다.

**맵에 원소 삽입**

```
scores.insert(std::make_pair("Bob", 85));
```

특정 키를 기준으로 원소를 검색할 때는 find 함수를 이용합니다. find 함수는 맵에서 특정 키에 해당하는 반복자를 반환합니다. 이 반복자로 키에 해당하는 값을 찾을 수 있습니다. 다음 코드는 이름에 해당하는 점수를 찾아서 출력하는 예입니다.

**맵에서 원소 검색**

```
auto it = scores.find("Bob");
if (it != scores.end()) {
  std::cout << "Bob의 점수 검색 결과: " << it->second << std::endl;
} else {
  std::cout << "Bob의 점수는 저장되어 있지 않음" << std::endl;
}
```

맵에서 특정 키에 해당하는 키-값 쌍을 삭제할 때는 erase 함수를 사용합니다. 예를 들어 키-값 쌍으로 구성된 scores 맵에서 erase 함수에 키에 해당하는 이름만 넣어주면 점수까지 삭제됩니다.

**맵에서 원소 삭제**

```
scores.erase("Bob");
```

map 컨테이너를 선언하고 원소를 삽입, 검색, 삭제하는 방법까지 알아봤습니다. 이를 이용해 학생별 점수를 관리하는 전체 소스를 살펴보겠습니다.

```cpp
#include <iostream>
#include <string>
#include <map>

using namespace std;

int main() {
  map<string, int> scores;

  // 키-값 쌍 삽입
  scores.insert(make_pair("Bob", 85));
  scores.insert(make_pair("Jane", 90));
  scores.insert(make_pair("Tom", 70));

  // 맵 크기 출력
  cout << "map 크기: " << scores.size() << endl;

  // 특정 키에 해당하는 값 검색
  auto it = scores.find("Bob");
  if (it != scores.end()) {
    cout << "Bob의 점수 검색 결과: " << it->second << endl;
  }
  else {
    cout << "Bob의 점수는 저장되어 있지 않음" << endl;
  }
  cout << endl;

  // 특정 키에 해당하는 키-값 제거
  scores.erase("Bob");  // Bob 정보 제거

  // 맵 크기 출력
  cout << "Bob 정보 제거 후, map 크기: " << scores.size() << endl << endl;

  // 맵을 순회하며 모든 키와 값 출력
  cout << "---map 모든 원소 출력---" << endl;
```

```
  for (const auto& pair : scores) {
    cout << pair.first << ": " << pair.second << endl;
  }

  return 0;
}
```

먼저 이름(문자열)과 점수(정수)로 구성된 키-값 쌍으로 scores 맵을 선언한 후 3개의 원소를 std::map에 삽입합니다. 이 시점에 맵의 크기는 3입니다. 그다음 "Bob"의 점수를 찾은 후해당 키-값 쌍을 삭제합니다. 이후 맵의 크기는 2가 나오는 것을 확인할 수 있습니다.

### 멀티 맵(std::multimap)

std::multimap도 std::map처럼 키-값 쌍으로 구성된 맵을 구현하는 연관 컨테이너지만, 중복된 값을 허용한다는 차이가 있습니다. 즉, 멀티 맵은 같은 키로 여러 값을 저장할 수 있습니다. 멀티 맵의 특징은 다음과 같습니다.

- **중복된 키 저장**: 멀티 맵은 중복된 키를 허용합니다. 같은 키를 가진 여러 개의 값을 저장할 수 있습니다.
- **자동 정렬**: 멀티 맵은 내부적으로 키를 기준으로 정렬됩니다. 기본은 오름차순이지만, 정렬 기준을 정의할 수도 있습니다.
- **이진 탐색 트리**: 멀티 맵은 이진 탐색 트리 자료 구조를 기반으로 구현되어 검색, 삽입, 삭제 등의 작업을 효율적으로 수행합니다.

이런 특징 덕분에 멀티 맵은 같은 키로 여러 값을 관리해야 하는 다중 매핑이나 정렬된 키-값 쌍을 유지해야 할 때 활용할 수 있습니다.

멀티 맵을 선언하고 원소를 삽입하는 방법은 맵과 같습니다. 다만 중복된 키를 허용한다는 차이가 있습니다. 따라서 멀티 맵에서는 equal_range 함수로 특정 키를 가진 원소의 범위를 구할 수 있습니다. 이때 범위는 (first, last) 형태의 반복자 쌍으로 표현되며, first는 첫 번째 원소를 가리키는 반복자이고, last는 범위에서 끝을 가리키는 반복자입니다.

키에 해당하는 원소의 범위 구하기

```
auto range = scores.equal_range("Bob");
```

멀티 맵을 사용해 학생별 점수를 관리하는 예를 살펴보겠습니다. 앞에서 언급한 멀티 맵의 특징과 주석을 참고해 각 코드의 의미를 해석해 보세요.

**Do it! 실습 멀티 맵 활용**

• ch12/multimap/multimap.cpp

```cpp
#include <iostream>
#include <string>
#include <map>

using namespace std;

int main() {
  multimap<string, int> scores;

  // 멀티 맵에 원소(키-값 쌍) 삽입
  scores.insert(make_pair("Bob", 85));
  scores.insert(make_pair("Jane", 90));
  scores.insert(make_pair("Tom", 70));
  scores.insert(make_pair("Bob", 100));  // 중복 키 허용

  // 멀티 맵의 크기 출력
  cout << "multimap 크기: " << scores.size() << endl;

  // 특정 키에 해당하는 원소의 개수 구하기
  int count = scores.count("Bob");
```

```cpp
    cout << "저장되어 있는 Bob 점수의 개수: " << count << endl;

    // 특정 키를 가진 원소의 범위 구하기
    auto range = scores.equal_range("Bob");
    if (range.first != scores.end()) {
        cout << "Bob의 모든 점수: ";
        for (auto it = range.first; it != range.second; ++it) {
            cout << it->second << " ";
        }
        cout << endl;
    }
    else {
        cout << "Bob의 점수는 저장되어 있지 않음" << endl;
    }
    cout << endl;

    // 특정 키에 해당하는 모든 원소 삭제
    scores.erase("Bob");  // Bob 정보 제거

    // 멀티 맵의 크기 출력
    cout << "Bob 정보 제거 후, multimap 크기: " << scores.size() << endl << endl;

    // 멀티 맵을 순회하며 모든 키와 값 출력
    cout << "---multimap 모든 원소 출력---" << endl;
    for (const auto& pair : scores) {
        cout << pair.first << ": " << pair.second << endl;
    }

    return 0;
}
```

---

**실행 결과**

```
multimap 크기: 4
저장되어 있는 Bob 점수의 개수: 2
Bob의 모든 점수: 85 100

Bob 정보 제거 후, multimap 크기: 2
```

```
---multimap 모든 원소 출력---
Jane: 90
Tom: 70
```

**세트와 맵의 차이점**

std::set는 고유한 원소들을 정렬된 상태로 유지해야 할 때 사용합니다. 그리고 std::map 은 키-값 쌍을 저장하고 고유한 키를 기준으로 정렬된 상태를 유지합니다. 따라서 특정 키에 대응하는 값을 관리해야 할 때 사용합니다.

## 컨테이너 어댑터

컨테이너 어댑터[container adapter]를 간단하게 요약하면, '다른 컨테이너를 기반으로 새로운 기능을 제공하는 컨테이너'라고 말할 수 있습니다. 즉, 기존의 컨테이너를 감싸서 새로운 인터페이스를 제공합니다.

예를 들어 std::stack 컨테이너 어댑터는 std::vector 컨테이너를 기반으로 LIFO[last in first out] 자료 구조를 제공하고, std::queue 컨테이너 어댑터는 std::deque 컨테이너를 기반으로 FIFO[first in first out] 자료 구조를 제공합니다.

표 12-5 컨테이너 어댑터

| 컨테이너 | 헤더 | 설명 |
| --- | --- | --- |
| stack | <stack> | LIFO 스택 |
| queue | <queue> | FIFO 큐 |

### 스택(std::stack)

std::stack은 C++ 표준 템플릿 라이브러리에서 제공하는 컨테이너 어댑터 중 하나로, **스택**[stack] 자료 구조를 구현하는 데 사용합니다. 스택은 데이터를 차례대로 쌓고 가장 마지막에 넣은 데이터를 가장 먼저 꺼냅니다. 이를 후입 선출, 영어로는 Last In First Out, 줄여서 LIFO 라고 합니다. 이러한 특성 때문에 스택은 데이터를 임시로 저장하거나 역순으로 처리할 때 주로 사용됩니다.

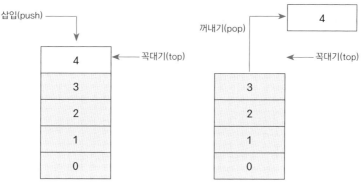

**그림 12-9** 스택의 후입 선출 방식

스택 컨테이너는 다음처럼 선언합니다.

---

**스택 컨테이너 선언**

std::stack<데이터_형식> 객체_이름;

---

스택에 데이터를 넣을 때는 push 함수를 사용하고 데이터를 맨 위쪽에 쌓습니다. 그리고 데이터를 꺼낼 때는 pop 함수를 사용하고 맨 위쪽의 데이터를 제거합니다. 스택에서 맨 위쪽의 값은 top 함수로 확인할 수 있습니다.

스택 컨테이너를 활용한 예를 보면서 각 멤버 함수를 어떻게 사용하는지 확인하겠습니다. 스택에서 값을 꺼낸 후 맨 위쪽 값을 확인해 보면 값이 바뀐 것을 알 수 있습니다.

---

**Do it! 실습  스택 컨테이너 활용**

• ch12/stack/stack.cpp

```cpp
#include <iostream>
#include <stack>

using namespace std;

int main() {
  stack<int> myStack;

  // 스택에 데이터 추가
  myStack.push(1);
  myStack.push(2);
```

```
    myStack.push(3);

    // 스택의 맨 위쪽 값 확인
    cout << "맨 위 원소: " << myStack.top() << endl;

    // 스택에서 데이터 제거(맨 위쪽 데이터 꺼내기)
    myStack.pop();
    cout << "맨 위 원소 제거 후, 새로운 맨 위 원소: " << myStack.top()
      << endl;

    // 스택의 크기(데이터 개수) 확인
    cout << "스택 크기: " << myStack.size() << endl;

    // 스택이 비었는지 확인
    if (myStack.empty()) {
      cout << "스택이 비었습니다." << endl;
    }
    else {
      cout << "스택은 비어 있지 않습니다." << endl;
    }

    return 0;
}
```

**실행 결과**

```
맨 위 원소: 3
맨 위 원소 제거 후, 새로운 맨 위 원소: 2
스택 크기: 2
스택은 비어 있지 않습니다.
```

스택은 컴퓨터 과학과 프로그래밍에서 중요한 자료 구조로, 다양한 응용 분야에서 사용됩니다. 특히 함수 호출과 관련된 작업을 효율적으로 처리하기 위해 만들어졌다고 할 수 있습니다. 스택이 만들어진 주된 이유와 목적을 정리하면 다음과 같습니다.

- **함수 호출 관리**: 함수가 호출될 때 스택에 호출 정보(지역 변수, 반환 주소 등)를 저장하고, 함수가 반환될 때 스택에서 이 정보를 제거하여 이전 함수로 복귀합니다. 이로써 함수 호출과 반환을 효율적으로 추적하고 관리할 수 있습니다.

- **데이터 임시 저장**: 스택은 데이터를 임시로 저장하고 나중에 처리해야 할 때 사용합니다. 예를 들어 그래프 탐색 알고리즘에서 방문할 노드를 스택에 추가하고, 이후에 방문할 노드를 스택에서 꺼내어 처리합니다.

- **역순 처리**: 스택은 데이터나 작업을 역순으로 처리할 때 유용합니다. 데이터를 스택에 쌓고 나중에 역순으로 꺼내어 처리하면 역순 처리를 구현할 수 있습니다.

- **재귀 알고리즘**: 일부 재귀 알고리즘은 스택을 사용하여 반복해서 호출하고 결과를 누적합니다. 예를 들어 팩토리얼 계산, 피보나치 수열 등의 재귀 알고리즘을 구현할 때 스택을 활용할 수 있습니다.

- **컴퓨터 아키텍처**: 스택은 프로세서 아키텍처에서 중요한 역할을 합니다. 프로세서는 내부적으로 함수 호출과 반환을 위한 스택을 사용하며 스택 포인터(SP)를 통해 스택의 상태를 추적합니다.

- **컴파일러와 언어 구현**: 컴파일러와 인터프리터는 함수 호출과 반환을 처리하기 위해 스택을 사용합니다. 프로그래밍 언어의 호출 스택을 관리하여 함수 호출과 반환을 지원합니다.

## 큐(std::queue)

std::queue는 C++ 표준 템플릿 라이브러리에서 제공하는 컨테이너 어댑터 중 하나로, 큐<sup>queue</sup> 자료 구조를 구현하는 데 사용합니다. 큐는 가장 먼저 넣은 데이터를 가장 먼저 꺼냅니다. 이를 선입 선출, 영어로는 First In First Out, 줄여서 FIFO라고 합니다.

**그림 12-10** 큐의 선입 선출 방식

C++ 표준 템플릿 라이브러리에서 큐는 내부적으로 덱(std::deque) 컨테이너를 사용합니다. 덱은 양쪽 끝에서 삽입과 삭제가 효율적이므로 큐에 적합한 구조입니다.

큐 컨테이너는 동작 방법이 매우 직관적이므로 활용 예를 보면서 각 멤버 함수를 어떻게 사용하는지 확인하겠습니다. 큐에서 값을 꺼낸 후 맨 앞의 값을 확인해 보면 값이 바뀐 것을 알 수 있습니다.

```cpp
#include <iostream>
#include <queue>

using namespace std;

int main() {
  queue<int> myQueue;

  // 삽입하기
  myQueue.push(1);
  myQueue.push(2);
  myQueue.push(3);

  cout << "큐의 맨 앞: " << myQueue.front() << endl;  // front
  cout << "큐의 맨 뒤: " << myQueue.back() << endl;    // back

  // 꺼내기
  myQueue.pop();

  cout << "pop 후 맨 앞: " << myQueue.front() << endl;  // pop 후 front
  cout << "pop 후 맨 뒤: " << myQueue.back() << endl;    // pop 후 back

  // 비었는지 확인하기
  cout << "큐가 비어 있나요? " << (myQueue.empty() ? "네" : "아니오") << endl;

  // 크기 구하기
  cout << "큐의 크기: " << myQueue.size() << endl;

  return 0;
}
```

큐의 맨 앞: 1

큐의 맨 뒤: 3

pop 후 맨 앞: 2

pop 후 맨 뒤: 3

큐가 비어 있나요? 아니오

큐의 크기: 2

먼저 정수를 저장할 큐를 선언하고 push 함수로 큐에 1, 2, 3이라는 정수를 넣습니다. 이 시점에 front 함수를 호출하면 큐에서 맨 앞의 원소인 1을 반환하고, back 함수를 호출하면 큐에서 맨 뒤의 원소인 3을 반환합니다. 그리고 pop 함수를 한 번 호출해 큐에서 맨 앞의 원소를 제거합니다. 그러고 나서 다시 front와 back 함수를 호출하면 각각 2와 3을 반환합니다.

정리하면 새로운 원소는 항상 큐의 뒤쪽으로 들어가고, 맨 앞에서는 원소가 빠져나옵니다.

큐는 데이터의 순서를 보장하고 특히 선입 선출 특성 덕분에 먼저 들어온 데이터가 먼저 처리되어야 하는 상황에서 효과적으로 사용됩니다. 대표적으로 다음과 같은 상황에서 유용하게 활용할 수 있습니다.

- **작업 대기열**: 여러 작업이 도착하는 상황에서 먼저 도착한 작업을 먼저 처리할 때 큐를 사용합니다. 예를 들어 프로세스 스케줄링에서 CPU가 실행할 프로세스를 대기열에 넣어 두고 먼저 도착한 프로세스를 먼저 실행할 때에 사용합니다.

- **이벤트 처리**: 이벤트 기반 시스템에서 이벤트가 발생하는 순서대로 처리할 때 큐를 사용합니다. 사용자 입력, 네트워크 메시지, 다양한 이벤트를 큐에 저장하고 차례로 처리할 때도 유용합니다.

- **멀티스레딩 환경에서 동기화**: 여러 스레드가 동시에 실행되는 상황에서 스레드 간에 작업이나 데이터 교환을 조절하기 위해 큐를 활용할 수 있습니다. 하나의 스레드에서 생성된 작업을 큐에 넣고 다른 스레드에서 꺼내어 처리하는 방식으로 스레드 간에 동기화를 간단하게 구현할 수 있습니다.

- **너비 우선 탐색**: 그래프나 트리 같은 자료 구조에서 너비 우선 탐색을 수행할 때 큐를 사용합니다. 너비 우선 탐색은 한 노드에서 시작하여 인접한 모든 노드를 먼저 방문하는 알고리즘입니다.

- **캐시 구현**: 캐시에서 데이터를 저장하고 검색할 때 큐로 구현할 수 있습니다. 가장 먼저 들어온 데이터가 먼저 나가는 큐 구조를 사용하여 데이터를 관리합니다.

**1** 표준 템플릿 라이브러리에서 제공하는 벡터 컨테이너를 사용하려면 어떤 헤더를 포함해야 할까요?

```
#i
```

**2** 가장 마지막에 넣은 데이터가 가장 먼저 나오게 하고 싶습니다. 표준 템플릿 라이브러리에서 제공하는 컨테이너 중 어떤 것을 사용해야 할까요?

[모범 답안]
**1** #include ⟨vector⟩
**2** 스택(stack)

# 12-2 알고리즘

- 표준 라이브러리의 알고리즘 이해하기
- 정렬과 찾기, 검색 알고리즘 함수 활용하기

학습
목표

코드를 작성하다 보면 종종 복잡한 문제에 직면하고 이를 해결하고자 효율적이고 정확한 방법을 찾습니다. 이때 C++ 표준 라이브러리의 알고리즘은 신뢰할 수 있는 길잡이 역할을 합니다. 알고리즘은 코드의 복잡도를 줄이고 효율성을 높일 수 있으며 다양한 작업을 단순화하고 최적화할 수 있습니다.

표준 라이브러리에서 알고리즘은 컨테이너의 멤버 함수가 아닌 일반 함수로 제공되며, 컨테이너의 구조와 상관없이 독립적으로 동작합니다. 다양한 알고리즘 함수가 있지만, 이 절에서는 대표적으로 많이 사용하는 정렬과 검색 알고리즘을 알아보겠습니다.

- **정렬**: 컨테이너의 원소 정렬
- **검색**: 원소의 존재를 확인하거나 특정 원소 검색
- **변환**: 원소를 수정하거나 다른 형식으로 변환
- **반복자**: 컨테이너의 원소를 순회하고 조작
- **집계**: 컨테이너의 원소를 집계하거나 요약

## 정렬

정렬$^{sort}$이란 어떤 기준으로 가지런하게 줄지어 늘어서게 하는 것을 의미합니다. 작은 것부터 큰 것 순으로 나열하는 오름차순 정렬과 반대로 큰 것에서 작은 것 순으로 나열하는 내림차순 정렬을 떠올릴 수 있습니다. 컨테이너에서 정렬도 같습니다. 컨테이너에 저장된 원소들을 어떠한 기준에 따라 차례대로 재배열하는 것을 의미합니다.

데이터를 정렬하는 가장 큰 이유는 처리 속도를 올리기 위해서입니다. 데이터를 저장하고 저장된 데이터를 빠르게 찾으려고 데이터를 정렬합니다. 예를 들어 잠시 후 소개 할 이진 탐색은 컨테이너의 데이터가 정렬된 상태에서만 동작합니다. 이처럼 컨테이너에서 정렬은 매우

중요한 작업이라고 할 수 있습니다. 그럼 표준 라이브러리에서 제공하는 정렬 함수를 살펴보겠습니다.

### 퀵 정렬(std::sort)

표준 라이브러리에서 제공하는 기본 정렬 함수인 sort는 **퀵 정렬**<sup>quick sort</sup> 기반으로 구현되었습니다. 퀵 정렬은 영국의 컴퓨터 과학자인 찰스 앤터니 리처드 호어<sup>Charles Antony Richard Hoare</sup>가 개발한 정렬 알고리즘으로, 평균적으로 매우 빠른 수행 속도를 자랑하는 정렬 방법입니다. 퀵 정렬은 n개의 데이터를 정렬한다고 가정했을 때 최악의 경우에는 $O(n^2)$번의 비교를 수행하지만, 평균적으로는 $O(n \log n)$번의 비교를 수행합니다.* 표준 라이브러리의 sort 함수를 이용하면 따로 퀵 정렬을 구현할 필요 없이 데이터를 편리하게 정렬할 수 있습니다.

\* 이 책은 C++ 프로그래밍에 관한 내용을 다루므로 퀵 정렬의 동작 원리를 자세히 다루지는 않습니다. 퀵 정렬의 동작 원리는 자료 구조를 전문으로 설명하는 책이나 웹 사이트를 참고하기 바랍니다.

sort 함수는 <algorithm> 헤더에 다음처럼 정의되어 있습니다. sort 함수는 매개변수로 전달받은 first부터 last 이전까지 모든 원소를 오름차순으로 정렬합니다.

**sort 함수 원형(C++20 기준)**

```
template<class RandomIt>
constexpr void sort(RandomIt first, RandomIt last);
```

first와 last 매개변수의 형식으로 지정된 RandomIt은 **임의 접근 반복자**<sup>random access iterator</sup>를 의미합니다. 임의 접근 반복자는 컨테이너에 원소가 어디에 저장되어 있든 상관없이 한 번에 접근할 수 있습니다. array[index], vector[index]를 떠올리면 이해가 쉽습니다. 반면에 리스트는 std::list의 순방향 반복자만 지원하므로 list[index]처럼 임의의 위치에 있는 원소로 한 번에 접근할 수 없습니다.

따라서 sort 함수는 std::array나 std::vector처럼 임의 접근 반복자를 지원하는 컨테이너를 대상으로만 사용할 수 있으며, std::list처럼 원소에 차례로 접근해야 하는 컨테이너에는 sort 함수를 사용할 수 없습니다.

만약 정렬 순서(비교 기준)를 별도로 지정하고 싶을 때는 다음처럼 오버로딩된 sort 함수를 호출하면서 세 번째 매개변수로 정렬 순서를 지정하는 비교 함수나 함수 객체를 전달하면 됩니다. 이때 비교 함수는 2개의 값을 받아서 첫 번째 값과 두 번째 값을 비교한 후 true나 false를 반환하도록 만들면 됩니다.

```
template <class RandomIt, class Compare>
constexpr void sort(RandomIt first, RandomIt last, Compare comp);
```

**constexpr 키워드는 처음 보는데 무엇인가요?**

constexpr은 함수, 변수, 상수 표현식의 값이 컴파일 타임에 결정됨을 나타내는 키워드입니다. sort 함수처럼 constexpr 키워드로 지정된 함수는 런타임에 실행되는 일반 함수와 달리 컴파일 타임에 값을 계산합니다. 따라서 실행할 때는 더 빠를 수 있습니다. 자세한 내용은 「14-2」절에서 살펴봅니다.

## 오름차순으로 정렬하기

다음은 앞 절에서 배운 vector 컨테이너를 선언하고 기본 sort 함수에 벡터의 시작과 끝을 전달해 원소를 오름차순으로 정렬하는 예입니다.

**Do it! 실습** 퀵 정렬 활용(오름차순)

• ch12/quicksort_ASC/quicksort_ASC.cpp

```
#include <iostream>
#include <algorithm>
#include <vector>

using namespace std;

// 벡터의 원소를 순서대로 출력
template <typename T>
void print_vector_all(vector<T>& vec) {
  for (typename vector<T>::iterator it = vec.begin(); it != vec.end(); it++) {
    cout << *it << " ";
  }
  cout << endl;
}

int main() {
  vector<int> vec = { 7, 6, 3, 5, 4, 1, 2, 0, 8 };
```

```
  // 벡터의 원소를 오름차순으로 정렬
  sort(vec.begin(), vec.end());
  print_vector_all(vec);

  return 0;
}
```

```
0 1 2 3 4 5 6 7 8
```

## 내림차순으로 정렬하기

만약 내림차순으로 정렬하고 싶을 때는 다음처럼 sort 함수에 세 번째 인자로 정렬 기준을 전달합니다. 예에서는 greater 함수로 정렬 기준을 지정했습니다. greater 함수는 C++ 표준 라이브러리에서 제공하는 함수 객체로, 두 값을 비교할 때 첫 번째 값이 두 번째 값보다 큰지를 비교해 true나 false를 반환합니다.

**Do it! 실습** 퀵 정렬 활용(내림차순)

• ch12/quicksort_DESC/ quicksort_DESC.cpp

```cpp
#include <iostream>
#include <algorithm>
#include <vector>

using namespace std;

template <typename T>
void print_vector_all(vector<T>& vec) {
  for (typename vector<T>::iterator it = vec.begin(); it != vec.end(); it++) {
    cout << *it << " ";
  }
  cout << endl;
}

int main() {
  vector<int> vec = { 7, 6, 3, 5, 4, 1, 2, 0, 8 };
```

```
  // 벡터의 원소를 내림차순으로 정렬
  sort(vec.begin(), vec.end(), greater<int>());
  print_vector_all(vec);

  return 0;
}
```

```
8 7 6 5 4 3 2 1 0
```

## 사용자 정의 기준으로 정렬하기

만약 별도의 사용자 정의 기준으로 정렬하고 싶을 때는 다음처럼 세 번째 인자로 정렬 기준을 반환하는 함수를 전달합니다. 예에서는 Person 구조체의 나이를 비교하는 compare 함수를 만들었습니다.

**Do it! 실습** 퀵 정렬 활용(사용자 정의 기준으로 정렬)

• ch12/quicksort_user/quicksort_user.cpp

```cpp
#include <iostream>
#include <string>
#include <algorithm>
#include <vector>

using namespace std;

struct Person {
  string name;    // 이름
  int age;        // 나이
  float height;   // 키
  float weight;   // 몸무게
};

void print_preson_all(vector<Person>& vec) {
  for (vector<Person>::iterator it = vec.begin(); it != vec.end(); it++) {
```

```cpp
        cout << "이름: " << it->name << "\t > " << "나이: " << it->age << ", "
             << "키: " << it->height << ", " << "몸무게: " << it->weight << endl;
    }
}

// Person 구조체의 나이 비교(첫 번째 매개변수의 나이가 적으면 true)
bool compare(const Person& lhs, const Person& rhs) {
    return lhs.age < rhs.age;
}

int main() {
    Person p[5] = {
        {"Brain", 24, 180, 70},
        {"Jessica", 22, 165, 55},
        {"James", 30, 170, 65},
        {"Tom", 12, 155, 46},
        {"Mary", 18, 172, 62}
    };

    vector<Person> vec;
    vec.push_back(p[0]);
    vec.push_back(p[1]);
    vec.push_back(p[2]);
    vec.push_back(p[3]);
    vec.push_back(p[4]);

    cout << "-----정렬 전-----" << endl;
    print_preson_all(vec);
    cout << endl;

    // 사용자 정의 기준으로 정렬
    sort(vec.begin(), vec.end(), compare);

    cout << "-----정렬 후-----" << endl;
    print_preson_all(vec);

    return 0;
}
```

```
-----정렬 전-----
이름: Brain      > 나이: 24, 키: 180, 몸무게: 70
이름: Jessica    > 나이: 22, 키: 165, 몸무게: 55
이름: James      > 나이: 30, 키: 170, 몸무게: 65
이름: Tom        > 나이: 12, 키: 155, 몸무게: 46
이름: Mary       > 나이: 18, 키: 172, 몸무게: 62


-----정렬 후-----
이름: Tom        > 나이: 12, 키: 155, 몸무게: 46
이름: Mary       > 나이: 18, 키: 172, 몸무게: 62
이름: Jessica    > 나이: 22, 키: 165, 몸무게: 55
이름: Brain      > 나이: 24, 키: 180, 몸무게: 70
이름: James      > 나이: 30, 키: 170, 몸무게: 65
```

예에서 compare 함수는 sort 함수의 첫 번째 인자로 전달한 벡터의 나이 정보가 두 번째 인자로 전달한 벡터의 나이 정보보다 작으면(lhs.age < rhs.age) true를 반환합니다. 결국, 이 프로그램은 벡터의 원소를 Person 구조체의 나이순으로 정렬해서 출력합니다.

## 안정 정렬(std::stable_sort)

정렬에는 퀵 정렬 외에도 삽입, 병합, 버블, 선택 정렬 등 여러 가지 종류가 있습니다. 이러한 정렬은 동작 방법에 따라 다음처럼 구분됩니다.

- **안정 정렬(stable sort)**: 같은 원소가 정렬 후에도 원본의 순서와 일치
- **불안정 정렬(unstable sort)**: 같은 원소가 정렬 후에는 원본의 순서와 일치하지 않음

예를 들어 트럼프 카드를 숫자 기준으로 정렬한다고 생각해 보겠습니다. 다음 그림에서 왼쪽은 하트 5와 스페이드 5의 카드 순서가 정렬 후에도 유지되므로 안정 정렬입니다. 반면에 오른쪽은 정렬 후에 같은 순서로 유지되지 않으므로 불안정 정렬입니다.

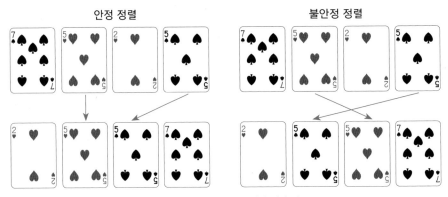

안정 정렬                                              불안정 정렬

그림 12-11 안정 정렬과 불안정 정렬 비교

앞에서 살펴본 sort 함수는 퀵 정렬을 수행하는데, 퀵 정렬은 정렬된 결과에서 같은 값의 상대적인 순서가 정렬 이전과 동일하게 유지되지 않으므로 불안정 정렬입니다.

만약 순서의 안정성이 필요할 때는 안정 정렬을 사용해야 합니다. 표준 라이브러리에서 안정 정렬을 사용하려면 stable_sort 함수를 사용합니다. stable_sort 함수를 사용하는 방법은 앞에서 본 sort 함수와 같습니다. 다만 같은 값을 처리하는 내부 동작만 다릅니다.

### stable_sort 함수 원형

```
template <class RandomIt, class Compare>
void stable_sort(RandomIt first, RandomIt last, Compare comp);
```

다음 코드는 stable_sort를 사용하여 상대적인 순서를 보장하는 안정 정렬의 예입니다.

### Do it! 실습  stable_sort 활용 (안정 정렬)

• ch12/stable_sort/stable_sort.cpp

```
#include <iostream>
#include <string>
#include <algorithm>
#include <vector>

using namespace std;

bool compare_pairs(const pair<int, string>& a, const pair<int, string>& b) {
  return a.first < b.first;
}
```

```
int main() {
  vector<pair<int, string>> pairs = {
    {5, "apple"},
    {2, "orange"},
    {5, "banana"},
    {3, "grape"}
  };

  // 안정 정렬
  stable_sort(pairs.begin(), pairs.end(), compare_pairs);

  // 정렬된 결과 출력
  for (vector<pair<int, string>>::const_iterator it = pairs.begin();
       it != pairs.end();
       ++it) {
    const pair<int, string>& pair = *it;
    cout << pair.first << ": " << pair.second << endl;
  }

  return 0;
}
```

**실행 결과**

```
2: orange
3: grape
5: apple
5: banana
```

이 예에서는 std::pair를 사용해 숫자와 문자열 묶음을 정의하고, 이를 저장하는 벡터를 생성했습니다. 그리고 벡터에 저장된 pair를 비교하는 함수 compare_pairs도 정의했습니다. 이 비교 함수는 pair의 첫 번째 원소인 숫자를 기준으로 정렬되도록 만들었습니다. 따라서 불안정 정렬하면 벡터에 저장된 {5, "apple"}, {5, "banana"}의 상대적인 순서는 지켜지지 않을 수 있습니다.

따라서 std::stable_sort 함수를 사용해 언제나 안정 정렬이 수행되도록 했습니다. 하지만 시간 복잡도 측면에서는 std::stable_sort가 sort 함수보다 조금 더 느립니다.

## 부분 정렬(std::partial_sort)

컨테이너의 모든 원소가 아닌 일정 구간만 정렬할 때는 `partial_sort` 함수를 사용합니다. `partial_sort` 함수는 지정한 원소까지만 정렬하고 나머지 뒤쪽은 정렬하지 않습니다. `partial_sort` 함수는 `<algorithm>` 헤더에 다음처럼 정의되어 있습니다.

---

**std::partial_sort 함수 원형(C++20 기준)**

```
template<class RandomIt>
constexpr void partial_sort(RandomIt first, RandomIt middle, RandomIt last);
```

---

앞에서 설명한 정렬 함수와 형태는 비슷해 보이지만 매개변수 구성이 조금 다릅니다.

- **first**: 정렬을 시작할 범위의 시작을 가리키는 반복자
- **middle**: 정렬을 원하는 범위의 끝을 가리키는 반복자. 정렬 후에 이 반복자가 가리키는 위치 이전의 원소들은 정렬되지만, 이후의 원소들은 순서가 보장되지 않음
- **last**: 정렬을 종료할 범위의 끝을 가리키는 반복자

만약 오름차순으로 정렬할 때 부분 정렬 함수를 사용하면 어떻게 될까요? `first`~`last` 범위에서 작은 원소들이 오름차순으로 `first`부터 `middle` 이전까지 모이게 됩니다. `middle`부터 `last`에는 `first`부터 `middle`보다 큰 원소만 모입니다. 이때 `middle`부터 `last`까지 원소들은 정렬되지 않습니다.

다음은 부분 정렬 예를 보여 줍니다. 실행 결과를 보면 앞에서 3번째까지만 정렬된 것을 확인할 수 있습니다.

---

**Do it! 실습**   patial_sort 활용 (부분 정렬)

• ch12/patial_sort/patial_sort.cpp

```cpp
#include <iostream>
#include <algorithm>
#include <vector>

using namespace std;

int main() {
  vector<int> numbers = { 7, 2, 5, 1, 8, 9, 3, 6, 4 };
```

```
    // 가장 작은 3개 원소만 정렬
    partial_sort(numbers.begin(), numbers.begin() + 3, numbers.end());

    // 정렬된 결과 출력
    for (vector<int>::const_iterator it = numbers.begin();
         it != numbers.end();
         ++it) {
      cout << *it << " ";
    }
    cout << endl;

    return 0;
}
```

```
1 2 3 7 8 9 5 6 4
```

부분 정렬은 일부분만 정렬하므로 sort보다 속도가 빠릅니다. 따라서 많은 데이터를 정렬해
야 할 때 유용하게 사용할 수 있습니다.


## 찾기와 이진 탐색

### 찾기(std::find)

std::find는 순차 컨테이너에서 원하는 값을 찾는 함수입니다. find 함수는 <algorithm> 헤
더에 다음처럼 정의되어 있습니다.

**찾기 함수 원형(C++20 기준)**

```
template<class InputIt, class T>
constexpr InputIt find(InputIt first, InputIt last, const T& value);
```

find 함수는 first~last 범위에서 value와 일치하는 첫 번째 원소를 가리키는 반복자를 반
환합니다. 만약 일치하는 원소를 찾지 못하면 last를 반환합니다.

```cpp
#include <iostream>
#include <algorithm>
#include <vector>

using namespace std;

int main() {
  vector<int> numbers = { 1, 2, 3, 4, 5 };

  cout << "찾고 싶은 숫자를 입력하세요: ";
  int target;
  cin >> target;

  // 입력받은 숫자를 찾아서 해당 위치를 반환
  vector<int>::iterator it = find(numbers.begin(), numbers.end(), target);

  if (it != numbers.end()) {
    cout << "찾은 위치: " << distance(numbers.begin(), it) << endl;
  }
  else {
    cout << "찾을 수 없음" << endl;
  }

  return 0;
}
```

**실행 결과**

```
찾고 싶은 숫자를 입력하세요: 1 [Enter]
찾은 위치: 0
```

**실행 결과**

```
찾고 싶은 숫자를 입력하세요: 3 [Enter]
찾은 위치: 2
```

예에서는 숫자를 입력받은 후에 find 함수로 해당 숫자를 찾고 그 위치를 출력하고 있습니다. 사용자가 숫자 1과 3을 입력하면 컨테이너에 저장된 숫자이므로 위치를 출력하지만, 저장되어 있지 않은 숫자 7을 입력하면 위치를 출력할 수 없습니다. find 함수는 값을 찾지 못하면 두 번째 인자로 전달한 위치(예에서는 numbers.end)를 반환합니다.

**distance 함수**

앞선 예에서 사용한 distance는 두 반복자 사이의 거리(원소 개수)를 계산하는 함수입니다. distance 함수는 first에서 last까지 원소 개수를 반환합니다. 반환 형식은 iterator_traits<InputIt>::difference_type으로 정의되어 있습니다.

**distance 함수 원형**

```
template <class InputIt>
typename iterator_traits<InputIt>::difference_type
distance(InputIt first, InputIt last);
```

find 함수는 두 값이 같은지 판단할 때 operator==를 사용합니다. 따라서 찾고자 하는 값과 컨테이너 내의 각 원소를 == 연산자로 비교합니다. 만약 사용자 정의 타입의 객체를 비교하려면 해당 객체에 == 연산자를 오버로딩해야 합니다.

다음은 특정 조건을 만족하는 객체를 벡터에서 찾고 결과를 출력하는 간단한 예입니다.

**Do it! 실습** == 연산자 오버로딩으로 find 함수 활용

• ch12/find_user/find_user.cpp

```
#include <iostream>
#include <algorithm>
#include <vector>

using namespace std;
```

```cpp
class my_class {
public:
  int value;
  string name;

  // == 연산자 오버로딩
  bool operator==(const my_class& other) const {
    return value == other.value && name == other.name;
  }
};

int main() {
  vector<my_class> objects = { {1, "one"}, {2, "two"}, {3, "three"}, {4, "four"},
                               {5, "five"} };

  // 모든 멤버 변수까지 같은 객체를 찾음
  vector<my_class>::iterator it = find(objects.begin(), objects.end(),
                                       my_class{3, "three"});

  if (it != objects.end()) {
    cout << "찾은 위치: " << distance(objects.begin(), it) << endl;
  }
  else {
    cout << "찾을 수 없음" << endl;
  }

  return 0;
}
```

실행 결과

찾은 위치: 2

find 함수는 두 값이 같은지 비교할 때 == 연산을 하므로 my_class에 == 연산자를 오버로딩했습니다. 그리고 find 함수에서 my_class의 객체로 구성된 벡터를 대상으로 value가 3이고 name이 "three"인 원소를 찾습니다.

## 이진 탐색(std::binary_search)

앞에서 살펴본 find 함수는 선형 검색<sup>linear search</sup>을 기반으로 동작합니다. 선형 검색은 입력 범위를 처음부터 끝까지 차례로 탐색하면서 원하는 값을 찾습니다. 따라서 검색 범위의 크기에 비례하는 시간이 걸리므로 데이터가 많을 때는 효율적이지 않을 수 있습니다. 이때는 이진 탐색<sup>binary search</sup>과 같은 다른 알고리즘을 사용하는 것이 빠를 수 있습니다.

std::binary_search 함수는 정렬된 범위에서 특정 값을 이진 탐색으로 찾는 함수입니다. binary_search 함수는 first부터 last 전까지 범위에서 세 번째 매개변수로 전달받은 value가 있는지 이진 탐색*으로 확인합니다.

> \* 탐색 범위를 반으로 나눠 범위를 좁혀 가는 방식으로 동작하는 알고리즘입니다.

binary_search 함수는 `<algorithm>` 헤더에 다음처럼 정의되어 있습니다. 첫 번째 함수는 operator< 연산자로 비교를 수행하고, 두 번째 함수는 comp 함수를 이용해서 비교를 수행합니다.

---

**binary_search 함수 원형(C++20 기준)**

```
template <class ForwardIt, class T>
constexpr bool binary_search(ForwardIt first, ForwardIt last, const T& value);

// 비교 기준 추가
template <class ForwardIt, class T, class Compare>
constexpr bool binary_search(ForwardIt first, ForwardIt last, const T& value, Compare
comp);
```

---

binary_search 함수는 find 함수와 매개변수 구성, 사용법이 같습니다. 다만, find는 정렬 여부와 상관없이 선형으로 검색하지만, binary_search는 정렬된 범위에서 빠른 이진 탐색을 수행합니다. 따라서 binary_search 함수를 사용하려면 컨테이너를 정렬해야 합니다. 만약 정렬되지 않은 상태에서 binary_search를 사용하면, 검색 결과가 불확실하거나 검색을 아예 실패할 수 있기 때문이죠.

다음 코드는 이진 탐색을 하는 binary_search를 사용한 예입니다. 먼저 sort 함수로 벡터를 정렬하는 것을 볼 수 있습니다.

• ch12/binary_search/binary_search.cpp

```cpp
#include <iostream>
#include <algorithm>
#include <vector>

using namespace std;

int main() {
  // 정렬되지 않은 벡터
  vector<int> numbers = { 8, 3, 1, 7, 4, 5, 9, 2, 6 };

  // 정렬 수행
  sort(numbers.begin(), numbers.end());

  // 사용자에게 숫자 입력받기
  int target;
  cout << "컨테이너에서 검색하고 싶은 숫자를 입력하세요: ";
  cin >> target;

  // 이진 탐색
  bool found = binary_search(numbers.begin(), numbers.end(), target);

  if (found) {
    cout << "찾았습니다." << endl;
  }
  else {
    cout << "저장되어 있지 않습니다." << endl;
  }

  return 0;
}
```

### 실행 결과

컨테이너에서 검색하고 싶은 숫자를 입력하세요: 3 [Enter]
찾았습니다.

**binary_search 함수는 find 함수와 비교해 얼마나 더 빠른가요?**

find 함수는 범위 내의 모든 원소를 순회하면서 대상 값을 찾습니다. 따라서 시간 복잡도는 $O(n)$입니다. 반면에 binary_search 함수는 이진 탐색 알고리즘을 사용하므로 범위의 중간 값과 대상 값을 비교하여 찾을 위치를 추정하고, 추정한 위치에 값이 없으면 중간 값을 기준으로 범위를 반으로 나누어 다시 탐색하는 방식으로 진행합니다. 따라서 시간 복잡도는 $O(\log n)$입니다.

예를 들어, 범위의 크기가 100일 때 find 함수는 최악의 경우 100번의 비교를 수행하지만, binary_search는 최악의 경우 10번의 비교를 수행합니다. 이때 binary_search는 find 보다 10배 빠릅니다. 따라서 범위가 정렬되어 있을 때는 binary_search를 사용하는 것이 좋습니다.

지금까지 C++ 표준 라이브러리에서 제공하는 알고리즘에 관해 알아보았습니다. 이 외에도 다양한 알고리즘을 제공하며 활용 범위가 매우 넓습니다. 알고리즘은 범용성과 효율성을 고려해 설계되었으며 특히 템플릿과 반복자로써 다양한 컨테이너를 대상으로 일관된 인터페이스를 제공합니다. 표준 라이브러리의 알고리즘을 이용하면 더 효율적이고 안정적인 코드를 작성할 수 있습니다.

# 되 | 새 | 김 | 문 | 제

이 장에서는 C++ 언어의 표준 라이브러리, 그중에서도 표준 템플릿 라이브러리에서 제공하는 다양한 컨테이너, 정렬, 검색 알고리즘 등 개발 현장에서 많이 사용하는 기능 위주로 살펴봤습니다. 표준 라이브러리에서는 이 외에도 다양한 기능을 제공하므로 표준 라이브러리의 헤더를 살펴보는 습관을 가지면 좋습니다. 이제 문제를 풀며 이번 장에서 배운 내용을 되새겨 보세요.

### 문제 1  벡터 다루기

다음 코드처럼 정수로 구성된 벡터가 주어졌을 때 홀수만 모두 제거하고 짝수만 남은 벡터를 출력하는 코드를 작성해 보세요.

```cpp
#include <iostream>
#include <vector>
#include <algorithm>

using namespace std;

int main() {
  vector<int> numbers = { 2, 7, 1, 8, 3, 6, 4, 5, 9 };

  // 홀수를 제거하고 짝수만 남은 벡터를 출력하는 코드를 작성해 보세요.

  return 0;
}
```

**문제 2** 스택 다루기

다음 코드처럼 실수가 저장된 스택이 주어졌을 때 스택에서 가장 작은 값을 찾아 출력하는 코드를 작성해 보세요.

```
#include <iostream>
#include <stack>

using namespace std;

int main() {
  stack<double> myStack;
  myStack.push(3.14);
  myStack.push(2.71);
  myStack.push(4.98);
  myStack.push(1.23);

  // 스택에서 가장 작은 값을 찾아 출력하는 코드를 작성해 보세요.

  return 0;
}
```

**문제 3** 벡터에서 원소 찾기

다음 코드처럼 정수로 구성된 벡터가 주어졌을 때 사용자에게 입력받은 숫자가 벡터에 포함되었는지를 출력하는 코드를 작성해 보세요.

```
#include <iostream>
#include <vector>
#include <algorithm>

using namespace std;

int main() {
  vector<int> numbers = { 3, 8, 1, 6, 2, 7, 5, 4, 9 };

  int userInput;
```

```
    cout << "찾고자 하는 숫자를 입력하세요: ";
    cin >> userInput;

    // 사용자 입력값이 벡터에 포함되었지를 출력하는 코드를 작성해 보세요.

    return 0;
}
```

**문제 4**  벡터 생성과 사용자 정의 데이터 형식 저장하기

이름, HP, MP 속성을 가지는 몬스터 구조체를 만들고, 벡터 컨테이너에 서로 다른 몬스터 객체 10마리를
저장합니다. 그리고 컨테이너에 저장된 모든 몬스터를 출력해 보세요.

**문제 5**  임의의 순서로 정렬하기

[문제 4]의 코드를 이어서 활용합니다. '이름 > HP > MP' 순으로 정렬하는 함수를 만들어 보세요. 그리고 해
당 함수가 잘 동작하는지 컨테이너에 저장된 몬스터들을 모두 출력해서 확인해 보세요.

• 모범 답안 위치: github.com/mystous/DoItCPP/tree/main/exercise/ch12

# 모던 C++ 프로그래밍

일반적으로 '모던 C++'이라고 하면 C++11 표준안 이후를 통칭합니다. 이번 마당에서는 모던 C++에서 새로 추가된 데이터 형식과 라이브러리, 신규 구문과 개념 등을 정리해 보겠습니다. 13장에서는 모던 C++ 버전별로 새로 추가된 기능을 훑어보고, 14장~16장에서 많이 사용하는 기능을 코드와 함께 살펴보겠습니다.

# 13

# 모던 C++에 추가된 기능

1983년에 처음 C++ 규약이 나오고 40년이 흐르는 동안 프로그래밍 환경에 많은 변화가 있었고, 그 변화에 맞춰 C++ 언어의 규약도 발전했습니다. 이 장에서는 '모던 C++'이라고 부르기 시작한 C++11부터 이 책을 집필하는 시점을 기준으로 가장 최신인 C++23까지 새로 추가된 기능을 훑어보겠습니다. 기존 C++ 표준으로도 프로그램을 만들 수 있지만, 모던 C++에 추가된 개념과 기능을 활용하면 좀 더 효율적이고 안정된 프로그램을 만들 수 있습니다.

# 13-1 C++ 버전별 주요 특징

C++98은 언어의 기본 골격을 완성한 최초의 표준입니다. 언어가 표준화되었다는 것은 언어의 방언(사투리)이 생기지 않는다는 것을 의미합니다. 표준에 맞게 작성한 소스 코드는 표준을 지원하는 컴파일러를 사용한다면 종류와 상관없이 컴파일할 수 있습니다.

| C++98 | C++03 | C++11 | C++14 | C++17 | C++20 | C++23 |
|---|---|---|---|---|---|---|
| • C++ 언어의 기초<br>• 클래스 및 상속<br>• 가상 함수<br>• 새로운 메모리 관리 | • C++ 표준 라이브러리 STL 제공<br>• 네임스페이스<br>• C++98 오류 수정 | • 범위 기반 for 문<br>• auto, nullptr<br>• 람다 함수<br>• 명시적 오버라이드 | • 이진수 리터럴<br>• 숫자 구분 기호<br>• 범용 람다 함수<br>• C++11 오류 수정 | • 파일 시스템, 병렬 처리 라이브러리<br>• if, switch 문 초기화<br>• 폴드(fold) 표현식 | • 모듈, 컨셉, 코루틴<br>• 3방향 비교 연산자<br>• 기능 테스트 매크로<br>• 템플릿 람다 함수 | • 연역 this 포인터<br>• 모나드 형식 expected, optional<br>• 가변 인자 print |

모던 C++

**그림 13-1** C++ 버전별 주요 특징

C++03은 C++98에서 발견된 문제점을 수정해서 보강한 것입니다. 한 가지 큰 특징이라면 STL이 C++ 표준 라이브러리로 편입되었다는 점입니다.

이후 8년만에 나온 C++11에는 많은 변화가 있었습니다. 가장 큰 특징은 다른 언어에 있는 foreach와 유사한 '범위 기반range based for 문'을 사용할 수 있게 되었고, 람다 표현식이 도입되었습니다. 그리고 C++ 표준 위원회는 C++11부터 3년 단위로 표준을 제정하기로 했습니다. 이를 기차 모델train model이라고 합니다. 표준의 품질도 중요하지만 정기적인 표준안 제정이 더 중요하다고 판단했기 때문입니다.

C++14는 C++11의 수정 사항들을 반영한 버전입니다. C++17에서는 파일 시스템과 병렬 처리 라이브러리를 도입했으며 몇 가지 문법에 대한 변화도 있었습니다. C++20에서는 바이너리 모듈을 가져오는 모듈module, 템플릿 매개변수에 제약 조건을 명시할 수 있는 컨셉concept, 그리고 함수를 수시로 멈추었다 다시 진행할 수 있는 코루틴coroutine 등 많은 변화가 있었습니다.

C++23은 코로나19의 영향으로 몇 가지 변경 사항이 C++26으로 순연되었지만, 연역 this 포인터와 컴파일러 최적화 등이 표준으로 채택되었습니다.

모던 C++ 버전별로 어떠한 변화가 있었는지 살펴보겠습니다.

## C++11/14 주요 변경 사항

많은 개발자가 C++98/03을 C++ 언어의 기본 문법과 표준 라이브러리를 제공해 준 기초 버전으로 여기고 있습니다. C++98/03으로도 많은 프로그램을 개발할 수 있습니다. 하지만 C++가 처음 만들어진 1984년과 현재의 컴퓨팅 환경은 많이 달라졌습니다. 특히 프로그래밍 언어 관점에서 본다면 더 편리하고 생산성이 높은 언어들이 유행했습니다.

C++11/14에는 이러한 변화가 반영되어 기존 C++ 언어와는 매우 다른 문법 요소와 표준 라이브러리가 채택되었습니다. C++의 장점인 저수준 개발 지원을 유지하면서도 생산성을 높였습니다.

C++11/14의 주요 변경 사항을 알아보겠습니다.

### 범위 기반 for 문

배열이나 컨테이너를 순회할 때 인덱스나 반복자<sup>iterator</sup>를 많이 사용합니다. 하지만 범위 기반 for 문을 사용하면 코드를 간단하게 작성할 수 있습니다. 범위 기반 for 문<sup>range based for statement</sup>은 파이썬이나 자바, C#에서 지원하는 foreach와 비슷한 문법입니다. 자세한 내용은 「15-2」절에서 다루겠습니다.

### 자료형 추론 auto

C++03까지는 변수나 함수를 선언할 때 자료형을 지정해야 했지만, C++11부터는 자료형을 추론할 수 있는 auto가 추가되었습니다. 자세한 내용은 「14-1」절에서 다루겠습니다.

### 널 포인터 리터럴 nullptr

널을 표현할 때 '0'이나 매크로로 정의된 NULL을 사용했지만, C++11부터는 nullptr이라는 키워드로 좀 더 명확하게 표현할 수 있게 되었습니다. 「14-1」절에서 다루겠습니다.

## 람다 표현식

람다 표현식<sup>lambda expressions</sup>은 소스 코드가 간결해지고 함수의 흐름을 쉽게 파악할 수 있게 합니다. 또한 인라인<sup>inline</sup>으로 만들 수 있어서 성능에도 좋은 영향을 줄 수 있습니다. 「15-4」절에서 다루겠습니다.

## override와 final 키워드

C++11부터는 자식 클래스에서 가상 함수를 선언할 때 `override` 키워드를 추가하면 부모 클래스의 가상 함수를 오버라이딩했음을 명시할 수 있으며, `final`을 사용하면 더는 오버라이딩하지 않음을 명시할 수 있습니다. 이렇게 하면 의도와 다르게 코드를 작성했을 때 컴파일 오류를 유도해 적절하게 대처할 수 있습니다.

## 스마트 포인터

C와 C++ 언어는 메모리를 다양한 방식으로 다루고 효율적으로 사용할 수 있습니다. 하지만 그만큼 다루기 어렵고 구현할 코드가 많습니다. C++11에서는 메모리를 자동으로 관리해 주는 스마트 포인터가 도입되었습니다. 스마트 포인터는 14장에서 자세히 다루겠습니다.

## 튜플

C++ 함수에서 여러 개의 값을 동시에 반환하려면 구조체를 사용해야 합니다. 하지만 최신 스크립트 언어(예: 자바스크립트)들은 동시에 여러 개의 값을 다양한 데이터 형식으로 반환하는 기능이 있습니다. C++11에서도 튜플<sup>touples</sup>을 사용하면 이러한 기능을 구현할 수 있습니다. C++17의 구조적 바인딩<sup>structured bindings</sup>과 함께 사용하면 스크립트 언어의 사용성을 그대로 경험할 수 있습니다. 튜플과 구조적 바인딩은 「15-1」절에서 살펴보겠습니다.

## C++17 주요 변경 사항

C++17에서도 많은 변화가 있었습니다. C++17의 주요 변경 사항을 알아보겠습니다.

## 파일 시스템 라이브러리

C++17부터는 디렉터리와 파일을 다룰 수 있는 방법을 표준 라이브러리로 채택하여 파일 시스템을 사용하는 소스 코드의 운영체제 호환성을 높였습니다. 「16-5」절에서 코드와 함께 살펴보겠습니다.

## 병렬 처리 라이브러리

기존에도 병렬 처리를 지원하는 라이브러리는 많았지만 각기 다른 프로그래밍 방식으로 혼란이 있었습니다. C++17에서는 이러한 혼란을 없애고자 병렬 처리 방식을 표준화했습니다. 이로써 일관된 방식으로 병렬 처리를 할 수 있게 되었습니다.

## if와 switch 문 초기화

원래 C++는 if나 switch, 범위 기반 for 같은 제어문에서 별도의 초기화 구문을 지원하지 않았습니다. 따라서 초기화 구문을 제어문 밖에 작성해 다른 코드와 구분하기가 어려웠습니다. 그러나 C++17부터는 제어문에 초기화 구문을 포함할 수 있게 되었습니다. 이제 제어문에서 사용할 변수는 외부의 간섭을 받지 않고 독립된 초기화를 수행할 수 있습니다. 「15-3」절에서 코드와 함께 살펴보겠습니다.

## 폴드 표현식

가변 인자는 함수의 매개변수 개수나 형식을 미리 지정하지 않고 동적으로 처리하는 방법으로, C 언어부터 지원되었습니다. C++ 언어에서는 가변 인자를 처리할 수 있는 매개변수 팩<sup>parameter pack</sup>을 추가로 지원합니다. 폴드 표현식은 매개변수 팩으로 입력받은 값을 반복해서 처리할 때 재귀 함수를 사용하지 않고 처리할 수 있는 문법으로, 메모리 문제나 종료 조건 설정에 대한 실수를 방지할 수 있습니다. 「16-1」절에서 살펴보겠습니다.

## 구조적 바인딩

C++11/14에서 결괏값을 여러 개 반환할 수 있는 튜플을 지원했지만 사용법이 간단하지 않았습니다. 구조적 바인딩<sup>structured bindings</sup>은 이를 보완하여 함수의 반환값에서 튜플을 즉시 사용할 수 있도록 지원하는 문법입니다. 「15-1」절에서 살펴보겠습니다.

# C++20 주요 변경 사항

C++20에서는 현대 언어로 탈바꿈이라고 할 수 있을 정도로 굵직한 기능들이 추가됐습니다. C++20의 주요 변경사항을 알아보겠습니다.

## 컨셉

컨셉<sup>concepts</sup>은 함수 템플릿 매개변수의 종류나 속성에 대한 제약을 명시하는 기능입니다. 템플릿 사용이 문법적으로 올바르더라도 데이터 형식이나 연산자 미지원 등으로 컴파일 오류가 발생할 수 있습니다. 이때 컨셉을 사용하여 제약 조건을 명시함으로써 코드를 더 명확하게 만들고 잘못된 템플릿 인자로 인한 컴파일 오류를 사전에 방지할 수 있습니다.

## 코루틴

C와 C++ 언어에서 모든 함수는 시작과 종료가 한 번씩 수행됩니다. 한 번 종료된 함수가 다시 호출될 때에는 처음부터 다시 시작합니다. 이러한 루틴을 가지는 일반 함수를 서브루틴<sup>subroutine</sup>이라고도 합니다. 반면에 코루틴<sup>coroutines</sup>은 함수를 멈췄다가 다시 호출할 수 있는 루틴을 말합니다. 코루틴은 다시 호출될 때 중단된 시점부터 재개됩니다.

코루틴 함수는 한꺼번에 실행하지 않고 루틴을 조절해 가며 그때그때 필요한 기능을 실행하거나 데이터를 반환받을 수 있습니다. 특히 코루틴이 종료되기 전까지 지역 변수가 유지되므로 전역 변수를 사용하지 않고도 여러 호출부에서 값을 공유할 수 있습니다.

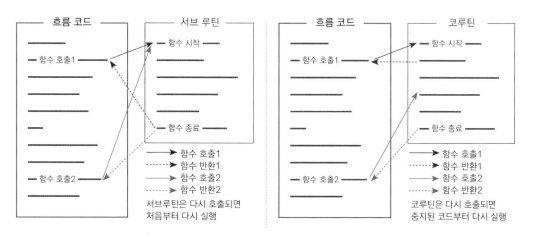

그림 13-2 서브 루틴과 코루틴 재호출 시 시작 위치

## 모듈

소스 파일에서 외부 모듈을 사용하려면 #include 문으로 필요한 헤더 파일을 가져옵니다. 이때 헤더 파일에 선언된 내용과 현재 소스 파일의 선언이 중복되지 않도록 처리해야 합니다. 그리고 가져온 헤더 파일과 관련된 소스 파일을 컴파일하거나 오브젝트 코드를 링크해야 하므로 그만큼 컴파일 시간이 소요됩니다.

그러나 모듈<sup>module</sup>을 사용하면 외부 모듈을 가져올 때 선언이 중복되는 것을 개발자가 별도로 신경 쓸 필요가 없고, 이미 컴파일된 모듈을 가져올 수 있어 시간도 줄일 수 있습니다. 예를 들어 #include <isostream> 대신 모듈을 사용할 때는 import std.core로 대체하면 됩니다.

## 3방향 비교 연산자

3방향 비교<sup>three-way comparison</sup> 연산자는 이름과 다르게 이항 연산자입니다. 다른 이항 비교 연산자는 한 가지 비교만 할 수 있지만, 3방향 비교 연산자는 작음(<), 같음(=), 큼(>) 등 3가지 방향을 조합해 총 5가지 비교를 한 번에 할 수 있습니다. 연산자 오버로딩을 사용하면 숫자뿐만 아니라 클래스나 다양한 형식을 비교할 수도 있습니다. 3방향 비교 연산자는 모양 때문에 우주선 연산자(<=>)라고도 부릅니다. 「16-2」절에서 자세히 알아보겠습니다.

## 수학 상수

C++ 언어로 과학 기술 계산을 하다 보면 무한 소수로 된 상수를 사용하게 됩니다. 대표적으로 자연로그 $e$, 원주율 $\pi$, $\sqrt{2}$, $\sqrt{3}$과 같은 상수가 있습니다. 보통은 매크로로 정의하거나 수학 라이브러리를 사용했지만, C++20부터는 미리 정의된 수학 상수를 사용해 여러 개발자가 공통의 수학 정의를 사용할 수 있게 되었습니다.

다음 표는 비주얼 스튜디오 2022에서 C++20 표준에 따라 정의된 상수를 보여 줍니다.

**표 13-1** 수학 상수

| 수학 상수 | C++ 상수 | 정의된 값 |
|---|---|---|
| $e$ | e | 2.718281828459045 |
| $\pi$ | pi | 3.141592653589793 |
| $\sqrt{2}$ | sqrt2 | 1.4142135623730951 |
| $\sqrt{3}$ | sqrt3 | 1.7320508075688772 |
| $ln\,2$ | ln2 | 0.6931471805599453 |
| $ln\,10$ | ln10 | 2.302585092994046 |

# C++23 주요 변경 사항

C++23은 이 책을 집필하는 시점에 가장 최신인 표준안입니다. 아직 C++23을 지원하는 컴파일러와 모범 사례가 많지 않으므로 주요 변경 사항을 간단하게 소개만 하고 구체적인 설명은 생략하겠습니다.

## 연역 this 포인터

연역 this는 이해와 사용이 매우 어려운 문법이지만, C++23에 추가된 가장 큰 변화이므로 가볍게 소개하고 넘어가겠습니다.

클래스의 멤버 함수에서 사용하는 this는 컴파일러가 자동으로 추가하는 암묵적 객체 매개변수<sup>implicit object parameter</sup>입니다. 객체 스스로를 가리키는 this 포인터를 사용하면 클래스나 구조체의 멤버에 접근해 값을 변경할 수 있습니다. 만약 변경할 수 없게 하거나(const) 다른 제약 사항을 추가하고 싶을 때는 연역<sup>deducing</sup> this 포인터를 사용합니다.

연역 this 포인터는 보통 self<sup>*</sup>라는 이름으로 표현하는데, 읽기 전용으로 선언하거나 레퍼런스로 전달된 this를 self라는 이름으로 사용합니다.

> * self는 파이썬 같은 언어에서 명시적 객체 매개변수의 이름으로 사용됩니다.

## 모나드 형식 optional, expected

모나드<sup>monad</sup>는 함수형 언어에서 사용되는 디자인 패턴입니다. C++17에 추가된 optional과 expected 키워드는 C++23부터 모나드 데이터 형식으로 사용할 수 있습니다. 이 두 가지 데이터 형식은 오류 처리와 값의 존재 여부를 효과적으로 다룰 수 있습니다.

## 가변 인자 출력 print

C++에서 cout으로 여러 변수를 출력하려면 소스 코드가 지나치게 길어집니다. 이때 C 언어 형식의 printf를 사용할 수 있습니다. 그런데 C++23 표준 라이브러리에 추가된 print 함수를 사용하면 좀 더 쉬운 방법으로 가변 인자를 출력할 수 있습니다. print 함수는 가변 인자를 표현할 수 있는 std::format(C++20에서 추가)을 출력하는 방식이며, printf를 사용하는 기존 방식보다 가변 인자를 편리하게 출력할 수 있습니다.

**1** 코루틴을 서브루틴과 비교할 때 가장 큰 차이점은 무엇일까요?

**2** 한 번에 5가지 비교를 동시에 할 수 있는 연산자는 1) _____ 이고, C++ 2) _____ 표준에 추가되었습니다.

**[모범 답안]**

**1** 서브루틴은 함수 호출이 반복될 때마다 처음부터 실행되지만, 코루틴은 함수 호출이 반복될 때 마지막으로 실행한 다음 위치가 실행됩니다.

**2** 1) 3방향 비교 연산자(또는 우주선 연산자)  2) 20

# 13-2 현대적 관점의 C++

- C의 확장이 아닌 객체지향 언어로서 C++ 사용하기
- 모던 C++에 추가된 주요 규약 살펴보기

학습
목표

C++ 언어의 시작은 C 언어에 객체지향 개념을 추가한 것입니다. 그래서 초기에는 C 언어에 객체지향 요소만 추가한 문법 위주로 C++를 사용했습니다. 하지만 C++26 제정을 앞두고 있는 현재에는 모던 C++를 기본으로 사용하는 것이 최신 프로그래밍 환경에 더 적합합니다.

이와 관련된 좋은 강의가 있어서 소개하려고 합니다. 케이트 그레고리<sup>Kate Gregory</sup>가 CppCon 2015에서 발표한 〈Stop Teaching C〉입니다. 영어로 말하는 강의지만 C++ 문법을 제시한 자료만 보더라도 내용을 쉽게 이해할 수 있습니다. 동영상 강의와 강의 자료가 공개되어 있으니 참고하면 모던 C++를 배울 때에 동기 부여가 될 것입니다.

- **케이트 그레고리의 〈Stop Teaching C〉 동영상 강의:** youtu.be/YnWhqhNdYyk

이 강의에서 소개하는 몇 가지 지침은 이 책의 실습 코드에 적용했습니다. 이 강의에서는 다음과 같은 개념을 주로 다룹니다. 이러한 개념은 C++ 언어를 좀 더 C++답게 사용할 수 있게 해줍니다.

### char* 대신 string, []array 대신 vector<> 사용하기

C++ 언어에서 문자열 처리는 무척 까다롭습니다. char*를 사용할 때에는 할당받은 메모리 크기를 고려하면서 사용해야 하지만, 표준 라이브러리의 문자열 데이터인 string은 사용 방법도 쉽고 다양한 문자열 데이터 형식으로 변경할 수 있습니다. 배열 대신 vector를 사용하는 것도 많은 이점이 있습니다. 메모리 문제에서도 자유로워질 수 있습니다. 처음 정한 메모리를 재조정하지 않고도 범위에 상관없이 자유롭게 사용할 수 있습니다. 그리고 범위 기반 for 문을 사용할 수 있습니다.

### 포인터 대신 레퍼런스 사용하기

객체를 참조하는 포인터 대신 레퍼런스를 사용합니다. 포인터는 선언과 사용, 인자를 전달하는 등의 코드를 작성할 때에 *, ->, & 연산자를 사용해야 해서 복잡하고 어렵습니다. 반면에 레퍼런스는 매개변수와 변수 선언에서만 &를 사용하면 되므로 C++ 언어를 처음 배우는 사람도 쉽게 이해할 수 있습니다.

### 메모리 직접 관리 대신 RAII 사용하기

메모리 직접 관리는 C++ 언어의 큰 장점이자 단점이기도 합니다. 항상 new와 delete 쌍을 만들어야 하던 방식이 아닌 RAII를 사용해, 선언 범위를 벗어나면 메모리가 자동으로 해제될 수 있도록 합니다. RAII는 14장에서 스마트 포인터를 다룰 때 알아보겠습니다.

이어지는 14장부터 16장까지는 앞에서 요약했던 모던 C++에 추가된 주요 기능을 좀 더 자세히 살펴보겠습니다. 다음의 표처럼 모던 C++에는 많은 개념이 추가됐지만, 이 책에서는 지면의 한계를 고려해 컨셉, 코루틴, 무브 시멘틱, 모듈 등의 설명은 생략했습니다.

표 13-2 모던 C++ 주요 규약

| 구분 | 내용 |
|---|---|
| 데이터 형식 | 수학 상수, auto, enum, constexpr, nullptr, 유니폼 초기화, std::function, 이진수 리터럴, 숫자 구분 기호 |
| 구문 | 튜플/구조적 바인딩, 범위 기반 for 문, 정규 표현식, if/switch 문 초기화, 폴드 표현식, 3방향 비교 연산자, using, noexcept, 함수 키워드(delete, default, override, final) |
| 표준 라이브러리 | 파일 시스템, 실행 정책(순차, 병렬 처리) |
| 신규 개념 | 스마트 포인터, 람다 표현식, 코루틴, 모듈, 컨셉, 무브 시멘틱, 명시적 오버라이드, 기능 테스트 매크로, 연역 this |

이 장에서는 모던 C++의 개요와 변경 사항을 간략하게 알아보았습니다. C++ 언어는 변화하는 컴퓨팅 환경에 맞춰 발전하고 있습니다. 되새김 문제를 풀며 모던 C++의 주요 변경 사항을 되짚어 보세요.

### 문제 1  C++11/14

범위 기반 for 문은 데이터의 크기에 맞춰 반복되는 for 문입니다. 자료형을 추론하는 auto와 함께 사용하면 생산성을 높일 수 있습니다. 그동안 for 문을 사용하던 코드를 범위 기반 for 문으로 바꿀 수 있는지 살펴보세요.

### 문제 2  C++17

C++17에서 새로 도입된 파일 시스템 라이브러리에 관한 자료를 찾아보세요.

### 문제 3  C++20

#include 대신 모듈을 사용해야 하는 이유를 설명해 보세요.

### 문제 4  C++23

std::format에 대해 조사해 보세요.

### 문제 5  모던 C++

C++98 이후 모던 C++에서는 많은 변화가 있었습니다. 여러분이 생각하는 C++98 이전과 이후 모던 C++의 가장 큰 차이점은 무엇인지 설명해 보세요.

• 모범 답안 위치: github.com/mystous/DoItCPP/tree/main/exercise/ch13

# 14

# 새로운 데이터 형식과 라이브러리

데이터 형식은 프로그래밍 언어의 기초라고 할 수 있습니다. 어떤 데이터 형식을 지원하는지에 따라서 프로그래밍 언어의 한계가 달라질 수 있습니다. 모던 C++에서는 데이터 형식 추론을 제공하여 C++ 언어의 한계를 극복하고자 노력하고 있습니다. 이 장에서는 모던 C++에서 새로 추가된 데이터 형식을 살펴보겠습니다.

# 14-1 형식 연역, 열거형, 수학 상수, 널 포인터, 2진수 표현

- 형식 연역 auto와 형식 추출 decltype 이해하기
- 변경된 enum, 새로 추가된 널 포인터, 이진수 리터럴 이해하기

학습
목표

## 형식을 추론하는 auto

모던 C++에 추가된 데이터 형식 가운데 가장 많은 변화를 가져온 auto에 관해 알아보겠습니다. 먼저 용어를 정리하겠습니다. 모던 C++에서는 형식 추론을 말할 때 **형식 연역**<sup>type deduction</sup>이라는 단어를 사용합니다. 이 책에서도 형식 추론 대신 형식 연역을 사용하도록 하겠습니다.

auto는 형식 연역을 할 수 있는 형식 지정자<sup>type specifier</sup>입니다. 더 정확하게는 '플레이스홀더 형식 지정자<sup>placeholder type specifier</sup>'입니다. auto로 선언한 변수에 초기화되는 데이터를 통해서 형식을 연역합니다. 그런데 C++에서 auto는 다른 프로그래밍 언어의 형식 추론과 달리 제약 사항이 많은 편입니다. 대표적인 4가지만 보면 다음과 같습니다.

1. auto 변수는 반드시 선언과 함께 초기화해야 한다.
2. 함수에서 매개변수의 형식 지정자로 사용할 수 없다.
3. 구조체나 클래스의 멤버 변수로 사용할 수 없다.
4. auto 변수를 반환하는 함수는 dctltype을 사용해야 한다.

4가지 제약 사항 모두 형식 연역이 안 되는 상황입니다. auto는 형식 연역 키워드이므로 컴파일 시점에 형식을 연역할 수 없거나 모호하면 오류가 발생합니다.

이러한 auto는 언제 사용할 수 있을까요? 12장에서 살펴본 컨테이너는 여러 가지 데이터 형식을 활용해 범용성을 구현할 수 있습니다. 그런데 컨테이너를 사용하다 보면 코드가 복잡해질 때가 많습니다. 맵 컨테이너를 사용하는 예를 보면서 설명해 보겠습니다.

```cpp
#include <iostream>
#include <map>
#include <array>

using namespace std;

// 맵 선언
map<char, array<int, 4>> auto_type_example;
map<int, array<double, 3>> auto_type_example_2;

void build_map() {
  array<int, 4> array_a = { 1, 2, 3, 4 };
  auto_type_example.insert({'a', array_a});
  ... (생략) ...
  array<double, 3> array_e = { 3.0, 4.0, 5.0 };
  auto_type_example_2.insert({ 1, array_e});
  ... (생략) ...
}

int main() {
  build_map();

  map<char, array<int, 4>>::iterator iter;
  for (iter = auto_type_example.begin(); iter != auto_type_example.end(); iter++) {
    // 반복할 작업
  }

  map<int, array<double, 3>>::iterator iter2;
  for (iter2 = auto_type_example_2.begin(); iter2 != auto_type_example_2.end();
      iter2++) {
    // 반복할 작업
  }
```

형식 불일치로 오류

```cpp
  map<int, array<int, 4>>::iterator iter3;
  for (iter3 = auto_type_example.begin(); iter3 != auto_type_example.end(); iter++) {
```

```
    // 반복할 작업
  }


  return 0;
}
```

int와 char를 키로 사용하는 맵을 2개 선언했습니다. 그리고 맵을 순회하는 for 문을 3개 작성했습니다. 그런데 세 번째 for 문에서 오류가 발생합니다. auto_type_example의 선언부를 보면 map<char, array<int, 4>>와 같은 형식이지만, 세 번째 for 문에서 반복자를 map<int, array<int, 4>>으로 선언했기 때문에 형식 불일치로 오류가 발생합니다.

그리고 첫 번째, 두 번째 for 문도 오류는 없지만 긴 코드를 작성해야 하고 맵의 선언부에서 정확한 형식을 확인해야 하는 불편함이 있습니다. 범용성을 위해 어쩔 수 없는 부분이지만 흐름이 복잡해 보이고 가독성도 떨어집니다.

auto를 이용하면 이러한 문제를 개선할 수 있습니다. 오류가 발생한 세 번째 for 문을 auto를 사용해 다음처럼 수정할 수 있습니다.

```
auto iter3 = auto_type_example.begin();
for ( ; iter3 != auto_type_example.end(); iter++)
```

이렇게 하면 코드를 작성할 때 맵의 선언부에서 데이터 형식을 확인하지 않아도 됩니다. 또한 범위 기반 for 문을 사용하면 다음처럼 한 줄로 간단하게 표현할 수도 있습니다. 범위 기반 for 문은 「15-2」절에서 자세히 다룹니다.

```
for (auto &element : auto_type_example)
```

 **데이터 형식을 알아서 판별해 주니까 너무 편리한데, 모두 auto로 선언하면 안 되나요?**

auto 키워드가 추가되면서 프로그래밍하기가 훨씬 편리해졌지만, 성능 저하라는 비용을 고려해야 합니다. 자료형 추론은 컴파일러 내부에서 많은 연산이 필요하기 때문에 성능 저하가 발생합니다. 따라서 auto 키워드는 적절한 곳에서 제한적으로만 사용해야 합니다.

## 형식을 추출하는 decltype

auto 키워드와 마찬가지로 decltype 키워드도 형식 연역을 할 수 있습니다. auto는 변수 선언과 초기화에 주로 사용되지만, decltype은 변수 선언뿐만 아니라 함수 템플릿이나 클래스 템플릿에서 반환값의 형식을 연역하는 데도 사용할 수 있습니다.

함수에서 반환값의 형식을 연역할 때는 선언문 앞쪽이 아니라 뒤쪽에 표기합니다. 이를 '후행 반환 형식'이라고 합니다. 반환값의 형식을 나타내는 자리에 auto 키워드만 사용하면 형식을 연역할 수 없어 오류가 발생합니다. 따라서 반드시 후행 반환 형식으로 decltype을 지정해야 합니다.

**decltype 반환값 형식 영역**

```
template<typename T, typename TT>
auto mix_template(T t, TT tt) -> decltype(t + u) {
  return t * tt;
}
```

C++11부터 추가된 decltype은 가로 안에 작성한 표현식으로 형식을 연역합니다. auto와는 다르게 복잡한 표현식에서 형식을 연역할 수 있으며, 레퍼런스(&)나 상수(const)도 정확하게 추론합니다.

이 책에서는 decltype을 간략하게 소개하지만, 템플릿을 활용하는 모던 C++에서 많이 사용하므로 템플릿을 자유자재로 사용하려면 깊게 공부해야 합니다.

## 범위 지정 열거형 enum

열거형은 C++98에서도 사용되었지만 C++11부터 범위 지정 열거형<sup>scoped enum</sup>이 추가되었습니다. 기존 열거형도 C++11에서 변경된 부분이 있습니다. 가장 큰 변화는 열거한 데이터의 형식을 지정할 수 있다는 점입니다. 이전 코드와 호환성을 보장하고자 데이터 형식을 지정하지 않으면 정수형으로 자동 지정됩니다.

범위 지정 열거형을 사용할 때는 선언된 범위를 반드시 지정해 주어야 합니다. 범위 미지정 열거형은 선언 범위를 명시하지 않아도 사용할 수 있기 때문에 선언된 곳을 알 수 없을 뿐더러 같은 열거형 식별자를 사용했을 때에 혼란을 줄 수 있습니다.

**범위 지정 열거형 enum**

```
// 범위 지정 열거형 선언('값 없음', 'b', 'c'로 초기화)
enum class monster_enum : char {monster_a_type, monster_b_type='b', monster_c_type='c'};
       ❶                    ❸

// struct를 활용한 범위 지정 열거형 선언(1, 2, 3으로 초기화)
enum struct terrain_enum {forest_terrain_type, cyber_terrain_type, urban_terrain_type};
       ❷

// 범위 미지정 열거형 선언(1, 2, 10으로 초기화)
enum weapon_enum {gun_type, machine_gun_type, arrow_type=10};


// 열거형 변수에 열거형 값 대입
monster_enum monster_type_definition = monster_enum::monster_a_type;

terrain_enum main_field = terrain_enum::forest_terrain_type;

weapon_enum main_weapon = gun_type;
```

- **범위 지정 열거형 선언**: 열거형을 정의할 때 enum 키워드 다음에 class(❶)나 struct(❷)를 사용하면 범위 지정 열거형, 그렇지 않으면 범위 미지정 열거형이 된다.
- **범위 미지정 열거형 선언**: 범위 지정 열거형 선언에서 class나 struct을 사용하지 않고 선언한다. 선언 범위 (weapon_enum::)를 명시하지 않고 사용해도 정상으로 실행된다.
- **열거형 데이터 형식 지정**: 열거형 선언 다음에 쌍점을 적고 열거한 값의 데이터 형식을 지정한다(❸). 만약 데이터 형식을 생략하면 기본 정수형이 된다.
- **식별자 값 부여**: 소스 코드에서는 열거한 식별자 자체를 상수로 사용하므로 값을 반드시 지정할 필요는 없다. 값을 지정하면 식별자에 해당 값이 지정되며, 값이 증가할 수 있는 정수형의 경우 1씩 점진적으로 증가한다. 이렇게 선언한 열거형은 열거한 값만 가지는 새로운 데이터 형식이 된다. 범위 지정 열거형의 값은 반드시 범위 지정자와 함께 사용해야 한다.

열거형은 주로 분류나 특성을 나타내는 값을 표현할 때 사용합니다. 열거형은 C 언어에서 사용하던 매크로를 좀 더 구조적으로 사용 범위 등을 제약할 수 있게 만든 것입니다.

열거형을 사용하는 예를 살펴보겠습니다. 다음 코드에서는 몬스터의 종류와 주로 활동하는 지형, 주요 무기 등 3가지 범주를 멤버 변수에 저장합니다. 이때 각 범주에 해당하는 열거형 값을 멤버 변수에 저장하고 분리합니다. 이처럼 열거형을 사용하면 소스 코드를 읽기가 쉬워집니다.

```cpp
#include <iostream>
#include <typeinfo>

using namespace std;

enum class monster_enum : char {
  monster_a_type, monster_b_type = 'b', monster_c_type = 'c'
};

enum struct terrain_enum : int {
  forest_terrain_type, cyber_terrain_type, urban_terrain_type
};

enum weapon_enum {
  gun_type, machine_gun_type, arrow_type = 10
};

class monster {
public:
  monster(monster_enum monster_type, terrain_enum terrain_type, weapon_enum weapon_
type)
    : monster_type_definition(monster_type),
      main_field(terrain_type),
      main_weapon(weapon_type)
    {};

private:
  monster_enum monster_type_definition;
  terrain_enum main_field;
  weapon_enum main_weapon;


  friend void print_monster_location(monster& mon) {
    switch (mon.main_field) {
    case terrain_enum::forest_terrain_type:
      cout << "숲 공간";
```

```cpp
      break;
    case terrain_enum::cyber_terrain_type:
      cout << "사이버 공간";
      break;
    case terrain_enum::urban_terrain_type:
      cout << "도시 공간";
      break;
    }
  }

  friend void print_monster_weapon(monster& mon) {
    switch (mon.main_weapon) {
    case weapon_enum::gun_type:
      cout << "권총";
      break;
    case weapon_enum::machine_gun_type:
      cout << "기관총";
      break;
    case weapon_enum::arrow_type:
      cout << "화살";
      break;
    }
}};

int main()
{
  monster monster_in_forest = monster(
    monster_enum::monster_a_type,
    terrain_enum::forest_terrain_type,
    gun_type);

  monster monster_with_arrow = monster(
    monster_enum::monster_b_type,
    terrain_enum::cyber_terrain_type,
    arrow_type);

  cout << "첫 번째 몬스터는 ";
  print_monster_location(monster_in_forest);
```

```
        cout << "(이)가 활동 지형이고, " << endl;
        print_monster_weapon(monster_in_forest);
        cout << " 무기를 주로 다룬다." << endl << endl;

        cout << "두 번째 몬스터는 ";
        print_monster_location(monster_with_arrow);
        cout << "(이)가 활동 지형이고, " << endl;
        print_monster_weapon(monster_with_arrow);
        cout << " 무기를 주로 다룬다." << endl;
        return 0;
}
```

**실행 결과**

첫 번째 몬스터는 숲 공간(이)가 활동 지형이고,
권총 무기를 주로 다룬다.

두 번째 몬스터는 사이버 공간(이)가 활동 지형이고,
화살 무기를 주로 다룬다.

## 수학 상수

수학 계산에는 정확한 상수가 필요합니다. 그리고 같은 상수를 모두가 공유할 수 있어야 합니다. 만약 상숫값이 다르면 모듈마다 계산이 달라 질 수 있습니다. 특히 과학 분야에서는 작은 수의 차이로도 결과가 완전히 달라질 수 있습니다. 기존에는 수학 상수를 개인이나 개발 조직에서 정의해서 사용했지만, 모던 C++에서는 기본으로 제공해 누구나 같은 값으로 계산하여 정확도를 높일 수 있게 하였습니다.

다음 표에는 모던 C++에서 제공하는 수학 상수와 정의된 값을 보여 줍니다. 물론, 필요하다면 각 상수를 다른 값으로 정의해서 사용할 수 있습니다.

표준 라이브러리가 제공하는 수학 상수를 사용하려면 먼저 다음의 코드를 입력해야 합니다.

**수학 상수 라이브러리 사용 선언**

```
#include <numbers>
using namespace std::numbers;
```

표 14-1 수학 상수

| 수학 상수 | C++ 정의 상수 | 정의된 값 |
| --- | --- | --- |
| 자연 상수($e$) | e | 2.718281828459045 |
| 원주율($\pi$) | pi | 3.141592653589793 |
| 밑이 원주율인 분수($\frac{1}{\pi}$) | inv_pi | 0.3183098861837907 |
| 밑이 원주율의 루트인 분수($\frac{1}{\sqrt{\pi}}$) | inv_sqrtpi | 0.5641895835477563 |
| 루트 2($\sqrt{2}$) | sqrt2 | 1.4142135623730951 |
| 루트 3($\sqrt{3}$) | sqrt3 | 1.7320508075688772 |
| 밑이 루트 3인 분수($\frac{1}{\sqrt{3}}$) | snv_sqrt3 | 0.5773502691896257 |
| 2의 자연로그($ln\,2$) | ln2 | 0.6931471805599453 |
| 10의 자연로그($ln\,10$) | ln10 | 2.302585092994046 |
| 오일러 마스케로니 상수 | egamma | 0.5772156649015329 |
| 황금비($\varphi$) | phi | 1.618033988749895 |

## 널 포인터 리터럴 nullptr

널 포인터null pointer는 C++ 언어에서 중요한 식별자이면서 데이터입니다. 포인터에 메모리가 할당되지 않았음을 나타내기도 하고, 빈 값을 나타내기도 합니다. 모던 C++에서는 널 포인터를 나타내는 키워드로 nullptr을 제공합니다.

모던 C++ 이전에는 컴파일러마다 NULL이나 null로 값을 정의해서 사용했습니다. 기존의 NULL은 특히 (void*)0으로 정의된 경우가 많았습니다. 따라서 정수나 불리언 등 다양한 데이터 형식으로 변환할 수 있었기 때문에 예상치 못한 버그로 연결되는 경우도 많았습니다.

하지만 nullptr은 명확하게 널 포인터를 나타내는 리터럴이므로 다른 데이터 형식으로 변환할 수 없습니다. nullptr을 사용하면 컴파일러 종류가 달라도 가독성을 높일 수 있고 잠재적인 오류 발생을 줄일 수 있습니다.

## 2진수 리터럴

모던 C++ 이전까지는 10진수와 16진수를 표현하는 리터럴 형식이 있었습니다. 16진수는 숫자 앞에 0x나 0X를 붙였고, 잘 사용되지는 않지만 10진수는 숫자 앞에 0을 붙였습니다. 모던 C++에서는 2진수를 표현하는 리터럴을 제공합니다. 16진수와 유사하게 숫자 앞에 0b나 0B를 붙여서 표현합니다.

다음은 2진수 0100을 나타낸 표현입니다.

---

**모던 C++에서 2진수 표현**

```
int bit_variable = 0b0100;    // int bit_variable = 4
```

---

2진수 리터럴을 사용하면 비트 연산을 위한 변수를 만들고 값을 지정할 때 비트값을 16진수나 10진수로 표현하는 번거로움을 덜 수 있습니다.

---

**3분 퀴즈**

❶ 모던 C++에서 새로 추가된 auto는 데이터 형식을 _____ 하는 자료형입니다.

❷ 모던 C++에서 열거형을 정의할 때 데이터 형식을 지정하는 위치는 다음 중 어디일까요?

---

```
enum ① class ② sample_enum ': ③ { ④ /* 데이터 */ };'
```

---

❸ 모던 C++에서 열거형을 정의할 때 데이터 형식을 생략하면 _____ 형으로 자동 지정됩니다.

❹ 0, void*, NULL 등 다양한 방식으로 사용하던 널값을 지정한 키워드는 무엇인가요?

**[모범 답안]**
❶ 연역
❷ ③
❸ 정수(int)
❹ nullptr

# 14-2 상수 지정자 constexpr

- constexpr과 const의 차이점의 이해와 활용
- 함수에 적용된 constexpr의 동작 원리 이해

학습
목표

모던 C++에서는 변수나 함수를 상수 표현식<sup>constant express</sup>으로 만들어 주는 constexpr 키워드를 제공합니다. 모던 C++ 이전에도 변수를 변경할 수 없도록 상수로 지정하는 const가 있었지만, constexpr은 변수나 함수를 컴파일 시점에 상수 표현식으로 만들어 줍니다. 함수가 컴파일 시점에 상수 표현식이 되면 실행 시점에 함수 호출이 이뤄지지 않고 상수로 대체됩니다.

constexpr을 변수와 함수에 사용하는 방법을 차례로 알아보겠습니다.

## constexpr 변수 선언

변수에 constexpr을 사용하는 방법은 const와 매우 유사합니다. const 변수처럼 값을 초기화한 후에 변경할 수 없습니다. constexpr로 선언한 변수를 변경하려고 시도하면 const 변수처럼 컴파일 오류가 발생합니다. 다만, const 변수는 값이 런타임에 결정되지만, consexpr 변수는 컴파일 시점에 결정됩니다.

값이 컴파일 시점에 결정된다는 것은 프로그램이 메모리에 적재되지 않더라도 소스 코드상에서 변수의 초깃값이 결정돼야 한다는 의미입니다.

다음 코드는 const와 constexpr 변수의 초깃값이 결정되는 시점을 비교한 예입니다. 잘못된 초기화 때문에 오류가 발생하는데, 그 원인을 확인해 보겠습니다.

> **Do it! 실습** const와 constexpr의 초깃값 결정 비교(컴파일 오류)
> - ch14/compile_time_and_runtime/compile_time_and_runtime.cpp

```
#include <iostream>
using namespace std;

void sum_int(int operand1, int operand2) {
```

```
    const int var11 = 10;
    const int var12 = operand1 + 10;
    const int var13 = operand1 + operand2;
    constexpr int var14 = 20;
    // 컴파일 오류
    constexpr int var15 = operand1 + 15;
    constexpr int var16 = operand1 + operand2;
}

int main() {
    const int var1 = 10;
    const int var2 = var1 + 10;
    const int var3 = var1 + var2;
    constexpr int var4 = 20;
    constexpr int var5 = var1 + 15;
    constexpr int var6 = var1 + var4;

    sum_int(var1, var4);
    return 0;
}
```

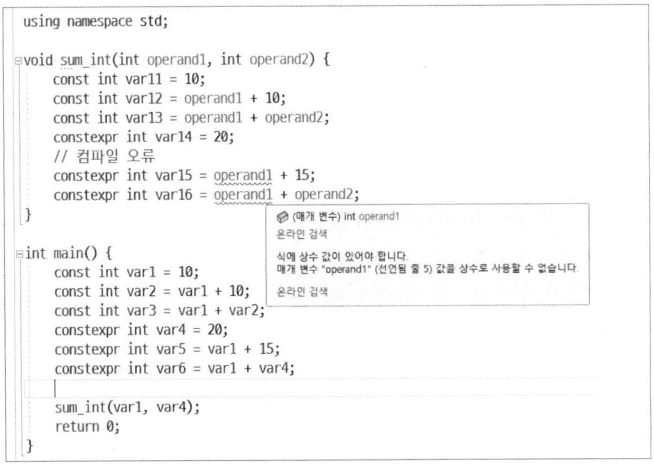

**그림 14-1** 값이 런타임에 결정되는 변수를 constexpr 변수에 대입하여 오류 발생

var1~var6은 main 함수에서 초기화된 변수를 사용하므로 오른쪽 항이 모두 리터럴이지만, sum_int 함수의 매개변수인 operand1, operand2는 프로그램이 실행되어 함수가 호출(메모리

에 적재)돼야 값을 알 수 있으므로 리터럴이 아닙니다. 즉, 컴파일 시점에 값이 결정돼야 하는 constexpr 변수를 런타임에 결정되는 값으로 초기화했으므로 컴파일 오류가 발생합니다.

이처럼 constexpr 변수를 사용할 때는 **초깃값이 리터럴이어야 한다는 제약**에 주의해야 합니다.

## constexpr 함수 선언

const와 constexpr 키워드는 둘 다 변수를 상수로 만들어 주지만 중요한 차이점이 있습니다. const는 변수를 상수로 변환해 읽기만 가능하지만, constexpr은 변수를 상수 표현식으로 치환합니다. 따라서 변수에 사용할 때는 별다른 차이가 없지만, 함수에 사용할 때는 큰 차이를 보입니다.

const 멤버 함수의 예를 먼저 살펴보겠습니다. 클래스의 멤버 함수를 선언할 때 제일 뒤에 const를 추가하면 이 함수에서 멤버 변수를 변경할 수 없도록 강제합니다. 그리고 const 멤버 함수는 const 멤버 함수만 호출할 수 있으며, 멤버 함수가 아닌 전역 함수는 const 함수로 만들 수 없습니다.

### const 함수 예

```
class monster {
public:
  void set_hp(int hp) { this -> hp = hp; };
  void set_power(int power) { this -> power = power; };

  int get_hp() const {
    return hp;
  };

private:
  int hp = 100;
  int power = 50;
};
```

반면에 constexpr은 함수 선언 가장 앞부분에 작성하며 클래스의 멤버 함수가 아닌 일반 함수에도 사용할 수 있습니다. constexpr 함수는 컴파일 시점에 상수 표현식으로 치환됩니다.

```
constexpr int sum_int_constexpr(int operand1, int operand2) {
  return operand1 + operand2;
}
```

일반 함수 호출과 constexpr 함수 호출을 비교해 보겠습니다. 먼저 일반 함수 호출 과정을 그림으로 나타내면 다음과 같습니다. 그림을 보면 같은 함수를 다른 인자로 3번 호출하여 반환 값을 전달받습니다. 함수 호출은 함수가 적재된 메모리에 접근하는 여러 가지 복잡한 과정을 거치게 됩니다.

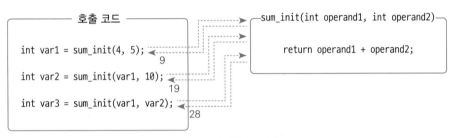

**그림 14-2** 일반 함수의 호출

이번에는 constexpr 함수를 호출하는 과정을 그림으로 나타내면 다음과 같습니다.

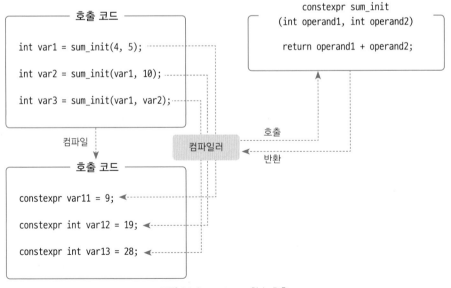

**그림 14-3** constexpr 함수 호출

만약 어떤 함수가 리터럴을 전달받고 같은 값에는 항상 같은 결과를 반환한다면 이 함수 호출문을 컴파일 시점에 상수 표현식으로 변경하더라도 동작에 아무런 지장이 없습니다. 따라서 constexpr로 선언된 함수를 호출할 때 리터럴을 전달하면 컴파일러가 상수 표현식으로 치환합니다. 함수 호출문이 상수 표현식으로 치환되면 컴파일 시간은 좀 더 걸려도 함수 호출에 필요한 절차가 생략되므로 실행 시간이 빨라집니다.

**Do it! 실습**  constexpr 함수

• ch14/constexpr_function/constexpr_function.cpp

```cpp
#include <iostream>

using namespace std;

int sum_int(int operand1, int operand2) {
  return operand1 + operand2;
}

constexpr int sum_int_constexpr(int operand1, int operand2) {
  return operand1 + operand2;
}

int main() {
  int var1 = sum_int(4, 5);
  int var2 = sum_int(var1, 10);
  int var3 = sum_int(var1, var2);

  constexpr int var11 = sum_int_constexpr(4, 5);
  constexpr int var12 = sum_int_constexpr(var11, 10);
  constexpr int var13 = sum_int_constexpr(var11, var12);

  return 0;
}
```

함수 호출문이 정말로 상수 표현식으로 치환되는지, constexpr로 선언된 함수를 호출하는 과정을 어셈블리어로 확인해 보면 다음과 같습니다. var1 변수에 반환값을 대입하는 sum_int 함수 호출문은 함수의 주소로 이동해서 실행하지만, var11 변수에는 값 9가 상수 표현식으로 직접 대입되는 것을 알 수 있습니다.

```
int var1 = sum_int(4, 5);
    ↳ mov          edx,5
    ↳ mov          ecx,4
    ↳ call         sum_int (07FF668B810E1h)
    ↳ mov          dword ptr [var1],eax

constexpr int var11 = sum_int_constexpr(4, 5);
    ↳ mov          dword ptr [var11],9
```

컴파일 시점에 상수 표현식으로 치환되려면 함수에 전달하는 인자와 함수가 반환하는 값은 반드시 리터럴이어야 합니다. 생성자 함수도 이와 같은 방법으로 사용할 수 있습니다.

constexpr 함수의 제약 조건은 다음과 같습니다.

1. 함수의 인자와 반환값 모두 리터럴 형식이어야 합니다.

2. 재귀 함수에 적용할 수 있습니다. 가상 함수에는 적용할 수 없습니다.

3. try-catch, goto 구문을 사용할 수 없습니다.

4. if와 switch, 범위 기반 for 문 등 모든 반복 구문을 사용할 수 있습니다.

5. 지역 변수는 반드시 초기화하거나 리터럴 형식이어야 합니다. 정적 변수는 허용하지 않습니다.

---

**궁금해요!** **constexpr 대신 const나 #define으로 정의하는 것이 편할 것 같은데요?**

constexpr과 const, #define은 사용 목적이 다릅니다. #define으로 정의된 값은 의미 있는 이름으로 가독성을 높이기 위한 것이며, 변수나 상수에 적용할 수 있습니다. const 역시 고정된 값을 쉽게 활용하거나 변경할 수 없게 하는 역할을 합니다. 반면에 constexpr은 값을 고정한다는 개념보다는 컴파일 시점에 소스 코드에 맞는 고정된 값을 정의하여 함수 호출이나 변숫값의 계산 시간을 줄여 주는 문법입니다.

---

**3분 퀴즈**

**1** 변수의 값을 상수화하는 데 const와 constexpr은 유사해 보입니다. 두 키워드의 차이는 초기화 시점이 다르다는 것입니다. constexpr은 const와 다르게 ＿＿＿＿＿＿＿ 에 초기화되어야 합니다.

**2** 함수를 constexpr로 선언하면 컴파일 타임에 ＿＿＿＿＿＿＿ (으)로 치환되어 실행 속도가 빨라집니다.

[모범 답안]

**1** 컴파일 시점　　　　　**2** 상수 표현식

---

# 14-3 function 객체

- 함수 포인터와 함자 이해하기
- 새로운 함수 객체 이해와 활용하기

학습
목표

function은 std 네임스페이스에 속한 함수 객체*입니다. 함수 객체를 알아보기 전에 유사한 방식으로 사용하던 함수 포인터부터 알아보겠습니다.

\* 함수 객체는 함수는 아니지만 함수처럼 호출할 수 있도록 정의한 객체를 말합니다.

## 함수 포인터란 무엇일까?

함수 포인터는 포인터를 활용하여 함수를 호출하는 방법입니다. 함수 호출은 메모리에서 함수의 주솟값을 찾아가는 명령이므로 함수 포인터로 함수의 주솟값을 찾아 가는 동작도 함수 호출과 동일한 결과를 가집니다. C와 C++언어에서 함수 포인터는 콜백을 구현할 때 자주 사용합니다. 콜백<sup>callback</sup>이란 다시 부른다는 의미로, 프로그램에서 다른 함수에 의해 특정한 실행이 필요할 때 호출되는 함수를 나타냅니다.

예를 들어 퀵 정렬 함수 qsort는 다음처럼 선언돼 있습니다.

**qsort 함수 원형**

```
void qsort (
  void* base,
  size_t num,
  size_t size,
  int (*compare)(const void*,const void*)  ← 콜백 함수를 전달받는 함수 포인터
);
```

qsort 함수의 원형에서 네 번째 매개변수 compare는 함수 포인터입니다. compare는 비교 함수를 전달받는 함수 포인터이면서 qsort에 의해 호출되는 콜백 함수입니다. compare의 매개변수와 반환값에 알맞은 비교 함수를 작성한 후 qsort 함수를 호출할 때 네 번째 인자로 전달

합니다. 이때 비교 함수는 두 요솟값을 비교해 첫 번째 요소가 논리적으로 작으면 음수를, 크면 양수를, 두 요소가 같으면 0을 반환하도록 구현합니다.

이처럼 함수 포인터는 콜백을 구현할 때 사용할 수 있을 뿐만 아니라, 여러 함수를 구조체나 배열에 포인터로 보관한 후 필요한 함수를 적절히 선택하는 알고리즘을 구현할 때 등 다양한 방식으로 사용될 수 있습니다. 다만, 함수 포인터를 남발하면 가독성이 떨어지고 유지·보수가 어려워지므로 적절하게 사용하는 것이 좋습니다.

## 함자란 무엇일까?

함자$^{functor}$는 매우 생소한 용어입니다. C++ 언어에서 함자는 '함수 객체$^{function\ object}$'라고 합니다. 함수 객체를 풀어서 설명하면 함수처럼 호출할 수 있는 객체$^{callable\ object}$를 말합니다.

개념이 다소 어렵지만 코드를 보면서 좀 더 쉽게 접근해 보겠습니다.

**Do it! 실습** 함자 사용

• ch14/functor/functor.cpp

```cpp
#include <iostream>
using namespace std;

struct bomb {
  void operator()() {
    cout << "꽝!" << endl;
  }

  void operator()(int range) {
    cout << "반경 " << range << "m 내 플레이어 공격!" << endl;
  }
};

int main() {
  bomb mine;

  mine();
  mine(30);

  return 0;
}
```

구조체에서 함자를 정의하려면 함수 호출 연산자 `operator()`를 오버로딩합니다. 그러면 구조체 객체를 선언한 후 객체 자체를 함수처럼 사용할 수 있습니다. 이처럼 함자는 연산자 오버로딩으로 정의하므로 구조체뿐만 아니라 클래스에서 사용할 수도 있습니다.

함자는 함수 포인터와 유사한 목적으로 사용됩니다. 호출 가능한 객체를 다른 함수에 전달하거나 클래스 객체 안에 저장할 수 있습니다. 함수 포인터는 포인터로만 전달할 수 있지만, 함자는 객체이므로 객체, 포인터, 참조자 등 다양한 형태로 저장과 복사, 호출할 수 있습니다.

## function 클래스

C++에서는 함수 포인터, 함자, 「15-4」절에서 소개할 람다까지, 객체를 함수처럼 활용하는 다양한 방법이 있습니다. 모던 C++에서는 이처럼 다양한 호출 객체를 통일된 형식으로 사용할 수 있도록 `function` 클래스를 제공합니다. `function`은 클래스 템플릿으로 정의되었으며 `function`으로 선언한 객체에는 함수, 함자, 람다 그리고 클래스의 멤버 함수를 저장하고 호출할 수 있습니다.

**문법 요약** function 클래스

```
// 함수를 저장하는 function 객체
function<return_data_type(param0, parma1)> func_name = function;
                         ❶            ❷

// 클래스, 구조체 멤버 함수를 저장하는 function 객체
function<return_data_type(object&, param0, parma1)> func_name =
                         ❸

&class|struct::target_method;
```

- **함수를 저장하는 function 객체**: function 클래스에 함수의 ❶ 반환 데이터 형식과 ❷ 템플릿 매개변수로 function 객체를 선언한다. 그리고 객체의 이름과 객체에 저장할 함수 포인터를 대입해 초기화한다.
- **클래스, 구조체 멤버 함수를 저장하는 function 객체**: 클래스나 구조체의 멤버 함수를 function 객체로 생성할 때는 ❸ 클래스나 구조체의 객체를 레퍼런스로 템플릿 매개변수에 추가한다.

function 객체를 생성할 때는 함수처럼 반환값과 매개변수의 데이터 형식을 지정해 줘야 합니다. 그리고 함자나 멤버 함수를 function에 저장할 때는 대상(객체)의 주소를 함께 전달해야 합니다.

function을 사용해 다양한 객체를 함수처럼 호출하는 예를 살펴보겠습니다.

**Do it! 실습** function 사용

• ch14/std_function/std_function.cpp

```cpp
#include <iostream>
#include <functional>
#include <string>

using namespace std;

void function_pointer(int input) {
  cout << "함수 포인터 대상 함수 : " << input << endl;
}

struct functor {
  void operator()(char functor_prefix) {
    cout << "함자 : " << functor_prefix << endl;
  }
};

class class_object {
public:
  class_object(string init_string) : class_object_name(init_string) {}

  void std_function_call_member(string contents) {
    cout << "클래스 멤버 함수 객체화 (" << class_object_name << ") : "
        << contents << endl;
  }

private:
  string class_object_name;
};

int main() {
  class_object class_obj("호출 객체를 가지고 있는 클래스");
```

```
    functor functor_obj;

    function<void(int)> func_pointer = function_pointer;
    function<void(functor&, char)> functor_func = &functor::operator();
    function<void(double)> lambda_func =
      [](double input) { cout << "람다 함수 : " << input << endl; };
      function<void(class_object&, string)> member_func =
      &class_object::std_function_call_member;

    func_pointer(10);
    functor_func(functor_obj, 'A');
    lambda_func(0xa8);
    member_func(class_obj, "출력");

    return 0;
}
```

---

**실행 결과**

```
함수 포인터 대상 함수 : 10
함자 : A
람다 함수 : 168
클래스 멤버 함수 객체화 (호출 객체를 가지고 있는 클래스) : 출력
```

---

function은 클래스 템플릿이므로 컨테이너처럼 함수 형식을 <> 사이에 넣습니다. 여기에는 함수, 함자, 멤버 함수, 람다 함수 등의 데이터 형식을 넣을 수 있습니다. 원래는 std::function<>처럼 사용해야 하지만, 이 코드에서는 std 네임스페이스 사용을 선언해서 function<>으로만 사용했습니다.

---

**3분 퀴즈**

❶ 콜백 등의 목적으로 함수를 포인터로 변환하여 사용하는 C 언어의 전통 방식은 ＿＿＿＿＿＿ 입니다.

❷ 함수, 함자, 람다 함수 등을 저장하여 활용할 수 있는 클래스 템플릿은 ＿＿＿＿＿＿ 입니다.

[모범 답안]
❶ 함수 포인터
❷ std::function

# 14-4 스마트 포인터

학습
목표

- RAII 디자인 패턴 이해하기
- 스마트 포인터 unique_ptr 이해하기

## 스마트 포인터의 등장

C++의 대표적인 특징은 메모리를 직접 관리할 수 있다는 점입니다. 즉, 필요할 때 메모리를 할당하고 필요하지 않을 때 메모리를 해제할 수 있습니다. 덕분에 C++ 언어로 만든 프로그램은 메모리를 효율적으로 사용해 성능이 좋지만, 메모리 할당과 해제 등을 개발자가 직접 관리해야 하므로 잘못하면 메모리 누수 같은 문제를 야기할 수도 있습니다. 이처럼 C++ 언어의 메모리 관리 기능은 양날의 검이라고 할 수 있습니다.

최근 프로그래밍 언어들은 메모리 관리가 아주 쉽거나 아예 필요 없는 언어도 많습니다. C++ 언어도 메모리 관리를 지원하고자 auto_ptr을 제공했지만, 여러 가지 문제로 C++17부터는 제외되었습니다. 모던 C++에서는 auto_ptr을 대신해 unique_ptr, shared_ptr, weak_ptr 등 다양한 스마트 포인터<sup>smart pointer</sup>를 제공합니다. 이 책에서는 unique_ptr을 살펴보겠습니다.

## RAII 디자인 패턴

스마트 포인터를 이해하려면 RAII라는 디자인 패턴을 알아야 합니다. RAII는 Resource Acquisition Is Initialization의 앞 글자를 따서 만든 단어로, '리소스 할당은 초기화다'라고 직역할 수 있습니다. 이를 cppreference.com에서 이해하기 쉽게 해설한 내용을 인용하면 다음과 같습니다.

> "RAII 패턴은 객체에 접근할 수 있는 모든 곳에서 리소스(메모리, 파일, 식별자 등)를 사용하고자 할 때 항상 사용할 수 있음을 보장합니다(리소스의 가용성은 클래스 불변성이기 때문에 리소스를 사용할 수 있는지 매번 확인해 볼 필요가 없음). 또한 제어 객체의 수명이 끝나면 획득 순서의 역순으로 모든 리소스가 해제되도록 보장합니다. ...(중략)... 이 기술의 또 다른 이름은 범위 종료로 인해 RAII 객체의 수명이 종료되는 기본 사례의 이름을 따서 SBRM(Scope-Bound Resource Management)이라고 합니다."
>
> _ en.cppreference.com/w/cpp/language/raii의 글을 인용하여 의역함

RAII 패턴의 핵심은 리소스가 필요할 때 이미 할당되어 있고 리소스가 필요 없어질 때 객체와 함께 해제되어 객체 내 변숫값이 객체와 함께 일정하게 유지되는 클래스 불변성$^{class invariant}$입니다. RAII 패턴의 주요 특징은 **동적으로 할당된 메모리가 생성된 범위를 벗어나면 자동으로 해제**되는 것입니다.

지역 변수는 스택 메모리에 할당되어 범위를 벗어나면 자동으로 해제되지만, 동적 메모리는 힙 영역에 할당되므로 직접 해제하지 않으면 프로그램이 종료되어도 할당된 상태로 남아 메모리 누수가 발생합니다.

스마트 포인터는 지역 변수의 특징과 동적 메모리의 특징을 혼합해서 사용합니다. 지역 변수가 생성될 때 동적 메모리를 할당하고 지역 변수가 해제될 때 할당된 동적 메모리를 해제합니다. 방법은 의외로 간단합니다. 동적 메모리 할당과 해제를 관리하는 클래스를 지역 변수로 만들어서 사용하면 됩니다. 클래스의 생성자에서 동적 메모리를 할당하고 소멸자에서 메모리를 해제하면 됩니다.

다음은 RAII 패턴의 기본 흐름을 나타낸 그림입니다. 물론 범용성을 유지하려면 내부적으로 복잡한 처리가 필요하겠지만 기본 흐름은 다음과 같습니다.

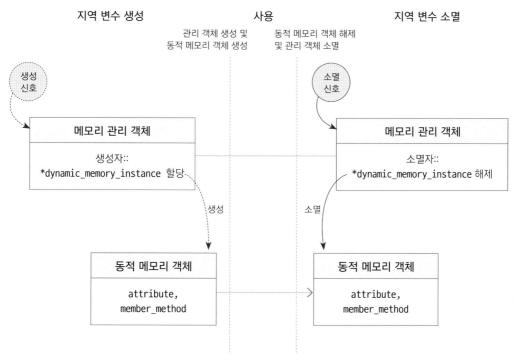

그림 14-4 RAII 디자인 패턴 진행 순서

## 스마트 포인터 unique_ptr

C++13부터 제공되는 unique_ptr은 포인터 객체에 RAII 디자인 패턴을 적용할 수 있는 범용 스마트 포인터 클래스입니다. 메모리 관리 객체 또는 래퍼wrapper라고 불리는 unique_ptr은 이중 참조를 허용하지 않고 하나의 포인터 변수만을 허용하는 스마트 포인터입니다.

unique_ptr은 앞에서 설명한 RAII 디자인 패턴을 구현한 범용 래퍼로서, 메모리 사용 범위를 벗어나면 메모리를 자동으로 해제합니다. 스마트 포인터를 사용했을 때와 사용하지 않았을 때 코드를 비교해 보겠습니다. 다음 코드는 메모리가 할당되거나 해제되었을 때 화면에 메시지를 출력하는 예입니다.

> **Do it! 실습** 메모리 누수가 발생하는 코드
>
> • ch14/normal_ptr/normal_ptr.cpp

```cpp
#include <iostream>
using namespace std;

class class_object {
public:
  class_object() {
    cout << "메모리가 할당되었습니다." << endl;
  };
  ~class_object() {
    cout << "메모리가 해제되었습니다." << endl;
  }
};

int main() {
  class_object *unique_pointer = new class_object();
  return 0;
}
```

> **실행 결과**
>
> 메모리가 할당되었습니다.

new 키워드로 메모리를 할당하여 객체를 생성했지만, delete로 객체를 소멸하지 않고 프로그램을 종료합니다. 메모리 해제를 진행하지 않았으므로 소멸자가 호출되지 않고 프로그램이 종료됩니다. 즉, class_object 객체에 필요한 만큼의 메모리가 할당된 후 회수되지 않은 것입니다.

다음은 똑같은 프로그램을 스마트 포인터 unique_ptr를 이용하는 코드로 수정한 예입니다. 이전 코드와 달리 객체를 생성할 때 unique_ptr 클래스로 감싸<sup>wrapping</sup> 주었습니다. 스마트 포인터로 생성된 unique_pointer는 class_object 객체와 똑같이 사용할 수 있습니다. 즉, 함수 호출이나 멤버 변수에 접근하는 방법은 같습니다. 실행 결과를 보면 소멸자가 호출되어 메모리 해제 메시지를 출력합니다.

> **Do it! 실습** 스마트 포인터 unique_ptr 사용
>
> • ch14/unique_ptr/unique_ptr.cpp

```cpp
#include <iostream>
#include <memory>

using namespace std;

class class_object {
public:
  class_object() {
    cout << "메모리가 할당되었습니다." << endl;
  };
  ~class_object() {
    cout << "메모리가 해제되었습니다." << endl;
  };
  void print_out() {
    cout << "객체의 함수를 호출합니다." << endl;
  };
};

int main() {
  unique_ptr<class_object> unique_pointer(new class_object());
  unique_pointer->print_out();

  return 0;
}
```

unique_ptr을 생성하는 또 다른 방법으로 make_unique 함수를 사용할 수도 있습니다. 이때 auto 키워드를 함께 사용하면 코드를 간결하게 작성할 수 있습니다. 무엇보다 new 연산자를 사용하지 않으므로 포인터를 사용하는 복잡함이 덜합니다. 사용 방법이 복잡하지 않으면서 메모리가 자동으로 해제되는 장점은 유지합니다.

**make_unique 함수로 unique_ptr 스마트 포인터 생성하기**

```
auto unique_pointer = make_unique<class_object>();
```

RAII 패턴은 메모리를 필요한 범위에서 사용하고 범위를 벗어나면 자동으로 해제합니다. 따라서 개발자가 객체의 생명 주기를 직접 관리하면서도 메모리 관리에 많은 신경을 쓰지 않아도 된다는 장점이 있습니다.

**3분 퀴즈**

**1** 메모리와 리소스 관리를 효율적으로 할 수 있는 RAII 패턴에 관해 설명해 보세요.

**2** 모던 C++에서 RAII 패턴을 구현할 수 있는 클래스는 무엇일까요?

**[모범 답안]**
**1** RAII는 리소스가 필요할 때 이미 할당되어 있고, 리소스가 필요 없어질 때 객체가 함께 해제되어 객체 내 변숫값이 객체와 함께 일정하게 유지되는 클래스 불변성을 기초로 합니다.
**2** unique_ptr

이번 장에서는 모던 C++에 추가된 데이터 형식과 라이브러리를 알아보았습니다. 다음의 문제를 풀며 이번 장에서 배운 내용을 되새겨 보세요.

## 문제 1  자료형을 추론하는 auto

auto는 모던 C++의 작지만 영향력이 큰 변화 중 한 가지입니다. 도서 목록을 저장하고 불러올 수 있는 C++ 프로그램을 작성하면서 auto와 범위 기반 for 문을 사용해 보세요.

## 문제 2  상수 지정자 constexpr

constexpr을 사용하는 함수와 일반 함수를 사용하는 코드를 자유롭게 작성해 보세요. 그리고 constexpr 을 사용하지 않는 함수를 작성해서 2개의 함수 호출 시 전체 실행 시간의 차이를 비교해 보세요.

## 문제 3  constexpr와 const 비교

상수를 만드는 방식에는 constexpr과 const 두 가지가 있습니다. 두 방식의 차이를 독자 여러분이 생각하는 중요한 부분을 중심으로 비교해 보세요.

## 문제 4  정렬 만들어 보기

표준 라이브러리에서 정렬을 수행하는 sort 함수는 데이터를 비교하는 compare 함수를 콜백으로 입력받습니다. 비슷한 형식으로 여러분이 직접 정렬 알고리즘을 만들어 보세요. 이때 콜백 함수는 std::function을 사용합니다.

## 문제 5  RAII 디자인 패턴

RAII의 정의와 필요성에 대해서 설명해 보세요. 그리고 가비지 컬렉터와 비교해 어떤 장단점이 있는지 실제 사례를 들어 보세요.

• 모범 답안 위치: github.com/mystous/DoItCPP/tree/main/exercise/ch14

# 15

# 새로운 구문 1

새로운 프로그래밍 언어 패러다임에 맞춰 모던 C++에도 새로운 구문이 많이 추가됐습니다. 그중에서 활용도가 높고 변화가 큰 구문을 위주로 15장과 16장에 걸쳐 알아보겠습니다. 이번 장에서는 튜플과 구조적 바인딩, 범위 기반 for 문, 람다 표현식 등을 알아보겠습니다.

# 15-1 튜플과 구조적 바인딩

· 튜플과 구조적 바인딩을 활용해 여러 데이터를 반환하는 방법 알아보기
· 튜플과 구조적 바인딩 조합하기

학습
목표

C++ 언어에서 함수는 기본적으로 한 가지 데이터 형식의 값만 반환할 수 있습니다. 만약 값을 여러 개 반환하려면 구조체나 클래스의 객체로 반환해야 합니다. 하지만 최근 프로그래밍 언어에서는 컬렉션<sup>collection</sup>*을 사용해 한 번에 많은 자료를 반환할 수 있습니다.

\* 컬렉션은 여러 자료를 규칙적으로 담아 놓은 자료 구조를 의미합니다.

이런 추세에 따라 모던 C++에서도 값을 여러 개 반환할 수 있는 튜플과 구조적 바인딩 구문이 추가되었습니다. 튜플은 구조적 바인딩보다 이전에 표준으로 확립되었지만, 구조적 바인딩과 함께 사용하면 좀 더 쉽게 활용할 수 있습니다. 튜플부터 구조적 바인딩까지 차례대로 알아보겠습니다.

## 튜플

튜플<sup>tuple</sup>은 C++14에서 표준으로 재정된 컨테이너의 한 종류입니다. 12장에서 살펴본 list, array, map 등과 같은 종류이며 사용법도 같습니다. 다만, list와 array는 같은 형식의 데이터 집합을 만들어 주는 컨테이너지만, 튜플은 다른 종류의 데이터 형식을 한 집합으로 묶을 수 있습니다.

### 튜플 생성과 활용 방법

튜플은 크기가 고정된 자료 구조입니다. 따라서 튜플을 선언할 때는 데이터 형식을 원소의 개수만큼 나열하고 이름을 선언합니다.

**튜플 선언**

```
std:tuple<자료형1, 자료형2, 자료형3, ..., 자료형n> 튜플_이름;
```

튜플을 만들 때는 make_tuple 함수 호출, 복사 생성자 호출, 유니폼 초기화 등을 이용할 수 있습니다. 다음 코드에서는 튜플을 만드는 3가지 방식과 원솟값 교환, 합치기 등의 활용법을 보여 줍니다. 지면상 몬스터 클래스 부분의 코드는 생략했습니다.

> ### Do it! 실습 튜플 생성과 활용
>
> • ch15/make_tuple/make_tuple.cpp
>
> ```cpp
> ... (몬스터 클래스 부분 생략) ...
>
> // 몬스터 객체를 전달받아 특성을 튜플로 반환
> tuple<int, string, int, int> get_monster_status(monster& monster_inst) {
>   int monster_type = monster_inst.get_monster_type();
>   string monster_name;
>   int hp(100), power(100);
>
>   switch (monster_type) {
>     ... (생략) ...
>   }
>   // ❶ 튜플 생성
>   return make_tuple(monster_type, monster_name, hp, power);
> }
>
> // 튜플의 원소 출력
> void print_out_tuple(tuple<int, string, int, int> monster_status) {
>   cout << get<1>(monster_status) << "("
>       << get<0>(monster_status) << ") : hp("
>       << get<2>(monster_status) << "), power("
>       << get<3>(monster_status) << ")" << endl;
> }
> ... (생략) ...
>
> int main() {
>   monster_a monster_a_inst;
>   monster_b monster_b_inst;
>
>   // make_tuple 함수로 생성된 튜플을 반환받아 튜플 객체에 대입
>   tuple<int, string, int, int> monster_a_status = get_monster_status(monster_a_inst);
>   // ❷ 복사 생성자로 튜플 생성
> ```

```
    tuple<int, string, int, int> monster_a_status_copy(monster_a_status);
    // ❸ 유니폼 초기화로 튜플 생성
    tuple<int, string, int, int> monster_b_status_temp { monster_b_type, "B 몬스터 임시",
100, 100 };
    // ❹ auto 사용
    auto monster_b_status = get_monster_status(monster_b_inst);

    print_out_tuple(monster_a_status);
    print_out_tuple(monster_a_status_copy);
    print_out_tuple(monster_b_status_temp);

    // ❺ 튜플의 원솟값 교환
    swap(monster_b_status, monster_b_status_temp);
    cout << "튜플 내용 교환 후" << endl;
    print_out_tuple(monster_b_status_temp);

    // ❻ 튜플 합치기
    auto monster_status_all = tuple_cat(monster_a_status, monster_b_status);
    cout << "tuple_cat 호출 이후 : { ";
    print_out_tuple_second<
      decltype(monster_status_all),
      tuple_size<decltype(monster_status_all)>::value
    >::show(monster_status_all);

    cout << "}" << endl;
    return 0;
}
```

**실행 결과**

```
A 몬스터(0) : hp(110), power(100)
A 몬스터(0) : hp(110), power(100)
B 몬스터 임시(1) : hp(100), power(100)
튜플 내용 교환 후
B 몬스터(1) : hp(100), power(120)
tuple_cat 호출 이후 : { 0, A 몬스터, 110, 100, 1, B 몬스터 임시, 100, 100}
```

❶번은 make_tuple 함수로 튜플을 생성하는 방법입니다. get_monster_status 함수는 몬스터 객체를 전달받아 해당 몬스터의 특징을 튜플로 반환해 줍니다. 전달받은 몬스터의 속성값을 make_tuple 함수를 통해 튜플로 변환하여 반환합니다. 이때 반환값은 tuple<int, string, int, int> 형식입니다.

❷번은 복사 생성자로 튜플을 생성하는 방법입니다. monster_a_status_copy(monster_a_status) 코드에서 인자로 전달한 튜플과 똑같은 튜플을 생성합니다. ❸번 코드는 유니폼 초기화로 튜플을 생성하는 방법입니다.

튜플에는 다양한 데이터 형식을 포함하므로 ❹번처럼 auto로 선언하면 편리합니다. 그리고 튜플의 원솟값을 가져올 때는 다음처럼 std::get 함수를 사용합니다. get 함수에 인덱스를 전달하면 해당 원솟값을 반환합니다.

**튜플 원솟값 가져오기**

```
get<인덱스>(튜플_객체_이름);
```

swap 함수(❺)는 두 튜플의 원솟값을 서로 교환합니다. 이때 튜플의 구성(데이터 형식과 개수)은 반드시 같아야 합니다. 그리고 tuple_cat 함수(❻)는 여러 개의 튜플을 하나로 합쳐 줍니다.

### 원소를 변수에 매칭하기

튜플의 원솟값을 활용하는 또 다른 방법은 std::tie 함수를 이용하는 것입니다. tie 함수는 튜플을 해체하여 각각의 원소를 변수에 매칭해 줍니다. tie 함수로 원소를 해체할 때 std::ignore를 사용하면 해당 위치의 원소는 변수에 매칭하지 않고 넘어갑니다.

다음은 tie 함수를 이용해 원소를 변수에 매칭하는 예입니다.

**Do it! 실습 튜플의 원소를 개별 변수에 대입하는 예**

• ch15/tuple_decomposition/tuple_decomposition.cpp

```
... (생략) ...
int main() {
  int monster_type, hp, power;
  monster_a monster_a_inst;

  tuple<int, string, int, int> monster_a_status = get_monster_status(monster_a_inst);
  // 튜플의 개별 변수에 매칭
```

```
    tie(monster_type, ignore, hp, power) = get_monster_status(monster_a_inst);

    print_out_tuple(monster_a_status);
    cout << "tie()로 변수에 매핑" << endl
         << "monster type(" << monster_type << ") : hp(" << hp
         << "), power(" << power << ")" << endl;
    return 0;
}
```

**실행 결과**

```
A 몬스터(0) : hp(110), power(100)
tie()로 변수에 매핑
monster type(0) : hp(110), power(100)
```

**구조체와 튜플의 차이**

튜플은 구조체와 비슷한 자료 구조이지만, 다음과 같은 차이점이 있으므로 목적에 따라 사용하면 됩니다.

- 튜플은 인덱스를 기반으로 원소에 접근하지만, 구조체는 명시적인 이름으로 접근합니다.
- 튜플은 비교 연산자(=)를 기본으로 제공하지만, 구조체는 사용자가 오버로딩해야 합니다.
- 튜플은 swap 함수로 두 객체의 원솟값을 교환할 수 있지만, 구조체는 원소별로 일일이 교환해야 합니다.

구조체는 모던 C++ 이전의 하위 표준 컴파일러와 호환이 가능하고 명시적인 이름으로 원소에 접근하므로 논리적으로 이해하기가 수월합니다. 반면에 튜플은 범위 기반 for 문을 사용하거나 비교 연산을 간단하게 할 수 있습니다.

## 구조적 바인딩

앞에서 살펴본 것처럼 튜플은 여러 데이터 형식을 한데 묶을 수 있는 자료 구조입니다. 그런데 사용 방법이 복잡하고 함수 호출이 많아져 번거롭게 느껴질 수도 있습니다. C++17에서 추가된 구조적 바인딩을 사용하면 튜플의 사용성을 좋게 변경할 수 있습니다.

**구조적 바인딩**structured binding은 특정 구조의 데이터 형식을 해체하여 낱낱의 변수에 저장하는 기능입니다.\* 구조적 바인딩의 대상은 배열이나

&ast; 영어로 된 문서에서는 'unpack', 'decomposition' 등으로 표현하기도 합니다.

구조체, 튜플, 맵이 될 수 있습니다. 해체한 원소는 auto [] 또는 const auto []처럼 대괄호로 둘러 쌓인 변수 집합에 저장됩니다.

배열이나 구조체, 튜플, 맵을 해체하여 저장하는 예를 살펴보겠습니다.

**Do it! 실습 구조적 바인딩**

• ch15/structured_binding/structured_binding.cpp

```cpp
#include <iostream>
#include <tuple>
#include <map>

using namespace std;

struct data_struct {
  int number;
  string sentence;
  float decimal;
};

int main() {
  int numbers[3] = { 1, 2, 3 };
  auto [number0, number1, number2] = numbers;
  cout << "배열의 구조적 바인딩" << endl;
  cout << numbers[0] << " : " << number0 << endl;
  cout << numbers[1] << " : " << number1 << endl;
  cout << numbers[2] << " : " << number2 << endl;

  struct data_struct struct_object { 20, "구조체", 10.5f };
  auto [number3, string0, decimal0] = struct_object;
  cout << endl << "구조체의 구조적 바인딩" << endl;
  cout << struct_object.number << " : " << number3 << endl;
  cout << struct_object.sentence << " : " << string0 << endl;
  cout << struct_object.decimal << " : " << decimal0 << endl;

  tuple<int, char, double> tuple_object{ 5, 'C', 20.1f };
  auto [number4, char1, decimal1] = tuple_object;
  cout << endl << "튜플의 구조적 바인딩" << endl;
  cout << get<0>(tuple_object) << " : " << number4 << endl;
```

```
    cout << get<1>(tuple_object) << " : " << char1 << endl;
    cout << get<2>(tuple_object) << " : " << decimal1 << endl;

    map<int, string> map_object;

    map_object.insert({ 0, "첫 번째" });
    map_object.insert({ 1, "두 번째" });
    map_object.insert({ 2, "세 번째" });
    cout << endl << "맵의 구조적 바인딩" << endl;
    for (auto [number5, string1] : map_object) {
        cout << "[" << number5 << "] " << map_object[number5] << " : " << string1 << endl;
    }

    return 0;
}
```

**실행 결과**

```
배열의 구조적 바인딩
1 : 1
2 : 2
3 : 3

구조체의 구조적 바인딩
20 : 20
구조체 : 구조체
10.5 : 10.5

튜플의 구조적 바인딩
5 : 5
C : C
20.1 : 20.1

맵의 구조적 바인딩
[0] 첫 번째 : 첫 번째
[1] 두 번째 : 두 번째
[2] 세 번째 : 세 번째
```

예에서 보는 것처럼 배열, 구조체, 튜플, 맵을 구조적 바인딩으로 해체할 수 있습니다. 문법은
아주 간단합니다. 해체한 원소를 대입하기만 하면 됩니다. 다만, 해체한 원소의 개수와 이를
저장할 변수의 개수는 같아야 합니다. 그리고 앞에서 살펴본 tie 함수처럼 std::ignore를 사
용할 수 없습니다. 만약 사용하지 않는 원소가 있더라도 변수로 받아야 합니다.

## 튜플과 구조적 바인딩 조합

튜플을 구조적 바인딩과 함께 사용하면 매우 유용합니다. 튜플은 원소에 접근할 때
get<0>(tuple_obj)처럼 인덱스를 이용하거나 tie 함수를 이용해 변수로 매핑하는 과정을 거
쳐야 하므로 사용하는 방법이 번거롭습니다. 특히 반환값으로 튜플을 전달받을 때 꽤나 번거
로웠습니다.

하지만 구조적 바인딩을 사용하면 편리하게 사용할 수 있습니다. 반환값을 tie 함수로 매핑
하는 방법을 구조적 바인딩으로 수정하면 됩니다. 그러면 여러 개의 반환값을 구조체나 튜플
같이 데이터 집합이 아닌 개별 변수로 사용할 수 있습니다.

---

**Do it! 실습**  **튜플과 구조적 바인딩 조합**

• ch15/tuple_and_structed_binding/tuple_and_structed_bindingg.cpp

```
... (생략) ...
int main() {
  monster_a monster_a_inst;

  tuple<int, string, int, int> monster_a_status = get_monster_status(monster_a_inst);
  // 구조적 바인딩
  auto[monster_type, monster_name, hp, power] = get_monster_status(monster_a_inst);

  // 튜플 원솟값을 출력하는 함수 호출
  print_out_tuple(monster_a_status);

  // 구조적 바인딩으로 해체된 원솟값 출력
  cout << "구조적 바인딩으로 해체된 튜플" << endl
      << monster_name << "(" << monster_type << ") : hp(" << hp
      << "), power(" << power << ")" << endl;
  return 0;
}
```

---

```
A 몬스터(0) : hp(110), power(100)
구조적 바인딩으로 해체된 튜플
A 몬스터(0) : hp(110), power(100)
```

## 3분 퀴즈

**1** 함수에서 다양한 형식의 값을 한 번에 반환할 때 1)_____(을)를 사용할 수 입습니다.
1)_____(을)를 개별 변수에 매핑(바인딩)해 주는 방법을 2)_____(이)라고 합니다.

**2** 구조적 바인딩 문법이 도입되기 전에는 반환값을 변수에 매핑하기 위해서 _____함수를 사용했습니다.

[모범 답안]
**1** 1) 튜플   2) 구조적 바인딩
**2** std::tie

# 15-2 범위 기반 for 문

C++ 언어에서 for 문은 정해진 횟수만큼 반복할 때 많이 사용합니다. 하지만 반복을 직접 제어해야 하는 단점이 있습니다. 반복을 직접 제어하는 것은 번거롭기도 하고 잘못하면 데이터 집합의 크기를 벗어나 런타임 오류를 일으킬 수도 있습니다. 이번 절에서는 데이터 집합을 정확하고 안전하게 순회할 수 있는 범위 기반 for 문에 관해 알아보겠습니다.

## 범위 기반 for 문 형식

범위 기반 for 문은 개발자가 반복을 직접 제어하지 않고 대상 데이터 집합의 크기만큼만 순회하는 방법입니다. 형식은 다음과 같습니다.

---

**범위 기반 for 문 형식**

for (데이터_형식 변수_이름:배열_또는_컨테이너) { 반복_실행문 }

---

기존 for 문은 개발자가 지정한 횟수를 반복해서 작업하고 이를 활용해 데이터에 접근하므로 어떤 데이터 형식이든지 순회할 수 있었습니다. 반면에 범위 기반 for 문은 사용법이 단순한 대신 순회할 수 있는 데이터 형식이 제한됩니다. 컴파일러가 반복 횟수를 명확히 알 수 있는 데이터 형식만 사용할 수 있습니다.

범위 기반 for 문에 사용할 수 있는 대표적인 데이터 형식은 배열입니다. 정적인 크기의 배열은 char, int, float 등 배열 원소의 데이터 형식과 무관하게 사용할 수 있습니다. 단, 포인터로 동적 할당한 메모리나 매개변수로 전달받은 배열은 범위 기반 for 문에 사용할 수 없습니다.

배열 외에는 유니폼 초기화로 초기화된 리스트나 begin, end 함수를 제공하는 컨테이너를 사용할 수 있습니다. 유니폼 초기화로 초기화된 리스트는 컴파일러가 크기를 명확히 알 수 있으며, begin, end 함수를 제공하는 컨테이너 클래스들은 시작과 끝을 명확히 알 수 있습니다.

다음 코드는 배열 컨테이너에 10개의 정수를 넣고 출력하는 프로그램입니다. 첫 번째 for 문은 인덱스 i를 선언하여 0부터 9까지 증가하면서 인덱스에 해당하는 데이터를 출력합니다. 두 번째 for 문은 반복을 직접 제어하지 않고 배열 컨테이너를 순회하면서 데이터를 출력합니다.

**Do it! 실습** 기존 for 문과 범위 기반 for 구문 비교

• ch15/range_based_for/range_based_for.cpp

```cpp
#include <iostream>
#include <array>

using namespace std;

int main(void)
{
  array<int, 10> numbers { 7, 8, 2, 5, 3, 9, 0, 4, 1, 6 };

  // for 문으로 배열 출력
  for (int i = 0; i < 10; ++i) {
    cout << numbers[i] << " , ";
  }
  cout << endl;

  // 범위 기반 for 문으로 배열 출력(C++11부터)
  for (auto &value : numbers) {
    cout << value << " , ";
  }
  cout << endl;

  return 0;
}
```

앞에서 알아본 것처럼 범위 기반 for 문으로 순회할 수 있는 데이터 형식은 제한되므로 기존 for 문을 완전히 대체할 수는 없습니다. 또한 범위 기반 for 문은 개발자가 반복을 직접 제어할 수 없으므로 제어 변수를 선언해 인덱스로 활용하거나 홀수 번째, 짝수 번째 원소에 접근하는 등의 작업을 반복문 안에서 직접 구현해 줘야 합니다.

이런 제약 사항을 잘 기억하고 기존 for 문과 범위 기반 for 문을 상황에 맞게 사용해야 합니다. 배열이나 리스트를 하나씩 모두 순회하는 경우가 아니라면 기존 for 문 형태로 사용하는 것이 좋습니다.

## 범위 기반 for 문 활용

범위 기반 for 문은 일반적으로 다음 4가지 형태로 사용됩니다.

❶ 데이터 집합 원소 복사: for (auto 변수_이름:배열_또는_컨테이너) {}
❷ 데이터 집합 원소 참조: for (auto &변수_이름:배열_또는_컨테이너) {}
❸ 데이터 집합 원소 상수 참조: for (const auto &변수_이름:배열_또는_컨테이너) {}
❹ 데이터 집합 원소 Rvalue 참조: for (auto &&변수_이름:배열_또는_컨테이너) {}

❶번 형태는 데이터 집합을 순회하면서 변수에 값이 차례로 복사됩니다. 이때 개별 원소를 저장할 변수를 auto 형식으로 선언하면 형식 연역을 통해서 데이터를 안전하게 복사할 수 있습니다. 다만, 데이터 집합의 원소를 변수에 복사하므로 추가 시간이 소요되며, 해당 변수는 복사본이어서 반복문 안에서 실제 원솟값을 변경할 수 없습니다.

❷번 형태는 데이터 집합의 원소를 참조로 접근하는 방법입니다. 참조 변수이므로 원솟값을 변경할 수 있습니다. 만약 참조로 접근하면서 값은 변경할 수 없도록 하려면 ❸번 형태처럼 읽기 전용 상수로 선언합니다.

마지막 ❹번 형태는 원솟값을 참조하지 않고 값으로 가져오지만, ❶번 형태와는 다르게 복사가 이루어지지 않고 Rvalue 참조를 사용합니다.

## R-vlaue 참조란 무엇일까?

R-value 참조는 C++11부터 추가된 모던 C++의 주요한 개념입니다. 하지만 내용이 복잡하고 방대한 편입니다. 이와 관련한 상세한 내용은 std::move나 std::forward 함수를 공부해야 하지만, 여기서는 앞에서 설명한 범위 기반 for 문의 ❹번 형태에서 전달된 R-value 참조의 의미만 간략히 알아보겠습니다.

R-value는 「02-3」절에서 설명한 것처럼 임시로 만들어지거나 특정 범위에서만 존재하는 값입니다. 따라서 R-value를 전달받아 사용하려면 반드시 사용하는 범위의 R-value나 L-value가 가르키는 메모리 영역에 복사하는 과정이 필요합니다. 매우 적은 리소스가 필요

한 R-value라면 문제가 없지만, std::vector나 std::string처럼 리소스가 많이 필요한 R-value라면 복사 과정이 반복될 때 실행 성능이 떨어지게 됩니다.

이런 단점을 보완하고자 R-value를 복사하지 않고 사용하는 범위(함수나 클래스 등)로 이동할 수 있도록 한 것입니다. 즉, 이름 없는 객체인 R-value는 선언 범위를 벗어나면 소멸하는데 다른 범위에서도 사용할 수 있도록 해당 범위의 R-value로 이동하게 하는 방법입니다. 범위 기반 for 문의 ❹번 형태에서 auto &&로 전달된 R-value 참조는 ❶번 형태처럼 auto 변수 사용법은 같지만, 전달 과정에서 복사가 이루어지지 않아 속도가 더 빠릅니다.

구현은 좀 더 복잡하지만 사용법은 간단하고 성능 면에서 이점이 많으니 잘 사용하면 도움이 됩니다. R-value 참조를 사용하려면 컨테이너나 배열에서 R-value 참조가 가능하도록 지원해야 합니다.

## 3분 퀴즈

❶ 범위 기반 for 문으로 원소의 R-value를 참조하려고 합니다. 빈칸에 알맞은 auto를 사용한 문법을 적어 보세요.

```
for (          element : array_container)
```

❷ 모든 데이터 형식을 대상으로 범위 기반 for 문을 사용할 수는 없습니다. 범위 기반 for 문은 반드시 1) _____ 와(과) 2) _____ 을(를) 사용하는 컨테이너이거나 컴파일러가 범위를 정확히 알 수 있어야 합니다. 따라서 3) _____ 에 할당된 동적 메모리는 사용할 수 없습니다.

[모범 답안]
❶ auto &&
❷ 1) begin() 2) end() 3) 포인터

# 15-3 제어문의 초기화 구문

- 초기화 구문의 필요성 이해하기
- 제어문에서 초기화 구문 사용 방법 이해하기

if나 switch, for 같은 제어문에서 사용할 변수를 제어문 외부에서 초기화하면 코드를 읽을 때 혼란스러울 수 있습니다. 이를 보완하는 문법이 바로 **초기화 구문**<sup>init-statement</sup>입니다. 예를 들어 다음 코드에서는 element 변수를 if 문 외부에서 함수가 반환하는 값으로 초기화한 후 if 문의 조건식과 for 문에서 특정 인덱스의 원솟값을 연산할 때 사용합니다.

```
int element = get_conditinal_value();
if (0 != element) {
  for (auto i = 0 ; i < 10 ; ++i) {
    cout << element + i << endl;
  }
}
```

분기문 근처에 element 변수를 초기화하는 코드가 있지만, 이후에 코드가 추가된다면 분기문과 멀어지질 수도 있습니다. 그러면 분기문의 의미를 파악하기가 어려워집니다. 또한 변숫값이 의도치 않게 변경되어 오류가 발생할 수도 있습니다.

분기문에 초기화 구문을 이용하면 이러한 문제를 해결할 수 있습니다. 분기문에서 사용할 변수의 초기화를 분기문 안에 명시함으로써 분기문과 초기화 구문의 관계를 분명히 할 수 있으며, 해당 변수의 범위도 분기문으로 한정할 수 있습니다.

다음은 if와 switch, 그리고 범위 기반 for 문에 초기화 구문을 사용한 예입니다. 제어문에 초기화 구문이 들어옴으로써 element 변수의 의미를 쉽게 파악할 수 있게 되었습니다. 예에서는 초기화 구문을 간단하게 작성했지만 람다 등 좀 더 복잡한 표현식을 사용할 수도 있습니다.

• ch15/statement_initialize/statement_initialize.cpp

```cpp
... (생략) ...
int main() {
  array<int, 5> data_array{47, 23, 58, 10, 36};

  // if 문에 초기화 구문 사용
  if (auto element = data_array[3] + data_array[4]; element > 20 ) {
    cout << "네 번째, 다섯 번째 요소값의 합은 20보다 큽니다." << endl;
  }
  else {
    cout << " 네 번째, 다섯 번째 요소값의 합은 20보다 작거나 같습니다." << endl;
  }

  // switch 문에 초기화 구문 사용
  switch (auto element = data_array[4] % 2; element) {
  case odd:
    cout << "다섯 번째 요소값은 홀수 입니다." << endl;
    break;
  case even:
    cout << "다섯 번째 요소값은 짝수 입니다." << endl;
    break;
  }

  // 범위 기반 for 문에 초기화 구문 사용
  for (sort(data_array.begin(), data_array.end()); auto &&element : data_array) {
    cout << element << ", ";
  }
  cout << endl;
  return 0;
}
```

**실행 결과**

```
네 번째, 다섯 번째 요소값의 합은 20보다 큽니다.
다섯 번째 요소값은 짝수 입니다.
10, 23, 36, 47, 58,
```

제어문의 초기화 구문

제어문에서 조건식 앞에 초기화 구문을 작성하고 쌍반점(;)을 추가합니다. 초기화 구문은 선택 사항이 므로 생략할 수 있습니다. if와 switch 문의 초기화 구문은 C++17에서 추가되었으며, 범위 기반 for 문의 초기화 구문은 C++20에서 추가되었습니다.

```
if (auto element = data_array[3] + data_array[4]; element > 20 ) {}

switch (auto element = data_array[4] % 2; element) {}

for (sort(data_array.begin(), data_array.end()); auto &&element : data_array) {}
```

## 3분 퀴즈

**1** 분기문에서 초기화 구문을 사용하면 어떤 장점이 있을까요?

**2** 다음 코드는 data_array 컨테이너를 내림차순으로 정렬한 후 순회하는 범위 기반 for 구문입니다. 올바른 초 기화 소스 코드를 적어 보세요.

```
for (                                              ; auto&& element : data_array) {}
```

[모범 답안]
**1** 분기문에서 사용할 변수의 초기화나 사전에 필요한 조치들이 어떤 것인지 명확하게 알 수 있습니다.
**2** sort(data_array.begin(), data_array.end(), greater<>())

# 15-4 람다 표현식

## 람다 표현식이란 무엇일까?

람다 표현식은 람다식, 람다 함수로도 부르지만, C++에서 정확한 용어는 **람다 표현식**lambda expression입니다. 함수형 언어나 파이썬과 같은 인터프리터를 사용하는 언어에서 사용되던 클로저closure가 네이티브 프로그래밍 언어에 도입되면서 람다 함수, 람다 표현식이 되었습니다.

C++ 언어에서 람다 표현식은 함수를 단순하게 만들고 로직을 이해하기 쉽게 만들어 줍니다. 공통 기능을 함수로 만들면 여러 상황을 고려해야 하므로 예외 처리, 매개변수에 따른 분류 등 부수적인 코드가 필요합니다. 하지만 람다 표현식은 작성된 범위에서만 실행되므로 부수적인 코드가 거의 필요 없습니다. 또한 람다 표현식을 즉시 호출 형태로 사용하면 코드의 위치가 곧 호출 위치이므로 로직을 한눈에 파악할 수 있으며, 인라인inline 함수로 만들어 성능을 최적화하는 데도 도움이 됩니다.

## 즉시 호출 형태로 사용하기

람다 표현식은 다양한 형태로 사용되지만, 기본 구조는 정의부를 포함해 크게 5개로 구성합니다. 이를 코드로 나타낸 예를 보겠습니다. 다음 코드는 거스름돈을 반환하는 람다 표현식을 즉시 호출 형태로 표현한 예입니다.

**즉시 호출 형태**

```
[&changes] (int payment, int price) -> int {
 외부 변수 캡처        인자 목록          반환 형식

    int change = payment - price;
    changes[0] = change / 1000;
                                    정의부
    change %= 1000;
    return payment - price;
} (payments[i], price[i])
    호출부(인자)
```

매개변수 목록과 정의부는 일반 함수와 같습니다. 다른 점은 함수 이름이 없다*는 것과 외부 변수를 캡처하는 부분, 그리고 반환값의 데이터 형식을 화살표 연산자(->) 다음에 명시한다는 점입니다. 그리고 람다 함수를 즉시 호출 형태로 사용하려면 정의부 다음에 호출 연산자와 함께 매개변수에 맞춰 인자를 전달합니다.

> * 함수 이름이 없다는 특성에 따라 람다 함수를 '익명 함수(anonymous function)'라고도 합니다.

람다 표현식은 이를 선언한 함수의 범위에서 사용되지만, 하위 함수로 선언되므로 상위 함수의 지역인 선언부의 변수에는 접근할 수 없습니다. 외부 변수 캡쳐는 상위 함수에 선언된 지역 변수를 람다 표현식 내에서 사용할 수 있게 해줍니다.

외부 변수를 캡처하는 방법은 다음 표에서 확인할 수 있습니다. 표에서 '선언부 범위'란, 람다 표현식이 선언된 함수를 의미합니다. 예를 들어 main 함수에서 람다 함수를 선언했다면 main 함수에 선언된 지역 변수를 캡처합니다. 만약, main 함수에서 생성한 객체의 멤버 함수에서 람다 표현식을 선언했다면 해당 객체의 멤버 함수에 선언된 지역 변수를 캡처합니다.

표 15-1 캡처 방법

| 캡처 방법 | 캡처되는 변수 | 람다 표현식 내 사용 |
| --- | --- | --- |
| [=] | 선언부 범위의 모든 변수 | 읽기 전용으로 사용 |
| [&] | 선언부 범위의 모든 변수 | 참조 형식으로 사용되어 읽기와 쓰기 가능 |
| [변수1] | 변수1 | 변수1을 읽기 전용으로 사용 |
| [변수1, 변수2] | 변수1, 변수2 | 변수1, 변수2를 읽기 전용으로 사용 |
| [&변수1, 변수2] | 변수1, 변수2 | 변수1은 참조 형식으로, 변수2는 읽기 전용으로 사용 |
| [=, &변수1] | 선언부 범위의 모든 변수 | 변수1은 참조 형식으로 나머지는 읽기 전용으로 사용 |
| [&, 변수1] | 선언부 범위의 모든 변수 | 변수1은 읽기 전용으로 나머지는 참조 형식으로 사용 |

'=(읽기 전용 캡처)'이나 '&(참조 캡처)'를 사용하면 선언부 범위의 지역 변수를 모두 캡처할 수 있으며, 이와 함께 지역 변수 이름을 나열하면 전체 지역 변수 캡처와 반대되는 방식(읽기 전용 ↔ 참조)으로 캡처됩니다.

실습 코드를 보면서 람다 표현식을 어떻게 작성하는지 알아보겠습니다. 다음 코드에서 람다 표현식은 main의 지역 변수인 changes를 캡처해서 사용하고 payments와 price를 매개변수로 전달받습니다. 람다 표현식을 함수 객체*에 대입하지 않고 마지막에 호출부 (payments[i], price[i])를 작성했으므로 이 람다 표현식은 즉시 실행 (호출)됩니다.

> * 함수 객체에 대입하는 방법은 바로 다음 단락에서 살펴봅니다.

• ch15/basic_lambda/basic_lambda.cpp

```cpp
... (생략) ...
class vending_machine {
public:
  vending_machine(): price { 450, 390, 11340, 900, 150 } {};
  ... (생략) ...
  void sale_using_basic_lambda(int payments[], int changes[]) {
    for (int i = 0; i < loop_count; ++ i) {
      cout << payments[i] << "원을 내고 " << price[i] << "원 짜리 음료를 선택했습니다." << endl;
      cout << "거슬러 받을 돈은 " << [&changes](int payment, int price) -> int {
        int change = payment - price;
        changes[0] = change / 1000;
        change %= 1000;
        changes[1] = change / 500;
        change %= 500;
        changes[2] = change / 100;
        change %= 100;
        changes[3] = change / 50;
        change %= 50;
        changes[4] = change / 10;
        return payment - price;
      } (payments[i], price[i]) << "입니다." << endl;
      cout << "천원 짜리 " << changes[0] << "개, 오백원 짜리 "
          << changes[1] << "개, 백원 짜리 " << changes[2] << "개, ";
      cout << "오십원 짜리 " << changes[3] << "개, 십원 짜리"
          << changes[4] << "개로 받습니다." << endl;
    }
};
... (생략) ...
private:
  int price[loop_count];
};

int main() {
  vending_machine vending_machine_object = vending_machine();
  int payments[loop_count] = {1000, 500, 15000, 1000, 200 };
```

```
    int changes[change_count] = {0, };

    cout << "람다 표현식 기본 사용" << endl;
    cout << "-----------------------------------------------------------------" << endl;
    vending_machine_object.sale_using_basic_lambda(payments, changes);
    return 0;
}
```

람다 표현식 기본 사용
-----------------------------------------------------------------
1000원을 내고 450원 짜리 음료를 선택했습니다.
거슬러 받을 돈은 550입니다.
천원 짜리 0개, 오백원 짜리 1개, 백원 짜리 0개, 오십원 짜리 1개, 십원 짜리0개로 받습니다.
500원을 내고 390원 짜리 음료를 선택했습니다.
거슬러 받을 돈은 110입니다.
천원 짜리 0개, 오백원 짜리 0개, 백원 짜리 1개, 오십원 짜리 0개, 십원 짜리1개로 받습니다.
15000원을 내고 11340원 짜리 음료를 선택했습니다.
거슬러 받을 돈은 3660입니다.
천원 짜리 3개, 오백원 짜리 1개, 백원 짜리 1개, 오십원 짜리 1개, 십원 짜리1개로 받습니다.
1000원을 내고 900원 짜리 음료를 선택했습니다.
거슬러 받을 돈은 100입니다.
천원 짜리 0개, 오백원 짜리 0개, 백원 짜리 1개, 오십원 짜리 0개, 십원 짜리0개로 받습니다.
200원을 내고 150원 짜리 음료를 선택했습니다.
거슬러 받을 돈은 50입니다.
천원 짜리 0개, 오백원 짜리 0개, 백원 짜리 0개, 오십원 짜리 1개, 십원 짜리0개로 받습니다.

## 함수 객체로 사용하기

이번에는 람다 표현식을 함수 객체로 선언해서 사용하는 예를 살펴보겠습니다. 람다 표현식을 함수 객체로 사용할 때는 호출부를 작성하지 않습니다. 함수 객체로 선언한 람다 표현식은 호출이 필요할 때 함수 객체를 호출해서 사용합니다.

```
auto calcu_changes = [&changes] (int payment, int price) -> int {
  int change = payment - price;
  changes[0] = change / 1000;
  change %= 1000;
  return payment - price;
};
```

함수 객체는 다른 함수나 객체에 매개변수로 전달할 수 있습니다. 그런데 변수를 캡처했을 때는 범위를 벗어나서 댕글링 포인터$^{dangling\ pointer*}$가 될 수 있으므로 람다 표현식을 인자로 전달할 때는 변수를 캡처하지 않는 것이 좋습니다.

* 댕글링 포인터는 이미 해제된 메모리의 주소가 포인터에 저장된 경우를 의미합니다. 이미 해제된 메모리이므로 다른 포인터가 사용하거나 쓰레기 값이 담겨 있을 수 있습니다.

다음 코드는 앞에서 본 즉시 호출 형태의 람다 표현식을 함수 객체를 사용하는 코드로 수정한 예입니다. 실행 결과는 이전과 같습니다. 다른 점은 선언과 동시에 사용되는 것이 아니라 함수 객체를 이용해 호출해서 사용한다는 점입니다. 함수 객체는 선언된 범위뿐만 아니라 하위 함수의 매개변수로 전달될 수 있습니다.

**Do it! 실습** 함수 객체로 사용하는 람다 표현식

• ch15/lambda_function_object/lambda_function_object.cpp

```
... (생략) ...
class vending_machine {
public:
  vending_machine(): price { 450, 390, 11340, 900, 150 } {};
  ... (생략) ...
  void sale_sale_using_lambda_function_object(int payments[], int changes[]) {
    auto calcu_changes = [&changes](int payment, int price) -> int {
      ... (생략) ...
    };

    for( int i = 0 ; i < loop_count ; ++ i ) {
      cout << payments[i] << "원을 내고 " << price[i] << "원 짜리 음료를 선택했습니다." << endl;
      cout << "거슬러 받을 돈은 " << calcu_changes(payments[i], price[i]) << "입니다." << endl;
```

```
      cout << "천원 짜리 " << changes[0] << "개, 오백원 짜리 "
          << changes[1] << "개, 백원 짜리 " << changes[2] << "개, ";
      cout << "오십원 짜리 " << changes[3] << "개, 십원 짜리"
          << changes[4] << "개로 받습니다." << endl;
    }};
... (생략) ...
private:
  int price[loop_count];
};


int main() {
  vending_machine vending_machine_object = vending_machine();
  int payments[loop_count] = {1000, 500, 15000, 1000, 200 };
  int changes[change_count] = {0, };

  cout << endl << "람다 표현식 함수 객체로 사용하기" << endl;
  cout << "----------------------------------------------------------------" << endl;
  vending_machine_object.sale_sale_using_lambda_function_object(payments, changes);
  return 0;
}
```

## 람다 표현식에서 this 포인터 사용하기

이번에는 람다 표현식에서 클래스의 멤버 변수를 사용하고자 할 때 this 포인터를 캡처하는 방법을 알아보겠습니다. '='이나 '&'로 전체 변수를 캡처하면 this 포인터도 함께 캡처됩니다. 캡처한 변수를 사용할 때는 this를 명시하면 됩니다.

> **Do it! 실습** 람다 표현식에서 this 포인터 사용
>
> • ch15/lambda_with_this/lambda_with_this.cpp

```
... (생략) ...
class vending_machine {
public:
  vending_machine(): price { 450, 390, 11340, 900, 150 } {};
    ... (생략) ...
  void sale_using_lambda_with_this(int payments[], int changes[]) {
```

```
    for( int i = 0 ; i < loop_count ; ++ i ) {
        cout << payments[i] << "원을 내고 " << price[i] << "원 짜리 음료를 선택했습니다." << endl;
        cout << "거슬러 받을 돈은 " <<
        [&](int payment) -> int {
            int change = payment - this->price[i];
            ... (생략) ...
            return payment - this->price[i];
        } (payments[i])
        << "입니다." << endl;
        cout << "천원 짜리 " << changes[0] << "개, 오백원 짜리 "
            << changes[1] << "개, 백원 짜리 " << changes[2] << "개, ";
        cout << "오십원 짜리 " << changes[3] << "개, 십원 짜리"
            << changes[4] << "개로 받습니다." << endl;
    }
};
... (생략) ...
```

## 람다 표현식 추가 선택 사항

지금까지 알아본 람다 표현식에서는 다양한 방법으로 외부 변수를 캡처해 사용할 수 있습니다. 그런데 만약 외부 변수를 람다 표현식 내에서만 변경해서 사용하고 외부에는 영향을 주지 않으려면 어떻게 해야 할까요? 참조 형식이나 읽기 전용으로는 어려울 것입니다.

이때는 변수나 객체를 복사해서 가져올 수 있는 mutable 키워드를 이용합니다. 람다 표현식을 선언할 때 mutable 키워드를 이용하면 람다 표현식 내에서는 변경할 수 있지만, 외부 변수에는 영향을 미치지 않도록 변수가 복사됩니다. 즉, 읽기 전용도 아니고 참조 형식도 아니므로 변경 가능하면서 외부에는 영향을 미치지 않습니다. mutable 키워드는 매개변수 목록 다음에 추가하는 선택 사항합니다. 만약 this 포인터도 복사해야 한다면 *this로 캡처하면 됩니다.

또한 람다 표현식 내부에서 예외 사항이 발생했을 때 동적 예외 처리 식별자를 사용할 수 있습니다. 예외 처리를 나타내는 throw를 -> 연산자 앞쪽에 추가할 수 있습니다.

**람다 표현식**

```
// 람다 표현식 선언
[&changes] (int payment, int price) mutable throw() ->int {
    ❶               ❷                ❸       ❹       ❺

    int change = payment - price;
    changes[0] = change / 1000;              ┌─ ❻ 정의부
    change %= 1000;
    return payment - price;
} (payments[i], price[i])
         ❼
```

❶ **외부 변수 캡처**: 람다 표현식 내에서 선언부의 변수를 사용할 수 있게 해준다.

❷ **매개변수 목록**: 람다 표현식의 매개변수를 정의하는 부분이다.

❸ **복사 캡처 여부**: 읽기 전용이나 참조 형식이 아니라 람다 함수 내부에서만 값을 변경하고 싶을 때 사용한다. '값에 의한 호출(call by value)'처럼 사용할 때 지정한다.

❹ **예외 처리**: 예외가 발생할 때 람다 표현식을 감싸는 try, catch 구문에 예외를 전달한다.

❺ **반환 형식**: 람다 표현식이 반환하는 값의 데이터 형식을 화살표 연산자(->) 뒤에 작성한다.

❻ **정의부**: 람다 표현식의 본문이다.

❼ **호출부**: 람다 표현식을 즉시 호출 형태로 작성할 때 매개변수에 전달할 인자를 나열한다.

---

### 3분 퀴즈

**1** 람다 표현식은 '이름 없는 함수'라고도 하며 '클로저'라고도 합니다. 람다 표현식에서 선언부의 변수를 사용하기 위한 방법을 1) ＿＿＿＿＿ 라고 합니다. 모든 선언부의 변수를 참조 형식으로 사용하려면 2) ＿＿＿＿＿ 기호를 사용하고 읽기 전용으로 사용하려면 3) ＿＿＿＿＿ 기호를 사용합니다.

**2** 람다 표현식 외부의 변수를 람다 표현식 내부로 복사해서 사용하고 외부 변수에는 영향을 주지 않으려고 할 때 사용하는 키워드는 무엇일까요?

**[모범 답안]**
**1** 1) 캡처  2) &  3) =
**2** mutable

# 되 | 새 | 김 | 문 | 제

이번 장에서는 모던 C++에 새로 추가된 튜플과 구조적 바인딩, 범위 기반 for 문, 람다 표현식 등을 알아보았습니다. 다음 문제를 풀며 이번 장에서 배운 내용을 되새겨 보세요.

### 문제 1 도서 관리 프로그램

다음 요구 사항을 만족하는 도서 관리 프로그램을 만들어 보세요.

1) 도서는 제목, 저자, 출판 연도, ISBN 정보로 저장됩니다.

2) 도서 목록은 이미 저장되어 있습니다. 추가 기능은 구현하지 않습니다.

3) 도서 목록의 처음 5개를 가져와서 화면에 보여 주는 기능이 있습니다.

4) 이때 구조체나 참조에 의한 호출을 사용하지 않고 튜플과 구조적 바인딩을 이용해 도서 정보를 가져와 화면에 출력합니다.

5) 도서 목록을 가져오는 기능은 함수로 구현해야 합니다. 도서의 순서(0, 1, 2, 3, 4)를 매개변수로 받고 도서 정보를 반환합니다.

### 문제 2 도서 관리 프로그램 업그레이드하기

[문제 1]의 도서 관리 프로그램을 업그레이드합니다. 홀수 인덱스를(1, 3) 가진 책의 제목만 출력하는 함수를 만들려고 합니다. 이때 책 제목은 바로 앞 인덱스의 책 제목과 함께 출력되게 만들어 보세요.

예시) 0번째 책 제목 '국어', 1번째 책 제목 '수학'인 경우, 1번째 책 제목을 '국어책 다음 수학책'으로 출력합니다.

### 문제 3 도서 목록 갱신하기

[문제 1]의 도서 관리 프로그램을 운영하다가 ISBN 체계가 바뀌었다는 소식을 접했습니다. ISBN에 'C++'이라는 접두어를 붙여야 합니다. 모든 도서 목록을 읽어서 ISBN을 변경하는 for 문을 작성해 보세요.

람다 표현식 활용

여러분은 한 기관의 입시 성적을 처리 중입니다. 시험은 국어, 영어, 수학, 과학 4과목이고 모두 체점이 완료되어 응시자 숫자만큼의 구조체에 저장되어 있습니다. 여러분은 총 10,000명의 합격자 숫자를 계산해야 합니다.

- 4과목 평균이 80점 이상이면 합격, 65점 이하면 과락입니다.
- 학생별 합격 여부는 저장하지 않고 조건을 만족하는 합격자 숫자만 계산합니다.

**문제 5** 범위 기반 for 문 초기화

범위 기반 for 문의 다양한 초기화 방법 중 R-value 참조를 사용하는 예를 직접 만들고, 예에서 R-value 참조를 사용해야 하는 이유를 설명해 보세요.

• 모범 답안 위치: github.com/mystous/DoItCPP/tree/main/exercise/ch15

# 16

# 새로운 구문 2

이 장에서는 앞 장에서 다루지 못한 모던 C++의 새로운 구문을 알아보겠습니다. 반복되는 가변 인자를 쉽게 표현할 수 있는 폴드 표현식, 복잡한 비교 연산자를 하나로 표현할 수 있는 3방향 비교 연산자, 그리고 using 키워드와 함수에서 사용할 수 있는 각종 키워드까지 살펴보겠습니다.

# 16-1 폴드 표현식

C++17부터 도입된 폴드 표현식<sup>fold expression</sup>은 개수가 정해지지 않은 매개변수를 하나로 묶은 매개변수 팩<sup>parameter pack</sup>을 반복해서 계산해 줍니다. C++11부터 도입된 가변 인수 템플릿<sup>variadic templates</sup>의 재귀 호출을 함수 하나로 표현할 수 있는 방법입니다. 폴드 표현식은 어려운 문법에 속하지만 소스 코드를 간결하게 만들 수 있는 좋은 방법입니다. 매개변수 팩과 폴드 표현식을 살펴보겠습니다.

## 매개변수 팩

함수의 매개변수 개수는 일반적으로 소스 코드를 작성하는 시점에 정합니다. 하지만 매개변수의 개수를 알 수 없거나 필요에 따라 가변 개수의 인자를 허용할 때가 있습니다. 예를 들어 C 언어에서 `printf` 함수를 호출할 때를 떠올려 보면 첫 번째 인자의 형식에 따라 나머지 인자의 개수가 결정됩니다.

```
printf("%d %d %c", 1, 10, 'a');
```

모던 C++에서는 가변 인자를 허용하는 함수를 선언할 때 템플릿과 매개변수 팩을 사용합니다. 매개변수 팩은 데이터 형식과 개수가 모두 정해지지 않은 템플릿 매개변수들을 하나로 묶어 줍니다.

다음 코드에서는 러시아의 전통 인형인 마트료시카*를 매개변수 팩을 이용한 가변 인자 템플릿과 재귀 호출로 구현한 예입니다. 이 예에서 마트료시카 인형의 구성은 `find_doll` 함수에 전달하는 인자의 개수에 따라 변경됩니다. 첫 번째 호출에서는 '대형', '중형', '소형' 3가지로 구성되고, 두 번째 호출에서는 처음과 끝에 각각 '특대형'과 '극소형'이 추가되었습니다. 즉, 같은 함수를 다른 인자 구성으로 호출한 것입니다.

\* 마트료시카(Матрёшка)는 인형을 분리하면 그 안에 비슷한 모양의 작은 인형이 연속해서 나오는 구조입니다.

• ch16/parameter_pack/parameter_pack.cpp

```cpp
#include <iostream>
using namespace std;

// 매개변수 팩을 이용한 가변 인자 템플릿 – 말단 함수용
template<typename doll>
// 매개변수 팩의 마지막 인자를 전달받는 말단 함수
void find_doll(doll doll_name) {
    cout << "'" << doll_name << "'(이)가 ";
}

// 매개변수 팩을 이용한 가변 인자 템플릿 – 재귀 함수용
template<typename doll, typename... dolls>
// find_dell 함수 오버로딩
void find_doll(doll doll_name, dolls... doll_list) {
    cout << "'" << doll_name << "' 안쪽에 ";
    // 재귀 호출
    find_doll(doll_list...);
}

int main() {
    cout << "첫 번째 마트료시카 ";
    // 가변 인자로 함수 호출
    find_doll("대형", "중형", "소형");
    cout << "있습니다." << endl << endl;

    cout << "두 번째 마트료시카 ";
    // 가변 인자로 함수 호출
    find_doll("특대형", "대형", "중형", "소형", "극소형");
    cout << "있습니다." << endl;

    return 0;
}
```

**실행 결과**

첫 번째 마트료시카 '대형' 안쪽에 '중형' 안쪽에 '소형'(이)가 있습니다.

두 번째 마트료시카 '특대형' 안쪽에 '대형' 안쪽에 '중형' 안쪽에 '소형' 안쪽에 '극소형'(이)가 있습니다.

매개변수 팩을 처리하려면 재귀 함수와 마지막 매개변수를 처리할 말단 함수를 정의해야 합니다. 이때 두 함수의 이름은 같아야 합니다. 즉, 하나는 오버로딩해야 합니다. 이를 전제로 코드를 보면 오버로딩한 find_doll 함수의 마지막 줄에는 find_doll(doll_list...)처럼 재귀 호출합니다. 이렇게 재귀 호출하면 doll_list의 첫 번째 원소가 doll_name으로 전달되고, 첫 번째 원소를 제외한 원소들은 doll_list인 매개변수 팩으로 전달됩니다.

다음 그림은 main 함수에서 find_doll을 호출했을 때 매개변수의 구성을 나타냅니다.

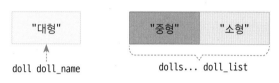

그림 16-1 재귀 함수 호출 시 인자 전달 구성

이러한 재귀 호출을 인자의 개수보다 한 번 적게 반복하다가 마지막 호출 때는 매개변수가 1개인 말단 함수를 호출합니다.

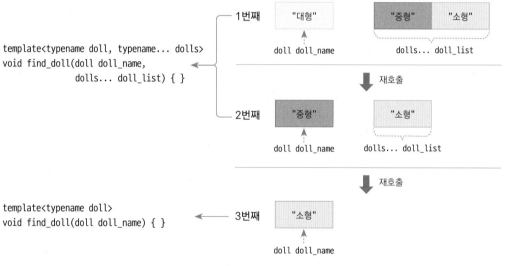

그림 16-2 매개변수 팩 재귀 호출 과정

가변 인자 템플릿 — 매개변수 팩 처리

```
// ❶ 매개변수 팩 처리 말단 함수
template<typename doll>
void find_doll(doll doll_name) {
  ... (생략) ...
}


// ❷ 매개변수 팩 처리 재귀 함수
template<typename doll, typename... dolls>
void find_doll(doll doll_name, dolls... doll_list) {      // ❸ 매개변수 팩
    find_doll(doll_list...);      // ❹ 재귀 호출
}
```

❶ **매개변수 팩 처리 말단 함수**: 매개변수 팩 속 마지막 인자를 처리하기 위한 함수

❷ **매개변수 팩 처리 재귀 함수**: 마지막 인자를 제외한 매개변수 팩 속 인자를 처리하기 위한 재귀 함수

❸ **매개변수 팩**: 매개변수의 데이터 형식 뒤에 ...을 붙여 가변 인자를 전달받는 매개변수 팩으로 선언

❹ **재귀 호출**: 처리한 인자를 제외한 매개변수 팩을 재귀 호출로 처리함

## 폴드 표현식

매개변수 팩은 매개변수 구성을 간단하게 할 수 있어 활용도가 높은 문법입니다. 하지만 재귀 함수 설계에 익숙하지 않은 사람은 코드를 작성하기가 어려울 수 있습니다. 이러한 문제점을 보완하여 폴드 표현식은 매개변수 팩을 쉽게 사용할 수 있게 해줍니다.

폴드 표현식은 보통 괄호와 연산자, 점 3개로 표현합니다. 폴드 표현식은 프로그래밍이 실행되면 매개변수 팩의 원소를 펼쳐서 지정된 연산을 차례로 수행합니다.

**기본 폴드 표현식 형태**

(매개변수_팩_이름 연산자 ...)

다음 코드는 앞에서 본 마트료시카 예를 폴드 표현식으로 수정한 것입니다. find_doll 함수에서 show_doll 함수를 호출할 때 매개변수 팩의 원소를 모두 펼쳐 개별 원소를 대상으로 같은 연산을 반복합니다. 예에서는 폴드 표현식에 덧셈 연산자(+)를 사용했으므로 매개변수 팩의 모든 원소를 순회하며 문자열을 합해서 출력합니다. 다만 이 예에서는 말단 함수를 별도로 두지 않아 마지막 인자임을 인지할 수 없으므로 '안쪽에'라는 문자열이 불필요하게 한 번 더 출력됩니다.

• ch16/fold_expression/fold_expression.cpp

```
... (생략) ...
template<typename doll>
doll show_doll(doll doll_name) {
  return "'" + doll_name + "' 안쪽에 ";
}


template<typename... dolls>
string find_doll(dolls... doll_list) {
  // 폴드 표현식 사용
  return (show_doll(doll_list) + ...);
}


int main() {
  cout << "첫 번째 마트료시카 ";
  cout << find_doll(string("대형"), string("중형"), string("소형"));
  cout << "있습니다." << endl << endl;

  cout << "두 번째 마트료시카 ";
  cout << find_doll(string("특대형"), string("대형"), string("중형"),
                    string("소형"), string("극소형"));
  cout << "있습니다." << endl;

  return 0;
}
```

**실행 결과**

첫 번째 마트료시카 '대형' 안쪽에 '중형' 안쪽에 '소형' 안쪽에 있습니다.

두 번째 마트료시카 '특대형' 안쪽에 '대형' 안쪽에 '중형' 안쪽에 '소형' 안쪽에 '극소형' 안쪽에 있습니다.

폴드 표현식은 단항이나 이항의 왼쪽, 오른쪽 폴드 표현식으로 나뉩니다. 매개변수 팩 한 가지로만 폴드 표현식을 사용하면 단항, 매개변수 팩과 초깃값 두 가지로 폴드 표현식을 사용하면 이항이라고 합니다.

다음 표에서는 네 가지 폴드 표현식의 형태를 보여 줍니다. 정수 4개(1, 2, 3, 4)로 구성된 매개변수 팩(int_pack)을 덧셈(+)하는 폴드 표현식의 연산 순서를 유형별로 알 수 있습니다.

표 16-1 폴드 표현식 유형별 연산 순서

| 폴드 표현식 | 유형 | 실행 연산(초깃값 init는 0으로 설정) |
|---|---|---|
| (int_pack + ...) | 단항 오른쪽 폴드 표현식 | (((1 + 2) + 3) + 4) |
| (... + int_pack) | 단항 왼쪽 폴드 표현식 | (1 + (2 + (3 + 4))) |
| (int_pack + ... + init) | 이항 오른쪽 폴드 표현식 | ((((0 + 1) + 2) + 3) + 4) |
| (init + ... + int_pack) | 이항 왼쪽 폴드 표현식 | (0 + (1 + (2 + (3 + 4)))) |

덧셈 연산은 연산 순서와 결과가 다르지 않지만, 나누기 연산 등 다른 연산은 결과가 달라질 수 있으므로 주의해야 합니다. 폴드 표현식에서 사용할 수 있는 연산자는 다음과 같습니다.

• +, -, *, /, %, ^, &, ¦, =, <, >, <<, >>
• +=, -=, *=, /=, %=, ^=, &=, ¦=, <<=, >>=, ==, !=, <=, >=, &&, ¦¦, ,(쉼표), ., *, ->*

실수형 데이터를 나누는 폴드 표현식의 예를 보면 쉽게 이해할 수 있습니다. 다음 코드에서는 같은 가변 인자를 사용했더라도 왼쪽 폴드 표현식과 오른쪽 폴드 표현식의 계산 결과가 다른 것을 알 수 있습니다. 이항에서는 10.0을 초깃값으로 설정하여 단항과 10배의 차이가 나는 것을 확인할 수 있습니다.

**Do it! 실습** 실수형 데이터 연산(폴드 표현식)

• ch16/simple_fold_expr/simple_fold_expr.cpp

```
... (생략) ...
// 단항 왼쪽 폴드 표현식
template<typename... numbers>
double unary_left(numbers... num_list) {
  return (... / num_list);
}

// 단항 오른쪽 폴드 표현식
template<typename... numbers>
double unary_right(numbers... num_list) {
  return (num_list / ...);
```

```
}

// 이항 왼쪽 폴드 표현식
template<typename... numbers>
double binary_left(numbers... num_list) {
  return (10.0 / ... / num_list);
}

// 이항 오른쪽 폴드 표현식
template<typename... numbers>
double binary_right(numbers... num_list) {
  return (num_list / ... / 10.0);
}

int main() {
  cout << "단항 왼쪽 폴드 표현식: " <<
    unary_left(1.0, 2.0, 3.0, 4.0, 5.0, 6.0) << endl;
  cout << "단항 오른쪽 폴드 표현식: " <<
    unary_right(1.0, 2.0, 3.0, 4.0, 5.0, 6.0) << endl;
  cout << "이항 왼쪽 폴드 표현식: " <<
    binary_left(1.0, 2.0, 3.0, 4.0, 5.0, 6.0) << endl;
  cout << "이항 오른쪽 폴드 표현식: " <<
    binary_right(1.0, 2.0, 3.0, 4.0, 5.0, 6.0) << endl;

  return 0;
}
```

**실행 결과**

```
단항 왼쪽 폴드 표현식: 0.00138889
단항 오른쪽 폴드 표현식: 0.3125
이항 왼쪽 폴드 표현식: 0.0138889
이항 오른쪽 폴드 표현식: 3.125
```

**1** 다음처럼 이항 오른쪽 폴드 표현식이 있을 때 전개된 식을 작성해 보세요. 초깃값은 1이고 2, 3, 4, 5가 매개변수 팩입니다.

```
(int_pack + ... + init)
```

**2** 다음처럼 단항 왼쪽 폴드 표현식이 있을 때 전개된 식을 작성해 보세요. 2, 3, 4, 5가 매개변수 팩입니다.

```
(... + int_pack)
```

[모범 답안]
**1** $((((1 + 2) + 3) + 4) + 5)$
**2** $(2 + (3 + (4 + 5)))$

# 16-2 3방향 비교 연산자

• 객체를 비교할 때 번거로운 점 알아보기
• 3방향 비교 연산자로 객체 비교하기

## 객체 간 비교 연산

3방향 비교 연산자를 알아보기 전에 객체 비교에 관해 알아보겠습니다. 정수형처럼 기본 형식의 데이터를 비교하는 것은 명확합니다. 숫자 1은 숫자 2보다 결코 클 수 없습니다. 하지만 비교할 대상이 클래스나 구조체라면 어떨까요?

예를 들어 클래스 객체를 특정 멤버 변수 기준으로 오름차순 정렬한다면 다음 코드처럼 객체를 대상으로 직접 비교 연산을 수행할 수 없습니다.

실행이 불가능한 객체 간 비교 연산

```
if (obj_a == obj_b ) { }
else if (obj_a > obj_b) { }
else { }
```

이렇게 객체를 비교하려면 ==, !=, >, >=, <, <= 등의 연산자를 오버로딩해야 합니다. 그래야만 같은 클래스로 생성한 객체를 비교할 수 있습니다.

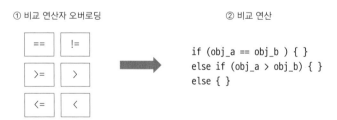

그림 16-3 객체 비교를 위한 오버로딩

## 우주선 연산자

앞에서 확인한 것처럼 객체를 비교하려면 꽤 복잡한 과정을 거쳐야 합니다. **3방향 비교 연산자**<sup>three-way comparison</sup>는 이처럼 복잡한 과정을 단순하게 해줍니다. 비교 연산자 6개를 모두 오버로딩할 필요 없이 3방향 비교 연산자 <=> 하나만 오버로딩하면 됩니다. 그러면 컴파일러가 나머지 연산자를 모두 오버로딩해 줍니다. 참고로 <=> 연산자는 우주선 모양과 비슷하다고 해서 흔히 '우주선 연산자'라고도 합니다.

① 비교 연산자 오버로딩

<=>

② 비교 연산

auto result = obj_a <=> obj_b;

**그림 16-4** 3방향 비교 연산자 오버로딩

다음 코드는 정수와 문자로 구성된 구조체 배열에서 원소의 크기를 비교한 예입니다. 3방향 비교 연산자를 사용하지 않는다면 여러 개의 연산자를 오버로딩하여 정수와 문자를 따로따로 비교해야 하지만, 3방향 비교 연산자를 사용하면 코드를 간결하게 작성할 수 있습니다. 3방향 비교 연산자를 사용하려면 소스에 **<compare>** 헤더를 포함해야 합니다.

**Do it! 실습** 3방향 비교 연산자

• ch16/spaceship_operator/spaceship_operator.cpp

```
... (생략) ...
#include <compare>
... (생략) ...
typedef struct _tag {
  int number;
  char alphabet;
  auto operator<=>(const _tag &object) const {
    return number <=> object.number;
  }
};

using DATA = struct _tag;    // 구조체를 DATA로 사용하기 위한 선언

DATA data_element[5] = { {4, 'a'}, {1, 'c'}, {8, 'b'}, {2, 'z'}, {4, 'd'} };

int main() {
  cout << boolalpha << "0번째가 3번째 원소보다 큽니다 : ";
```

```
cout << ((data_element[0] <=> data_element[3]) > 0) << endl;

cout << "1번째가 2번째 원소보다 큽니다 : ";
cout << (data_element[1] > data_element[2]) << endl;

return 0;
}
```

**실행 결과**

```
0번째가 3번째 원소보다 큽니다 : true
1번째가 2번째 원소보다 큽니다 : false
```

코드를 보면 구조체에 있는 정수형 멤버인 number를 비교하는 3방향 비교 연산자를 오버로딩
했습니다. 오버로딩된 함수에서는 정수형 데이터에 대한 3방향 비교 연산자를 사용하여
number 멤버에 대한 비교 연산을 수행합니다.

그리고 main 함수에서는 data_element[0]과 data_element[3]의 값을 <=> 연산자로 비교한
후 그 결과가 0보다 큰지 평가했습니다. 결과는 참이므로 true를 출력합니다. 3방향 비교 연
산자는 두 피연산자를 비교해 같으면 0, 앞쪽 피연산자가 작으면 −1, 크면 1을 반환합니다.
만약 비교할 수 없으면 −128(unordered)을 반환합니다.

그런데 <=> 연산자가 실제 반환하는 데이터 형식은 구조체에 정의된 멤버 상수임에 주의해야
합니다. 피연산자의 형식에 따라 구조체의 상수 가운데 하나를 반환합니다. 예를 들어 크기가
명확한 정수형 연산에서는 강한 비교 결과로 strong_ordering 구조체의 멤버 상수를 반환하
고, 부동 소수점 연산에서는 부분 비교 결과로 partial_ordering의 멤버 상수를 반환합니다.

표 16-2 3방향 비교 연산자 반환 형식

| 구분 | 구조체 | 허용 비교 연산과 결과 | 비고 |
|------|--------|----------------------|------|
| 강한 비교 | std::strong_ordering | >(1), ==(0), <(-1) | 정확한 값이 일치하는 객체 비교 예) 정수, 문자열 등 산술적 일치 |
| 약한 비교 | std::weak_ordering | >(1), ==(0), <(-1) | 논리적 값이 일치하는 객체 비교 예) 도형, 집합 등 동치 관계 성립 |
| 부분 비교 | std::partial_ordering | >(1), ==(0), <(-1), 비교 불가(unordered) | 때때로 비교가 불가한 객체 비교 예) 부동 소수점 등 일부 비교 불가 값 (std::nan) 포함 비교 |

각각의 구조체에는 비교 결과에 대응하는 멤버 상수가 있습니다. 다음 표에서 허용 비교 유형이란 해당 상수를 허용하는 구조체를 나타냅니다.

**표 16-3** 비교 유형 구조체의 멤버

| 상수 | 의미 | 정수 | 허용 비교 유형 |
|---|---|---|---|
| equal | 같음(이전이나 다음 순서가 아님) | 0 | strong_ordering |
| equivalent | 동등함(이전이나 다음 순서가 아님) | 0 | strong_ordering, weak_ordering, partial_ordering |
| less | 보다 작음(이전 순서) | -1 | |
| greater | 보다 큼(다음 순서) | 1 | |
| unordered | 비교할 수 없음 | -128 | partial_ordering |

강한 비교일 때는 완전히 같을 때 0으로 '똑같다'고 표현합니다. 반면에 약한 비교일 때는 -0과 +0처럼 비트가 완전히 같지 않아도 0으로 '동등하다'고 표현합니다. 그리고 부동 소수점을 비교할 때는 부분 비교가 이뤄지는데, 피연산자가 NaN[*] 같은 비정상인 부동 소수점일 때 unordered로 '비교할 수 없음'을 표현합니다.

> \* NaN은 NaN을 포함한 어떤 숫자와 비교하든 항상 false입니다.

---

**3분 퀴즈**

**1** 3방향 비교 연산자는 비교 결과를 사전에 정의된 구조체의 멤버 상수로 반환합니다. 정확한 값이 일치하는 객체를 비교한 결과는 1) _____ 로 반환되며, 다음 4가지 값을 가집니다. 2) _____ , 3) _____ , 4) _____ , 5) _____

**2** 비교가 불가능한 객체는 1) _____ 로 반환되며 해당 구조체에 비교할 수 없음을 나타내는 2) _____ 멤버 상수가 반환됩니다.

---

[모범 답안]
**1** 1) strong_order  2) less  3) greater  4) equal  5) equivalent
**2** 1) partial_order  2) unordered

---

# 16-3 using 키워드

using은 지금까지는 네임스페이스를 생략하는 데에 주로 사용했습니다. 여기서는 상속 멤버의 접근 지정자 변경, 열거형 사용 선언, 별칭<sup>alias</sup> 만들기 등 using의 다양한 활용법을 살펴보겠습니다.

## 상속 멤버의 접근 지정자 변경

using 키워드는 자식 클래스에서 부모 클래스의 멤버 접근 지정자를 변경할 때 사용할 수 있습니다. 상속받은 클래스의 멤버는 상속 지정자에 맞게 접근 지정자가 변경되지만, 때로는 상속 지정자와 다르게 멤버 함수, 변수의 접근 범위를 개방하는 쪽으로 바꿔야 할 수 있습니다.

이때 자식 클래스에서 부모 클래스의 멤버를 using으로 선언하면 접근 범위가 변경됩니다. 그리고 부모 클래스에서 접근 지정자는 무시됩니다. 이렇게 변경할 수 있는 접근 지정자는 protected입니다. 즉, 부모 클래스에서 protected로 지정된 멤버를 using으로 접근 지정자를 변경할 수 있습니다. 단, private으로 선언된 멤버의 접근 지정자는 변경할 수 없습니다.

문법은 간단합니다. 자식 클래스의 public 범위에서 using과 함께 부모 클래스에서 protected로 지정한 멤버를 다시 선언해 주면 됩니다.

다음 코드는 앞쪽에서 본 몬스터 클래스에서 using으로 멤버 접근 범위를 변경한 예입니다.

> **Do it! 실습**  using으로 멤버 상속 선언
>
> • ch16/using_declarations_class_members/using_declarations_class_members.cpp

```
... (생략) ...
class monster {
public:
  monster() {};
```

```
protected:
  void get_damage(int _damage) {};
  ... (생략) ...
};
... (생략) ...
class monster_a : public monster, character {
public:
  // 부모 클래스에서 protected로 선언된 get_damage 함수 접근 범위 변경
  using monster::get_damage;
private:
  void attack_special(player target_player);
};

void monster_a::attack_special(player target_player) {
  cout << "인텡글 공격 : 데미지 - 15 hp" << endl;
}

class monster_b : public monster, character {
private:
  void attack_special(player target_player);
};

void monster_b::attack_special(player target_player) {
  cout << "가상 공격 : 데미지 - 0 hp" << endl;
}

int main() {
  monster_a mon_1;
  monster_b mon_2;

  mon_1.get_damage(100);
  mon_2.get_damage(100);←─ 접근 오류 발생

  return 0;
}
```

monster_a와 monster_b는 모두 monster 클래스를 상속받습니다. 그리고 monster 클래스에서 protected로 지정된 get_damage 함수를 monster_a 클래스에서만 using 키워드를 사용해 public으로 접근 범위를 변경했습니다. 따라서 main 함수에서 monster_a 클래스의 객체로 get_damage 함수를 호출할 수 있지만, monster_b 클래스 객체로는 get_damage 함수를 호출할 수 없습니다.

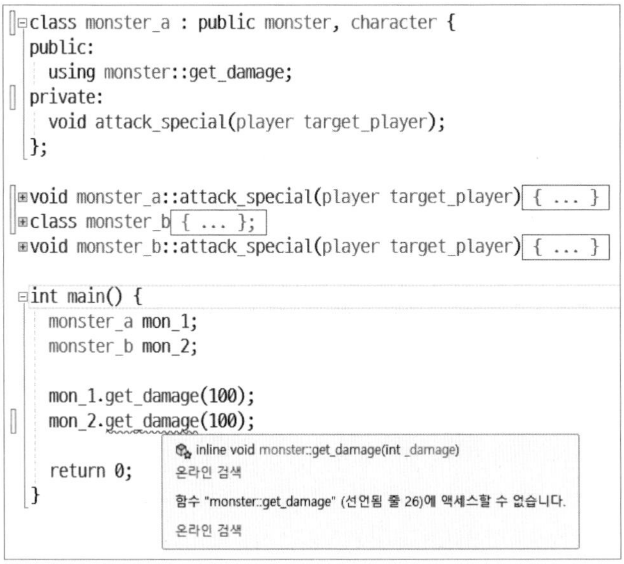

```cpp
class monster_a : public monster, character {
public:
    using monster::get_damage;
private:
    void attack_special(player target_player);
};

void monster_a::attack_special(player target_player) { ... }
class monster_b { ... };
void monster_b::attack_special(player target_player) { ... }

int main() {
    monster_a mon_1;
    monster_b mon_2;

    mon_1.get_damage(100);
    mon_2.get_damage(100);

    return 0;
}
```

    🔧 inline void monster::get_damage(int _damage)
    온라인 검색
    함수 "monster::get_damage" (선언됨 줄 26)에 액세스할 수 없습니다.
    온라인 검색

**그림 16-5** using 키워드를 사용한 접근 제어 변경

## 열거형 사용 선언

열거형을 선언한 후에 구조체나 클래스 내부에서 사용할 때는 열거형 이름과 함께 사용하면 됩니다. 만약 열거형 선언을 구조체나 클래스 내부에 있는 데이터 형식처럼 사용하려면 해당 클래스나 구조체에서 using 키워드로 선언하면 됩니다. 이렇게 하면 열거형과 구조체 또는 클래스 간에 관계를 논리적으로 만들 수 있습니다.

**Do it! 실습** using으로 열거형 사용 선언

• ch16/using_declarations_enum/using_declarations_enum.cpp

```cpp
#include <iostream>
using namespace std;


enum class weapon : int { gun, arrow, machine_gun };
```

```
class monster {
public:
  weapon weapon_type;
};

struct weapon_class {
  // 외부에 선언된 열거형을 내부에 사용 선언
  using enum weapon;
};

int main() {
  monster monster_obj;
  weapon_class weapon_obj;

  monster_obj.weapon_type = weapon::gun;
  monster_obj.weapon_type = weapon_obj.arrow;
  monster_obj.weapon_type = weapon_class::machine_gun;

  return 0;
}
```

예에서는 열거형 weapon을 무기 분류 구분자로 사용합니다. using 키워드로 열거형 사용을 구조체 내부에 선언했습니다. 그 결과 weapon_obj.arrow나 weapon_class::machine_gun처럼 구조체 내부에 정의된 열거형처럼 사용할 수 있게 되었습니다.

이처럼 열거형 사용을 구조체나 클래스 내부에 using으로 선언하면 비록 외부에 정의된 열거형이라도 내부에 정의된 열거형처럼 사용할 수 있어 소스 코드에서 논리 관계를 쉽게 파악할 수 있습니다.

## 별칭 만들기

typedef 키워드와 마찬가지로 using 키워드를 사용하면 **별칭**[alias]을 만들 수 있습니다. 가장 큰 차이점은 별칭이 지칭하는 함수 등에 템플릿을 포함할 경우 using만 사용할 수 있다는 것입니다. 그리고 using을 사용하면 키워드 다음에 바로 별칭이 나오므로 코드를 읽기도 좋습니다.

using 키워드로 별칭을 만들려면 using 다음에 별칭을 적은 후 '='으로 별칭을 부여할 식별자를 작성하면 됩니다.

using 별칭 = 식별자

다음은 3방향 비교 연산자를 알아볼 때 실습했던 코드입니다. 이 코드에서는 DATA라는 별칭을 만들어 사용했습니다. 이렇게 하면 struct _tag **구조체_객체명**처럼 복잡한 형식으로 구조체 객체를 생성하지 않고 DATA **구조체_객체명**으로 생성할 수 있습니다.

```cpp
typedef struct _tag {
  int number;
  char alphabet;
  auto operator<=>(const _tag &object) const {
    return number <=> object.number;
  }
};

using DATA = struct _tag;
```

---

**3분 퀴즈**

❶ using을 사용해 상속받은 멤버의 _____ 을(를) 재지정할 수 있습니다.

❷ 구조체나 클래스에서 using을 사용해 외부에 선언된 열거형 데이터를 _____ 처럼 사용할 수 있습니다.

---

[모범 답안]
❶ 접근 지정자
❷ 내부에 선언된 열거형

---

# 16-4 함수 키워드(default, delete, override, final)

• 함수에서 사용되는 다양한 키워드를 이해하고 활용하기

이 절에서는 함수를 만들 때 사용할 수 있는 키워드를 알아보겠습니다. 이 키워드들은 함수를 만든 목적과 사용 방법을 명확히 함으로써 개발자 본인은 물론이고 공동 작업자나 라이브러리 사용자가 정확히 이해하고 사용할 수 있도록 돕습니다.

함수의 목적과 사용 방법을 알리는 가장 확실한 방법은 잘못 사용했을 때 컴파일되지 않도록 하는 것입니다. 이 절에서 알아볼 delete, default, override, final, 그리고 「05-2」절에서 공부한 noexcept 키워드를 이용하면 함수의 목적을 쉽게 파악할 수 있게 하고 잘못된 사용을 문법적으로 막을 수 있습니다.

## default 키워드 — 기본으로 제공되는 함수 사용

default 키워드는 컴파일러가 제공하는 기본 함수를 사용하겠다는 의미입니다. default 키워드를 사용하면 생성자의 경우는 매개변수가 없는 기본 생성자가 호출되고, 연산자는 오버로딩되지 않은 기본 연산자가 호출됩니다.

생성자를 예로 설명해 보겠습니다. 개발자가 클래스를 만들 때 생성자를 작성하지 않으면 매개변수가 없는 기본 생성자가 자동으로 생성됩니다. 하지만 매개변수를 포함하는 생성자를 작성하면 이 생성자만 사용할 수 있습니다. 즉, 생성자를 만들었으므로 매개변수가 없는 생성자는 자동으로 생성되지 않습니다.

그런데 자동으로 생성된 기본 생성자를 사용하다가 매개변수를 포함하는 생성자를 추가한다면 기본 생성자를 사용할 수 없게 되므로 기본 생성자가 호출되는 코드에 문제가 발생합니다. 또는 컴파일러가 만들어 주는 기본 생성자와 매개변수를 포함하는 생성자를 모두 사용하고 싶을 수 있습니다.

이럴 때에 default 키워드를 사용할 수 있습니다. default 키워드는 컴파일러가 자동으로 만들어 주는 매개변수가 없는 기본 생성자를 사용하겠다고 알리는 방법입니다.

---

**Do it! 실습** default 키워드로 기본 클래스 생성자 사용하기

• ch16/default_keyword/default_keyword.cpp

```cpp
#include <iostream>
using namespace std;

class monster_a {
public:
  // 컴파일러 또는 언어가 제공하는 기본 생성자 사용
  monster_a () = default;
  monster_a(int init_hp, int init_power)
    : hp(init_hp), power(init_power){};
  int hp, power;
};

class monster_b {
public:
  // 아무런 연산도 하지 않는 기본 생성자 정의
  monster_b () {};
  monster_b(int init_hp, int init_power)
    : hp(init_hp), power(init_power){};
  int hp, power;
};

class monster_c {
public:
  // 매개변수 없는 기본 생성자 정의하지 않음
  monster_c(int init_hp, int init_power)
    : hp(init_hp), power(init_power){};
  int hp, power;
};

int main() {
  // 기본 생성자로 객체 생성
  monster_a mon_a{};
```

```
    // 아무런 연산도 하지 않는 기본 생성자로 객체 생성
    monster_b mon_b{};
    // monster_c mon_c{};  ←  [몬스터 C에 매개변수가 없는 기본 생성자가
                               없어 객체 생성에 실패하므로 주석 처리함]

    cout << "몬스터 A(" << mon_a.hp << ", " << mon_a.power << ")" << endl;
    cout << "몬스터 B(" << mon_b.hp << ", " << mon_b.power << ")" << endl;
}
```

**실행 결과**

```
몬스터 A(0, 0)
몬스터 B(-858993460, -858993460)  ←  [쓰레기 값은 컴퓨터마다 다르게 출력]
```

몬스터 C 클래스에는 매개변수 없는 기본 생성자가 정의되지 않아 객체 생성이 안 됩니다. 몬스터 B 클래스에는 아무런 연산도 하지 않는 기본 생성자를 직접 정의했습니다. 얼핏 보면 차이가 없어 보이지만 그렇지 않습니다.

객체를 생성할 때 `monster_a mon_a{}`처럼 중괄호를 사용하면 C++11에서 추가된 멤버 변수를 초기화하는 기본 생성자를 호출합니다. 실행 결과를 보면 기본 생성자로 만든 몬스터 A의 객체는 정수형 멤버 변숫값이 0으로 초기화되었지만, 아무런 연산도 하지 않는 기본 생성자로 만든 몬스턴 B의 객체는 쓰레기 값이 입력된 것을 알 수 있습니다.

## delete 키워드 — 삭제된 함수

`delete` 키워드는 더 이상 사용하지 않는 함수에 붙이는 키워드입니다. 앞에서 함수의 목적과 사용 방법을 알리는 가장 확실한 방법은 잘못 사용했을 때 컴파일되지 않도록 하는 것이라고 했습니다. 문법이 틀리면 컴파일 오류가 나는 것처럼 개발 의도와 다르게 사용할 때 컴파일 오류가 발생하도록 하는 것입니다.

소스 코드에서 함수가 변경되거나 삭제되면 호출 오류가 발생합니다. 매개변수나 함수 이름의 변경은 매개변수 구성이 바뀌는 것이므로 그나마 쉽게 이해할 수 있지만, 삭제된 함수는 그 의도를 파악하기가 어렵습니다. 삭제된 것이 아니라 함수 이름이 바뀌거나 실수로 누락된 것일 수도 있기 때문이죠. 이때 함수가 더 이상 사용되지 않고 삭제되었음을 알려 주는 키워드가 바로 `delete`입니다.

다음 코드는 delete 키워드를 사용한 경우와 그냥 삭제한 함수를 호출했을 때 오류 메시지를 비교한 예입니다.

---

**Do it! 실습** 삭제된 함수 delete 키워드 오류 메시지 비교

• ch16/delete_keyword_error_message/delete_keyword_error_message.cpp

```cpp
#include <iostream>

using namespace std;

class monster {
public:
  void create_monster() = delete;
  // void create_monster_() {};  ◄── delete 키워드를 사용하지 않고 제거
};

int main() {
  monster monster_sample;

  monster_sample.create_monster();  ──┐
  monster_sample.create_monster_();  ──┘ ◄── 오류 발생!
  return 0;
}
```

---

**실행 결과**

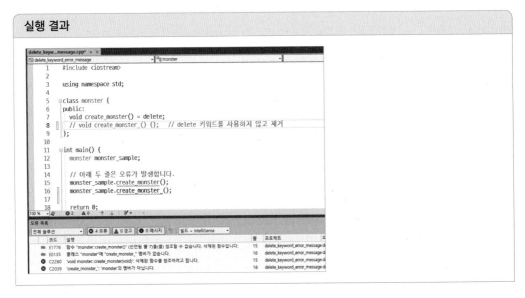

---

두 경우에 대한 오류 메시지가 다른 것을 확인했나요? delete 키워드를 사용했을 때는 삭제된 함수를 참조할 수 없다고 명확한 메시지를 보여 줍니다. 하지만 delete 키워드를 사용하지 않고 그냥 삭제한 함수는 멤버가 없다는 오류가 발생합니다.

이처럼 함수가 존재하지 않을 때와 delete로 표기했을 때 오류가 다른 것을 프로그램을 개발할 때에 활용할 수 있습니다. 함수의 시그니처나 이름을 변경할 때 기존 함수에 delete 키워드를 붙이면, 변경 전 함수를 사용하던 개발자가 컴파일 오류를 통해서 사용 중인 함수가 제거되었음을 알 수 있습니다.

## override 키워드 — 재정의 함수

가상 함수는 객체지향 언어의 주요 특징인 다형성을 C++ 언어에서 구현할 수 있도록 해주는 문법입니다. 그런데 클래스 상속이 반복되다 보면 가상 함수 재정의를 잘못하는 실수를 할 수 있습니다. 실수로 다른 이름이나 다른 매개변수를 사용하는 것인지, 가상 함수를 상속받는 과정에서 발생한 실수인지 컴파일러는 명확하게 구별하지 못할 수 있습니다.

이럴 때에 override 키워드를 사용할 수 있습니다. override 키워드를 사용해 가상 함수를 상속받았음을 명확히 하는 것입니다. 이때 가상 함수 상속 규칙에 어긋나는 오류가 있다면 컴파일 오류가 발생합니다. 즉, 오버라이딩인지 아닌지를 컴파일러가 판단할 수 없을 때 판단할 수 있는 기준을 제시해 주는 것입니다.

## final 키워드 — 재정의 금지

만약 더 이상 재정의하지 않도록 지정하고 싶다면 어떻게 해야 할까요? 특정 시점에 가상 함수의 재정의나 클래스, 구조체의 상속을 막으려면 최종 상속 단계에서 final 키워드를 추가하면 됩니다. final 키워드가 추가된 가상 함수나 클래스 등은 더 이상 상속할 수 없습니다. 만약 재정의나 상속을 시도하면 컴파일 오류가 발생하여 상속할 수 없음을 알려 줍니다. 이로써 제공자의 의도와 다르게 가상 함수가 변경되는 것을 막을 수 있습니다. 다만 클래스나 가상 함수는 final 키워드로 재정의나 상속을 막을 수 있지만, 일반 함수에는 사용할 수 없으니 주의해야 합니다.

override, final 사용법은 간단합니다. 오버라이드로 재정의한 함수의 선언부 가장 마지막에 해당 키워드를 적어 주면 됩니다.

```
virtual function(...) override {};      // 재정의된 가상 함수임을 알림
virtual function(...) final {};         // 재정의할 수 없음을 알림
class class_name final : base_classes {};   // 클래스를 더 이상 상속할 수 없음을 알림
struct strcut_name final : base_struct {};  // 구조체를 더 이상 상속할 수 없음을 알림
```

지금까지 모던 C++의 주요 기능을 알아봤습니다. 모던 C++의 문법이나 라이브러리를 잘 활용하면 코드의 안전성과 생산성을 높일 수 있습니다. 이 책에서 다루지 못한 내용은 표준 문서나 관련 자료를 참고하기 바랍니다. 공인된 자료와 잘 정리된 자료 위주로 소개하면 다음과 같습니다.

표 16-4 모던 C++ 참고 자료

| 자료 | 특징 |
| --- | --- |
| en.cppreference.com/w/cpp | 모던 C++ 표준안별 주요 특징을 예제와 함께 소개 |
| cplusplus.com | C++ 표준 라이브러리 사용법 소개 |
| www.iso.org/standard/79358.html | C++20 ISO 표준안[*] |
| hackingcpp.com/cpp/standardization.html | C++ 표준 최종안 모음 |

* C++ ISO 표준안은 유료입니다. 개인이 구매하기에는 가격이 비싸서 표준안이 채택되기 바로 이전 버전인 최종안을 참고할 수 있습니다.

**3분 퀴즈**

**1** 함수와 관련된 키워드 중 생성자를 재정의해도 기본 생성자를 사용할 수 있도록 만들어 주는 키워드는 1) _____ 이며, 함수를 더 이상 사용할 수 없다는 사실을 컴파일 시간에 알려 주는 키워드는 2) _____ 입니다.

**2** 가상 함수를 오버라이딩했다는 의미로 1) _____ 키워드를 사용하며, 더이상 오버라이딩할 수 없게 하려면 2) _____ 키워드를 사용합니다.

[모범 답안]
**1** 1) default  2) delete
**2** 1)override  2) final

이번 장에서는 모던 C++에 새로 추가된 폴드 표현식, 3방향 비교 연산자, using 키워드와 함수에서 사용할 수 있는 각종 키워드까지 다양한 주제를 다뤘습니다. 다음 문제를 풀며 이번 장에서 배운 내용을 되새겨 보세요.

**문제 1** 동료들에게 필요한 함수 만들기

여러분이 동료들과 함께 그래픽 처리를 위한 프로그램을 만들고 있습니다. 함께 일하는 동료를 위해 API를 만들고 있습니다. 이번에 만들 함수는 RGB 값 여러 개를 입력받아 R, G, B 각각의 평균값으로 계산해서 반환하는 함수입니다. RGB는 1개부터 무한대로 입력할 수 있습니다. 함수는 폴드 표현식을 사용해서 구현해 보세요.

**문제 2** 그래픽 프로그램 업그레이드

[문제 1]에서 만든 API를 활용하다 보니 R, G, B 값을 따로 입력받지 않고 #0F0F0F 형태의 문자열로 입력하게 변경해 달라는 요청을 받았습니다. 새로운 요청에 맞는 API를 만들면서 호출하는 모든 소스 코드를 찾아서 고치는 것이 시간이 너무 많이 걸린다는 것을 알았습니다. 신규 API만 남기고 예전 API는 이제 사용되지 않는다는 것을 컴파일 단계에서 알리고 싶습니다. 여러분의 동료와 자신을 위해서 API를 고쳐 보세요.

**문제 3** 도서 리스트

간단한 도서 관리 프로그램을 만들기 위해서 도서 목록을 std::vector로 구현했습니다. 컨테이너 내에 각 원소는 '책 제목', '작가', '출판 연도', '정가', 'ISBN', '대여 횟수'를 저장할 수 있는 도서 클래스 객체입니다. 또한 정렬을 위해 3방향 비교 연산자를 만들려고 합니다. 비교 기준은 1순위 출판 연도, 2순위 ISBN, 3순위 대여 횟수입니다. 오름차순으로 정렬하는 3방향 비교 연산자를 도서 클래스에 포함된 연산자로 오버로딩 해보세요. 1순위가 같으면 2순위를 비교하고, 2순위가 같으면 3순위를 비교하고 1, 2, 3순위가 모두 같으면 약한 비교로 동등을 반환합니다.

**문제 4** 도서 목록 갱신

[문제 3]에서 만든 도서 목록을 갱신하고자 합니다. 먼저 클래스에 분류를 추가합니다. 분류는 'novel', 'fiction', 'non-fiction', 'sf', 'essay'이며, 유지·보수 편의를 위해 클래스 외부에서 열거형으로 정의해서 클래스 내부에서 정의한 것처럼 사용하고자 합니다. 분류 역시 클래스 멤버로 추가합니다.

**문제 5** 도서 클래스 확장

앞선 문제에서 만든 도서 클래스를 동료와 함께 협업하기로 했습니다. 동료는 도서 클래스를 상속받아서 개발합니다. 그리고 클래스가 더 이상 상속되지 않도록 막으려고 합니다. 또한 도서 클래스의 멤버 변수를 생성자에서 지정할 수 있게 추가하면서 기본 생성자도 사용하고 싶습니다. 기본 생성자를 사용할 때 멤버 변수 초기화가 되었으면 합니다. 이 외에도 상속 과정에서 발생할 수 있는 여러분의 요구 사항을 추가하여 도서 클래스를 확장해 보세요.

• 모범 답안 위치: github.com/mystous/DoItCPP/tree/main/exercise/ch16

기초
단계

박응용 | 432쪽

김성엽 | 576쪽

김동형 | 856쪽

시바타 보요 저, 강민 역 | 408쪽

시바타 보요 저, 강민 역 | 452쪽

시바타 보요 저, 강민 역 | 424쪽

응용
단계

김창현 | 384쪽

강성윤 | 720쪽

김종관 | 564쪽

나는 어떤
코스가
적합할까?

**A** 파이썬 개발자가 되고 싶은 사람

- Do it! 점프 투 파이썬
- Do it! 점프 투 파이썬 — 라이브러리 예제 편
- Do it! 파이썬 생활 프로그래밍 with 챗GPT
- Do it! 점프 투 장고
- Do it! 점프 투 플라스크
- Do it! 장고+부트스트랩 파이썬 웹 개발의 정석
- Do it! 점프 투 파이썬 — 라이브러리 예제 편

**B** 자바·코틀린 개발자가 되고 싶은 사람

- Do it! 점프 투 자바
- Do it! 자바 완전 정복
- Do it! 자바 프로그래밍 입문
- Do it! 코틀린 프로그래밍
- Do it! 안드로이드 앱 프로그래밍
- Do it! 깡샘의 안드로이드 앱 프로그래밍
  with 코틀린

**인공지능**

박해선 | 328쪽

이론을
더 깊게~

윤성진 | 432쪽

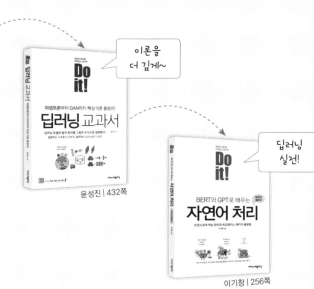

딥러닝
실전!

이기창 | 256쪽

**데이터 분석**

김영우 | 376쪽

김영우 | 344쪽

김영우 | 472쪽

김철민 | 248쪽

나는 어떤
코스가
적합할까?

**A** 인공지능 개발자가 되고 싶은 사람

- Do it! 점프 투 파이썬
- Do it! 정직하게 코딩하며 배우는
  딥러닝 입문
- Do it! 딥러닝 교과서
- Do it! BERT와 GPT로 배우는
  자연어 처리

**B** 데이터 분석가가 되고 싶은 사람

- Do it! 쉽게 배우는 파이썬 데이터 분석
- Do it! 쉽게 배우는 R 데이터 분석
- Do it! 쉽게 배우는 R 텍스트 마이닝
- Do it! 데이터 분석을 위한 판다스 입문
- Do it! R 데이터 분석 with 샤이니
- Do it! 첫 통계 with 베이즈